Sondertasten, Funktionstasten, Navigationstasten, Zahlenblock

Sondertasten und Funktionstasten werden für besondere Aufgaben bei der Computerbedienung eingesetzt. `Strg`-, `Alt`- und `AltGr`-Taste meist in Kombination mit anderen Tasten. Mit der `Esc`-Taste können Sie Befehle abbrechen, mit `Einfg` und `Entf` u. a. Text einfügen oder löschen. Die `Fn`-Taste erlaubt Sonderfunktionen auf der Tastatur (z. B. Bildschirm heller/dunkler) abzurufen.

- Entfernentaste
- Zeilenanfangtaste
- Bild auf
- Bild ab
- Ende-Taste
- Einfügentaste
- Drucktaste
- NumLock-Taste
- Strg-Taste
- Cursortasten
- Zahlenblock
- Kontextmenü
- AltGr-Taste
- Funktionstasten
- Alt-Taste
- Windows-Startmenü
- Fn-Taste
- Esc-Taste
- Strg-Taste

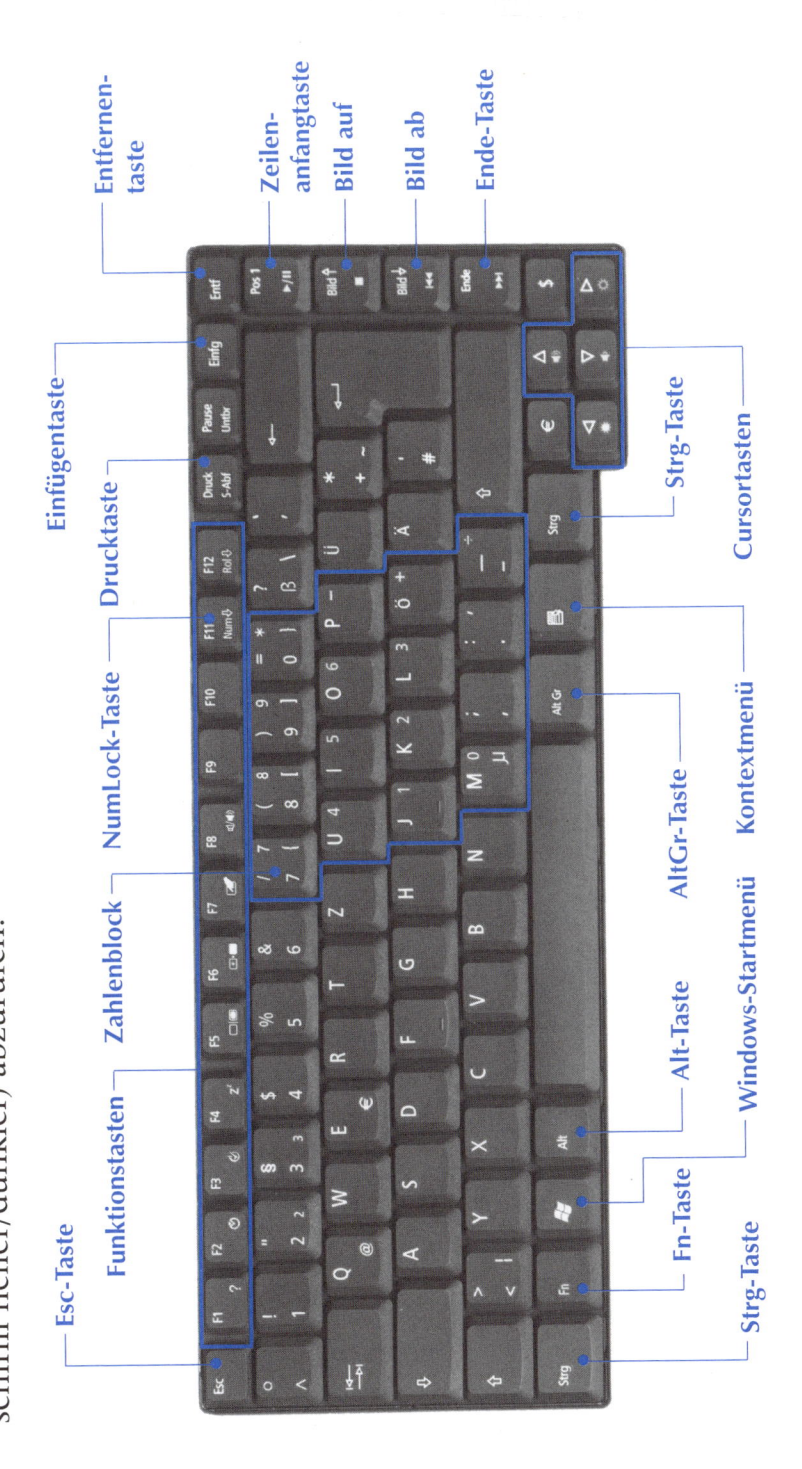

Notebook

leichter Einstieg für Senioren

Unser Online-Tipp
für noch mehr Wissen ...

informit.de

Aktuelles Fachwissen rund um die Uhr
– zum Probelesen, Downloaden oder
auch auf Papier.

www.informit.de

Leichter Einstieg für Senioren

Notebook

GÜNTER BORN

Markt+Technik

Bibliografische Information der Deutschen Nationalbibliothek
Die Deutsche Nationalbibliothek verzeichnet diese Publikation in der
Deutschen Nationalbibliografie; detaillierte bibliografische Daten
sind im Internet über http://dnb.d-nb.de abrufbar.

Die Informationen in diesem Produkt werden ohne Rücksicht auf einen
eventuellen Patentschutz veröffentlicht.
Warennamen werden ohne Gewährleistung der freien Verwendbarkeit benutzt.
Bei der Zusammenstellung von Texten und Abbildungen wurde mit größter
Sorgfalt vorgegangen.
Trotzdem können Fehler nicht vollständig ausgeschlossen werden.
Verlag, Herausgeber und Autoren können für fehlerhafte Angaben
und deren Folgen weder eine juristische Verantwortung noch
irgendeine Haftung übernehmen.
Für Verbesserungsvorschläge und Hinweise auf Fehler sind Verlag und
Herausgeber dankbar.

Alle Rechte vorbehalten, auch die der fotomechanischen Wiedergabe und der
Speicherung in elektronischen Medien.
Die gewerbliche Nutzung der in diesem Produkt gezeigten Modelle und Arbeiten
ist nicht zulässig.

Fast alle Hardware- und Softwarebezeichnungen und weitere Stichworte und
sonstige Angaben, die in diesem Buch verwendet werden, sind als eingetragene
Marken geschützt. Da es nicht möglich ist, in allen Fällen zeitnah zu ermitteln,
ob ein Markenschutz besteht, wird das ®-Symbol in diesem Buch nicht verwendet.

Umwelthinweis:
Dieses Buch wurde auf chlorfrei gebleichtem Papier gedruckt.
Um Rohstoffe zu sparen, haben wir auf Folienverpackung verzichtet.

10 9 8 7 6 5 4 3 2 1

11 10

ISBN 978-3-8272-4497-0

© 2010 by Markt+Technik Verlag,
ein Imprint der Pearson Education Deutschland GmbH,
Martin-Kollar-Straße 10–12, D-81829 München/Germany
Alle Rechte vorbehalten
Lektorat: Birgit Ellissen, bellissen@pearson.de
Herstellung: Monika Weiher, mweiher@pearson.de
Korrektorat: Marita Böhm, München
Satz: Ulrich Borstelmann, Dortmund (www.borstelmann.de)
Druck und Verarbeitung: Kösel, Krugzell (www.KoeselBuch.de)
Printed in Germany

Inhaltsverzeichnis

Liebe Leserin, lieber Leser   **9**

1 Mein Start mit dem Notebook   11

Ihr Notebook im Überblick 12
Machen Sie das Notebook arbeitsbereit 22
Software und Pflege 32

2 Windows – das erste Mal   41

Windows starten 42
Hier kommt der Desktop.................................... 45
Der Umgang mit Fenstern 55
Programme starten und verwenden..................... 68
Windows beenden... 77
Arbeiten mit Ordnern und Dateien 79

3 Brennen, Spiele, Fotos, Musik und Video — 105

Spaß und Unterhaltung 106
Musik und Video wiedergeben 114
Fotos verwalten und anzeigen 123
Fotoverwaltung mit Picasa............................ 129
Fotobearbeitung 141
CDs und DVDs brennen 158

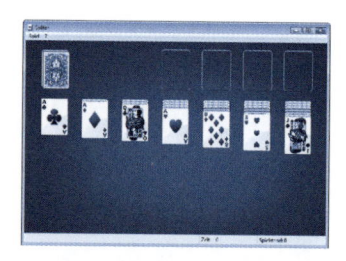

4 Das Notebook als Bürohelfer — 171

Office-Programme im Überblick 172
Texte flott erstellt.. 177
Texte formatieren 198
Textverarbeitung für Könner 213
Tabellenkalkulation...227

5 Ich bin drin: Internet und E-Mail — 247

So geht's ins Internet 248
Surfen im WWW... 258
E-Mail-Schnellkurs 266

Inhaltsverzeichnis 7

6 Mobil mit dem Notebook 279

Das Notebook auf Reisen nutzen?......................280
WLAN, was ist das? 287
Das Notebook absichern.....................................302

7 Windows-Zusatzfunktionen 305

Drucker neu einrichten 306
Datum und Uhrzeit einstellen 307
Anzeigeoptionen anpassen......................... 308
Die Systemsteuerung nutzen 313
Programme installieren 314
Benutzerkonten einrichten 320
Windows absichern 323
Die Hilfe nutzen 328

Kleine Pannenhilfe 331

Lexikon 341

Stichwortverzeichnis 357

Liebe Leserin, lieber Leser

Sie besitzen ein Notebook und möchten dessen Funktionen nun besser kennen und nutzen lernen? Dann ist dieses Buch zum Einstieg genau richtig. Unter dem Motto »Verstehen und Nutzen« lernen Sie das Notebook, Windows und verschiedene Programmfunktionen kennen. Sobald Sie mit dem Notebook umgehen können und wissen, wie Programme unter Windows zu handhaben sind, erfahren Sie, was sich sonst noch alles machen lässt.

Nach der Lektüre können Sie Briefe oder Texte schreiben, Musik hören, ins Internet gehen, sich bei einem Kartenspiel entspannen, CDs oder DVDs brennen und vieles mehr. Das Ganze ist gar nicht schwer und kann sogar Spaß machen. Mit den Informationen und Anleitungen dieses Buchs klappt der Einstieg. In diesem Sinne wünsche ich Ihnen viel Erfolg im Umgang mit dem Notebook und beim Lesen dieses Buchs!

G. Born

Arbeiten mit diesem Buch

Das Buch wurde für Einsteiger geschrieben, die ein Notebook verstehen und nutzen möchten. Falls Sie das Buch nicht von vorne bis hinten durchlesen möchten, können Sie sich die interessierenden Teile herauspicken.

Kapitel 1 enthält eine Übersicht über das Notebook, erklärt, wie Sie Zusatzgeräte anschließen, und vermittelt verschiedene Fachbegriffe. Zudem erfahren Sie, welche Software gebraucht wird und was es bei der Pflege zu beachten gibt.

In **Kapitel 2** können Sie loslegen. Ich **erkläre** Ihnen den **Windows-Desktop**, zeige den **Umgang mit** der **Maus,** das **Arbeiten mit Fenstern und Programmen** sowie den Umgang mit Dateien und Ordnern.

Kapitel 3 zeigt Ihnen, wie Sie mit dem in Windows enthaltenen Kartenspiel Solitär umgehen, Musik hören, Videos ansehen, Fotos anzeigen und CDs bzw. DVDs brennen.

Wie Sie ein Notebook als Bürohelfer beispielsweise zum Schreiben von Briefen einsetzen, wird in **Kapitel 4** gezeigt.

In **Kapitel 5** geht's ins Internet. Ich zeige Ihnen, was Sie dafür brauchen und wie Sie Webseiten auf dem Computer abrufen können. Abschließend erfahren Sie sogar, wie elektronische Post im Internet funktioniert.

Kapitel 6 vermittelt hilfreiches Wissen, falls Sie das Notebook unterwegs nutzen möchten, während es in **Kapitel 7** um das Anpassen von Windows-Einstellungen und das **Einrichten** eines **Druckers** geht.

Die **Pannenhilfe** im Anhang hilft bei kleinen Fehlern, und wenn mal ein Begriff unbekannt ist, schlagen Sie einfach im **Computerlexikon** nach.

Mein Start mit dem Notebook

Besitzen Sie ein Notebook oder möchten Sie sich über die Gerätetechnik informieren? Benötigen Sie Informationen, wie Sie Zusatzgeräte anschließen? In diesem Kapitel gebe ich Ihnen einen Überblick, aus welchen Teilen ein Notebook besteht und wie sie genutzt werden. Darüber hinaus lernen Sie, welche Zusatzgeräte sinnvoll sind, wie diese angeschlossen werden und welche Software ggf. gebraucht wird. Zudem gebe ich einige Tipps, was ggf. beim Kauf eines solchen Geräts und was beim Betrieb eines Notebooks zu beachten ist.

Das lernen Sie in diesem Kapitel
- Ihr Notebook im Überblick
- Machen Sie das Notebook arbeitsbereit
- Software und Pflege

Ihr Notebook im Überblick

Notebooks (kommt von Notizbuch) werden gelegentlich auch als Laptops (sprich »Läptopp«) bezeichnet. Die Geräte sind leicht, kompakt, überallhin mitzunehmen und leicht in einem Schrank zu verstauen. Notebooks erfreuen sich daher einer steigenden Beliebtheit und ersetzen häufig die viel sperrigeren **Personal Computer** (abgekürzt als **PC**). Da es bei Notebooks einige Besonderheiten gibt, finden Sie in diesem Abschnitt einen Überblick über die Gerätetechnik. Auch wenn Ihr Notebook vielleicht geringfügig anders aussieht, ermöglichen die folgenden Ausführungen, sich zu orientieren und die betreffenden Geräteteile bzw. Funktionen zu finden.

Was ist wo?

Ähnlich wie man bei Autos Kleinwagen, Mittelklasse-Limousinen, Lastwagen etc. unterscheidet, gibt es nicht »das Notebook«, sondern es tummeln sich viele Hersteller mit unterschiedlichen Modellen am Markt. Und die als **Netbooks** titulierten Mini-Notebooks stellen sogar eine eigene Klasse dar, die mit kleinerem Gehäuse, reduzierter Bildschirmgröße bis maximal 12 Zoll und meist ohne DVD-Laufwerk daherkommt. Glücklicherweise sind aber die wichtigsten Teile am Notebook bei allen Geräten gleich.

Hier sehen Sie eine Abbildung eines Notebooks, bei dem die wichtigsten Teile mit Namen bezeichnet sind. Tragbare Computer verfügen über ein Gehäuse mit integrierter **Tastatur** sowie einen als Deckel einklappbaren **LCD-Flachbildschirm** (LCD steht für Liquid Crystal Display). An der Vorder- und Rückseite sowie an der rechten bzw. linken Gehäuseseite finden Sie meist die Buchsen zum Anschluss von Zusatzgeräten sowie den Einschub für das CD-/DVD-Laufwerk. Je nach Gerätevariante sind im Gehäuse, entweder in Nähe der Tastatur, im Deckel des LCD-Bildschirms oder an der Vorderseite, noch die Lautsprecheröffnungen zur Soundausgabe sowie ein integriertes Mikrofon angebracht.

Ihr Notebook im Überblick **13**

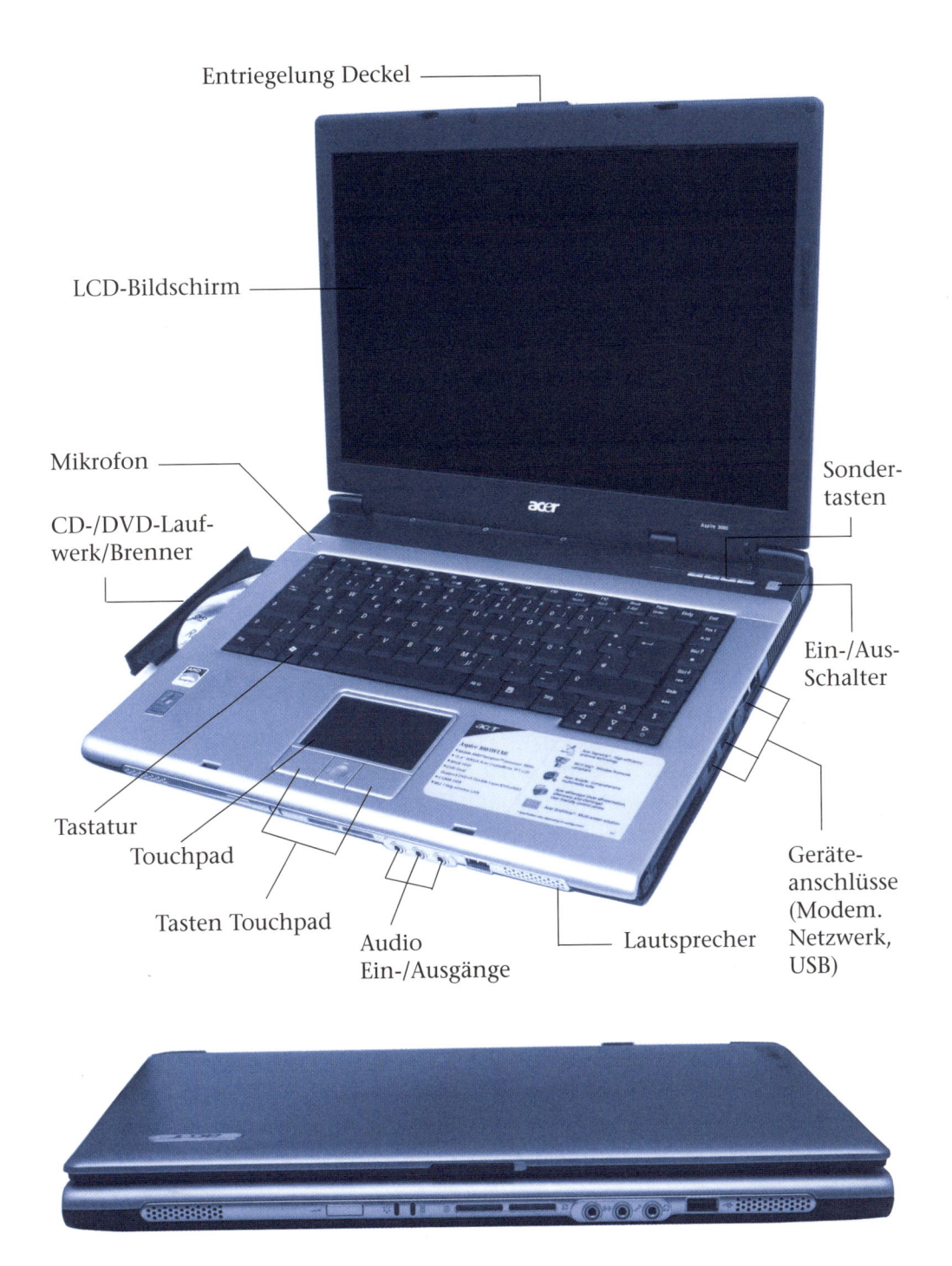

- Entriegelung Deckel
- LCD-Bildschirm
- Mikrofon
- CD-/DVD-Laufwerk/Brenner
- Tastatur
- Touchpad
- Tasten Touchpad
- Audio Ein-/Ausgänge
- Lautsprecher
- Sondertasten
- Ein-/Aus-Schalter
- Geräteanschlüsse (Modem, Netzwerk, USB)

Bei einem zusammengeklappten Notebook finden Sie den Mechanismus zum Entriegeln des Deckels meist an der Vorderseite. Sobald Sie den oder die Hebel des Klappmechanismus zur Seite schieben, lässt sich der Deckel per Hand nach oben klappen. Dann ist das Notebook bereits betriebsbereit und kann eingeschaltet werden. Zum Transport schalten Sie das Gerät aus und klappen den Deckel per Hand nach unten, bis der Verriegelungsmechanismus hörbar einrastet.

Ein-/Ausschalten und Stromversorgung

Um mit dem Notebook zu arbeiten, müssen Sie das Gerät einschalten. Ältere Geräte haben hierzu einen Ein-/Ausschalter an der Geräterückseite.

Bei neueren Geräten ist der betreffende Schalter dagegen in der rechten oberen Ecke oberhalb der Tastatur untergebracht. Ob der Schalter viereckig, wie in der obigen Abbildung, oder rund, wie hier gezeigt ist, spielt keine Rolle. Falls Sie den Schalter nicht finden, schauen Sie im Gerätehandbuch nach.

Notebooks lassen sich sowohl direkt am Stromnetz als auch über Akkus betreiben. Je nach Gerät kann eine Akkuladung dabei für einen mehrstündigen Betrieb benutzt werden. Zu Hause sind Sie aber nicht auf die Akkus angewiesen – es sei denn, Sie möchten das Notebook im Garten benutzen oder mit sich herumtragen und in verschiedenen Zimmern betreiben. Ist eine Steckdose in der Nähe, können Sie das mitgelieferte Netzteil zur Stromversorgung des Notebooks verwenden. Das Netzteil besitzt ein Kabel mit einem Netzstecker für Steckdosen. Das zweite Kabel mit einem Spezialstecker passt in eine Buchse an der Gehäuserückseite des Notebooks. Falls es Probleme gibt, schauen Sie ggf. im Gerätehandbuch nach, wie das Netzteil an das Notebook anzuschließen ist.

Akkulebensdauer und Akkupflege

In Notebooks kommen Spezialakkus der Hersteller auf Lithium-Ionen-Basis zum Einsatz. Die im Notebook eingebauten Akkus verlieren mit der Zeit an Kapazität. Zudem kann durch falsche Handhabung (z. B. häufiges Aufladen bei teilentladenen Akkus) ein Kapazitätsverlust durch Überhitzung auftreten. Der Akku lässt sich dann nicht mehr vollständig aufladen. Generell geht man davon aus, dass sich die Akkus zwischen 500 und 1.000 Mal aufladen lassen. Die Lebensdauer der Akkus liegt damit irgendwo bei ca. 3 Jahren, wobei einzelne Zellen auch vorher ausfallen können.

Damit Sie lange Freude am Notebook haben und nicht schon nach kurzer Zeit feststellen, dass die voll geladenen Akkus spätestens nach einer halben Stunde schlapp machen, sollten Sie ein paar **Tipps zur Akkupflege** beherzigen.

- **Betreiben Sie** Ihr **Notebook im Haus**, **setzen** Sie auf das **Stromnetz**. Laden Sie den Akku auf ca. 80 bis 90 Prozent auf und nehmen Sie ihn aus dem Gerät heraus. Lagern Sie den Akku bei niedriger Zimmertemperatur.

- Beachten Sie jedoch, dass ein **ausgebauter Akku** durch **Selbstentladung** nach ca. 1 Monat fast leer ist. Um eine Tiefstentladung, die den Akku irreparabel schädigen kann, zu vermeiden, sollten Sie ihn in Intervallen von etwa drei Wochen nachladen.

- Sind Sie beim **Notebook** auf den **Akkubetrieb** angewiesen? Dann arbeiten Sie mit dem Gerät so lange, bis das Notebook einen leeren Akku anzeigt. Erst danach schließen Sie das Notebook an das Netzgerät an und lassen den Akku vollständig aufladen. Dies kann bei ausgeschaltetem Notebook ca. 1,5 Stunden, im laufenden Betrieb aber 2,5 Stunden und länger dauern.

Gerade der letzte Punkt ist wichtig, denn Akkus sollten Sie nur in entladenem Zustand erneut aufladen. Betreiben Sie dagegen das Notebook abwechseln im Akku- und im Netzbetrieb, wird der Akku nur teilweise entladen und erneut aufgeladen. Ein Dauerbetrieb am Netzteil führt ggf., durch das ständige Nachladen des Akkus, zu einer unnötigen Erhitzung, was die Lebensdauer reduziert.

> **HINWEIS**
>
> Konsultieren Sie das Handbuch des Notebooks, um herauszufinden, ob eine Ladeüberwachung vorhanden ist und ob der Hersteller Empfehlungen zum Aufladen gibt. Ist der Akku am Ende der Lebensdauer angelangt oder weist er defekte Zellen auf, wird ein Austausch notwendig. Dummerweise benutzt jeder Hersteller eigene Akkubauformen. Die erste Adresse für Ersatzakkus stellt der Gerätehersteller dar. Schauen Sie im Benutzerhandbuch bzw. auf den Internetseiten des Notebook-Herstellers nach dem Ersatz. Günstiger sind die Akkus bei Drittanbietern (*www.akkumarkt.de*, *www.akkutheke.de* etc.), wobei aber extreme Billigangebote wegen Brandgefahr mit Vorsicht zu genießen sind.

Die Notebook-Tastatur ...

Die Tastatur dient zur Steuerung des Notebooks und zur Texteingabe. Die Belegung der Sondertasten und der Schreibmaschinentasten zur Texteingabe ist auf der Buchinnenseite vorne im Buch zu finden. Weiterhin gehe ich in den Kapiteln zu Windows bzw. zum Schreiben auf das Eingeben von Text über Tastatur ein. Notebook-Tastaturen besitzen aber noch eine Besonderheit – verschiedene Tasten sind mit (meist) blauen Symbolen versehen. Zudem weist die Tastatur in der linken unteren Ecke die `Fn`-Taste auf. Halten Sie diese Taste gedrückt, lassen sich die blau markierten Tastenfunktionen abrufen. So ist beispielsweise der bei normalen Tastaturen vorhandene separate numerische Tastenblock bei Notebooks in den normalen Tastaturblock (Tasten `J`, `K`, `L`, `Ö` etc.) verlagert.

Am oberen Rand findet sich eine Reihe mit speziellen Tasten (die so genannten **Funktionstasten** mit Bezeichnungen wie `F1`, `F2` etc.), über die sich Funktionen direkt abrufen lassen. Blau aufgedruckte Symbole deuten auf eine Doppelbelegung der Tasten mit Sonderfunktionen hin. Mit diesen Tasten lässt sich der TFT-Bildschirm des Notebooks heller oder dunkler einstellen oder ausschalten. Andere Tasten erlauben eine Lautstärkeanpassung der Lautsprecher oder das Abschalten des Touchpads etc. Die Flächen des Notebook-Gehäuses unterhalb der Tastatur dienen übrigens als Handballenauflage beim Tippen.

HINWEIS

Beim Notebook mit der auf der Buchinnenseite gezeigten Tastatur erlauben beispielsweise die Tastenkombinationen `Fn`+`←` und `Fn`+`→`, die Anzeige des TFT-Bildschirms heller bzw. dunkler zu stellen. Die Tastenkombinationen `Fn`+`↑` und `Fn`+`↓` verstellen die Lautstärke. Die Cursortasten (z. B. `←`) finden sich dabei in der rechten unteren Ecke der Tastatur. Mit `Fn`+`F4` wird das Notebook in den Ruhemodus versetzt, während `Fn`+`F5` die Bildschirmanzeige zwischen einem externen Monitor und dem internen TFT-Bildschirm des Geräts umschaltet. Mit `Fn`+`F6` lässt sich dagegen die Hintergrundbeleuchtung des internen TFT-Monitors abschalten, was Strom spart und im Akkubetrieb ganz hilfreich sein kann. Die Tastenkombination `Fn`+`F7` schaltet das Touchpad ein bzw. aus (hilfreich, wenn eine externe Maus benutzt wird), während `Fn`+`F8` die Lautsprecherausgabe ein- oder ausschaltet (ganz nett, wenn Sie die Soundausgabe allzu sehr stört). Leider unterscheidet sich die Funktionsbelegung der `Fn`-Taste etwas zwischen den einzelnen Geräteherstellern. Ich empfehle Ihnen daher einen Blick in die Geräteunterlagen, um die Tasten für die hier genannten Sonderfunktionen herauszufinden.

... und das Touchpad

Statt einer Maus verfügen moderne Notebooks über ein sogenanntes Touchpad (sprich »Tatchpäd«). Es handelt sich um eine berührungsempfindliche Fläche und ein Tastenfeld, mit dem sich die Funktionalität einer Maus nachempfinden lässt.

Hier sehen Sie ein typisches Touchpad samt dem aus drei Tasten bestehenden Tastenfeld.

In Kapitel 2 lernen Sie den Umgang mit der Maus zur Bedienung von Windows. Aus Vereinfachungsgründen beziehen sich alle Hinweise in den folgenden Kapiteln auf das Arbeiten mit einer Maus. **Sofern Sie** keine Maus, sondern das **Touchpad** des Notebooks **verwenden**, müssen Sie folgende

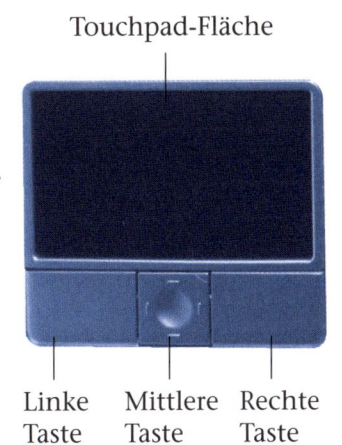

Touchpad-Fläche

Linke Taste   Mittlere Taste   Rechte Taste

Arbeitstechniken beherrschen und entsprechend den »Anweisungen zum Umgang mit der Maus« in den Folgekapiteln anwenden.

- Streichen Sie mit dem Finger über die berührungsempfindliche Fläche des Touchpads, wird der Cursor auf dem Bildschirm bewegt. Dies entspricht der in Kapitel 2 erläuterten Technik »Zeigen Sie mit der Maus«.

- Tippen Sie das Touchpad kurz mit dem Finger an, wirkt dies wie das in Kapitel 2 beschriebene »Klicken mit der linken Maustaste«. Ein schnelles doppeltes Antippen des Touchpads mit dem Finger entspricht dagegen dem »Doppelklick mit der Maus«.

Es ist nur ein leichter Druck auf die berührungsempfindliche Fläche erforderlich – starker Druck erhöht keinesfalls die Reaktionsfähigkeit, kann aber zur Beschädigung des Sensors führen! **Unterhalb** des **Touchpad**s **finden** Sie meist noch **drei Tasten**, die folgende **Bedeutung** haben.

- Drücken Sie die linke Taste unterhalb des Touchpads einmal kurz, entspricht dies ebenfalls dem »Klicken mit der Maus«. Ein zweimaliges kurzes Antippen der linken Taste entspricht dem »Doppelklick per Maus«.

- Drücken Sie die rechte Taste unterhalb des Touchpads einmal kurz, öffnet dies unter Windows ein sogenanntes Kontextmenü und entspricht dem »Klicken mit der rechten Maustaste«.

- Die mittlere Taste ist hier als »4-Wege-Bildlauftaste« realisiert, um Fensterinhalte nach oben, unten, rechts oder links zu bewegen. Hierzu lässt sich die betreffende Taste in den vier Bewegungsrichtungen kippen. Dies entspricht dem in Kapitel 2 beschriebenen Klicken auf die Bildlaufleisten von Fenstern.

- Halten Sie die linke Taste gedrückt und streichen mit dem Finger über die Fläche des Touchpads, entspricht dies der Technik »Ziehen mit der Maus«. Alternativ können Sie auch die rechte Taste drücken und dann mit dem Finger über das Touchpad streichen, um das »Ziehen mit der rechten Maustaste« zu simulieren.

Sie sollten nur mit trockenen und sauberen Fingern die Fläche des Touchpads berühren. Ein verschmutztes Touchpad wird u. U. nicht mehr reagieren. Reinigen Sie dann die Fläche mit einem feuchten Lappen.

> **HINWEIS**
>
> Notebooks der Firma IBM besitzen meist noch einen so genannten **Trackpoint**. Dieser ist als kleine rote Kunststoffkugel in der Tastatur eingebaut. Durch leichtes Drücken mit dem Finger erlaubt dieser Trackpoint, den Mauszeiger auf dem Bildschirm in vier Richtungen zu bewegen.

> **TIPP**
>
> Persönlich empfinde ich aber das Arbeiten mit dem Trackpoint und dem Touchpad als recht umständlich. Sofern ich zu Hause, am Schreibtisch, mit dem Notebook arbeite, verwende ich daher eine zusätzliche Maus (und teilweise sogar eine Zusatztastatur). Auf diese Frage gehe ich auf den folgenden Seiten noch kurz ein.

DVD-Laufwerke und -Brenner

Um Programme auf dem Notebook einzuspielen, Musik zu hören oder Videos auf DVD anzusehen, sind moderne Notebooks mit einem **DVD-Laufwerk** (oder Blu-ray Disc-Laufwerk) ausgestattet. Diese Laufwerke können sowohl die von der Musikindustrie zur Speicherung von Musikstücken verwendeten **Audio-CDs** als auch normale **Programm-** oder **Foto-CDs** lesen. Größere Datenmengen oder gar Videofilme werden dagegen auf so genannten DVDs oder BDs verbreitet und lassen sich ebenfalls in einem DVD-Laufwerk einlesen. Mittlerweile werden praktisch alle Notebooks bereits ab Hersteller statt mit einem DVD/BD-Laufwerk mit einem **DVD-Brenner** ausgestattet. Ein solches Laufwerk kann sowohl **CDs** als auch **DVDs** einlesen, gestattet aber auch, CDs (steht für Compact Disk) oder DVDs (steht für Digital Versatile Disk) mit

Fotos, Videos, Programmen, Dokumenten etc. **selbst** herzustellen (zu **brennen**, siehe Kapitel 3). BD-Laufwerke und -Brenner sind zurzeit noch recht teuer und weniger verbreitet.

CDs, DVDs und BDs richtig handhaben

An dieser Stelle sollte ich Ihnen vielleicht auch noch einige Hinweise zur richtigen Handhabung der Medien sowie zur Bedienung des DVD/BD-Laufwerks geben.

Das im Notebook eingebaute Laufwerk besitzt an der Frontseite eine Auswurftaste. Ist das Notebook eingeschaltet und drücken Sie kurz auf die Taste, wird die Schublade ausgefahren. Eine bereits eingelegte CD, DVD oder BD lässt sich dann entnehmen.

Um ein Medium zu laden, legen Sie dieses mit der spiegelnden Seite nach unten, die beschriftete Seite sollte von oben sichtbar sein, in das Laufwerk. Legen Sie das Medium so ein, dass der bei Notebook-DVD-Laufwerken vorhandene Zentrierungsdorn in das Loch in der Mitte der CD/DVD/BD passt. Wenn Sie das Medium dann leicht andrücken, rastet dieser Dorn genau im Zentrierungsloch der CD/DVD/BD ein. Anschließend drücken Sie die Schublade des Laufwerks in das Gehäuse ein, bis der Mechanismus einrastet.

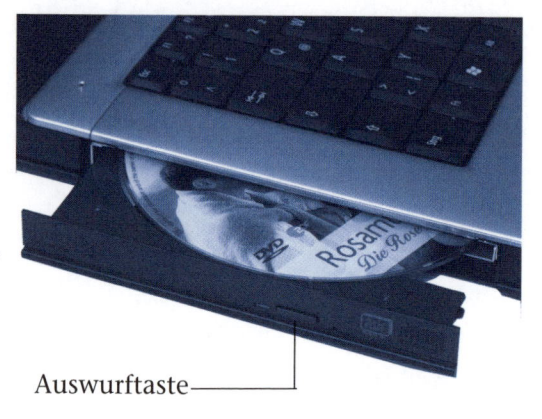

Auswurftaste

HINWEIS

Die Oberseite einer CD/DVD/BD ist meist vom Hersteller bedruckt, während die silbern, golden oder blau schimmernde Unterseite zum Ablesen der Daten benutzt wird. Achten Sie darauf, dass diese Unterseite frei von Schmutz, Fingerabdrücken oder Kratzern bleibt. Fassen Sie die CD/DVD/BD immer am Rand an, um Fettflecke zu vermeiden, und legen Sie nicht mehr benutzte Medien in die Schutzhülle zurück. Falls Sie diese Hinweise nicht beachten, besteht die Gefahr, dass sich die CD bzw. DVD nicht mehr abspielen lässt.

TIPP

Beim Einlegen einer CD/DVD/BD versucht Windows sofort, deren Inhalt zu lesen (erkennbar am Blinken der Anzeige an der Frontseite des Laufwerks). Manchmal wird dann automatisch ein Programm gestartet. Den Programmstart können Sie verhindern, indem Sie nach dem Einfahren der Schublade die ⇧-Taste auf der Tastatur für einige Sekunden gedrückt halten. Solange die Anzeige des Laufwerks blinkt, lässt sich die Schublade nicht mehr ausfahren (oder sie wird sofort wieder eingefahren). Gelegentlich kommt es auch vor, dass sich eine CD, DVD oder BD nicht mehr lesen lässt, wodurch das Laufwerk sehr lange arbeitet. Warten Sie in allen Fällen ab, bis die Zugriffsanzeige am Laufwerk erlischt, und drücken Sie dann die Auswurftaste. Bei Leseproblemen hilft es manchmal, das Medium herauszunehmen und den ganzen Vorgang nochmals durchzuführen.

Festplattenlaufwerke im Notebook

Zur Speicherung der Daten ist im Notebook eine so genannte **Festplatte** (manchmal auch als **Harddisk-Drive** oder abgekürzt **HDD** bezeichnet), eingebaut. Sie brauchen sich um dieses Teil eigentlich nicht zu kümmern. Für die Menge an aufzunehmenden Daten ist die Festplattenkapazität ausschlaggebend, die bei modernen Geräten zwischen 16 Gbyte (bei Netbooks) und 360 Gbyte liegt. Dies erlaubt Ihnen, neben Windows auch viele Dokumente, Fotos, Musik und sogar Videos auf der Festplatte abzulegen. In Kapitel 2 gehe ich auf das Arbeiten mit dem Inhalt der Festplatte ein.

HINWEIS

Beachten Sie, dass eine Festplatte ein stoßempfindliches Gebilde ist (beim Anstoßen kann der Schreib-/Lesekopf auf die rotierende Metallscheibe aufschlagen und die Speicherschicht beschädigen). Sie sollten das Notebook daher keinesfalls während des Betriebs harten Stößen aussetzen, da dies die Festplatte beschädigen und zu Datenverlusten führen kann. Lediglich die in manchen Netbooks eingebauten Solid-State-Disks (SSDs) sind stoßunempfindlich, da sie aus Speicherchips bestehen. Auch ein ausgeschaltetes Notebook sollte nicht fallen gelassen werden, da dann neben der Festplatte die TFT-Anzeige Schaden nehmen könnte.

Machen Sie das Notebook arbeitsbereit

Im vorhergehenden Abschnitt haben Sie einen groben Überblick über das Notebook und die Handhabung von Tastatur, Touchpad und DVD-Laufwerk erhalten. Jetzt erfahren Sie, wie Sie ggf. Zubehör wie Drucker oder externe Geräte anschließen und was die vielen Anschlussbuchsen bedeuten.

Auspacken, anschließen, einschalten!

Haben Sie sich gerade ein Notebook zugelegt? Die Inbetriebnahme ist mit wenigen Handgriffen erledigt, da bei einem solchen Gerät eigentlich alle Funktionen an Bord sind.

- Packen Sie das Gerät aus und überprüfen Sie, ob nichts beschädigt ist. Werfen Sie zumindest einen Blick in das Gerätehandbuch, um zu prüfen, ob alle Teile vorhanden sind, und festzustellen, ob etwas Besonderes bei der Inbetriebnahme zu beachten ist.

- Stöpseln Sie den Stecker des Netzteils in die Steckdose und verbinden Sie das andere Ende des Netzteilkabels mit der Stromeingangsbuchse des Notebooks.

- Entriegeln Sie den Deckel des Notebooks über die entsprechende Taste und klappen Sie diesen so hoch, dass die TFT-Anzeige zu sehen ist. Anschließend brauchen Sie nur noch den Einschalter am Gerät zu drücken.

Dann sollte das Notebook Windows starten. Es kann einige Zeit dauern, bis Sie zum Anmeldebildschirm von Windows kommen (siehe Kapitel 2) und mit dem Gerät arbeiten können. Bei der ersten Inbetriebnahme sind die Akkus vermutlich noch leer. Belassen Sie das Gerät so lange am Netz, bis die Akkus vollständig aufgeladen sind.

Drucker und Druckeranschluss

Um einen Brief, eine Webseite oder etwas anderes zu Papier zu bringen, werden Sie einen Drucker benötigen.

Im Privatbereich empfiehlt es sich, auf einen der recht preiswerten **Tintenstrahldrucker** zurückzugreifen. Diese können heute in Farbe und Schwarz-Weiß drucken, lassen sich also sowohl zur Ausgabe von Dokumenten als auch für den Fotodruck verwenden. Einziger Nachteil ist, dass die Tinte nicht wasserfest und recht teuer ist.

Beim Kauf solcher Tintenstrahldrucker empfiehlt es sich, auf Geräte mit einzeln auswechselbaren Farbtanks zu achten, um die Druckkosten niedrig zu halten. Je nach Druckermodell lassen sich zudem preiswertere Tintenpatronen von Drittherstellern oder Nachfüllpacks über den Fachhandel (oder über den Versandhandel wie z. B. Firma Pearl, *www.pearl.de*) beziehen.

HINWEIS
Wer viel druckt oder auf wischfeste Ausdrucke Wert legt, kann auf einen der mittlerweile preiswerten Schwarz-Weiß-**Laserdrucker** zurückgreifen. Diese arbeiten, ähnlich wie Fotokopierer, mit Toner. Farblaserdrucker sind noch recht teuer, haben hohe Druckkosten und eignen sich (noch) nicht für den Fotodruck.

Der Anschluss und die Inbetriebnahme des Druckers ist recht einfach. Moderne Drucker lassen sich über ein so genanntes USB-Kabel an das Notebook anschließen. Dieses Kabel besitzt zwei Stecker an seinen Enden. Stöpseln Sie das Ende mit dem hier gezeigten Stecker in die entsprechende Buchse an der Geräterückseite des Druckers.

> **HINWEIS**
>
> Hier ist der betreffende USB-Anschluss des Druckers rechts zu sehen. Die linke Buchse erlaubt den Anschluss eines parallelen Druckerkabels. 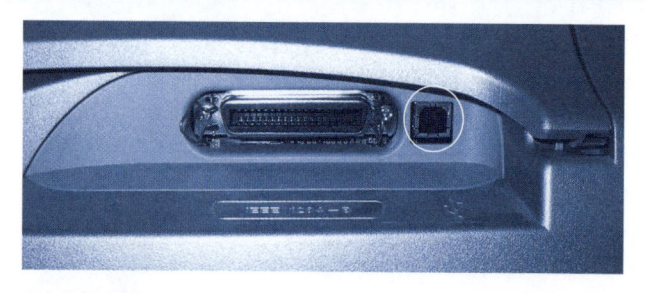
>
> An modernen Notebooks sind aber meist keine Anschlussbuchsen für parallele Druckerkabel mehr vorhanden. Ein USB-Kabel für den Drucker erhalten Sie bei Bedarf im Fachhandel.

Das zweite Ende des USB-Kabels mit dem hier gezeigten USB-Stecker ist für den Anschluss an den Computer bzw. das Notebook vorgesehen. Notebooks bieten meist mehrere USB-Buchsen zum Anschluss verschiedener Geräte (Zusatzmaus, Drucker, Scanner).

Stöpseln Sie den USB-Stecker in eine leere USB-Buchse des Notebooks ein.

Das war es schon. Bei der erstmaligen Inbetriebnahme erkennt Windows den (eingeschalteten) Drucker und installiert ein als (Drucker-)Treiber bezeichnetes Steuerprogramm. Kennt Windows den Drucker nicht, werden Sie zum Einlegen der CD des Druckerherstellers aufgefordert. Windows sucht dann auf der in das DVD-Laufwerk eingelegten CD den Treiber und kopiert diesen eigenständig auf die Festplatte. Sie werden lediglich in verschiedenen Fenstern aufgefordert, diese Schritte zu bestätigen (eine Einführung in die Bedienkonzepte von Windows-Fenstern finden Sie in den folgenden Kapiteln).

TECHTALK

Geräteanschlüsse, das sollten Sie wissen

Um möglichst einfach Geräte wie Maus, Drucker, Scanner, Tastatur etc. an einen Computer anzuschließen, wurde vor einigen Jahren die so genannte **USB-Anschlusstechnik** entwickelt (USB steht für Universal Serial Bus). Auf Grund des geringen Platzangebots besitzen moderne Notebooks fast nur noch USB-Buchsen zum Anschluss externer Geräte. USB 2.0 ist die schnellere Variante, die durch neue Geräte wie externe Festplatten oder Brenner benötigt wird. Ein großes Plus der **USB-Technik** gegenüber den anderen Anschlusstechniken: Es gibt nur einen USB-Buchsentyp am Notebook und es ist zulässig, **Geräte während des laufenden Betriebs an- und abzustöpseln**. Das Notebook erkennt dies und bindet das Gerät automatisch ein bzw. meldet das Gerät wieder ab – nur beim ersten Anschließen eines Geräts fordert Windows die Installation eines Gerätetreibers. Reichen die verfügbaren USB-Buchsen am Notebook nicht, gibt es im Fachhandel so genannte **USB-Hubs**. Dies sind kleine Verteilerkästen, die für einen USB-Anschluss vier zusätzliche USB-Ausgänge bereitstellen.

Manche modernen Notebooks weisen teilweise noch eine eSATA-Buchse zum Anschluss externer Festplattenlaufwerke sowie eine HDMI-Buchse zur Bildschirmausgabe an einem Fernseher auf. Eine zum Anschluss von Videokameras (Camcorder) mit **FireWire-Schnittstelle** (IEEE 1394, i.Link) benötigte FireWire-Buchse fehlt dagegen. eSATA-, HDMI- oder FireWire-Schnittstellen lassen sich bei den meisten Notebooks über sogenannte CardBus-Adapter nachrüsten.

Obwohl die meisten Notebooks eingebaute Lautsprecher und ein Mikrofon aufweisen, können Sie über separate Buchsen auch eine Verbindung zur Hi-Fi-Anlage oder zu einem separaten Mikrofon aufbauen. Die hier gezeigte Frontseite eines Notebooks enthält neben einer USB-Buchse und der Lautsprecheröffnung (rechts) noch drei Audiobuchsen. Über diese Buchsen lassen sich Audiosignale über Kabel mit 3,5-mm-Klinkenstecker übertragen.

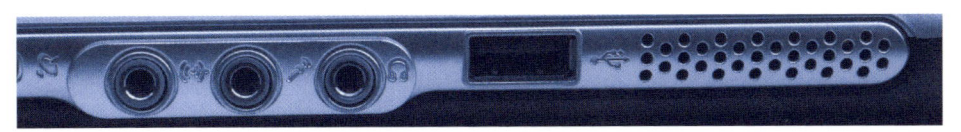

Die linke, mit einem blauen Ring gekennzeichnete Buchse erlaubt das Einspeisen von Audiosignalen in das Notebook – während die mittlere, mit einem roten Ring markierte Buchse den Anschluss eines externen Mikrofons ermöglicht. Die Tonsignale beider Eingänge können mit geeigneten Programmen aufgezeichnet werden. Sie können dies beispielsweise nutzen, um Radiomitschnitte von der Hi-Fi-Anlage oder Sprachnachrichten vom Mikrofon aufzuzeichnen und später auf CD bzw. DVD zu brennen. Die rechte, mit einem grünen Ring gekennzeichnete Miniaturbuchse dient zum Anschluss eines Kopfhörers. Über ein Audiokabel können Sie diese Buchse des Notebooks auch mit der Hi-Fi-Anlage verbinden, um Tonsignale in Stereoqualität an die externe Anlage zu übertragen.

Laufwerke für Wechseldatenträger

Viele Benutzer eines Notebooks besitzen auch eine Digitalkamera. Meist wird die Kamera über ein USB-Kabel an das Notebook angeschlossen. Dann muss ein spezieller Treiber installiert werden, um die Fotos von der Kamera lesen zu können. Einfacher und schneller geht es mit einem **Lesegerät** für solche Speicherkarten. Manche Notebooks besitzen bereits einen entsprechenden Einschub zum Lesen von Speicherkarten (SD- oder MMC-Speicherkarten).

Alternativ werden solche Lesegeräte, die gleich mehrere Kartenformate unterstützen, bereits für unter 10 Euro im Fachhandel angeboten. Achten Sie beim Kauf lediglich darauf, dass diese für Windows keine Treiber benötigen. Dann reicht es, das Laufwerk über ein USB-Kabel an den Computer anzuschließen – fertig!

Zum Sichern und zum Transport von großen Datenmengen zwischen Notebooks kommen auch so genannte **USB-Memory-Sticks** mit 512 Mbyte oder mehr Speicherkapazität zum Einsatz.

Wird eine Speicherkarte in das Lesegerät oder ein USB-Memory-Stick in eine USB-Buchse des Notebooks eingesteckt, erkennt Windows dies und zeigt das Laufwerk als Wechseldatenträger an (siehe Kapitel 2). Sie können dann die Fotos oder Daten direkt von der Speicherkarte auf die Festplatte kopieren. Natürlich lassen sich auch Daten von der Festplatte auf die Speicherkarte bzw. den Memory-Stick zurückschreiben. Achten Sie lediglich darauf, dass Sie den Memory-Stick oder die Speicherkarte nicht abziehen, solange noch Daten geschrieben werden. Der Zugriff auf die Speichermedien wird meist durch eine kleine Statusleuchte angezeigt.

HINWEIS

Neben den hier erwähnten Speicherkartenlesern gibt es im Handel auch externe Festplatten oder DVD-Brenner, die sich über USB-Kabel an das Notebook anschließen lassen. Achten Sie bei solchen Geräten darauf, dass diese eine eigene Stromversorgung besitzen – andernfalls kann es zu Problemen beim Betrieb kommen. Einfache Geräte wie Mäuse, Speicherkartenleser, USB-Memory-Sticks brauchen dagegen nur wenig Strom, den sie aus der USB-Buchse des Notebooks beziehen.

Externe Maus, Tastatur und Bildschirm?

Da haben Sie ein Notebook gekauft, weil das alles schön kompakt ist und sich mitnehmen oder schnell in einen Schrank verstauen lässt. Wer jedoch viel mit dem Gerät arbeitet, wird einige Einschränkungen bemerken. Ich persönlich arbeite lieber mit einer Maus als mit einem Touchpad und das Eintippen langer Texte geht mir mit einer externen Computertastatur auch flotter von der Hand. Um Fotos und Videos zu begutachten oder eine Diashow vorzuführen, schließe ich gelegentlich auch einen Computermonitor oder einen Videoprojektor an das Notebook an.

Falls Sie auch Probleme mit dem Touchpad haben, empfehle ich auf jeden Fall die Verwendung einer externen Maus. Für Notebooks gibt es sogar spezielle, etwas kleinere Mäuse. Achten Sie lediglich darauf, dass die Maus mit einem USB-Kabel versehen ist, damit sie an die entsprechende Buchse des Notebooks passt. Ob Sie eine Maus mit drei Tasten oder einem Rädchen verwenden, bleibt Ihnen überlassen. Mein Rat ist lediglich, auf Funkmäuse zu verzichten.

Einmal ist der ständige Batteriewechsel ein Ärgernis. Zudem lassen sich Funkmäuse leicht durch Telefone, WLAN-Funkstrecken etc. stören. Viele Computermäuse müssen auf einer Unterlage aus Gummi bzw. Schaumstoff bewegt werden. Diese als Mauspad (sprich »Mauspäd«) bezeichnete Ablage ist erforderlich, damit die Kugel die Mausbewegungen auf dem Schreibtisch mitmacht. Es gibt aber auch moderne Mäuse, die mit einem optischen Verfahren die Oberfläche der Tischplatte abtasten und die Mausbewegungen dadurch erkennen.

> **HINWEIS**
>
> Den Umgang mit der Maus und die wichtigsten Arbeitstechniken (Zeigen, Klicken, Doppelklicken, Ziehen) lernen Sie in den folgenden Kapiteln. Eine Übersicht über die Tastatur samt den wichtigsten Tasten finden Sie auf den vorhergehenden Seiten.

Eine Alternative zur Maus stellt der nebenstehend gezeigte so genannte **Trackball** dar. Dort befindet sich eine Kugel an der Oberseite. Per Daumen lässt sich diese Kugel drehen, die Bewegungen der Maus werden simuliert. Ein Trackball bietet Vorteile, falls kein Platz für die Bewegungen der Maus vorhanden ist oder wenn die Handhabung der Maus (wegen motorischer Einschränkungen bzw. zitternder Hände) Probleme bereitet.

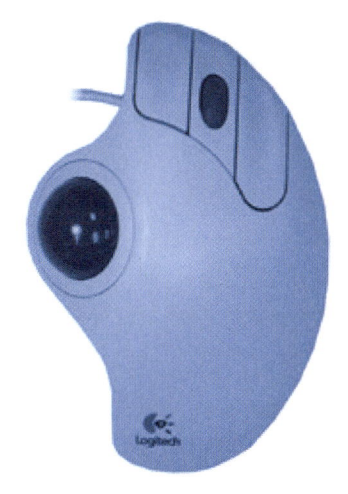

Falls Sie viel schreiben, können Sie auch eine externe Tastatur an das Notebook anschließen. Achten Sie beim Kauf der Tastatur lediglich darauf, dass diese mit einem USB-Kabel versehen ist.

(Quelle: Logitech)

> **TIPP** 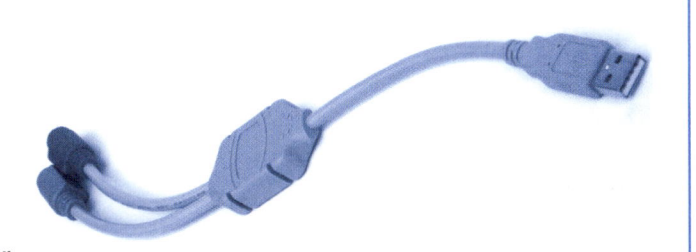
>
> Haben Sie noch eine ältere Maus oder Tastatur von einem Computer, die nur mit PS/2-Buchsen versehen sind? Im Fachhandel gibt es für ca. 10 Euro einen USB-PS/2-Adapter, an dessen PS/2-Buchsen Tastatur und Maus passen, während das andere Kabelende des Adapters mit dem USB-Stecker in eine USB-Buchse des Notebooks passt.

Die TFT-Anzeige eines Notebooks kann für Brillenträger mit Gläsern ab 4 Dioptrien wegen der besseren Adaption zwischen Tastatur und Bildschirm eine echte Alternative sein. Allerdings ist die Ablesbarkeit der TFT-Anzeige doch noch etwas schlechter als bei einem Computermonitor. Zur Bearbeitung von Fotos und Videos kann ein **Computermonitor** Vorteile bringen. Oder Sie möchten eine Diashow am Computer ablaufen lassen, diese aber über einen **Videoprojektor** auf eine Großleinwand werfen.

Für solche Fälle lassen sich ein externer Computermonitor oder ein Videoprojektor über ein so genanntes VGA-Kabel an die VGA-Buchse des Notebooks anschließen.

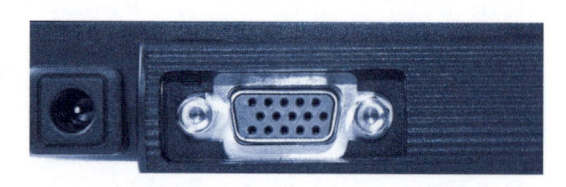

Hier sehen Sie die an der Gehäuserückseite des Notebooks angebrachte VGA-Buchse.

Die Buchse ist nicht zu verwechseln, da sie drei Stiftreihen besitzt und nur die VGA-Stecker eines Monitors oder eines Projektors passen. Die hier links erkennbare Buchse dient dem Stromanschluss eines externen Netzgeräts.

Modem, ISDN, DSL oder Netzwerk?

Sie können mit Ihrem Notebook auch eine Verbindung mit anderen Computern oder mit dem Internet herstellen.

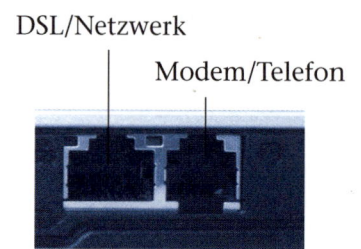

Notebooks besitzen häufig bereits ein eingebautes analoges **Modem** und einen **Netzwerkanschluss**. Dann finden Sie an der Geräteseite die hier gezeigten Anschlussbuchsen. Die Netzwerkbuchse ist etwas breiter als die Telefonbuchse des Modems.

DSL/Netzwerk

Modem/Telefon

Sie können die RJ-11-Modembuchse des Notebooks über ein spezielles Telefonkabel mit einer Telefondose verbinden und über ein Zugangsprogramm eine Internetverbindung aufbauen. Das Modem ist auch hilfreich, falls Sie in einem Hotel nur einen Telefonanschluss haben. Je nach Land benötigen Sie aber spezielle Telefonadapter, um den Anschluss an die Telefondose herzustellen. Erkundigen Sie sich ggf. im Fachhandel.

Besitzen Sie dagegen einen ISDN-Zugang des Telefonanbieters (z. B. der T-Com in Deutschland), benötigen Sie eine **ISDN-Box**. Viele Notebooks besitzen an der Gehäuseseite einen so genannten

Machen Sie das Notebook arbeitsbereit 31

PC-Card-Einschub, in den sich verschiedene PC-Card-Module einstecken lassen. Im Fachhandel werden PC-Cards angeboten, die sowohl einen analogen Modemausgang als auch eine ISDN-Schnittstelle bereitstellen. Hier sehen Sie ein solches PC-Card-Modul (links) sowie den PC-Card-Einschub (rechts) am Notebook.

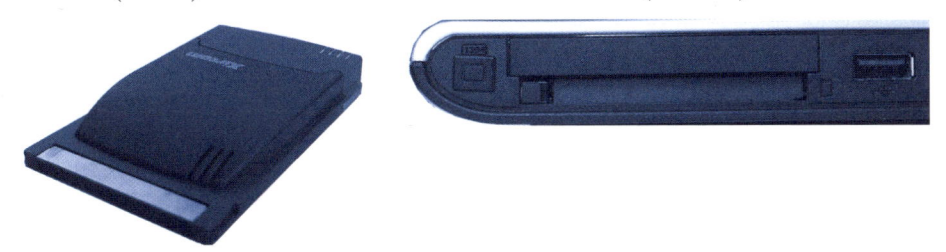

Die andere Möglichkeit: Sie kaufen sich im Fachhandel eine **USB-ISDN-Box** (z. B. FRITZ!Card USB). Diese wird über ein USB-Kabel mit einer freien USB-Buchse des Notebooks verbunden. Ein spezielles ISDN-Kabel wird dann mit einer freien Buchse der ISDN-Telefondose verbunden.

Der **DSL-Netzwerkausgang** (RJ-45-Buchse) des Notebooks erlaubt Ihnen, über ein spezielles Netzwerkkabel eine Verbindung mit einem anderen Computer, mit einem **Netzwerkverteiler** (Switch, Hub oder Router) oder mit einem so genannten **DSL-Modem** herzustellen. Das DSL-Modem stellt den schnellen Internetzugang bereit, während der Router den Anschluss mehrerer Computer über Netzwerkkabel erlaubt. Dann können die Computer untereinander und mit dem Notebook Daten austauschen. Ein DSL-Modem wird meist vom Anbieter des DSL-Zugangs bereitgestellt. Es gibt aber im Fachhandel auch Geräte (z. B. FRITZ!Box LAN), die sowohl ein DSL-Modem als auch eine so genannte Routerfunktion aufweisen.

Um mit einem Notebook mobil zu sein, wird häufig auf Funkübertragung gesetzt. Dann wird die Verbindung zwischen Notebook und dem Router (z. B. FRITZ!Box WLAN) über eine **WLAN-Funkverbindung** hergestellt. Weitere Hinweise zu diesem Thema finden Sie in den Kapiteln 5 und 6.

> **FACHWORT**
>
> Der Begriff **Modem** steht für Modulator/Demodulator, ein Verfahren, mit dem Rechnerdaten per Telefonleitung übertragen werden. **ISDN** steht für **Integrated Services Digital Network**. ISDN hat gegenüber der herkömmlichen Telefontechnik einige Vorteile, es stellt z. B. drei Rufnummern auf zwei Leitungen bereit. Ein ISDN-Anschluss bietet immer einen Datendurchsatz von 64 Kilobit pro Sekunde. Sie können mit ISDN also wesentlich schneller Daten zwischen dem Internet und Ihrem Computer austauschen als über ein Analogmodem. **DSL** steht für **Digital Subscriber Line**, eine Technik, mit der sich über Telefonleitungen Daten mit 1 500 Kilobit pro Sekunde und mehr übertragen lassen. **Switch**, **Hub** und **Router** sind Netzwerkverteilstationen, über die sich mehrere Computer mittels so genannter (CAT.5-)Netzwerkkabel miteinander verbinden lassen. **WLAN** ist die Abkürzung für Wireless Local Area Netzwork (also ein drahtloses lokales Funknetzwerk).

Software und Pflege

In diesem Abschnitt möchte ich noch kurz skizzieren, welche Programme man ggf. zur Nutzung des Notebooks braucht und was es im Hinblick auf die Pflege des Geräts bzw. dessen Einsatz zu beachten gibt. Weiterhin finden Sie noch eine kurze Übersicht mit Hinweisen, was die Prospektangaben bei Notebooks bedeuten und auf was man beim Gerätekauf achten sollte.

Was ist Soft- und Hardware?

Bei Computern wird zwischen Hardware und Software unterschieden. Unter **Hardware** versteht man alle **sichtbaren** und **anfassbaren Teile** des Notebooks (TFT-Bildschirm, Festplatte, Tastatur, Maus etc.). Um überhaupt etwas mit dem Notebook tun zu können, benötigen Sie aber noch **Programme**, die auch mit dem **Sammelbegriff Software** bezeichnet werden. Diese Programme werden auf der Festplatte des Systems gespeichert und stellen die Funktionen zum Anzeigen von Bildern, zum Schreiben von Briefen, zum Ansehen von Videos etc. bereit.

Welche Programme brauche ich?

Da Programme ja auch Geld kosten, stellt sich die Frage, welche Sie wirklich benötigen und welche bloß teure Spielereien sind.

- Das Notebook benötigt auf jeden Fall ein **Betriebsprogramm**, allgemein als **Betriebssystem** bezeichnet. Moderne Notebooks sind vom Hersteller bereits mit **Microsoft Windows Vista** oder **Windows 7** ausgestattet. Ältere Notebooks enthalten vielleicht noch **Windows XP** als Betriebssystem.

- Zusätzlich brauchen Sie u. U. noch einige **Anwendungsprogramme** zum Schreiben von Briefen oder Texten, zum Bearbeiten von Fotos, zum Abspielen von Musik, zum Ansehen eines Videos etc. Welche Programme Sie einsetzen und benötigen, hängt von Ihren Wünschen ab. Ich gehe in späteren Kapiteln noch auf verschiedene solcher Programme ein.

Microsoft Windows bietet eine Reihe von **Funktionen**, um den Inhalt von Festplatten, CDs oder Wechseldatenträgern anzusehen oder zu bearbeiten. Selbst einfache Programme zum Schreiben von Texten, zum Surfen im Internet oder zum Austauschen elektronischer Post sind vorhanden. Von Windows gibt es verschiedene Versionen (z. B. Windows XP, Windows Vista etc.), die sich aber in der Bedienung weitgehend gleichen. Da moderne Notebooks ausschließlich mit Microsoft Windows 7 bzw. Windows Vista ausgestattet sind, werden aus Platzgründen nur diese beiden Windows-Versionen in diesem Buch behandelt. Auf alternative Betriebssysteme wie Linux kann ich leider auch nicht eingehen.

Falls Sie spezielle Anforderungen an das Notbook haben, z. B. längere Texte verfassen oder ein Haushaltsbuch führen wollen, benötigen Sie speziell auf diese Aufgaben zugeschnittene Programme. Von Microsoft wird das Produkt **Microsoft Office** angeboten. Manchmal liefert der Hersteller des Notebooks eine einfache Version von Microsoft Office oder die funktional reduzierte **Microsoft Works Suite** für einen geringen Aufpreis gleich mit. Als Alternative zu Microsoft Office lassen sich das deutlich preiswertere Programm **StarOffice** oder die kostenlose Variante **OpenOffice.org** verwenden.

Diese Office-Pakete bieten ein **Textverarbeitungsprogramm** (**Microsoft Word** oder OpenOffice.org **Writer**) zum Verfassen von Briefen, Einladungen, Broschüren etc. Ein **Tabellenkalkulationsprogramm** (**Microsoft Excel** oder OpenOffice.org **Calc**) erlaubt Berechnungen (Haushaltsbuch, Umsatzstatistiken, PKW-Kostenermittelung etc.) auszuführen. Weiterhin enthalten die Office-Pakete noch Programme, um Grafiken oder Präsentationen zu erstellen (**Microsoft PowerPoint**, OpenOffice.org **Draw** und **Impress**). Ein Datenbankprogramm (z. B. **Microsoft Access** oder OpenOffice.org **Base**) erlaubt, große Datenmengen wie Adressbestände zu verwalten. Auf Textverarbeitung und Tabellenkalkulation komme ich in Kapitel 4 zurück.

Kleine Hilfe zum Notebook-Kauf

In den Anzeigen werben die Hersteller und Händler mit allerlei technischen Angaben für die angebotenen Notebooks. Nach der Lektüre der vorhergehenden Seiten kennen Sie bereits einige Fachbegriffe und können einiges an Computer-Chinesisch enträtseln. Hier gebe ich noch einige zusätzliche Hinweis, was beim Kauf eines Notebooks zu beachten ist und was verschiedene Fachbegriffe in Computeranzeigen bedeuten.

- In jedem Computer muss ein **Prozessor** (der eigentliche Rechenchip, auch als Central Processing Unit oder kurz **CPU** bezeichnet) eingebaut sein. Notebooks enthalten Chips der Firmen Intel oder AMD mit Produktnamen wie Celeron, Athlon, Atom, Intel® Core 2 Duo etc. für die jeweilige CPU. Wichtig ist die Rechengeschwindigkeit (Taktrate) des Prozessors, die in Gigaherz (GHz) angegeben wird. Taktraten von 1,7 bis 2,8 GHz sind für die meisten Aufgaben ausreichend – nur zur Videobearbeitung sollten Sie ein Notebook mit schnellerem Prozessor kaufen.

- Wichtig ist die Ausstattung des Arbeitsspeichers mit RAM (steht für Random Access Memory). Ein modernes Notebook sollte mit mindestens **2 Gbyte**, besser **3 bis 4 Gbyte** ausgestattet sein.

- Zum Speichern von Windows, der genutzten Programme oder Dokumente wie Briefe, Fotos, Videos, Musik etc. wird die eingebaute **Festplatte** des Notebooks benutzt. Ein modernes Notebook sollte mindestens eine **160-GB-Festplatte** aufweisen. Um auch Videos und viele Fotos speichern zu können, empfehle ich aber, auf größere Festplatten zurückzugreifen.

- Um CDs und DVDs lesen oder auch selbst herstellen (brennen) zu können, wird ein **DVD-Brenner** benötigt. Achten Sie beim Kauf darauf, dass der DVD-Brenner die gängigen Formate für CDs und DVDs lesen und schreiben kann (siehe Kapitel 3).
- Das **TFT-Display** besitzt dann noch eine bestimmte **Bildschirmdiagonale** (15 oder 17 Zoll). Achten Sie beim Kauf darauf, dass diese Anzeige groß genug, nicht spiegelnd und gut lesbar ist. Ein Problem ist meist die Ablesbarkeit bei seitlicher Blickrichtung.
- Wichtig ist in meinen Augen auch die vom Hersteller angegebene **Akkulaufzeit** in Stunden, falls Sie das Notebook mobil nutzen möchten. Zwei bis drei Stunden sollte eine Akkuladung schon ausreichen, sonst macht das Arbeiten wenig Spaß.
- Eine im Prospekt angegebene **WLAN-Funktion** ist ein Hinweis, dass das Notebook in einem Funknetzwerk betrieben werden kann. Es kann dann zu einer so genannten WLAN-Station zu Hause oder zu einem in Bahnhöfen, Cafés, Flughäfen etc. betriebenen öffentlichen Internetzugang (**Hotspot**) Kontakt aufnehmen, um beispielsweise ins Internet zu gehen.

Ein Netzwerk/DSL-Ausgang ist hilfreich, wenn Sie das Notebook per Kabel mit einem anderen Computer, einem Netzwerkverteiler oder einem DSL-Modem verbinden möchten. Nützlich sind zudem noch **genügend** freie **USB-Buchsen** zum Anschluss externer Geräte. Falls Sie eine digitale Videokamera verwenden, kann ein schneller **FireWire-Anschluss** (nachrüstbar über CardBus-Adapter) zur Übertragung der Videos hilfreich sein.

Ob Sie (z. B. bei Disounter-Angeboten) unbedingt einen **DVB-T-Empfänger** für digitales terrestrisches Fernsehen benötigen, müssen Sie selbst entscheiden. Hilfreich ist ggf. ein Einschub für Speicherkarten von Digitalkameras, obwohl es externe Lesegeräte für 10 Euro im Handel gibt. Das Notebook sollte auf jeden Fall mit

Microsoft Windows Vista oder dessen Nachfolger **Microsoft Windows 7** ausgestattet sein. Schauen Sie beim Kauf ggf. auch auf mitgelieferte Zusatzprogramme wie das **Office-Paket** Microsoft Office 2007 Home and Student:

> **TIPP**
>
> Wenn Sie nicht alles verstehen, ist das auch kein Beinbruch. Viele Computerzeitschriften testen regelmäßig aktuell angebotene Systeme und bewerten diese. Kaufen Sie ggf. ein solches Heft (z. B. Computer-Bild oder Stiftung Warentest) und lesen Sie die Bewertungen nach. Studieren Sie die Preise in Anzeigen und vergleichen Sie die Ausstattung. Dann wird es mit dem Kauf des Notebooks schon klappen.

Tipps zum Umgang mit dem Notebook

Damit Sie lange Freude an ihrem Notebook haben, sollten Sie bestimmte Fehler vermeiden und das Gerät pfleglich behandeln. Machen Sie sich zum Beispiel Gedanken darüber, wie Sie das **Notebook aufbewahren** und **transportieren**. Im Fachhandel werden **Notebook-Taschen** und -Koffer angeboten. Diese verhindern, dass das Gehäuse nach kurzer Zeit bereits verschmutzt oder an den Kanten abgestoßen oder verkratzt ist. Achten Sie beim Kauf einer solchen Tasche darauf, dass sowohl das Notebook als auch die häufig benötigten Zusatzteile wie Netzteil, ggf. externe Maus etc. Platz haben. Schön sind auch zusätzliche Fächer, in die das Handbuch, CDs oder DVDs eingesteckt werden können. Lassen Sie sich ggf. im Fachhandel beraten, um die richtige Größe und die auf Ihre Ansprüche zugeschnittene, aus strapazierfähigem Material bestehende Tasche herauszufinden. Eine Übersicht samt Preisangaben finden Sie auch im Internet, wenn Sie in einer Suchmaschine wie Google die Begriffe »Notebook Zubehör Preis« eintippen.

Im Betrieb sollten Sie die folgenden Fehler vermeiden, um die Lebensdauer nicht unnötig zu reduzieren oder sich teure Reparaturen zu ersparen.

- Achten Sie darauf, das **Notebook** immer **trocken** und **staubfrei** aufzubewahren und zu **betreiben**. **Feuchtigkeit** (z. B. umgekippte Tassen oder Gläser), **Krümel** von Essensresten, **Sand**, extremer Staub und **Schmutz** können die Tastatur, das DVD-Laufwerk und auch die Geräteanschlüsse in ihrer Funktion beeinträchtigen.

- Das Notebook darf (entsprechend den Herstellerangaben) nur bei **Temperaturen** zwischen 0 und ca. 50 Grad Celsius betrieben werden. Stellen Sie das Gerät daher **nie auf** die **Heizung** oder **in die** pralle **Sonne**, da dies zu Überhitzung führen kann. Achten Sie beim Betrieb auch darauf, dass die **Kühlungsschlitze** des Gehäuses **frei** sind **und** die **Luft zirkulieren kann**. Zu **tiefe Außentemperaturen** bekommen den Akkus und auch der Tastatur sowie dem Display nicht. Warten Sie mit dem Einschalten, bis das Gerät Raumtemperatur erreicht hat.

- Stellen Sie das **Gerät** zum Arbeiten oder zur Aufbewahrung **auf** eine ebene, feste und **standsichere Unterlage**. Ein Gartenstuhl, die Knie, Fensterbänke oder kleine Abstelltischen sind als Ablage weniger geeignet. Die Festplatte, die TFT-Anzeige und auch das Gehäuse sind empfindlich und können beim Herunterfallen oder bei einem harten Stoß Schaden nehmen. Zum Transportieren sollten Sie das Gerät ausschalten, damit die Festplatte in Parkposition fährt.

- Es ist verlockend, Dritten beim Arbeiten mit dem Notebook etwas auf dem TFT-Bildschirm zu zeigen. Unterlassen Sie dies lieber, denn die Finger hinterlassen hässliche **Fingerabdrücke** auf der Schutzschicht des TFT-Displays. Diese fallen nach dem Abschalten des Geräts und manchmal auch beim Betrieb störend auf. Falls Ihnen dies doch einmal passiert ist, empfehle ich ein im Handel erhältliches feuchtes Brillenputztuch zu verwenden und die Displayoberfläche vorsichtig zu reinigen. Führen Sie diese Prozedur nicht zu oft durch, da dies die Oberfläche schädigen und zu sichtbaren Kratzern oder Streifen führen kann.

- Achten Sie beim Arbeiten mit dem Gerät darauf, dass die Akkus richtig geladen und entladen werden (siehe auch vorhergehende

Seiten). Ist das Gehäuse des Notebooks oder dessen Tastatur verschmutzt, reinigen Sie das betreffende Teil bei ausgeschaltetem Gerät mit einem leicht feuchten Lappen (möglichst kein Reinigungsmittel einsetzen). Schalten Sie das Notebook erst wieder ein, nachdem die Oberfläche trocken ist. **Kabel** sollten Sie beim Abziehen immer am Stecker anfassen und beim Einstöpseln gilt, dass die Stecker ohne Kraftaufwand in die Buchsen rutschen müssen. Andernfalls ist der Stecker vermutlich verdreht oder verkantet und Kraft beim Eindrücken führt oft zur Beschädigung der Anschlussstifte.

> **TIPP**
>
> Damit das Notebook nicht unverhofft »Beine« bekommt, sollten Sie es niemals unbeaufsichtigt in der Öffentlichkeit zurücklassen.
>
> Notebooks besitzen meist die hier gezeigte Öffnung am Gehäuse, in die sich eine so genannte Kensington-Diebstahlsicherung einklinken lässt.
>
> Eine entsprechende Diebstahlsicherung mit Zahlenschloss gibt es für wenig Geld im Fachhandel. Die Diebstahlsicherung besteht aus einem Stahlseil, welches sich um Tischbeine, Heizkörper oder andere Teile schlingen und im Notebook einstecken lässt.

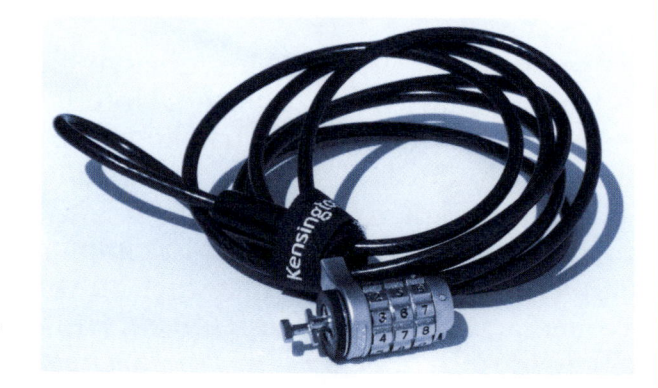

Dann lässt sich das Gerät nicht so einfach durch Dritte mitnehmen (es erfordert schon Bolzenschneider oder Ähnliches). Achten Sie auch darauf, den Zugriff auf die Funktionen des Notebooks durch Kennwörter abzusichern und keine vertraulichen Daten (z. B. für den Bankzugang) auf der Festplatte zu speichern (siehe auch folgende Kapitel).

Zusammenfassung

So, das war's. In diesem Kapitel haben Sie eine Menge an allgemeineren Informationen rund um das Notebook erhalten. Sie wissen, wie Sie ggf. Zusatzgeräte anschließen können und was es beim Betrieb des Geräts zu beachten gibt.

Lernkontrolle

Zur Überprüfung Ihres Wissens können Sie die folgenden Fragen beantworten. Die Antworten sind in Klammern angegeben.

- **Was ist im Hinblick auf den Akkubetrieb zu beachten?**
(Setzen Sie den Akku niemals extrem hohen oder tiefen Temperaturen aus. Betreiben Sie das Notebook so lange, bis der Akku leer ist, bevor Sie ihn über das Netzteil erneut aufladen lassen. Achten Sie darauf, dass der Akku vollständig aufgeladen wird.)

- **Was sollten Sie beim Betrieb des Notebooks beachten?**
(Möglichst nicht an den TFT-Monitor fassen, um Fingerabdrücke zu vermeiden, auf einen sicheren Stand des Geräts und gute Belüftung achten, das Gerät bei normaler Raumtemperatur betreiben.)

- **Wofür ist die Fn-Taste an der Notebook-Tastatur?**
(Halten Sie diese Taste gedrückt, können Sie über andere, blau beschriftete Tasten Sonderfunktionen wie Bildschirm heller/dunkler, Lautstärkeregelung etc. abrufen.)

Windows – das erste Mal

Sobald Sie das Notebook einschalten, startet das Gerät und Sie können mit Windows arbeiten. Haben Sie keine oder nur wenig Erfahrung mit Windows? Stehen Sie mit der Maus bzw. dem Touchpad noch auf Kriegsfuß oder halten Sie »Klicken« für eine Übung beim Stepptanz? Dann ist es jetzt an der Zeit, sich mit

Das lernen Sie in diesem Kapitel
- Windows starten
- Hier kommt der Desktop
- Der Umgang mit Fenstern
- Programme starten und verwenden
- Windows beenden
- Arbeiten mit Ordnern und Dateien

2

den Grundlagen der Bedienung des Betriebssystems Windows vertraut zu machen. Auf den folgenden Seiten erfahren Sie, wie Sie sich an Windows anmelden und wie Sie das Betriebssystem richtig beenden. Sie lernen Bedienfunktionen wie Zeigen, Klicken, Ziehen oder Doppelklicken kennen. Auch der Umgang mit Fenstern und Programmen (öffnen, schließen, Fenster verschieben, in der Größe verändern etc.) sowie das Arbeiten mit Dateien ist anschließend kein Problem mehr. Sie werden sehen, der Umgang mit Windows ist gar nicht so schwer.

Windows starten

Computer benötigen ein Betriebsprogramm wie Microsoft Windows, damit sie überhaupt etwas Sinnvolles tun können. Auf modernen Notebooks ist es meist das in diesem Buch verwendete Microsoft **Windows Vista** oder **Windows 7**. Sie brauchen also etwas Grundkenntnis, wie sich Windows benutzen lässt. Für die Abbildungen in diesem Buch habe ich Microsoft Windows 7 verwendet. Sofern Sie mit Microsoft Windows Vista arbeiten, ist das nicht tragisch. Die nachfolgend gezeigte allgemeine Handhabung unterscheidet sich bei den verschiedenen Windows-Versionen kaum (es ist wie beim Autofahren – manchmal sind die Schalter für Blinker oder Scheibenwischer an einer etwas anderen Stelle, aber nach kurzer Zeit hat man sich an ein neues Fahrzeug gewöhnt und kann dieses wie den alten Wagen nutzen). An den Stellen, wo es Abweichungen gibt, habe ich Ihnen entsprechende Hinweise eingefügt. Kann es losgehen?

1 Sofern noch nicht geschehen, klappen Sie das Notebook auf und schalten das Gerät ein.

2 Lehnen Sie sich in Ihren Stuhl zurück und schauen Sie, was passiert.

Sobald Sie das Notebook einschalten, wird das Windows-Betriebssystem geladen. Schon nach kurzer Zeit sollte sich auf dem Bildschirm etwas tun. Sie sehen vermutlich ein Logo mit dem Hinweis, dass Windows gestartet wird. Spätestens nach einer Minute sehen Sie entweder die Windows-Anmeldung oder direkt den Windows-Desktop.

Wenn Windows eine Anmeldung verlangt

Meistens ist Windows so eingerichtet, dass sich jeder Benutzer mit einem Kennwort anmelden muss. Windows zeigt dann eine Willkommenseite mit den Symbolen der sogenannten Benutzerkonten. Nachfolgend sehen Sie einen Ausschnitt aus der Willkommenseite von Windows 7 mit den Symbolen zweier Benutzerkonten. In Windows Vista sieht das Ganze ähnlich aus, die Willkommenseite besitzt lediglich ein anderes Hintergrundbild.

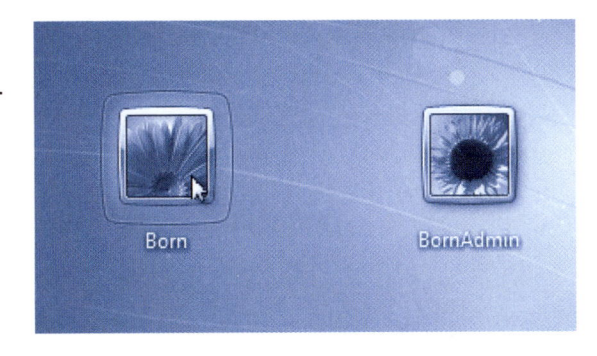

Für die Anmeldung brauchen Sie die Maus (bzw. das Touchpad). Falls Sie damit noch Probleme haben – auf den folgenden Seiten wird der Umgang mit der Maus und die Handhabung des Touchpads detailliert erklärt.

1 Nehmen Sie die Maus in die Hand und bewegen Sie sie so lange, bis der Mauszeiger auf das Symbol des gewünschten Benutzerkontos zeigt.

Alternativ können Sie mit dem Finger über das Touchpad des Notebooks streifen. Auf dem Bildschirm erscheint ein kleiner Pfeil, der sogenannte Mauszeiger. Das Verschieben des Mauszeigers auf dem Bildschirm wird auch als **Zeigen mit der Maus** bezeichnet.

Dies ist zwar sprachlich etwas ungenau, Sie zeigen ja mit dem Mauszeiger, wird aber allgemein verwendet.

> **HINWEIS**
>
> Windows hebt beim Zeigen auf ein bestimmtes Element dieses häufig optisch hervor. Dadurch können Sie besser erkennen, welches Element sich unter dem Mauszeiger befindet. Manchmal ändert sich auch sogar noch die Form des Mauszeigers (z. B. in eine stilisierte Hand). Die Hand signalisiert, dass Sie etwas tun sollen.
>
> Falls Sie keine Maus am Notebook haben, reicht es, mit dem Zeigefinger sanft über die berührungsempfindliche Fläche des Touchpads zu streichen, um die Mausbewegungen nachzumachen. Die beiden Tasten unter dem Touchpad können Sie wie die Maustasten drücken und, wie nachfolgend erläutert, mit der »Maus« klicken, ziehen etc.

2 Drücken Sie kurz die linke Taste der Maus und lassen Sie sie wieder los.

Dieses kurze Drücken der linken Maustaste wird als **Klicken mit der Maus** bezeichnet und begegnet Ihnen unter Windows auf Schritt und Tritt.

3 Falls Windows ein Kennwort möchte, tippen Sie es wie hier gezeigt in das **Textfeld** ein und drücken dann die ⏎-Taste bzw. klicken auf die **Schaltfläche** neben dem Feld.

Ob Windows ein Kennwort abfragt, hängt von den Einstellungen Ihres Notebooks ab. Bei einer Kennworteingabe werden statt der eingetippten Buchstaben nur Punkte angezeigt.

FACHWORT

Benötigt Windows eine Eingabe vom Benutzer, wird ein **Eingabefeld**, als **Textfeld** bezeichnet, angezeigt. Die Textfelder erscheinen meist als weiße, rechteckige Flächen. Eine **Schaltfläche** ist ein Element, welches Sie mit der Maus anklicken können. Ähnlich wie beim Drücken einer Taste an einem Gerät (CD-Player etc.) wird dann eine Funktion aufgerufen. Schaltflächen können, wie hier in der Anmeldeseite gezeigt, rund und mit einem Symbol (Pfeil) versehen sein. Es gibt aber auch rechteckige Schaltflächen, die mit Symbolen oder Texten versehen sind. Diese Elemente fasst man auch mit dem Sammelbegriff **Steuerelemente** zusammen, da sie zur Steuerung von Funktionen dienen.

TIPP

Beachten Sie, dass Windows bei der Kennworteingabe Groß- und Kleinbuchstaben unterscheidet. Haben Sie Probleme mit der Anmeldung? Dann lassen Sie sich ggf. von jemandem zeigen, wie die Anmeldung bei Ihrem System genau funktioniert.

Falls es mit der **Kennworteingabe nicht klappen will**, ist manchmal eine umgestellte Tastatur am Notebook die Fehlerursache. Einige Notebooks signalisieren den Status der sogenannten CapsLock- und NumLock-Tasten über kleine Leuchtanzeigen . Bei einer auf Großschreibung umgestellten Tastatur müssen Sie die CapsLock-Taste an der Tastatur einmal drücken. Ist der numerische Tastenblock aktiviert, müssen Sie dagegen die Tastenkombination Fn+NumLock einmal drücken. In beiden Fällen schaltet der Tastendruck die Leuchtanzeige aus.

Hier kommt der Desktop

Spätestens nach der Anmeldung präsentiert sich Ihnen Windows ähnlich dem nachfolgend gezeigten Bild. Dies ist der Arbeitsbereich (oder die **Bedienoberfläche**) von Windows, der als **Desktop** bezeichnet wird (Desktop, sprich »Däsktopp«, ist das englische Wort für Schreibtisch). Der Desktop besteht typischerweise aus einem Hintergrundbild, mindestens dem Symbol des Papierkorbs sowie einer Art »Balken« am unteren Bildrand. Dies ist die Umgebung, in der Sie mit Windows arbeiten.

Kapitel 2

- Der »Balken« am unteren Rand des Bildschirms wird als **Taskleiste** bezeichnet. In dieser Leiste zeigt Ihnen Windows verschiedene Informationen an und stellt zudem Schaltflächen zum Abrufen von Funktionen bereit.

- Die **Schaltfläche** Start in der linken Ecke der Taskleiste wird zum Beispiel benutzt, um Programme über das sogenannte Startmenü aufzurufen (siehe die folgenden Seiten).

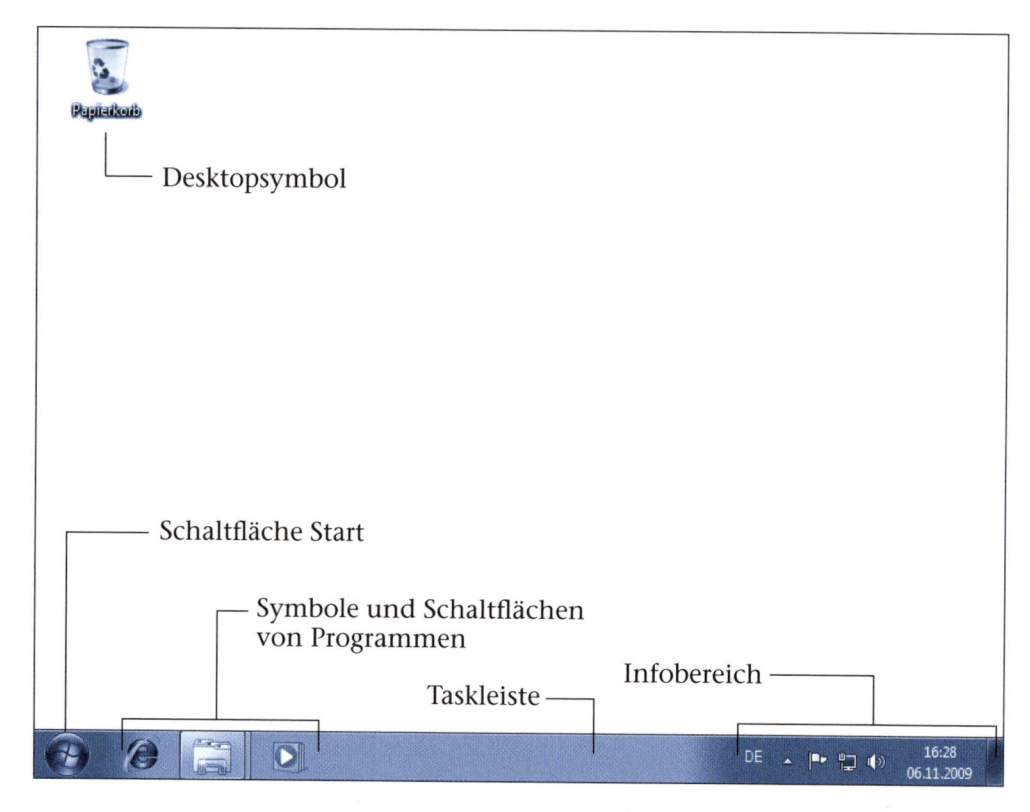

Desktopsymbol

Schaltfläche Start

Symbole und Schaltflächen von Programmen

Taskleiste

Infobereich

Die Funktionen der Taskleiste lernen Sie auf den folgenden Seiten kennen.

Dies ist das Symbol des Papierkorbs. Brauchen Sie etwas (zum Beispiel einen Brief) nicht mehr, »verschieben« Sie dieses Dokument einfach in den Papierkorb.

Windows zeigt Ihnen übrigens am Symbol, ob der Papierkorb leer ist oder ob Sie bereits etwas »gelöscht« haben.
Wie Sie mit dem Papierkorb arbeiten, erfahren Sie in Kapitel 2.

Hier kommt der Desktop 47

> **HINWEIS**
>
> Enthält der Desktop bei Ihnen mehr Symbole, Fenster oder einen anderen Hintergrund? Dies ist nicht weiter tragisch. Jeder Benutzer kann Windows bzw. den Desktop entsprechend seinen Bedürfnissen anpassen, und bei der Installation von Programmen legen diese häufig Symbole auf dem Desktop ab. Das obige Bild zeigt die Ausgangskonfiguration des Desktops in Windows 7, wobei wegen der besseren Erkennbarkeit das sicherlich bei Ihnen vorhandene Hintergrundbild in diesem Buch durchgängig durch eine weiße Fläche ersetzt wurde.
>
> Der Desktop von **Windows Vista** besitzt am rechten Rand die die sogenannte Sidebar für Minianwendungen (z. B. Uhr).
>
> Rechts neben der Schaltfläche *Start* findet sich in der Taskleiste noch die sogenannte *Schnellstart*-Leiste, über deren Schaltflächen Sie beispielsweise die Programme zum Anzeigen von Internetseiten oder zum Wiedergeben von Musik abrufen können. In Windows 7 sind die Symbole der Schnellstart-Symbolleiste in der Taskleiste enthalten.

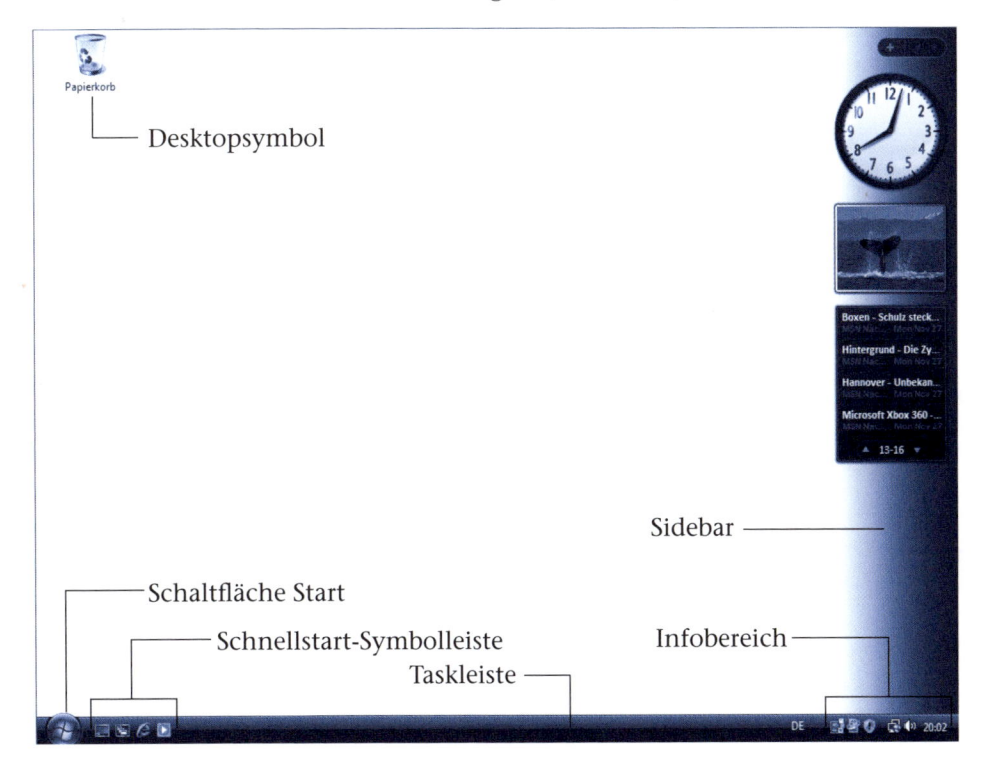

Kleine Mausübung gefällig?

Die **Maus** (bzw. das Touchpad) haben Sie ja bereits bei der Anmeldung kennengelernt. Und Sie wissen bereits, was **Zeigen** oder **Klicken** (linke Maus- oder Touchpadtaste kurz drücken) mit der Maus bedeutet. Damit können Sie eigentlich schon eine ganze Menge.

> **HINWEIS**
>
> Falls Sie eine externe Maus verwenden und zu Anfang noch etwas Schwierigkeiten mit der Maushandhabung haben, hier noch einige Tipps:
>
> Nehmen Sie die Maus so in die Hand, dass der Zeigefinger auf der linken Taste und der Mittelfinger (oder der Ringfinger) auf der rechten Taste liegt. Achten Sie darauf, die Maus locker mit der Hand auf der Unterlage zu führen.
>
> Besitzt Ihre Maus eine Rollkugel an der Unterseite, sollten Sie eine Unterlage (Mauspad) aus Gummi oder Schaumstoff für die Maus verwenden. Solche Unterlagen sind besser als eine glatte Tischplatte geeignet.
>
> Falls Sie Linkshänder sind, werden Sie die Maus in der linken Hand führen wollen. In Anhang A finden Sie Hinweise zum Umstellen der Maus auf den Betrieb für Linkshänder. Dann müssen Sie die Tastenangaben in diesem Buch natürlich vertauschen. Wenn hier also vom Klicken mit der linken Maustaste die Rede ist, verwenden Linkshänder die rechte Maustaste der entsprechend umgestellten Maus. Wie Sie das Touchpad nutzen, ist auf den vorhergehenden Seiten gezeigt. Falls Sie also nicht mit der Maus, sondern mit dem Touchpad arbeiten, müssen Sie die nachfolgenden Anweisungen entsprechend umsetzen.

Die Maus (bzw. das Touchpad) stellt das wohl wichtigste Bedienelement in Windows dar. Vielleicht haben Sie zu Beginn noch etwas Schwierigkeiten im Umgang mit der Maus? Dann möchte ich Ihnen noch ein paar Mausübungen anbieten und gleichzeitig zeigen, was sich mit der Maus noch machen lässt.

Hier kommt der Desktop 49

1 **Zeigen** Sie mit der **Maus** in der **Taskleiste** auf die Schaltfläche *Start* (Sie brauchen keine Taste zu drücken).

Beim Zeigen auf einige Elemente erscheint ein kleines Textfenster, das als **QuickInfo** bezeichnet wird. Windows gibt Ihnen im QuickInfo-Fenster zusätzliche Informationen.

2 **Zeigen** Sie jetzt mit der **Maus** auf die **Uhrzeit** in der rechten unteren Ecke des Bildschirms.

Windows öffnet erneut ein QuickInfo-Fenster und blendet den **Wochentag** und das **Datum** ein. Sobald die Maus nicht mehr auf das Element zeigt, schließt Windows automatisch das Quick-Info-Fenster.

> **TIPP**
>
> Sie können solche QuickInfo-Fenster auch bei vielen anderen Programmen abrufen (indem Sie wie eben auf ein Element wie eine Schaltfläche zeigen). Das ist beispielsweise ganz hilfreich, wenn Sie einmal nicht genau wissen, was ein bestimmtes Element macht.

Sie können aber noch einen Schritt weitergehen und Folgendes probieren.

3 **Klicken** Sie mit der linken **Maustaste** auf die Uhrzeitanzeige im Infobereich der Taskleiste.

Windows blendet dann ein Kalenderblatt sowie eine analoge Uhrzeitanzeige ein. Diese Darstellung verschwindet, sobald Sie auf eine freie Stelle des Windows-Desktops klicken.

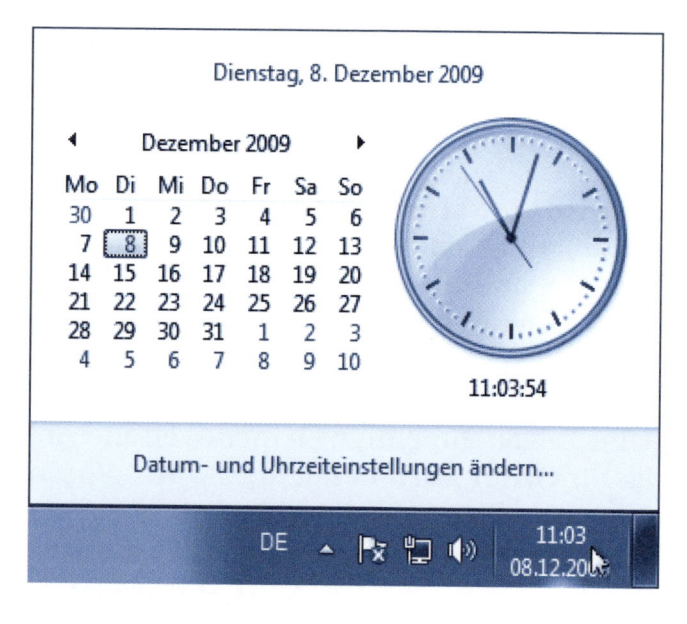

Sehen Sie das Symbol des Papierkorbs auf dem Desktop?

1 Klicken Sie mit der Maus auf das Symbol des Papierkorbs.

Das Symbol, das Sie gerade angeklickt haben, wird farbig hervorgehoben. Wenn Sie ein Element mit einem Mausklick hervorheben, nennt man das auch **Markieren**.

2 Klicken Sie mit der Maus auf eine freie Stelle auf dem Desktop.

Windows hebt dann die Markierung des betreffenden Elements (hier des Papierkorbs) wieder auf. Sie sehen also, mit Zeigen und Klicken können Sie bereits eine Menge erreichen.

Sie haben es sicher schon gemerkt, was beim **Klicken mit der linken Maustaste** passiert, hängt vom gewählten Element ab. Bei einem Desktopsymbol wird dieses markiert, bei einer Schaltfläche (z. B. bei der Anmeldung) wird die zugehörige Funktion aufgerufen. Aber es gibt auch ein **Klicken mit der rechten Maustaste**, welches wir jetzt einmal probieren.

1 Klicken Sie mit der linken **Maustaste** in der **Taskleiste** auf die Schaltfläche *Start*.

Es öffnet sich ein kleines Fenster. Dieses Fenster wird als **Startmenü** bezeichnet. Sie könnten auf eine freie Stelle des Desktops klicken oder die Esc-Taste drücken, um das Startmenü wieder zu schließen. Aber wir wollten ja das Klicken mit der rechten Maustaste probieren.

2 Klicken Sie jetzt im Startmenü den Menüeintrag *Computer* mit der **rechten Maustaste** an.

Windows öffnet ein sogenanntes **Kontextmenü** mit verschiedenen Befehlen.

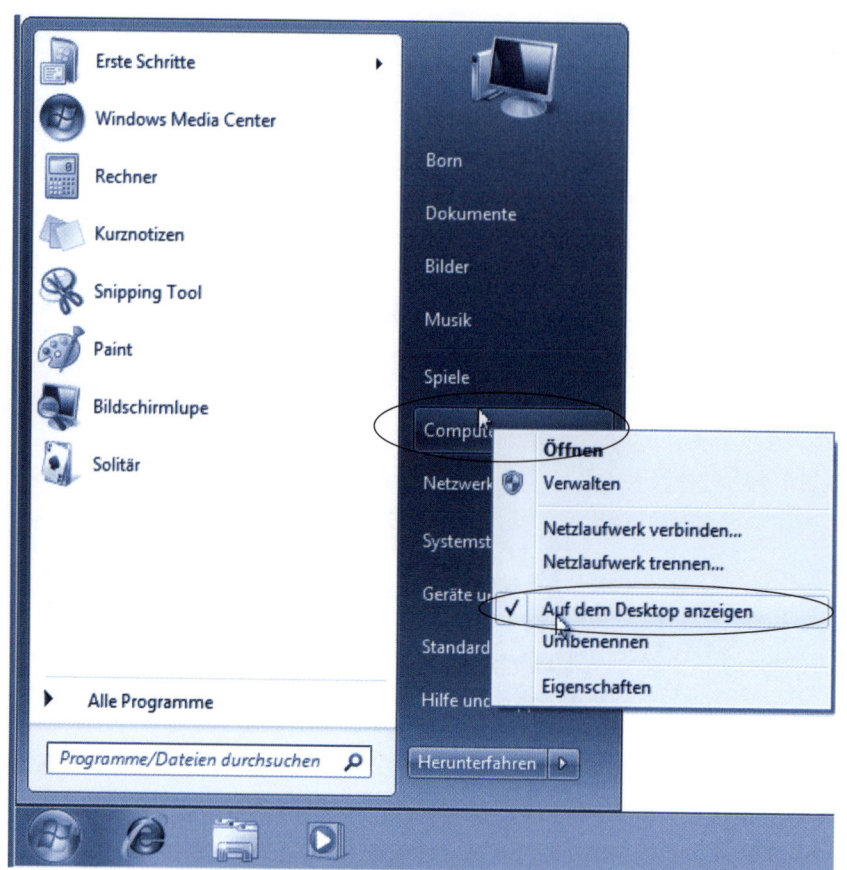

3 Klicken Sie im Kontextmenü den Befehl *Auf dem Desktop anzeigen* mit der **linken Maustaste** an.

Windows blendet nun das Symbol *Computer* auf dem Desktop ein. Auf die gleiche Weise können Sie weitere Symbole (z. B. das Symbol mit dem Namen des Benutzerkontos, hier *Born*,) anwählen, um diese auf dem Desktop einzublenden. Öffnen Sie das Startmenü und dann das Kontextmenü der betreffenden Befehle erneut, zeigt ein kleines Häkchen vor dem Menüeintrag an, dass das Symbol momentan eingeblendet wird. Durch Anklicken eines mit einem Häkchen markierten Menüeintrags können Sie die Markierung löschen und das Symbol wieder vom Desktop entfernen.

FACHWORT

Der Begriff **Menü** wird Ihnen in Windows häufiger begegnen. Es handelt sich dabei um ein kleines Fenster, welches verschiedene Namen (der abrufbaren Funktionen) enthält. Ähnlich wie bei einer Speisekarte können Sie auch unter Windows etwas per Mausklick aus einem Menü wählen. Neben dem Startmenü können auch Programmfenster eine Menüleiste aufweisen, über deren Einträge sich Menüs öffnen lassen. Ein **Kontextmenü** ist ein Menü, welches grundsätzlich mit der **rechten Maustaste** geöffnet wird. Windows stellt Ihnen in diesem Menü die im aktuellen Kontext nutzbaren Befehle bereit, die sich mit der linken Maustaste anwählen lassen. Ein Menü oder ein Kontextmenü wird geschlossen, sobald Sie einen Befehl anklicken, neben den geöffneten Menübereich klicken oder einfach die [Esc]-Taste auf der Tastatur drücken.

Über das **Startmenü** können Sie Programme oder andere Windows-Funktionen aufrufen. Wie das genau funktioniert, erfahren Sie auf den folgenden Seiten.

TIPP

Schnellstart-Symbolleiste in Windows Vista ein-/ausblenden

Möchten Sie in Windows Vista die *Schnellstart*-Symbolleiste in der Taskleiste ein-/ausblenden?

Klicken Sie mit der rechten Maustaste auf eine freie Stelle in der Taskleiste, zeigen Sie per Maus auf den Kontextmenübefehl *Symbolleisten*, warten Sie, bis sich das Untermenü öffnet, und klicken Sie dann mit der linken Maustaste auf den Befehl *Schnellstart*.

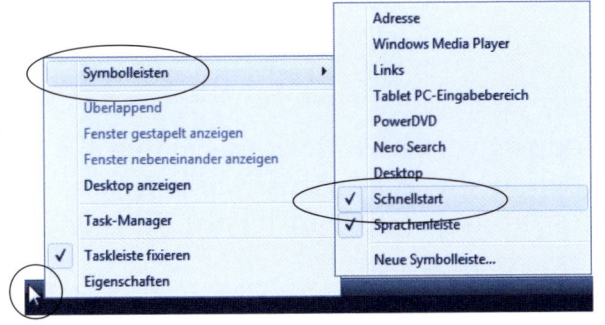

Ein Häkchen vor dem Befehl signalisiert, dass die *Schnellstart*-Symbolleiste in der Taskleiste sichtbar ist.

54 Kapitel 2

Jetzt möchte ich Ihnen noch zeigen, wie das **Ziehen mit der Maus** funktioniert. Auch dies ist nicht sonderlich schwierig. Wir brauchen wieder das Symbol des Papierkorbs auf Ihrem Windows-Desktop.

1 Zeigen Sie mit dem Mauszeiger auf das Symbol des Papierkorbs.

2 Drücken Sie die linke Maustaste, halten Sie diese weiterhin gedrückt und bewegen Sie die Maus auf der Unterlage.

Der Mauszeiger wandert über den Bildschirm. Unter dem Mauszeiger wird gleichzeitig ein zweites Symbol des Papierkorbs angezeigt, welches mit dem Mauszeiger mitwandert.

3 Sobald Sie das Symbol des Papierkorbs in die rechte untere Ecke des Desktops gezogen haben, lassen Sie die linke Maustaste wieder los.

Windows verschiebt jetzt das Symbol des Papierkorbs an die Stelle, an der Sie die linke Maustaste losgelassen haben. Nach dem Ziehen eines Symbols oder Fensters ist dieses noch markiert.

4 Um die **Markierung des Symbols** nach dem Ziehen **aufzuheben**, klicken Sie mit der Maus auf eine freie Stelle auf dem Desktop.

Falls bei Ihnen sehr viele Symbole von installierten Programmen auf dem Windows-Desktop zu sehen sind, können Sie ja jetzt etwas üben und den Windows-Desktop aufräumen. Ordnen Sie die Symbole so an, wie sie Ihnen am besten passen.

> **HINWEIS**
>
> Springen bei Ihnen die Symbole nach dem Ziehen sofort an die letzte Position zurück? **Klicken** Sie mit der **rechten** Maustaste auf eine freie Stelle des Desktops. Sobald Windows das Kontextmenü öffnet, **zeigen** Sie auf den Befehl *Ansicht*. In dem sich dann öffnenden Untermenü klicken Sie mit der **linken** Maustaste auf den Befehl *Symbole automatisch anordnen*.
>
> Das Menü wird geschlossen. Anschließend lassen sich die Symbole auf dem Desktop anordnen. Wiederholen Sie die obigen Schritte, ordnet Windows die Symbole wieder automatisch (in alphabetischer Folge) an. Das Häkchen vor dem Befehl *Symbole automatisch anordnen* zeigt übrigens an, ob die zugehörige Option ein- oder ausgeschaltet ist.

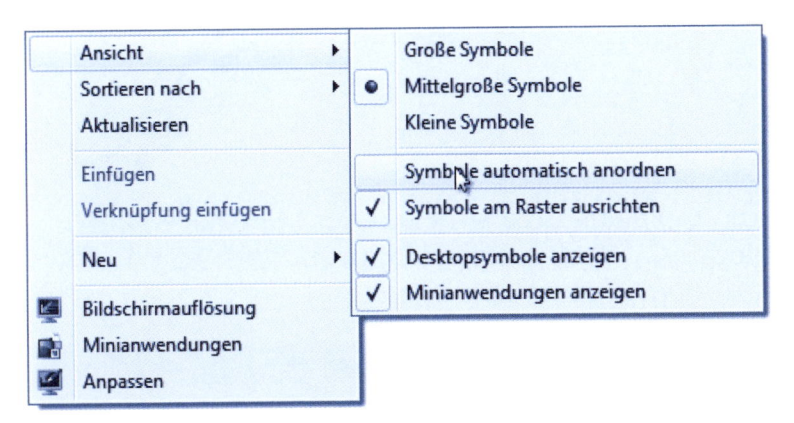

Der Umgang mit Fenstern

Fenster haben in Windows eine besonders wichtige Funktion, da alle Programme ihre Ergebnisse in Fenstern ausgeben. Um mit Windows zu arbeiten, sollten Sie die wichtigsten Fensterelemente kennen. Da der Aufbau der Fenster unter Windows weitgehend identisch ist, möchte ich an dieser Stelle exemplarisch das Fenster *Papierkorb* vorstellen. Gleichzeitig lernen Sie auch noch eine weitere Maustechnik, nämlich das **Doppelklicken** mit der Maus, kennen. Mit einem Doppelklick lassen sich Fenster öffnen oder Programme starten.

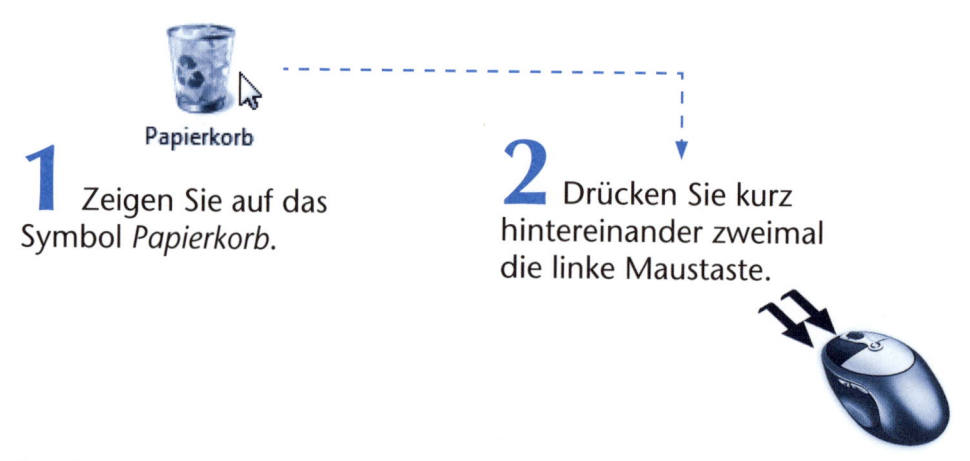

1 Zeigen Sie auf das Symbol *Papierkorb*.

2 Drücken Sie kurz hintereinander zweimal die linke Maustaste.

Wichtig ist, dass dieses zweimalige Drücken der Maustaste ganz schnell aufeinanderfolgt. Wenn alles geklappt hat, öffnet Windows jetzt das Fenster mit dem Namen *Papierkorb*.

TIPP

Klappt der Doppelklick bei Ihnen nicht, weil die linke Maustaste nicht schnell genug betätigt wird oder die Maus beim Drücken verrutscht? Falls es partout mit dem Doppelklick nicht klappen will, markieren Sie das Symbol per Mausklick. Wenn Sie dann die ⏎-Taste drücken, wirkt dies wie ein Doppelklick. Im Anhang wird auch gezeigt, wie sich die Doppelklickgeschwindigkeit anpassen lässt.

HINWEIS

In Windows Vista bzw. Windows 7 können die Fenster mit einem transparenten und schattierten Rahmen angezeigt werden. Auf diese (als Aero bezeichnete) Darstellung wurde in diesem Buch aus drucktechnischen Gründen verzichtet, da dies keinen Einfluss auf die Bedienung von Fenstern hat.

Der Umgang mit Fenstern 57

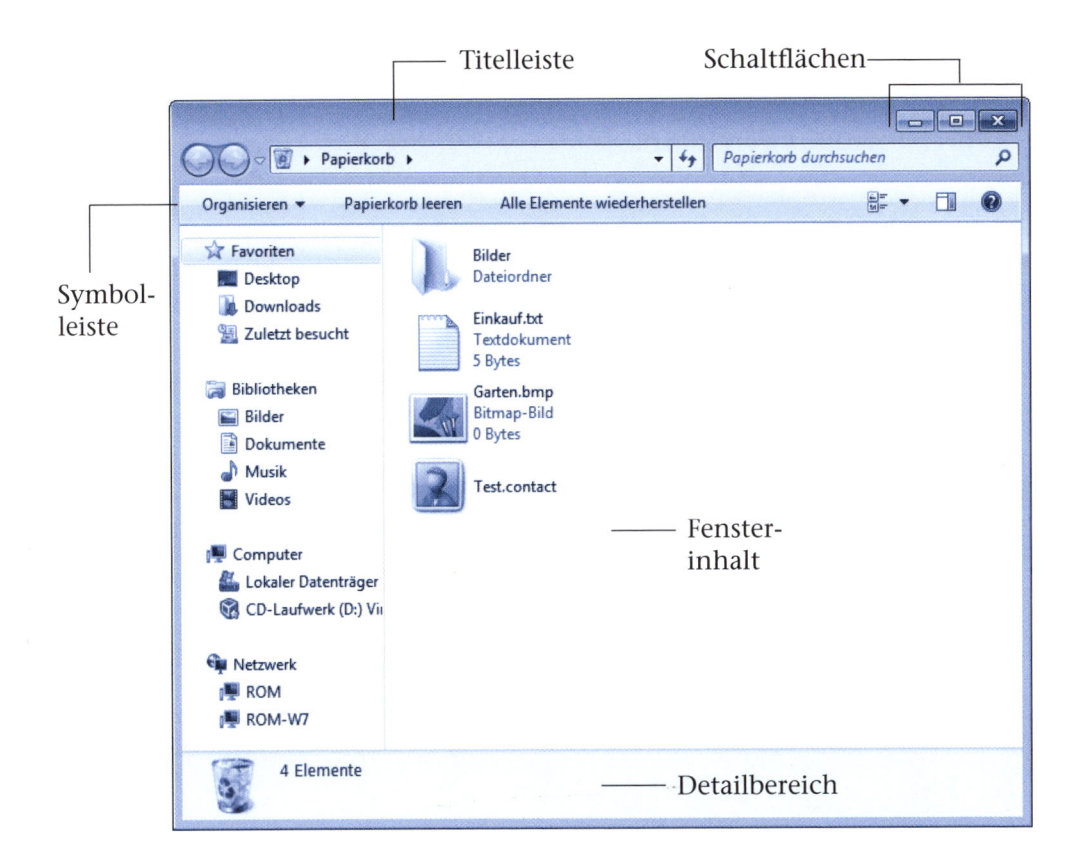

(Abbildung eines Papierkorb-Fensters mit Beschriftungen: Titelleiste, Schaltflächen, Symbolleiste, Fensterinhalt, Detailbereich)

- Am oberen Fensterrand finden Sie die sogenannte **Titelleiste**, in der Windows (oft) den Namen des Fensters anzeigt. Die in der **rechten** oberen **Ecke** des Fensters befindlichen Schaltflächen dienen zum Abrufen bestimmter Fensterfunktionen (z. B. Schließen).

- Manche Fenster besitzen zusätzlich eine (oder mehrere) **Symbolleiste(n)**, über deren Schaltflächen Sie häufig benutzte Funktionen direkt aufrufen können, ohne den mühsamen Weg über die Menüs gehen zu müssen. Die Funktionen der Schaltflächen werden durch kleine Symbole (auch als Icons bezeichnet) angezeigt.

- Am unteren Rand besitzen viele Fenster noch eine **Statusleiste**, in der zusätzliche Informationen angezeigt werden. Bei Windows Vista bzw. Windows 7 wird dieser Bereich bei Fenstern wie dem Papierkorb aber als **Detailbereich** bezeichnet.

Innen im Fenster wird sein Inhalt (z. B. die Laufwerke beim Ordnerfenster, ein Brieftext bei einem Schreibprogramm oder eine Grafik bei einem Zeichenprogramm) dargestellt.

> **HINWEIS**
>
> Der Inhalt des Fensters hängt dabei vom jeweiligen mit dem Doppelklick gewählten Symbol ab. Lassen Sie sich nicht stören, wenn bei Ihnen die Symbole kleiner angezeigt werden oder wenn die Schaltflächen der Symbolleisten (siehe unten) einen Text enthalten. Dies lässt sich alles unter Windows einstellen. Viele Fenster weisen unterhalb der Titelleiste eine **Menüleiste** mit Namen wie *Datei, Bearbeiten, Ansicht* etc. auf. Über die Menüs lassen sich Funktionen aufrufen. Bei manchen Fenstern (z. B. Ordnerfenstern, Internet Explorer) von Windows Vista bzw. Windows 7 fehlt die Menüleiste. Wenn Sie kurz die [Alt]-Taste drücken, wird die fehlende Menüleiste im Fenster eingeblendet. Sie können also die nachfolgenden Erläuterungen zum Arbeiten mit Fenstern in allen Windows-Versionen ohne Probleme nutzen.

Die Fenstergröße verändern

Zunächst sehen wir uns die drei kleinen Schaltflächen rechts oben in der Titelleiste an. Über diese drei Schaltflächen lässt sich ein **Fenster schließen oder in** der **Größe verändern**. Die meisten Fenster weisen zumindest eine oder zwei dieser Schaltflächen auf.

1 Klicken Sie auf die mittlere mit **Maximieren** bezeichnete Schaltfläche.

> **TIPP**
>
> Zeigen Sie mit der Maus auf eine solche Schaltfläche, blendet Windows einen Hinweis auf deren Funktion in einem QuickInfo-Fenster ein.

Der Umgang mit Fenstern **59**

Windows vergrößert das Fenster, bis es den gesamten Bildschirm einnimmt. Man sagt, das Fenster ist **maximiert** oder wird als **Vollbild dargestellt**. Beachten Sie, dass sich das Symbol für die mittlere Schaltfläche verändert hat. Die Vollbilddarstellungsart bietet sich an, falls Sie in einem Programmfenster arbeiten möchten und möglichst viel Platz benötigen (dabei wird allerdings das Fenster den kompletten Inhalt des Windows-Desktops verdecken).

2 Um das Fenster auf die vorherige Größe zurückzusetzen, klicken Sie erneut auf die mittlere Schaltfläche, die jetzt **Verkleinern heißt**.

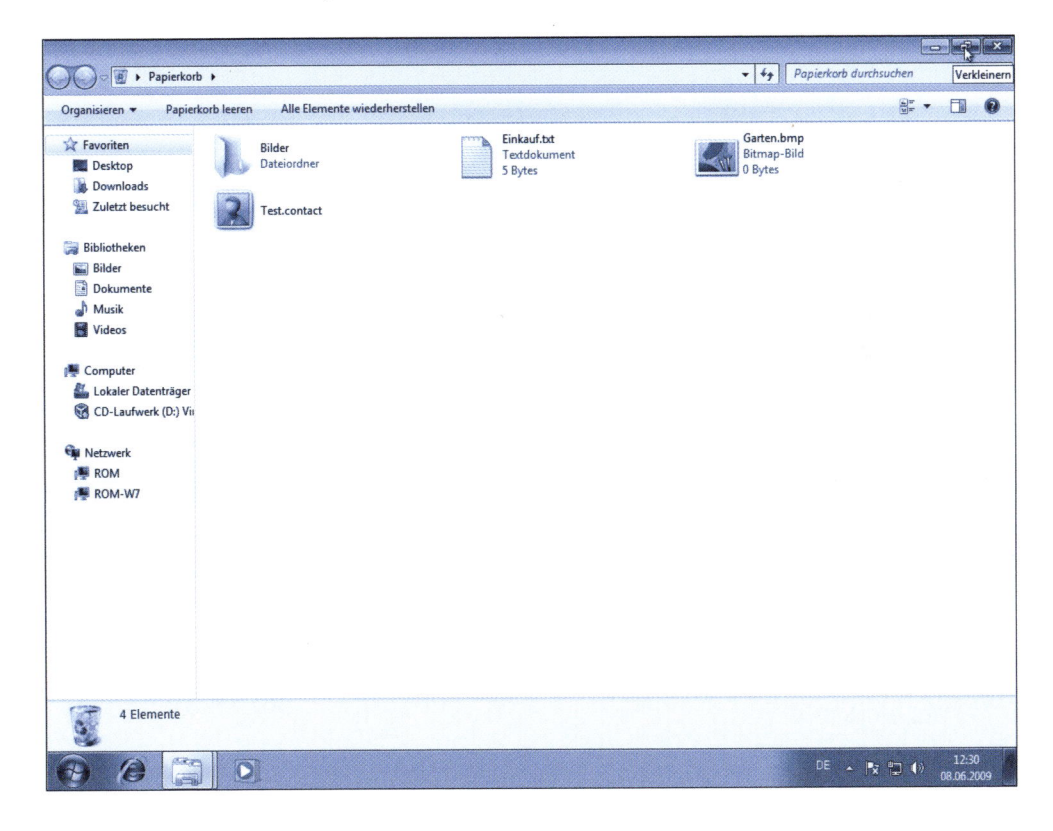

Anschließend erkennen Sie wieder Teile des Desktops oder die Fenster anderer Programme (siehe unten). Bei Bedarf lässt sich ein Fenster auch zu einem Symbol verkleinern.

1 Klicken Sie in der rechten oberen Ecke des Fensters auf die linke Schaltfläche **Minimieren**.

Das Fenster verschwindet vom Desktop. Wenn Sie aber genau hinsehen, erkennen Sie, dass es lediglich zum Symbol verkleinert wurde. Sie finden das Symbol als Schaltfläche in der Taskleiste.

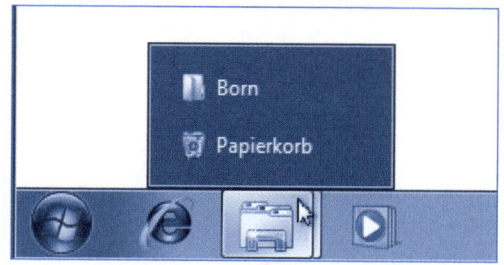

2 Zum erneuten Öffnen des Fensters klicken Sie in der Taskleiste auf die Schaltfläche des Fensters (hier *Papierkorb*).

> **HINWEIS**
>
> Windows zeigt in der **Taskleiste** die **Symbole der** meisten **geöffneten Fenster** und **Programme** als Schaltflächen an. Klicken Sie auf eine solche Schaltfläche, holt Windows das zugehörige Fenster auf dem Desktop in den Vordergrund. Sie können also über diese **Schaltflächen zwischen** geöffneten **Fenstern** (und deren Funktionen) **umschalten**. Ist das Fenster bereits im Vordergrund zu sehen, verkleinert ein Mausklick auf die Schaltfläche in der Taskleiste das Fenster erneut zum Symbol.

Der Umgang mit Fenstern 61

Wird in Windows Vista der Platz in der Taskleiste knapp, werden die Schaltflächen mehrerer gleichartiger geöffneter Fenster unter einer Gruppenschaltfläche zusammengefasst.

Nebenstehend ist die Gruppenschaltfläche für Ordnerfenster in Windows Vista zu sehen. Um das gewünschte Fenster zu öffnen, ist die Gruppenschaltfläche und dann im Menü der Name des Fensters zu wählen.

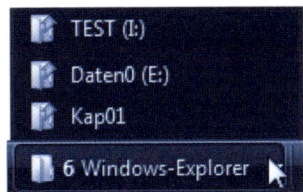

Windows 7 fasst die Fenster gleichartiger Anwendungen (z. B. Ordnerfenster) immer unter einem Gruppensymbol in der Taskleiste zusammen. Oben, in Schritt 2, sehen Sie die Gruppe für Ordnerfenster in Windows 7, wenn der Anzeigemodus Aero abgeschaltet ist.

Zeigen Sie per Maus auf eine Gruppenschaltfläche, blendet Windows bei eingeschaltetem Anzeigemodus Aero eine Miniaturvorschau des Fensterinhalts ein.

Während Windows Vista nur ein Minifenster der »ersten Anwendung« zeigt (oben), blendet Windows 7 die Miniaturansichten aller Fenster (unten) der Gruppe ein. Zeigen Sie auf eine Miniaturvorschau, erscheint das Fenster in Vollbildansicht. Klicken Sie auf die Miniaturvorschau, um das Fenster in den Vordergrund zu holen.

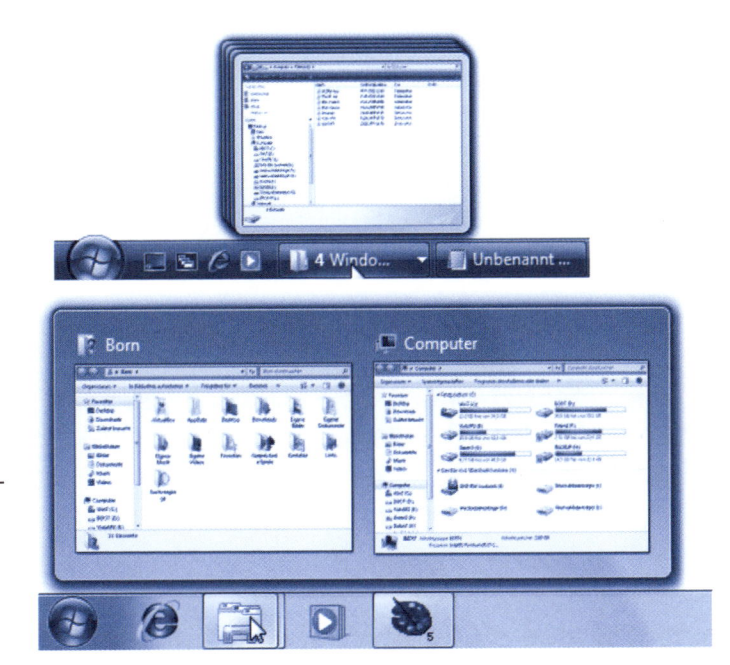

> **FACHWORT**
>
> **Aero** ist ein besonderer Darstellungsmodus von Windows Vista und Windows 7, der nur bei genügend Grafikleistung des Rechners verfügbar ist. Bei eingeschaltetem Aero werden Fenster transparent und mit einem Schatten dargestellt sowie die hier erwähnten Miniaturansichten mit dem Fensterinhalt eingeblendet.

Ein Fenster schließen

Bleibt nur noch die Aufgabe, ein geöffnetes **Fenster** endgültig zu **schließen**.

1 Klicken Sie in der rechten oberen Ecke des Fensters auf die Schaltfläche *Schließen*.

Das Fenster verschwindet und das zugehörige Programm wird beendet. Das erkennen Sie daran, dass das Symbol aus der Taskleiste verschwindet.

> **TIPP**
>
> Die meisten Fenster weisen die Schaltfläche ⊠ auf. Möchten Sie ein Programm beenden oder ein Fenster schließen, reicht ein Mausklick auf die Schaltfläche.

Die Fenstergröße stufenlos verändern

Häufig will man ein Fenster gar nicht maximieren oder zum Symbol verkleinern. Vielmehr möchte man das Fenster stufenlos auf eine bestimmte Größe einstellen. Das ist in Windows bei den meisten Fenstern ohne weiteres möglich.

Der Umgang mit Fenstern 63

1 Öffnen Sie erneut das Fenster *Papierkorb* durch einen Doppelklick auf das gleichnamige Desktopsymbol.

2 Zeigen Sie mit der Maus auf den Rand oder eine Ecke des betreffenden Fensters.

Sobald Sie auf die richtige Stelle am Fensterrand zeigen, nimmt der Mauszeiger die Form eines Doppelpfeils an. Notfalls müssen Sie die Maus etwas verschieben, bis dieser Doppelpfeil erscheint.

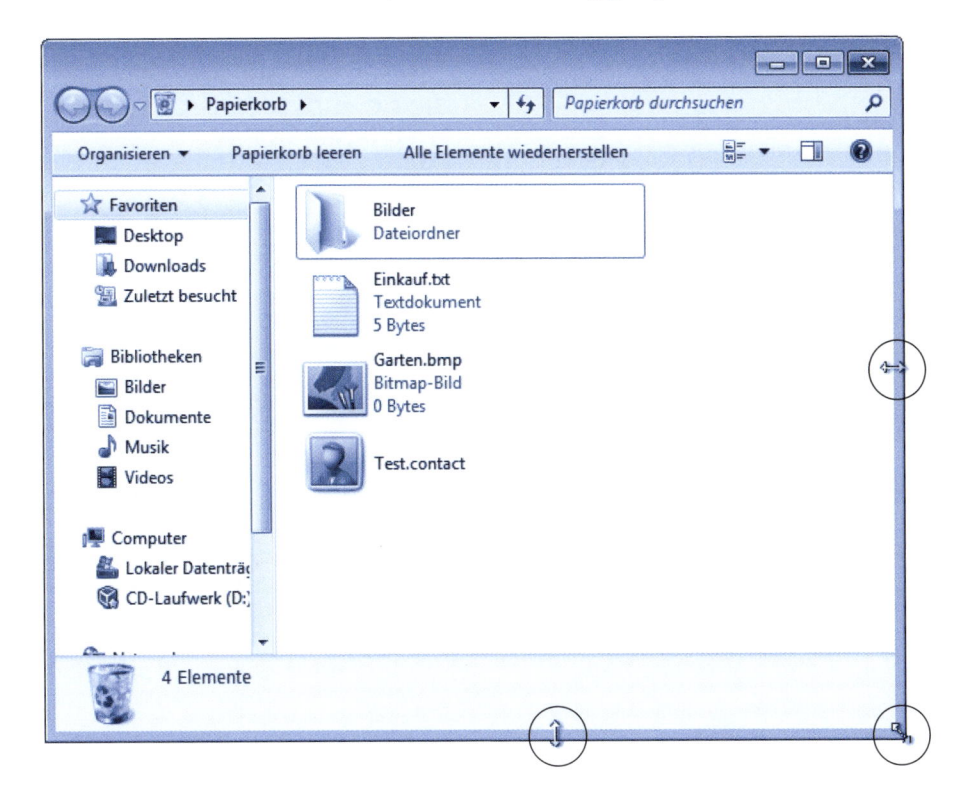

> **HINWEIS**
>
> Der Doppelpfeil zeigt die Richtung an, in der sich das Fenster in der Größe verändern lässt. Sie können den linken und den rechten Fensterrand zum Verändern der Fensterbreite verwenden; der untere und der obere Fensterrand ändern die Höhe und mit den Ecken lässt sich die Fenstergröße proportional einstellen.

3 Erscheint der Doppelpfeil, ziehen Sie den Fensterrand bei gedrückter linker Maustaste in die entsprechende Richtung.

4 Erreicht das Fenster die gewünschte Größe, lassen Sie die linke Maustaste los.

Windows passt jetzt die Größe des Fensters an. Sie können auf diese Weise die Größe (der meisten) Fenster verändern. Ziehen Sie den Rahmen per Maus nach außen, wird das Fenster größer. »Schieben« Sie den Rahmen in das Fenster hinein, verkleinert Windows dasselbe.

Fenster verschieben

Eine der Stärken von Windows liegt darin, dass Sie gleichzeitig mit mehreren Programmen oder Fenstern arbeiten können. Dies soll jetzt am Beispiel des Fensters *Papierkorb* und eines zweiten Fensters *Computer* probiert werden.

1 Öffnen Sie das Startmenü, indem Sie in der Taskleiste auf die Schaltfläche *Start* klicken.

Der Umgang mit Fenstern **65**

2 Wählen Sie im Startmenü den Befehl *Computer* per Mausklick an.

3 Doppelklicken Sie auf das Desktopsymbol *Papierkorb*.

Falls Sie diese Schritte richtig durchgeführt haben, sehen Sie jetzt zwei sich überlappende Fenster auf dem Desktop.

TIPP
Ziehen Sie die Titelleiste eines Fensters per Maus zum rechten/linken Desktoprand (bis der Mauszeiger den Rand erreicht), dockt Windows 7 das Fenster beim Loslassen der Maustaste am Desktoprand an. Zum Abdocken ziehen Sie die Titelleiste einfach wieder vom Rand ab.

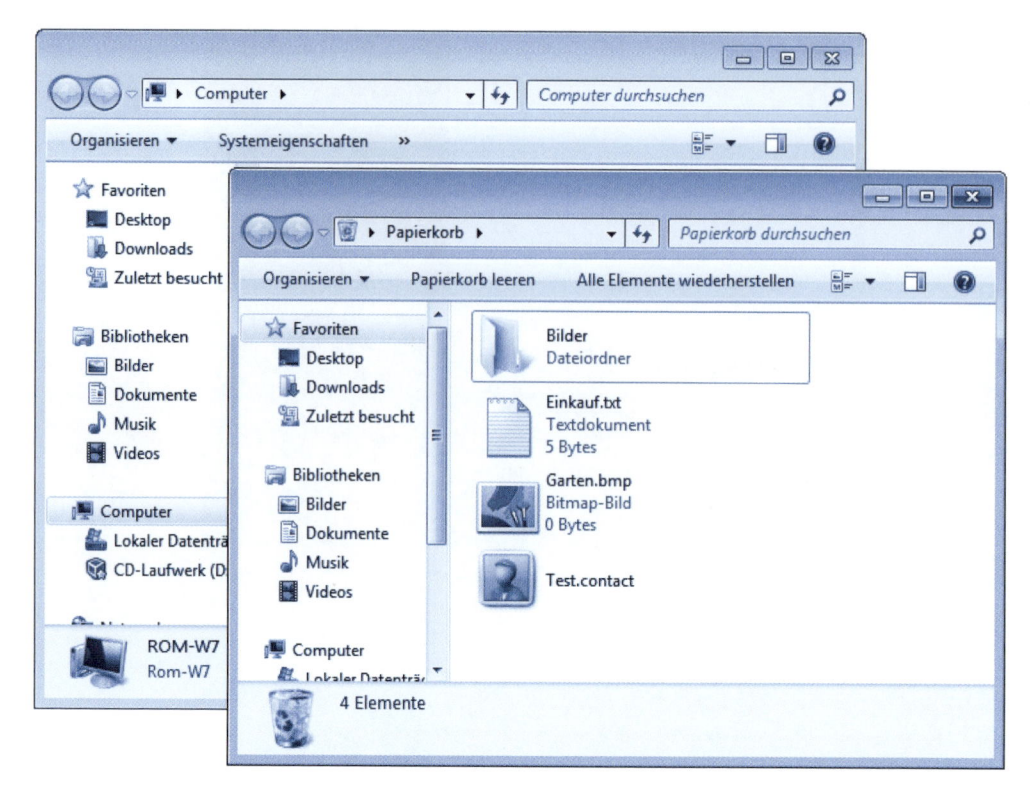

Sie könnten die Fenster zwar abwechselnd durch Anklicken per Maus (oder über deren Schaltflächen in der Taskleiste) in den Vordergrund holen. Praktischer ist es aber meistens, die beiden Fenster nebeneinander anzuordnen, sodass Sie den Inhalt beider Fenster gleichzeitig sehen.

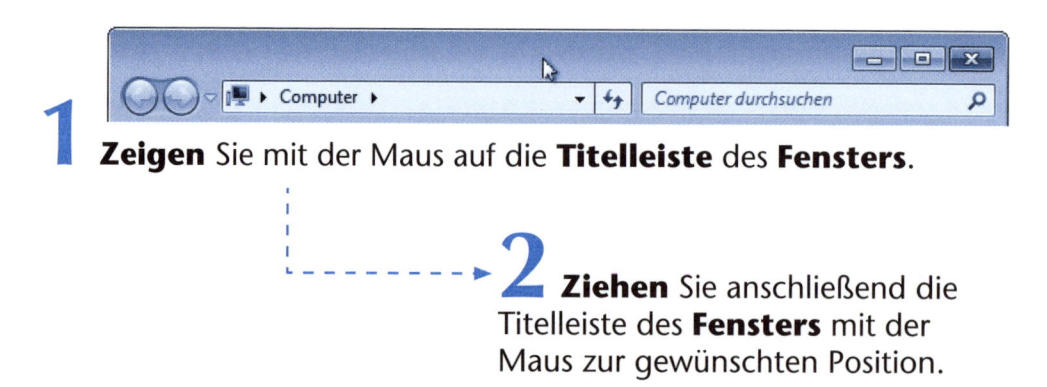

1 **Zeigen** Sie mit der Maus auf die **Titelleiste** des **Fensters**.

2 **Ziehen** Sie anschließend die Titelleiste des **Fensters** mit der Maus zur gewünschten Position.

Der Umgang mit Fenstern **67**

Je nach Einstellung verschiebt Windows das Fenster gleich oder zeigt beim Ziehen die neue Fensterposition durch eine gestrichelte Linie an.

3 Sobald sich das Fenster an der gewünschten Position befindet, lassen Sie die linke Maustaste los.

Windows verschiebt das Fenster an die neue Position. Bei entsprechend gewählter Fenstergröße können Sie nun beide Fenster samt deren Inhalt auf dem Desktop sehen. Wie Sie ein Fenster in der Größe anpassen, haben Sie ja bereits auf den vorhergehenden Seiten gelernt.

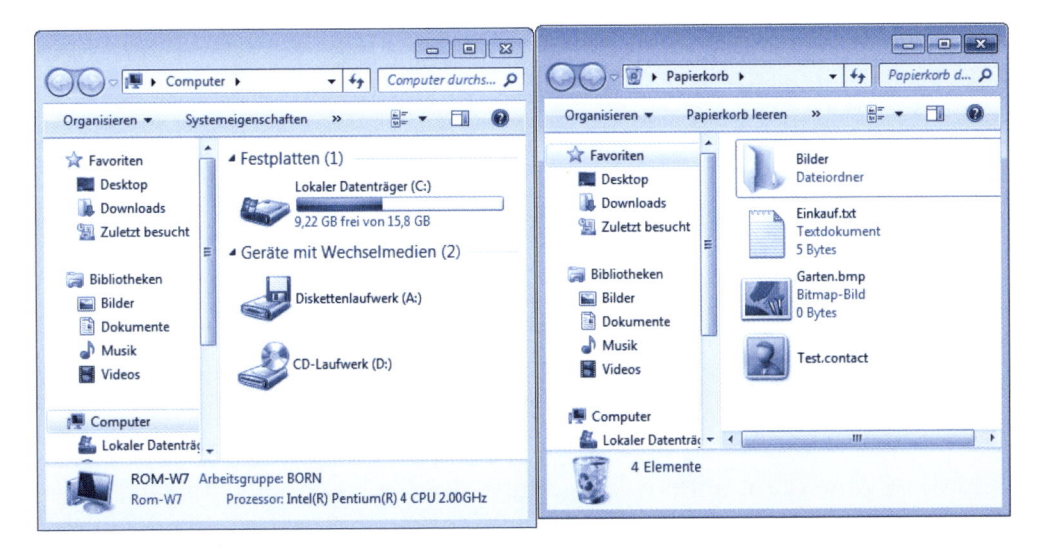

TIPP

Wenn Sie die Titelleiste in Windows 7 anklicken und die Titelleiste bei gedrückter linker Maustaste etwas »schütteln«, werden alle im Hintergrund geöffneten Fenster minimiert. Schütteln Sie später das Fenster über dessen Titelleiste erneut, öffnet Windows die minimierten Fenster wieder in der vorherigen Größe und an der vorherigen Position.

Sie sehen, in Windows ist es recht einfach, mit mehreren Fenstern zu arbeiten und zwischen diesen Fenstern zu wechseln (wie das genau funktioniert, lernen Sie weiter unten). So könnten Sie beispielsweise in einem (Programm-)Fenster einen Brief schreiben und sich in einem zweiten Fenster den Inhalt einer CD anzeigen lassen oder mit dem Windows-Taschenrechner etwas berechnen.

HINWEIS

Manchmal ist ein Fenster zu klein, um den gesamten Inhalt anzuzeigen. Dann sehen Sie am rechten oder manchmal auch am unteren Rand des Fensters eine sogenannte **Bildlaufleiste**. Mittels dieser Bildlaufleiste können Sie im Fenster »blättern«. Die rechteckige Fläche wird als **Bildlauffeld** bezeichnet und lässt sich per Maus in die gewünschte Richtung ziehen.

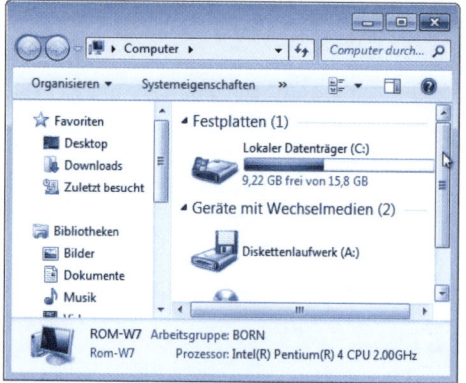

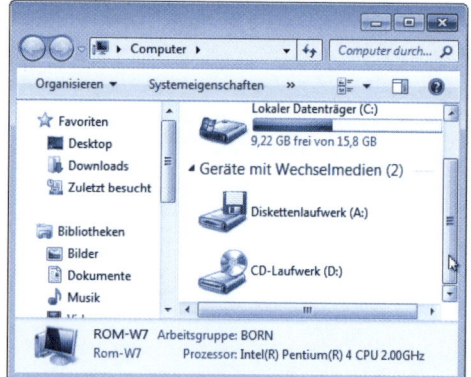

Windows zeigt dann andere Ausschnitte des Fensterinhalts an. Klicken Sie an den Enden der Bildlaufleiste auf die beiden Schaltflächen ▲ und ▼, um schrittweise den Inhalt des Dokuments zu verschieben.

Programme starten und verwenden

Wenn Sie unter Windows etwas tun, zum Beispiel einen Brief schreiben, das Fenster *Computer* öffnen oder im Internet surfen, stecken Programme dahinter. Diese Programme müssen zur Benutzung erst gestartet werden. Wie das funktioniert, wissen Sie im Prinzip schon.

- Viele Programme richten ein Symbol auf dem Desktop ein. Dann reicht ein Doppelklick auf das betreffende Symbol, um das Fenster und damit das Programm zu starten. Das haben Sie beim Symbol *Papierkorb* bereits auf den vorhergehenden Seiten genutzt.

- Aber es gibt noch weitere Programme unter Windows und viele dieser Anwendungen werden über das **Startmenü** aufgerufen. Das **Startmenü** ist so etwas wie die Zentralstelle zum Aufrufen von Programmen; häufig benutzte Programme besitzen einen Eintrag in diesem Startmenü.

Die Abläufe beim Starten über das Startmenü entsprechen sich bei den verschiedenen Programmen. Deshalb genügt es, an dieser Stelle das Starten eines Programms exemplarisch zu zeigen.

1 Klicken Sie in der linken unteren Ecke des Bildschirms auf die Schaltfläche *Start*.

Windows öffnet das Fenster des **Startmenüs**. Dessen Aussehen hängt etwas von der Windows-Version ab. Aber die wichtigsten Einträge finden sich sowohl in Windows Vista als auch in Windows 7.

- In der linken Spalte finden Sie die Symbole zum Aufruf häufig verwendeter Programme.

- In der rechten Spalte sehen Sie die Symbole wie *Dokumente, Bilder, Musik, Computer* etc., über die Sie direkt auf bestimmte Inhalte oder Funktionen zugreifen können.

Klicken Sie auf einen solchen Eintrag, wird die betreffende Funktion oder das zugehörige Programm geöffnet.

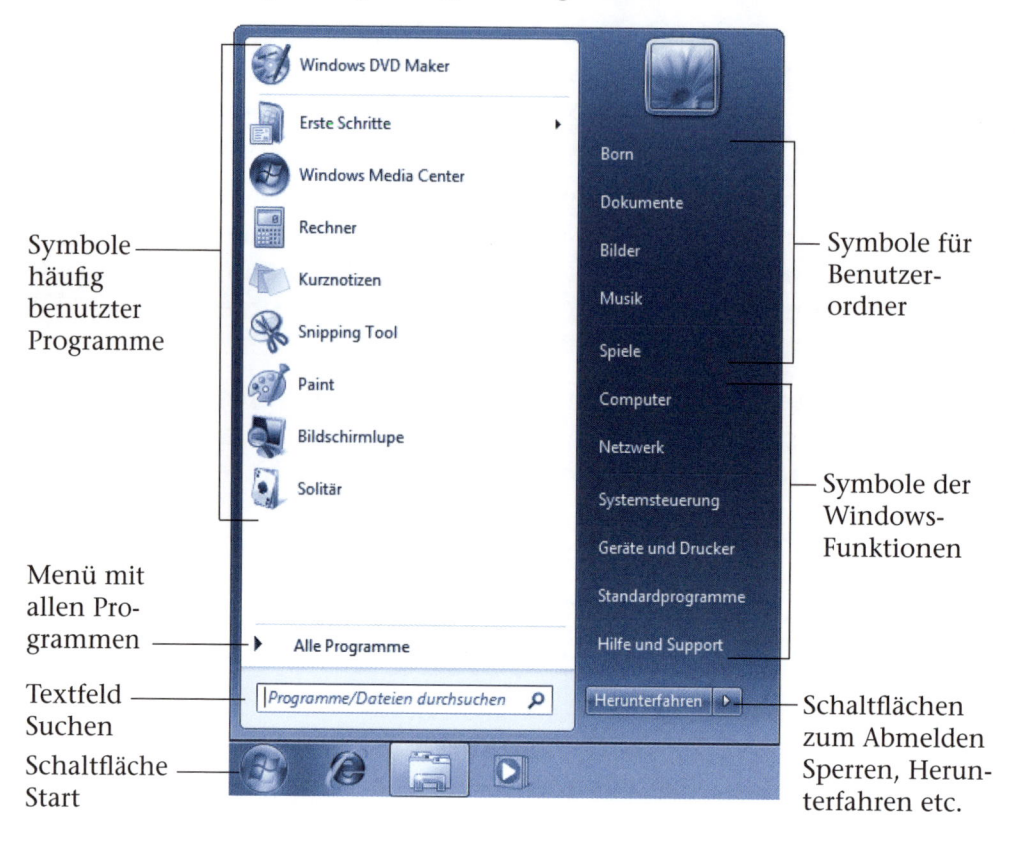

Symbole häufig benutzter Programme

Symbole für Benutzerordner

Symbole der Windows-Funktionen

Menü mit allen Programmen

Textfeld Suchen

Schaltfläche Start

Schaltflächen zum Abmelden Sperren, Herunterfahren etc.

Auf manchen Rechnern sind sehr viele Programme eingerichtet (man sagt dazu auch, die Programme sind installiert). Dann würde der Platz im Startmenü bei weitem nicht zum Auflisten der Programmsymbole reichen. In der linken Spalte des Startmenüs gibt es daher den Eintrag *Alle Programme*, über den Sie auf die Befehle zum Aufrufen weiterer Programme zugreifen können.

2 Zeigen oder klicken Sie im Startmenü auf den Eintrag *Alle Programme*.

Windows öffnet ein weiteres **Untermenü**, wobei dessen Befehle in der linken Spalte des Startmenüs eingeblendet werden. Sie sehen dort die Symbole für Programme (hier z. B. Internet Explorer, Windows DVD Maker etc.), je nachdem, welche Programme auf Ihrem Notebook vorhanden sind. Allerdings sind nur die wichtigsten Programme direkt im Untermenü *Alle Programme* zu finden.

- Einträge, die mit dem Symbol versehen sind, stehen für die genannten **Programmgruppen** (z. B. *Autostart*, *Spiel*, *Zubehör*). Programmgruppen fassen mehrere Programme und deren Symbole (oder weitere Gruppen) zu einem **Untermenü** zusammen.

- Zeigen bzw. klicken Sie auf das Symbol einer Programmgruppe, öffnet sich ein weiteres **Untermenü**, in dem Sie Symbole bzw. Befehle für weitere Programmgruppen oder Programme finden.

- Klicken Sie im Startmenü oder im Menü einer geöffneten Programmgruppe auf das Symbol des Programms, wird dieser Befehl ausgeführt und das Programm gestartet.

Über den am unteren Rand des Startmenüs eingeblendeten Befehl *Zurück* können Sie wieder eine Ebene im Menü zurückblättern.

Den Windows-Rechner aufrufen

Windows besitzt in allen Versionen einen kleinen Rechner, der optisch einem Taschenrechner nachempfunden ist. Führen Sie folgende Schritte aus, um ihn aufzurufen.

1 Öffnen Sie das Startmenü über die Schaltfläche *Start* und klicken Sie auf den Befehl *Alle Programme*.

2 Klicken Sie im Zweig *Alle Programme* auf das Symbol der Programmgruppe *Zubehör*, um die Einträge dieser Gruppe im Startmenü einzublenden.

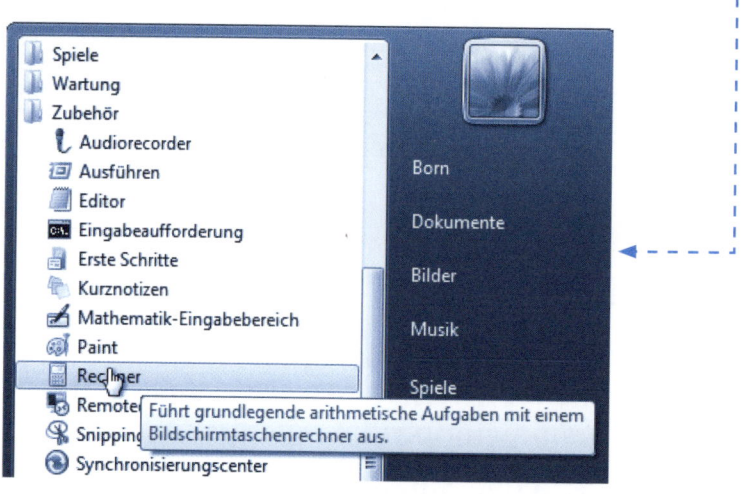

3 Klicken Sie im Menü der Programmgruppe *Zubehör* auf das Symbol des Programms *Rechner*.

Programme starten und verwenden 73

Der Windows-Rechner wird als Programm gestartet und das Fenster dieses Programms erscheint auf dem Desktop. Gleichzeitig schließt Windows das Startmenü.

Die Elemente des Programmfensters kennen Sie bereits von den vorherigen Seiten. Lediglich der Dokumentbereich sieht etwas anders aus, dort finden sich die Eingabetasten des Rechners.

Sie können auf diese Weise alle Programme starten, die als Symbol im Startmenü eingetragen sind. Beispiele finden Sie auf den folgenden Seiten.

HINWEIS

So nutzen Sie den Rechner

Der Windows-Rechner kann für kurze Berechnungen ganz nützlich sein und seine Bedienung ist auch nicht schwer. Sie müssen lediglich wie bei einem richtigen Taschenrechner die gewünschten Tasten anklicken oder einfach die Rechenvorschrift eintippen. Um beispielsweise die Zahlen 12 und 14 zu addieren, klicken Sie mit der Maus auf die entsprechenden Tasten oder tippen 12 + 14 = auf der Tastatur ein. Dann sollte das Ergebnis in der Anzeige des Rechners erscheinen. Mit der Schaltfläche C lässt sich das Ergebnis wieder löschen. Der Rechner kann aber noch mehr.

Klicken Sie in der Menüleiste des Rechners auf den Eintrag *Ansicht*, öffnet sich ein Menü, in dem die verfügbaren Befehle aufgeführt sind. Der Punkt vor dem Menü zeigt, dass die Option aktiv ist. Klicken Sie im Menü auf den Befehl *Wissenschaftlich*.

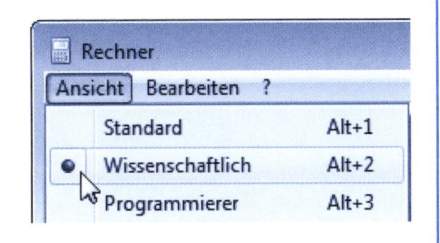

Der Rechner schließt das Menü und schaltet zur wissenschaftlichen Darstellung um. Sie verfügen damit über einen Funktionsumfang, der weit über den eines gängigen Taschenrechners hinausreicht.

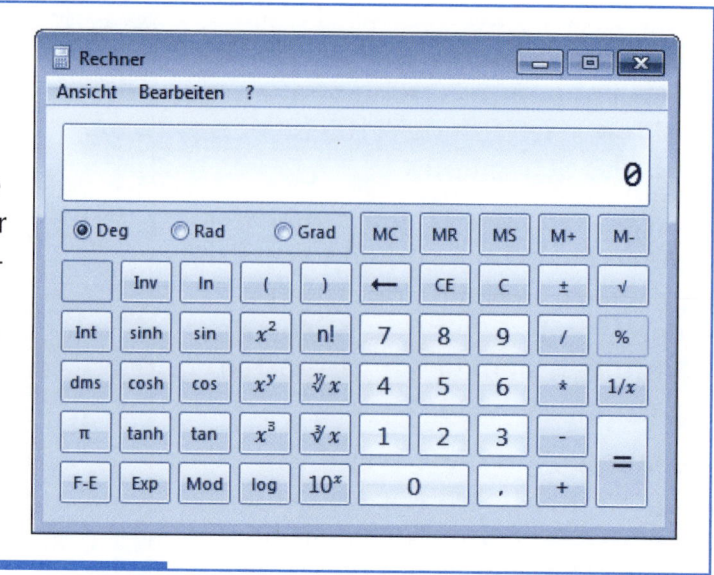

Wählen Sie in der Menüleiste das Fragezeichen (*?*) bzw. *Hilfe anzeigen*, lässt sich der Befehl *Hilfethemen* anklicken. Dann öffnet sich ein Hilfefenster, welches Informationen zur Bedienung des Rechners enthält.

... und so beenden Sie ein Programm

Wenn Sie ein Programm (z. B. den Rechner) nicht mehr benötigen, müssen Sie es beenden. Wie die meisten anderen Programmfenster besitzt auch der Rechner die Schaltfläche *Schließen* in der rechten Ecke der Titelleiste – das Beenden eines Programms funktioniert also wie das Schließen eines Fensters.

1 Klicken Sie in der Titelleiste des Rechners auf die Schaltfläche *Schließen*.

Windows schließt das Fenster des Rechners und beendet gleichzeitig das Programm.

Programme gleichzeitig verwenden

Manchmal ist es praktischer oder nötig, mehrere Fenster zu öffnen und abwechselnd mit den Programmen zu arbeiten. Sie könnten beispielsweise den Rechner starten, das Fenster *Computer* öffnen und vielleicht noch ein weiteres Fenster mit einem Brieftext auf den Desktop holen. Wie Sie die Programme starten bzw. die Fenster öffnen, wissen Sie bereits. Jetzt möchte ich Ihnen zeigen, wie Sie zwischen den Programmfenstern umschalten können.

1 Starten Sie wie auf den vorherigen Seiten gezeigt den Windows-Rechner.

2 Wiederholen Sie die dort genannten Schritte, wählen aber im Startmenü den Befehl *Computer* (oder irgendeinen anderen Eintrag).

Alternativ können Sie natürlich ein zweites Fenster auch durch einen Doppelklick auf die Desktopsymbole wie *Papierkorb* öffnen. Anschließend lässt sich abwechselnd mit den beiden Programmfenstern arbeiten.

- Sind beide Fenster zu sehen, klicken Sie einfach auf die Titelleiste des Fensters, mit dem Sie gerade arbeiten möchten.

- Verdeckt ein Fenster den Desktophintergrund bzw. das zweite Fenster, benutzen Sie die Schaltflächen und deren Menü bzw. die Miniaturansicht in der Taskleiste, um zum gewünschten Programm umzuschalten.

3 Um beispielsweise mit einem Fenster zu arbeiten, klicken Sie in der Taskleiste auf dessen Symbol und dann ggf. auf den Eintrag für das angezeigte Fenster.

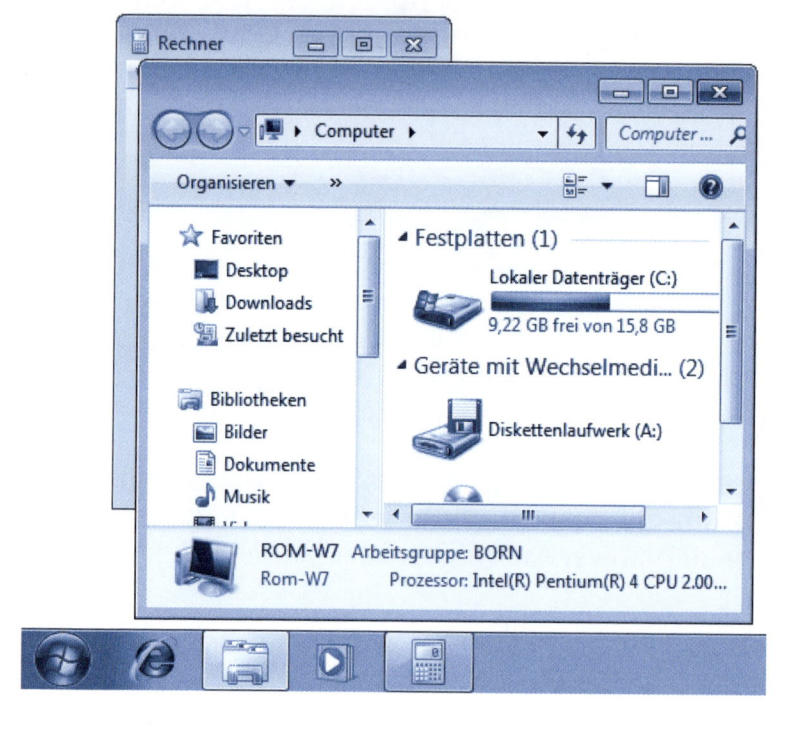

Das Fenster, dessen Titelleiste oder Schaltfläche in der Taskleiste angeklickt wurde, gelangt in den Vordergrund, und Sie können mit dem Programm arbeiten. Man sagt auch, das Fenster wird aktiv. Das aktive Fenster erkennen Sie übrigens an der farbig (meist kräftiger) hervorgehobenen Titelleiste, während die inaktiven Fenster eine abgeblendete Titelleiste aufweisen. Außerdem wird die Schaltfläche des aktiven Fensters in der Taskleiste als »eingedrückt« dargestellt.

> **TIPP**
>
> Ist die (bereits weiter oben im Abschnitt »Die Fenstergröße verändern« erwähnte Aero-Darstellung aktiv, blendet Windows beim Zeigen auf eine Schaltfläche der Taskleiste eine Miniaturvorschau des zugehörigen Programmfensters ein.
>
> Dann reicht das Klicken auf die Miniaturvorschau, um in Windows 7 zum Programm umzuschalten und dessen Fenster in den Vordergrund zu holen.
>
> Drücken Sie die Tastenkombination [Alt]+[⇆], erscheint die sogenannte **Taskliste**, wobei Aero Miniaturansichten aller laufenden Programmfenster (Tasks) zeigt. Durch mehrfaches Betätigen der Tastenkombination lässt sich zwischen den laufenden Programmen umschalten. Drücken Sie dagegen die Tastenkombination [Windows]+[⇆], schaltet Aero die Windows-Anzeige in die sogenannte Flip3D-Darstellung um. Dort werden die geöffneten Fenster in 3D-Darstellung eingeblendet und Sie können durch Drücken der Tastenkombination durch die Liste der Anwendungen blättern. Beim Loslassen der Tasten wird das zuletzt angewählte Fenster geöffnet.

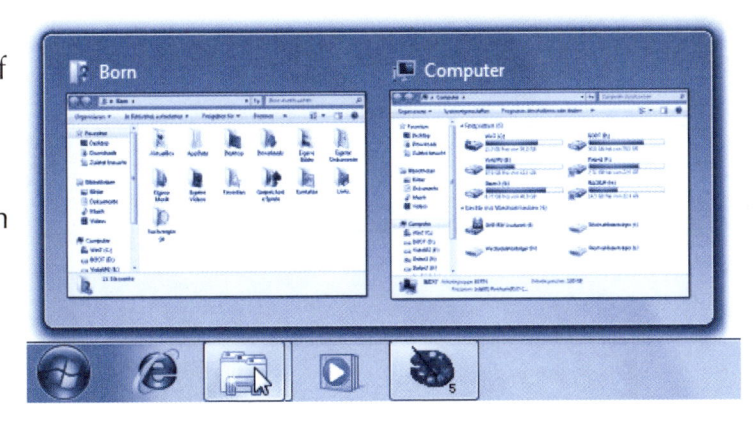

Windows beenden

Bevor Sie sich mit den nächsten Aufgaben befassen, muss noch eine wichtige Frage geklärt werden: Wie wird Windows eigentlich beendet? Nachdem Sie alle geladenen Programme beendet und die geöffneten Fenster geschlossen haben, müssen Sie in **Windows Vista** folgende Schritte zum Herunterfahren durchführen.

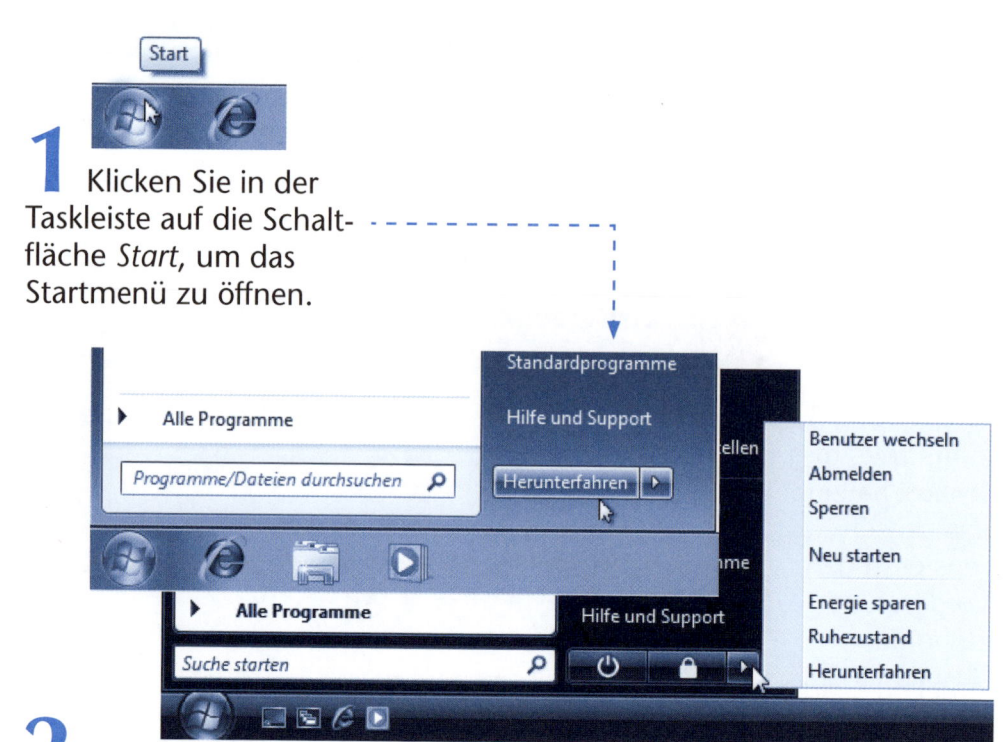

1 Klicken Sie in der Taskleiste auf die Schaltfläche *Start*, um das Startmenü zu öffnen.

2 Anschließend wählen Sie in der rechten unteren Ecke des Startmenüs den Befehl bzw. die Schaltfläche *Herunterfahren*.

Bei **Windows 7** finden Sie die Schaltfläche *Herunterfahren* direkt im Startmenü (hier im Vordergrund oben zu sehen). In **Windows Vista** müssen Sie das Menü der hier (im Hintergrund unten) gezeigten Schaltfläche öffnen und den Befehl *Herunterfahren* wählen.

Windows fährt dann herunter und schaltet nach kurzer Zeit das Notebook ab. Sie können dann eventuell weitere Geräte wie den Drucker etc. ebenfalls ausschalten.

> **TIPP**
>
> Bei Notebooks können Sie auch das Menü der Schaltfläche zum Herunterfahren öffnen und die Befehle *Energie sparen* bzw. *Ruhezustand* wählen. Der Modus »Energie sparen« versetzt das Gerät in eine Art Schlafmodus, bei dem nur noch wenig Energie benötigt wird. Im Ruhezustand sichert Windows dagegen den Zustand des Systems auf

> der Festplatte, fährt den Computer herunter und schaltet diesen ab. Beide Modi ermöglichen Ihnen, Windows durch Drücken des Einschalters sehr schnell hochzufahren. Nach der Anmeldung erscheinen die Fenster aller zuletzt geöffneten Anwendungen und Sie können sofort weiterarbeiten.

Arbeiten mit Ordnern und Dateien

Ihr Notebook ist mit einer Festplatte ausgestattet, auf der auch Dokumente und Programme als Dateien gespeichert werden. Auch CDs, DVDs oder Wechselmedien wie Speicherkarten und USB-Memory-Sticks können Dateien aufnehmen. Nachfolgend wird erläutert, was Dateien und Ordner sind und wie Sie damit umgehen.

Was sind Ordner und Dateien?

Daten wie Briefe, Fotos, Musik, Videos oder Programme lassen sich auf Speichermedien wie Festplatte, CD, DVD etc. speichern. Windows verwaltet diese Daten in sogenannten Dateien, die einen eindeutigen Namen besitzen. Sie können sich also Dateien als eine Art Container vorstellen. **Dateinamen** müssen in Windows bestimmten Regeln genügen.

- Sie dürfen die Buchstaben A bis Z und a bis z (Groß- und Kleinschreibung wird nicht unterschieden), die Ziffern 0 bis 9, das Leerzeichen und verschiedene andere Zeichen verwenden.

- Nicht zulässig sind jedenfalls die Zeichen „ / \ | < > : ? * im Dateinamen – diese besitzen für Windows eine besondere Bedeutung. Ein gültiger Name wäre also *Brief an Müller*.

- Der Name darf bis zu 250 Zeichen lang sein – zur Vermeidung unnötiger Tipparbeit empfiehlt sich aber eine Begrenzung auf ca. 20 Zeichen.

Jede Datei gehört dabei zu einem bestimmten **Dateityp** (z. B. Textdatei, Grafikdatei, Programmdatei), der beim Erstellen der Datei automatisch festgelegt wird und Windows signalisiert, was in der Datei hinterlegt ist. Abhängig vom Dateityp wird die Datei im Ordnerfenster mit einem bestimmten Symbol dargestellt.

HINWEIS

Der **Dateityp** einer Datei wird über die **Dateinamenerweiterung** festgelegt. Diese Erweiterung des Dateinamens besteht aus einem Punkt, gefolgt von meist drei oder vier Buchstaben (z. B. .txt, .bmp, .exe, .bat, .doc, .docx). Wenn Sie einen Brief speichern, sorgt das betreffende Programm fast immer selbst dafür, dass die richtige Dateinamenerweiterung an den Namen angehängt wird.

TIPP

Windows zeigt die Dateinamenerweiterung standardmäßig nicht an. Klicken Sie in der Symbolleiste des Ordnerfensters auf die Schaltfläche *Organisieren* und wählen Sie im angezeigten Menü den Befehl *Ordner- und Suchoptionen*. Klicken Sie dann im eingeblendeten Eigenschaftenfenster auf den Registerreiter *Ansicht*: [Allgemein | Ansicht | Suchen]. Auf der Registerkarte *Ansicht* ist die Markierung des mit *(Dateinamen)erweiterungen bei bekannten Dateitypen ausblenden* bezeichneten Kontrollkästchens durch Anklicken zu löschen. Schließen Sie die Registerkarte über die *OK*-Schaltfläche, zeigt Windows die Dateinamenerweiterungen an.

FACHWORT

Manchmal reicht der Platz in einem Dialogfeld nicht aus, dass Windows alle Steuerelemente anzeigen kann. Dann werden mehrere Seiten in Form von sogenannten **Registerkarten** in einem Dialogfeld (in diesem Fall als **Eigenschaftenfenster** bezeichnet) abgelegt. Über die Registerreiter können Sie auf die einzelnen Registerkarten zugreifen. Um Optionen auszuwählen, kennt Windows Optionsfelder und Kontrollkästchen. **Optionsfelder** sind kleine runde Elemente wie bei ⦿ Eingegebenes Element, die Optionen kennzeichnen. Eines der Optionsfelder weist einen farbigen Punkt auf, d. h., die betreffende Option ist gewählt. Es kann immer nur eine Option der Gruppe gewählt werden. Optionen lassen sich auch durch **Kontrollkästchen** (kleine viereckige

> Kästchen wie bei ☑ Dateigrößeinformationen) auswählen. Ein Häkchen zeigt, ob eine Option gewählt wurde, wobei mehrere Kontrollkästchen gleichzeitig durch Anklicken markiert werden können.

Die Dateitypen bzw. Dateinamenerweiterungen sind ganz praktisch. Sie können daran erkennen, ob eine Datei einen Text, eine Grafik, ein Programm oder etwas anderes enthält. Hier sehen Sie einige Beispiele für Dateien mit unterschiedlichen Symbolen (wobei die Dateinamenerweiterungen im Dateinamen mit eingeblendet sind).

Bild.bmp   Brief.docx

Einkaufen.txt   Video.mpg

Die Symbole hängen dabei etwas von der Windows-Version sowie den installierten Programmen ab. Sie erkennen aber bereits am Symbol, dass eine Dateinamenerweiterung *.bmp* wohl etwas mit einer Grafik oder einer Zeichnung zu tun hat, und Dateien mit Dateinamenerweiterungen wie *.txt* oder *.docx* enthalten gemäß stilisiertem Symbol wohl Texte.

Der zweite Begriff, der Ihnen bereits im Zusammenhang mit Dateien untergekommen ist, lautet **Ordner**. Wozu dienen Ordner? Die Antwort ist recht einfach: Um (ähnlich wie in einem Büro) eine Vielzahl unterschiedlicher Dokumente gezielt abzulegen, verwendet man Ordner. Ein Ordner nimmt alle Dokumente (sprich Dateien) auf, die zusammengehören.

Sie können beispielsweise einen Ordner *Rechnungen*, einen weiteren Ordner *Briefe* und so weiter anlegen. Ordner werden nach den gleichen Regeln wie Dateien benannt, lediglich die Dateinamenerweiterung entfällt zumeist.

Sie erkennen Ordner unter Windows am Symbol (einer stilisierten Hängemappe, siehe auch folgendes Bild). Der Windows-Benutzerordner ist ein Beispiel dafür.

Ein Ordner kann aber nicht nur Dateien, sondern auch weitere Unterordner enthalten. Sie könnten also einen Ordner *Briefe* anlegen, der seinerseits wieder die Unterordner *Privat, Geschäftlich, Rechnungen* etc. enthält.

```
📁 Briefe
    📁 Einladungen
    📁 Geschäftlich
    📁 Privat
    📁 Rechnungen
```

Dateien, die thematisch zusammengehören, legen Sie dann in den betreffenden **Ordnern** bzw. Unterordnern ab.

ACHTUNG

Dateien und Ordner müssen mit einem eindeutigen Namen versehen werden. Sie können in einem Ordner keine zwei Ordner oder Dateien mit identischem Namen ablegen. Eine Datei darf jedoch unter ihrem (gleichen) Namen in unterschiedlichen Ordnern gespeichert werden.

FACHWORT

Die genaue Lage einer Datei innerhalb eines Unterordners wird üblicherweise durch Aneinanderreihung der Ordnernamen angegeben, wobei die Namen durch den Schrägstrich \ (auch als Backslash bezeichnet, sprich: »Bäcksläsch«) zu trennen sind. Die Angabe *Briefe*\ *Privat* legt eindeutig fest, welcher Ordner in der Hierarchie gemeint ist. Hierfür wird auch der Begriff **Pfad** benutzt.

HINWEIS

In Windows 7 enthält der Navigationsbereich eines Ordnerfensters noch den Eintrag **Bibliotheken** (siehe folgende Seiten). Es handelt sich dabei aber um keinen Ordner, sondern um eine spezielle Verwaltungsfunktion von Windows 7 zum vereinfachten Ordnerzugriff. Der Eintrag *Bibliotheken* im Ordnerfenster fasst Verweise auf Ordner mit ähnlichen Inhalten zusammen. Die Bibliothek *Bilder* verweist dabei z. B. auf die Ordner *Eigene Bilder* und *Öffentliche Bilder*.

Arbeiten mit Ordnern und Dateien **83**

So finden Sie Laufwerke, Ordner und Dateien

Festplatten, CDs, DVDs etc. stellen Speichermedien dar, die Dateien und Ordner enthalten können. Wie erkenne ich, welche Laufwerke das Notebook besitzt und was auf den Laufwerken gespeichert ist? Wo finde ich dann die Dateien und Ordner? Zentrales Instrument für diese Aufgaben ist das Ordnerfenster, welches sich über das Startmenü oder über Desktopsymbole öffnen lässt.

Klicken Sie im Startmenü auf den Eintrag *Computer* (oder doppelklicken Sie ggf. auf das eingeblendete Desktopsymbol *Computer*).

Computer

Windows öffnet dann ein Ordnerfenster, in dem Sie eine Übersicht über alle auf dem Notebook gefundenen Laufwerke vorfinden. Hier sehen Sie das Ordnerfenster aus Windows 7.

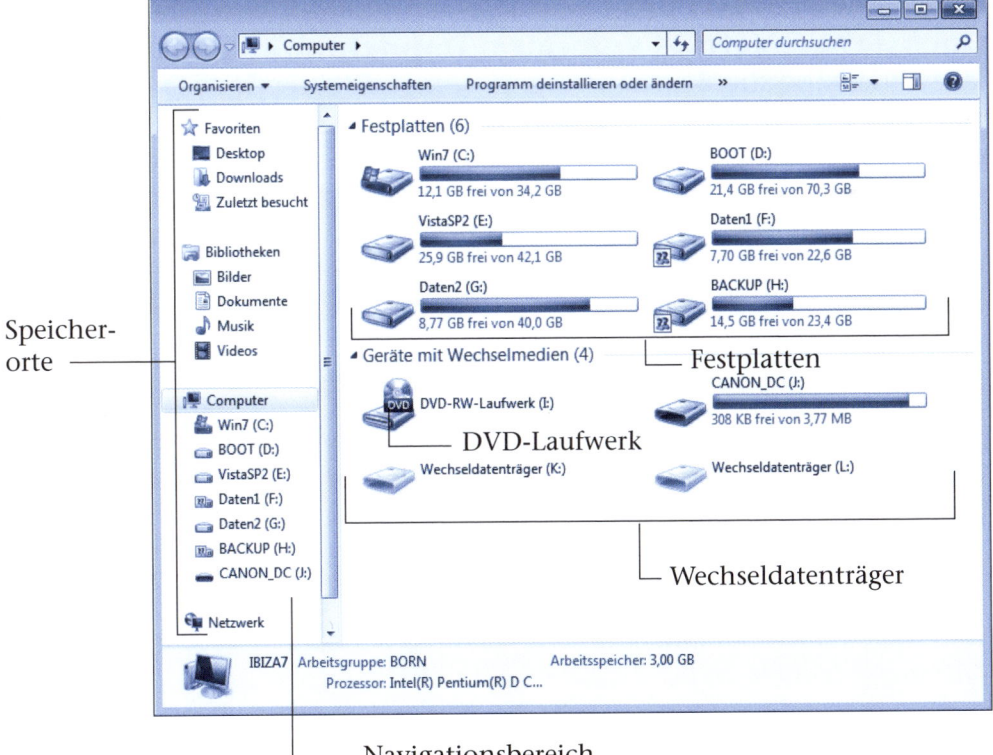

Der Navigationsbereich im linken Teil des Ordnerfensters ermöglicht Ihnen über verschiedene Symbole den direkten Zugriff auf Speicherorte (Laufwerke, Benutzerordner etc.). Im rechten Teil wird jeweils der Inhalt des angewählten Speicherorts eingeblendet. Beim Öffnen des Ordnerfensters *Computer* erscheinen alle gefundenen Laufwerke. Unterschiedliche Symbole liefern Ihnen zusätzlich einen Hinweis auf die Laufwerkstypen. Sie erkennen beispielsweise stilisierte Festplatten, CD- und DVD-Laufwerke, Wechseldatenträger für Speicherkarten etc. Zeigen Sie auf das Symbol einer Festplatte, blendet Windows eine QuickInfo mit der Speicherkapazität und dem freien Speicher ein.

Unter jedem Symbol finden Sie einen Symboltitel mit der **Laufwerksbezeichnung** (z. B. *Win7*, *Daten1* etc.). Diese Laufwerksbezeichnungen beinhalten auch noch einen in Klammern gestellten Großbuchstaben samt Doppelpunkt wie A:, C:, D: etc. **Windows nummeriert** beim Start **die** gefundenen **Laufwerke mit Buchstaben, gefolgt von** einem **Doppelpunkt**. Für Diskettenlaufwerke sind die Bezeichnungen *A:* und *B:* reserviert. Die erste gefundene Festplatte wird mit *C:* benannt, weitere Festplatten erhalten ggf. die Buchstaben D, E etc. Sobald alle Festplatten nummeriert sind, wird das erste CD-/DVD-Laufwerk mit dem nächsten freien Buchstaben belegt. Dann kommen ggf. Wechseldatenträgerlaufwerke und USB-Sticks. Über diese Nummerierung können Sie immer sehr genau angeben, welches Laufwerk gemeint ist.

> **HINWEIS**
>
> Sollte das Ordnerfenster bei Ihnen etwas anders aussehen, ist das kein Grund zur Sorge. Die einzelnen Windows-Versionen besitzen eine leicht unterschiedliche Ordnerfensterdarstellung.
>
> Sind die Symbole bei Ihnen kleiner, hängt das von der Einstellung ab (ich komme gleich darauf zurück). Auch die Zahl der Symbole hängt vom System ab – bei Ihnen dürften maximal ein oder zwei Festplattensymbole zu sehen sein.

Arbeiten mit Ordnern und Dateien **85**

Konnten Sie das Ordnerfenster *Computer* über das Startmenü öffnen? Dann interessiert Sie sicherlich, was auf den angezeigten Laufwerken gespeichert ist.

1 Bei einem Wechseldatenträgerlaufwerk legen Sie zuerst ein Medium (CD, DVD, BD, Speicherkarte etc.) ein.

2 Um den Laufwerksinhalt anzusehen, wählen Sie dann im Ordnerfenster *Computer* das gewünschte Laufwerkssymbol durch einen Doppelklick an.

Windows zeigt Ihnen anschließend den Inhalt des betreffenden Laufwerks in einem Ordnerfenster an. Durch weitere Doppelklicks auf die im Ordnerfenster angezeigten Symbole können Sie deren Inhalte ebenfalls abrufen.

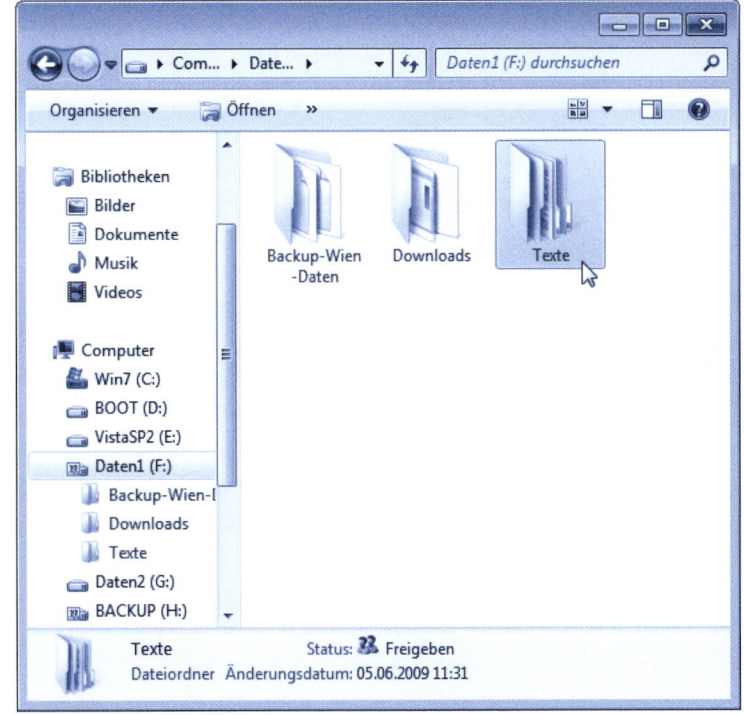

3 Enthält das Laufwerk z. B. Unterordner, rufen Sie deren Inhalt ab, indem Sie auf das Symbol eines Unterordners doppelklicken.

Neben dem Symbol *Computer*, dessen Ordnerfenster eine Liste aller Laufwerke des Notebooks zeigt, kennt Windows noch **besondere Speicherorte für** die **Daten des Benutzers**.

- Der Ordner *Eigene Dokumente* dient zur Aufnahme von beliebigen Dokumenten (z. B. Briefen, Tabellendokumenten etc.).

- Im Ordner *(Eigene) Bilder* können Sie Fotos, Scans oder andere Grafikdateien ablegen. Der Ordner stellt besondere Funktionen zur Anzeige der Grafikdateien bereit.

- Der Ordner *(Eigene) Musik* ist zum Speichern von Musikdateien vorgesehen und das zugehörige Ordnerfenster besitzt Schaltflächen zur Wiedergabe der Musikdateien.

- Verwenden Sie den Ordner *(Eigene) Videos*, um Videodateien auf dem Notebook zu speichern und wiederzugeben.

- Im Ordner *Downloads* können Sie aus dem Internet heruntergeladene Dateien speichern.

Die Ordner lassen sich teilweise direkt über Befehle des Startmenüs (*Born*, *Musik*, *Video* etc.) oder über den Navigationsbereich des Ordnerfensters einsehen.

HINWEIS

Der Benutzerordner (z. B. *Born*) mit den Unterordnern für Bilder, Dokumente, Musik, Videos dient zur Speicherung der Dateien des jeweiligen Benutzers. Windows kennt noch den Ordner *Öffentlich*. Dort können Sie Dateien ablegen, die für alle Benutzer (unterschiedlicher Benutzerkonten) zugänglich sein sollen.

Um auf die Ordner und Unterordner zur Datenspeicherung zuzugreifen, gehen Sie folgendermaßen vor.

1 Wählen Sie im Startmenü den gewünschten Ordnernamen (z. B. *Bilder*, *Dokumente* etc.) mit einem Mausklick an.

Windows öffnet bei Anwahl des betreffenden Startmenübefehls das zugehörige Ordnerfenster und zeigt dessen Inhalt an. Hier sehen Sie das über den Startmenüeintrag geöffnete Ordnerfenster des Benutzerkontos (*Born*), welches in Windows alle anderen Unterordner (Bilder, Dokumente, Musik, Videos etc.) enthält.

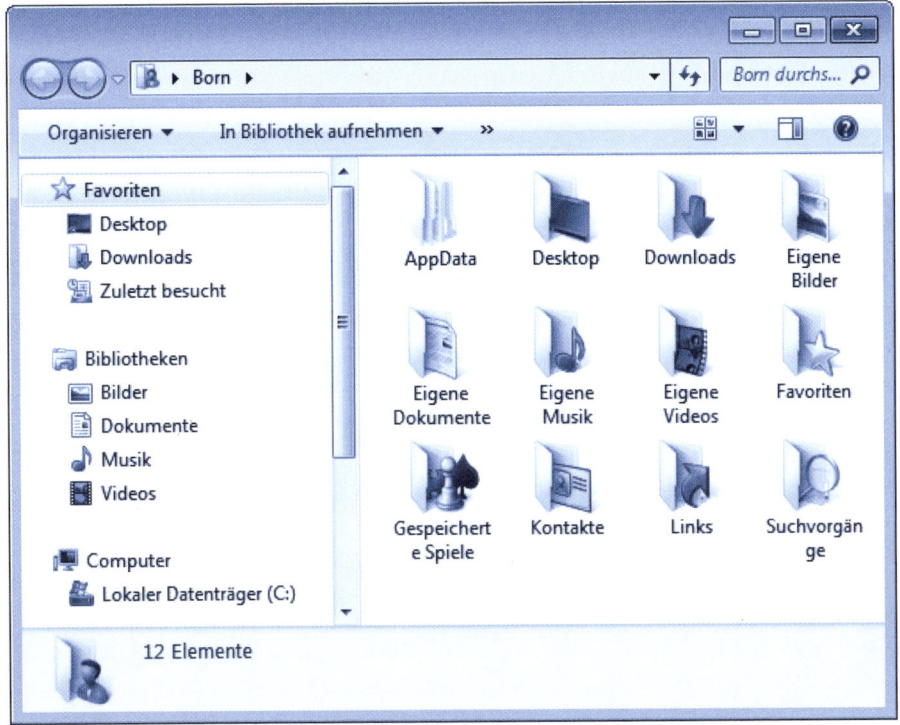

2 Um den Inhalt eines Unterordners (z. B. *Eigene Bilder*) einzusehen, wählen Sie dessen Symbol per Doppelklick an.

Das funktioniert also wie beim Ansehen von Laufwerksinhalten. Sie müssen einfach das gewünschte Symbol per Doppelklick im rechten Teil des Ordnerfensters anwählen, um dessen Inhalte im Ordnerfenster abzurufen. Auf diese Weise können Sie schrittweise den Inhalt des Elements *Computer* (bzw. des Benutzerordners), den Inhalt eines Laufwerks und den Inhalt der enthaltenen Unterordner abrufen. Enthält ein Ordner (bzw. ein Laufwerk) Dateien, werden diese ebenfalls im Ordnerfenster angezeigt. Vielleicht probieren Sie dies einmal auf Ihrem System aus, indem Sie im Startmenü den Befehl *Computer* oder den Ordner mit dem Benutzernamen anwählen.

> **TIPP**
>
> Irgendwann stellt sich Ihnen sicherlich die Frage, wie Sie nach dem Öffnen verschiedener Unterordner wieder **schrittweise zu** den **übergeordneten Ebenen zurückkommen**. Denkbar wäre es natürlich, das aktuelle Ordnerfenster zu schließen und erneut über das Startmenü zu beginnen. Es geht aber wesentlich einfacher. Sie müssen nur die ←-Taste auf der Tastatur drücken, um im Ordnerfenster eine Ebene höher zu gehen.
>
> **Windows Vista** und **Windows 7** blenden zudem den Pfad zum jeweiligen Ordner im Kopfbereich des Ordnerfensters ein. Klicken Sie auf einen Ordnernamen (hier z. B. *Bilder*), ruft Windows dessen Inhalt in der Anzeige ab. Klicken Sie auf das kleine schwarze Dreieck rechts neben dem Ordnernamen, erscheint ein Menü mit allen Unterordnern.
>
> Wählen Sie einen dieser Ordnernamen im Menü aus, wird dessen Inhalt eingeblendet. Zudem zeigt Windows in der linken Spalte der Ordnerfenster eine Navigationsleiste. Über die Symbole dieser Leiste können Sie direkt auf Laufwerke, Ordner und Unterordner zugreifen. Klicken Sie auf ein Symbol, erscheint links daneben ein kleines Dreieck. Durch Anklicken des Dreiecksymbols lässt sich ein Zweig mit Unterordnern expandieren oder zusammenklappen.

Arbeiten mit Ordnern und Dateien **89**

Haben Sie die ersten Beispiele der obigen Seiten nachvollzogen? Bei Bedarf können Sie ja noch etwas mit der Maus und mit Ordnerfenstern üben. Nach kurzer Zeit kennen Sie sich sicherlich mit Laufwerken, Ordnern und Dateien bestens aus. Dann klappt alles wie von selbst. Wenn es noch Schwierigkeiten gibt, ist das auch kein Problem. Vieles wiederholt sich unter Windows und lernt sich quasi nebenbei. Lesen Sie notfalls nochmals die obigen Erläuterungen, wenn etwas unklar geblieben ist. Dann wird es schon klappen.

Die Symbolgröße im Ordnerfenster anpassen

Vielleicht ist Ihnen aufgefallen, dass die Symbolgröße je nach Ordnerfenster variieren kann. Dies lässt sich jederzeit einstellen.

1 Öffnen Sie das Menü der in der Symbolleiste gezeigten Schaltfläche *Ansichten* (Windows Vista) bzw. *Ansicht ändern* (Windows 7), indem Sie auf den Pfeil am rechten Rand der Schaltfläche klicken.

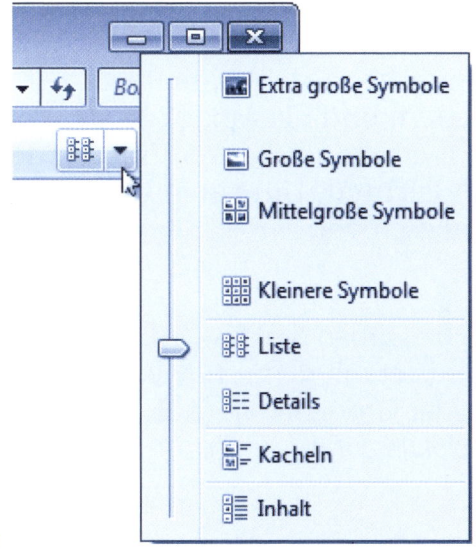

2 Klicken Sie im Menü auf einen der Befehle, um den Darstellungsmodus zu wählen.

Windows schaltet dann die Darstellung für die Symbole im Ordnerfenster entsprechend um. Sie können auf diese Weise große Symbole oder kleine Symbole in Form einer einspaltigen oder mehrspaltigen Liste abrufen.

> **HINWEIS**
>
> Weiterhin bietet Windows die Möglichkeit, den **Inhalt des Ordnerfensters** nach verschiedenen Kriterien zu **sortieren**. Klicken Sie eine freie Stelle im Ordnerfenster mit der rechten Maustaste an. Anschließend können Sie im Kontextmenü den Befehl *Sortieren nach* und im Untermenü dann einen der angebotenen Befehle wählen.

Neue Ordner anlegen

Um die Organisation in den Ordnern *Dokumente*, *Bilder*, *Videos* etc. zu verbessern, sollten Sie Unterordner verwenden. Dann könnten Sie z. B. im Ordner *Dokumente* weitere Unterordner wie *Briefe 2009*, *Briefe 2010*, *Einladungen* etc. anlegen. Dies ermöglicht Ihnen, entsprechende Dokumente gezielt in solchen Unterordnern zu speichern und die Ablage zu strukturieren. Dann behalten Sie die Übersicht und das Auffinden der gewünschten Dokumente wird erleichtert. Um einen Unterordner anzulegen, gehen Sie folgendermaßen vor.

1 Öffnen Sie das Ordnerfenster mit dem Laufwerks- oder Ordnerinhalt (z. B. *Dokumente*).

2 Klicken Sie mit der **rechten** Maustaste auf eine freie Stelle im Fenster.

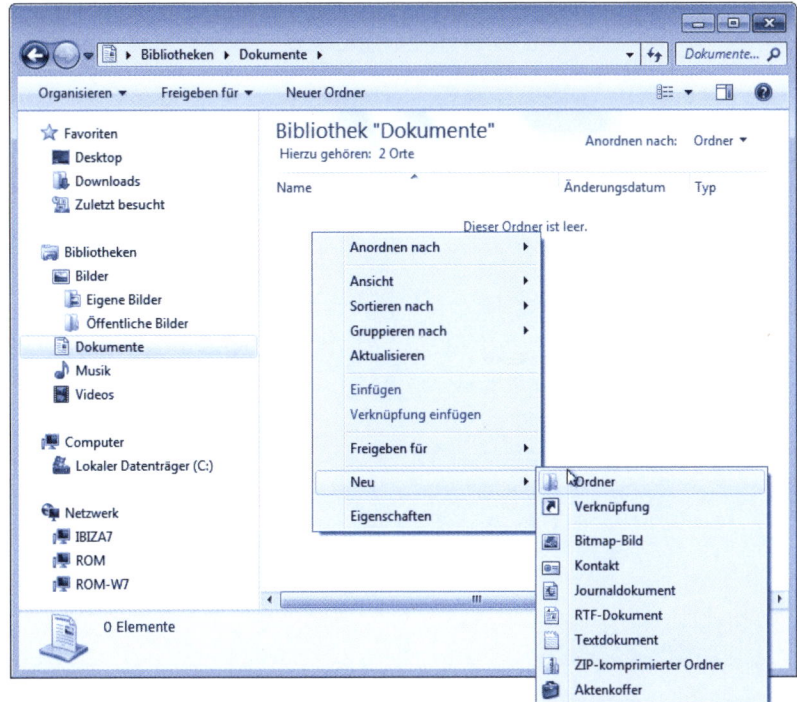

Arbeiten mit Ordnern und Dateien **91**

3 Zeigen Sie im **Kontextmenü** auf den Befehl *Neu* und klicken Sie dann im Untermenü auf den Befehl *Ordner*.

Windows legt einen neuen Ordner mit dem Namen *Neuer Ordner* im Fenster an. Der Name des neuen Ordners ist anschließend farbig markiert, d. h., Sie können ihn jetzt ändern.

4 Tippen Sie den neuen Namen für den Ordner (z. B. *Briefe 2009*) per Tastatur ein und klicken Sie anschließend auf eine freie Stelle im Fenster.

Windows hebt die Markierung auf und weist dem neuen Ordner den Namen zu.

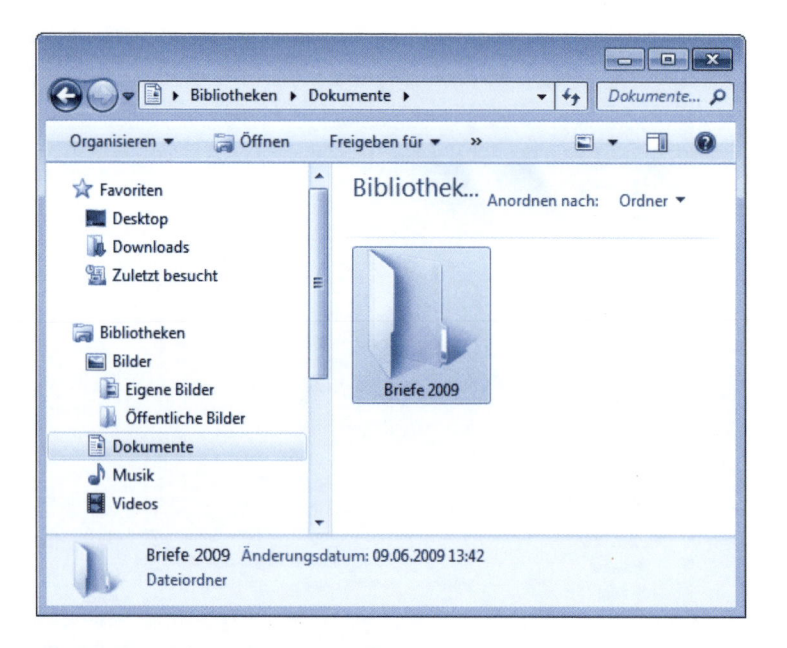

TIPP

Windows unterstützt sogenannte »ZIP-komprimierte Ordner«. Sie werden im Kontextmenü über die Befehle *Neu/ZIP-komprimierter Ordner* angelegt und besitzen dieses Symbol.

Speichern Sie Textdateien oder unkomprimierte Bilder (z. B. im BMP-Format) in einem solchen Ordner, benötigen die Dateien wesentlich weniger Speicherplatz auf dem Datenträger als bei der Verwendung normaler Ordner. Diese komprimierten Ordner (eigentlich sind es sogenannte ZIP-Dateien) lassen sich genauso handhaben wie normale Ordner.

Wenn Sie sich das Kontextmenü *Neu* ansehen, stellen Sie fest, dass Windows auch Befehle zum Anlegen neuer Dokumentdateien bietet. Sie können daher mit den obigen Schritten unter Verwendung eines dieser Befehle neue, noch leere Dokumentdateien anlegen. Wählen Sie eine Dokumentdatei anschließend im Ordnerfenster per Doppelklick an, öffnet Windows sie automatisch im zugehörigen Programm.

Arbeiten mit Ordnern und Dateien **93**

Ordner und Dateien umbenennen

Die Namen von Dateien oder Ordnern lassen sich auch nachträglich leicht ändern:

1 Klicken Sie mit der **rechten** Maustaste auf das Symbol des Ordners oder der Datei, die Sie umbenennen wollen.

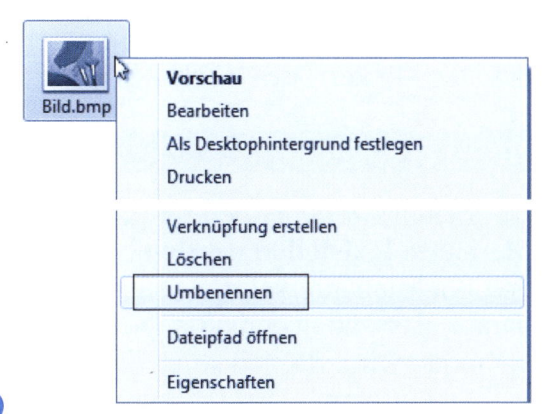

2 Wählen Sie im Kontextmenü den Befehl *Umbenennen*.

> **TIPP**
>
> Sie können zum Umbenennen auch die Datei oder den Ordner anklicken und die Funktionstaste F2 drücken.

Windows markiert den Datei- oder Ordnernamen und hebt diesen farbig hervor.

3 Tippen Sie anschließend den neuen Namen ein oder korrigieren Sie den alten Namen.

4 Klicken Sie zum Abschluss der Korrektur mit der linken Maustaste auf eine freie Stelle im geöffneten Ordnerfenster.

Windows ändert anschließend den Namen der Datei (bzw. des Ordners). Sie können jetzt ein zweites Mal auf eine freie Stelle im Fenster klicken, um auch noch die Markierung aufzuheben.

> **HINWEIS**
>
> Der Befehl *Umbenennen* markiert automatisch den Dateinamen. **Markierte Textstellen werden** beim Drücken der ersten Taste durch den Buchstaben **ersetzt**. Achten Sie beim Umbenennen von Dateien darauf, dass die eventuell angezeigte Dateinamenerweiterung nicht verändert wird, da sich sonst die Datei mit dem zugehörigen Programm nicht mehr öffnen lässt (Windows zeigt dann eine entsprechende Warnung). Durch Anklicken einer Textstelle oder durch Drücken der Cursortasten ← und → lässt sich die **Markierung aufheben** und die Einfügemarke im Namen bewegen. Zeichen rechts von der Einfügemarke lassen sich durch Drücken der Entf-Taste löschen. Zeichen links vom Textcursor entfernen Sie mit der ←-Taste. Dies funktioniert alles genauso wie beim Bearbeiten von Texten (siehe nächstes Kapitel).

Kopieren und Verschieben

Unterordner oder Dateien lassen sich zwischen Festplatten, zwischen Ordnern oder zwischen Festplatte und Wechselmedien kopieren bzw. verschieben. Beim Kopieren liegen anschließend zwei Exemplare der Datei bzw. des Ordners vor, beim Verschieben wird die Datei oder der Ordner samt Inhalt an die neue Position verschoben. Von den verschiedenen Möglichkeiten, die Windows bietet, möchte ich Ihnen hier eine Variante zeigen.

Arbeiten mit Ordnern und Dateien **95**

1 Öffnen Sie das Ordnerfenster (z. B. *Dokumente*), in dem die zu kopierenden Elemente bereits gespeichert sind (das ist der **Quellordner**).

2 Öffnen Sie ein zweites Ordnerfenster (z. B. *Dokumente/Briefe 2009*), indem Sie die betreffenden Einträge im Startmenü wählen und dann zu den gewünschten Ordnern navigieren.

Das zweite Ordnerfenster enthält nun den **Zielordner**, in den die Elemente hineinkopiert werden sollen.

3 Positionieren Sie die beiden geöffneten Ordnerfenster nebeneinander.

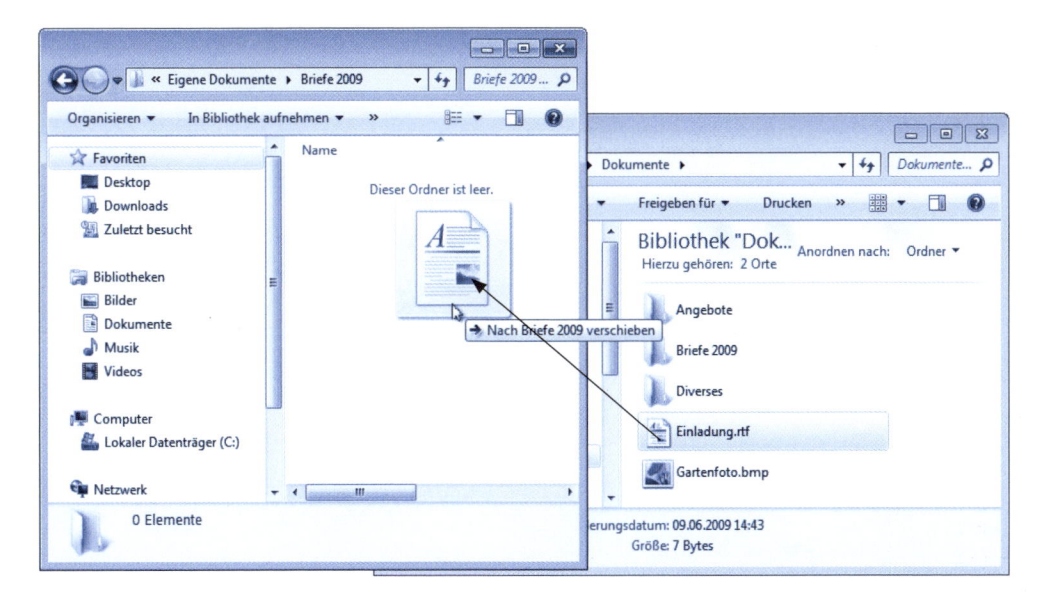

TIPP

Klicken Sie auf einen Ordner, halten die ⇧-Taste gedrückt und wählen einen zweiten Ordner per Mausklick an, werden alle dazwischenliegenden Ordner mit markiert. Drücken Sie die `Strg`-Taste, können Sie mehrere nicht benachbarte Ordner und Dateien im Ordnerfenster durch Anklicken per Maus markieren.

4 Ziehen Sie die gewünschte(n) Datei(en) bzw. den (die) Ordner bei gleichzeitig gedrückter rechter Maustaste aus dem Ursprungsfenster in das zweite Ordnerfenster und lassen Sie die rechte Maustaste über dem Zielfenster los.

Falls eine Nachfrage erscheint, ob das »Verschieben« der Dateien in diese Zone gewünscht wird, müssen Sie diese bestätigen. Dann sollte ein Kontextmenü mit verschiedenen Befehlen angezeigt werden.

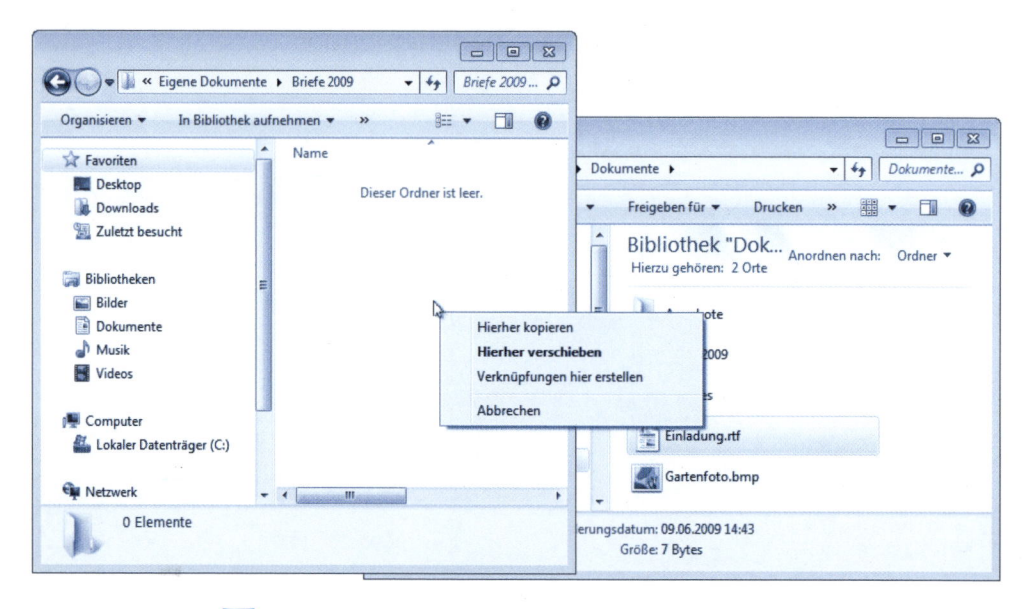

5 Wählen Sie im Kontextmenü den Befehl *Hierher kopieren* bzw. *Hierher verschieben*.

Arbeiten mit Ordnern und Dateien **97**

Je nach gewähltem Befehl kopiert oder verschiebt Windows anschließend das Element in das angegebene Fenster. Beim Verschieben verschwindet das Element aus dem Quellordner und wandert in den Zielordner. Beim Kopieren finden Sie das Element anschließend in beiden Ordnerfenstern vor.

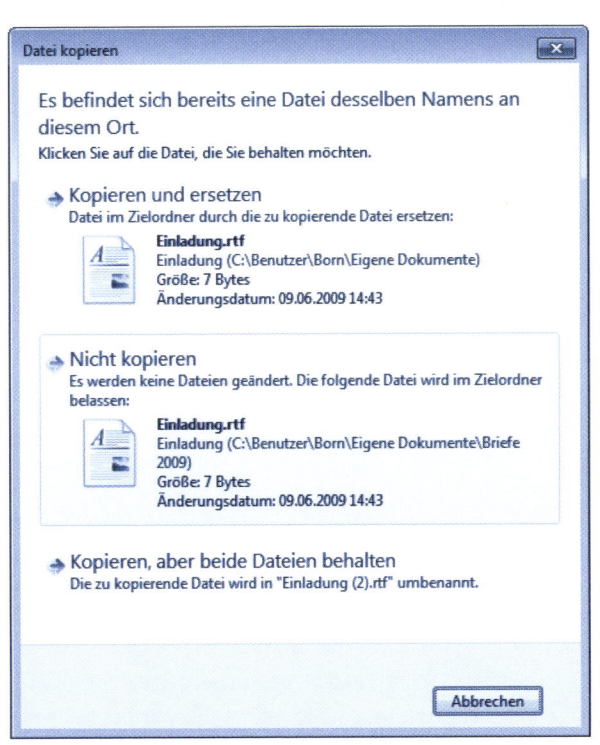

> **HINWEIS**
>
> Bei sehr großen Dateien oder umfangreichen Ordnern informiert Windows Sie während des Kopiervorgangs durch ein kleines Fenster über den Fortschritt.
>
> Wenn es eine Datei oder einen Ordner am Zielort bereits unter demselben Namen gibt, erhalten Sie beim Kopieren oder Verschieben eine Warnung. Sie können dann durch Anklicken eines Befehls entscheiden, ob die Dateien bzw. Ordner trotzdem kopiert bzw. verschoben werden sollen oder nicht.

> **TIPP**
>
> Haben Sie eine Datei oder einen Ordner irrtümlich verschoben oder kopiert? Fast alle Dateioperationen (Kopieren, Umbenennen, Löschen) lassen sich sofort nach der Ausführung rückgängig machen.
>
> Klicken Sie mit der rechten Maustaste auf eines der Ordnerfenster und wählen Sie im Kontextmenü den Befehl *xxx rückgängig machen*, wobei *xxx* für den Befehl steht (z. B. *Kopieren*). Oder drücken Sie die Tastenkombination [Strg]+[Z]. Windows nimmt dann den letzten Befehl zurück. Nach einem Kopiervorgang werden die Elemente im Zielordner gelöscht, beim Verschieben einfach zurückgeschoben.

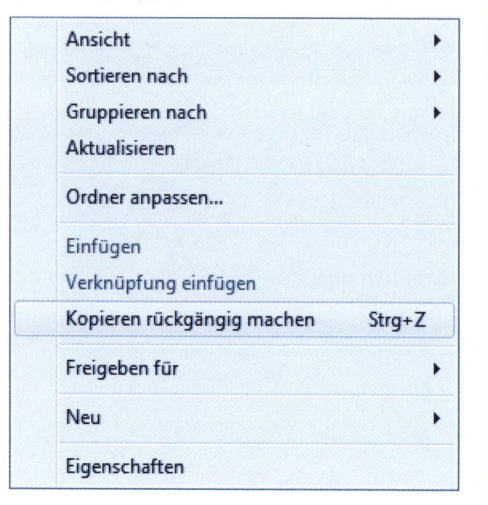

Ordner und Dateien löschen

Benötigen Sie einen Ordner oder eine Datei nicht mehr? Dann können Sie diese auf einfache Weise löschen.

1 Öffnen Sie das Fenster des Ordners, das die Datei oder den Ordner enthält.

2 Klicken Sie mit der rechten Maustaste auf die zu löschende(n) Datei(en) oder den Ordner, um diese zu markieren.

Arbeiten mit Ordnern und Dateien **99**

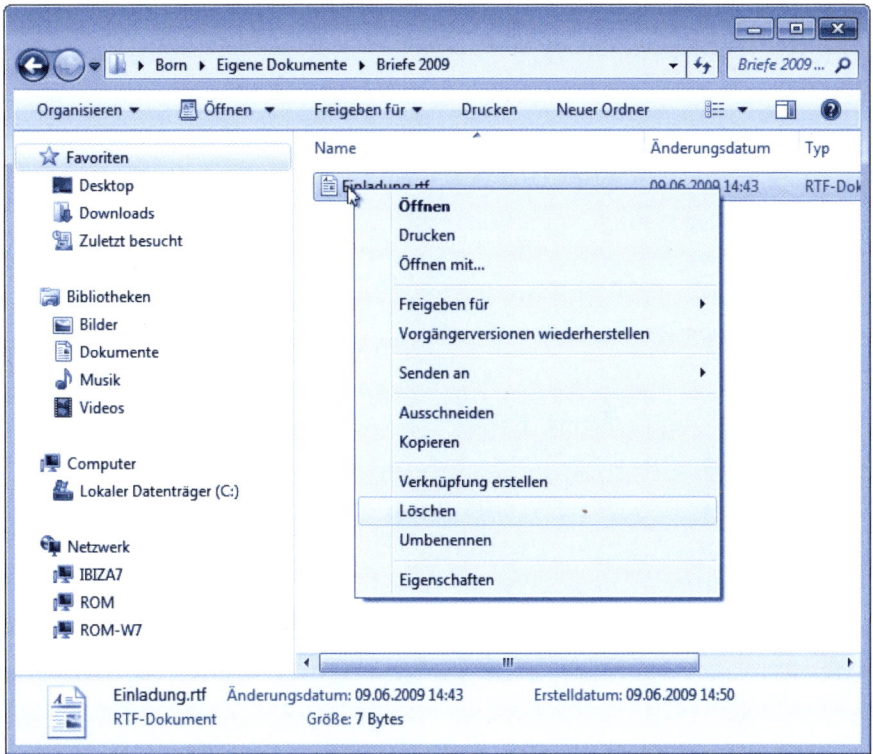

3 Klicken Sie im Kontextmenü auf den Befehl *Löschen*.

Windows fragt sicherheitshalber noch einmal nach, ob die Elemente wirklich gelöscht werden sollen.

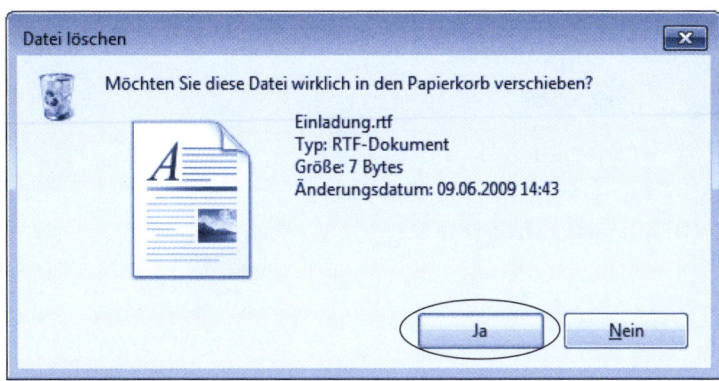

4 Klicken Sie auf die Schaltfläche *Ja*.

Windows verschiebt jetzt die markierte(n) Datei(en) bzw. den/die markierte(n) Ordner in den Papierkorb.

> **TIPP**
>
> Falls der Desktop zu sehen ist, können Sie Dateien und Ordner auch löschen, indem Sie diese aus dem Ordnerfenster zum Symbol des Papierkorbs ziehen. Lassen Sie die linke Maustaste über dem Papierkorb los, werden die Elemente in den Papierkorb geschoben.

Gelöschtes aus dem Papierkorb zurückholen

Haben Sie irrtümlich eine Datei oder einen Ordner gelöscht? Solange sich diese Datei bzw. die Dateien des Ordners im Papierkorb befinden, können Sie sie zurückholen. Zum Wiederherstellen einer gelöschten Datei gibt es zwei Möglichkeiten.

Bemerken Sie bereits beim Löschen den Fehler, klicken Sie mit der rechten Maustaste auf eine Stelle im Ordnerfenster und wählen den Kontextmenübefehl *Löschen rückgängig machen*. Dann nimmt Windows (ähnlich wie beim Kopieren oder Verschieben) den letzten Befehl zurück und die Elemente werden aus dem Papierkorb in den Ordner zurückgeschoben. Wenn Sie den Fehler erst später bemerken, gehen Sie folgendermaßen vor:

1 Doppelklicken Sie auf dem Desktop auf das Symbol des Papierkorbs.

2 Klicken Sie im Ordnerfenster des Papierkorbs die gelöschte(n) Datei(en) bzw. Ordner mit der rechten Maustaste an.

Arbeiten mit Ordnern und Dateien

3 Wählen Sie im Kontextmenü den Befehl *Wiederherstellen* mit der linken Maustaste an.

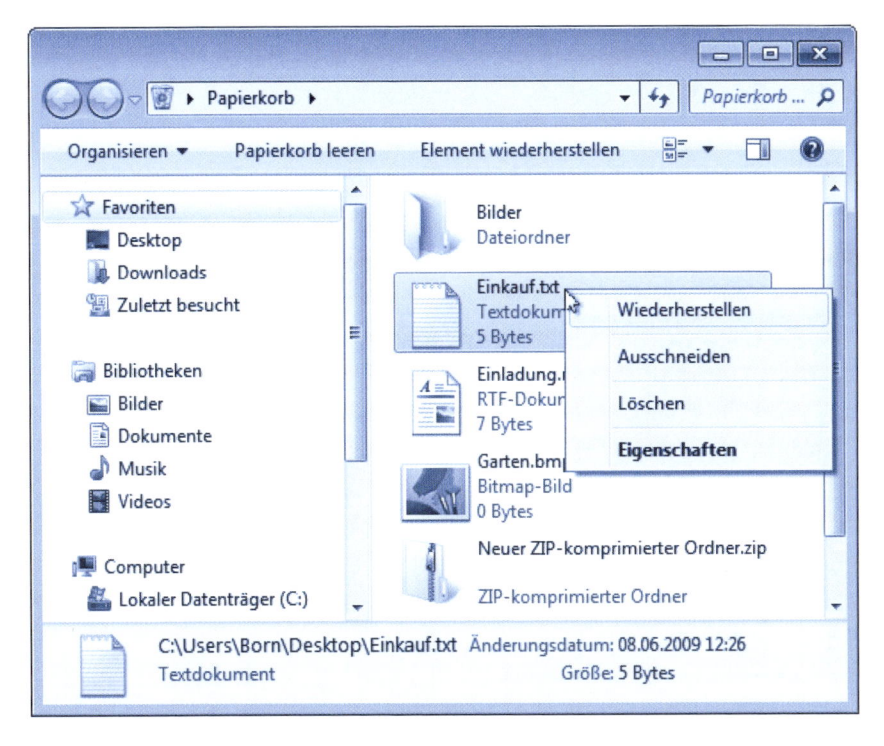

Windows verschiebt anschließend die markierte(n) Datei(en) in den ursprünglichen Ordner zurück.

HINWEIS

Windows Vista und Windows 7 enthalten zudem in der Symbolleiste eine Schaltfläche *Element wiederherstellen*. Gelöschte Elemente erscheinen nicht mehr, wenn der Papierkorb seinerseits zwischenzeitlich geleert wurde. Auch wenn ein Papierkorb voll ist, werden die ältesten Inhalte automatisch daraus entfernt.

Den **Papierkorb leeren** Sie, indem Sie sein Desktopsymbol mit der rechten Maustaste anklicken und dann im Papierkorb den Befehl *Papierkorb leeren* wählen. Dann sind die Dateien endgültig weg. Am Symbol des Papierkorbs können Sie übrigens erkennen, ob dieser leer oder gefüllt ist.

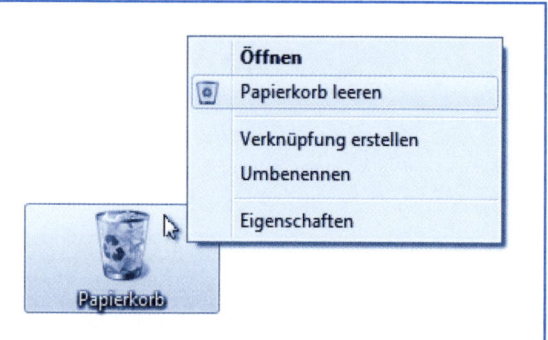

ACHTUNG

In Windows Vista dürfen Sie den Kontextmenübefehl *Löschen* des Papierkorbs keinesfalls anwählen – denn dann verschwindet der Papierkorb vom Desktop. In diesem Fall klicken Sie mit der rechten Maustaste auf eine freie Stelle des Windows-Desktops und wählen den Kontextmenübefehl *Anpassen*. Sobald das zugehörige Fenster erscheint, wählen Sie in der linken Spalte den Befehl *Desktopsymbole ändern*. Im dann angezeigten Dialogfeld *Desktopsymbole* müssen Sie das Kontrollkästchen *Papierkorb* markieren und dann auf die *OK*-Schaltfläche klicken.

An dieser Stelle möchte ich den Abschnitt zum Arbeiten mit Laufwerken, Ordnern und Dateien beenden. Windows bietet weitere Funktionen zum Arbeiten mit diesen Elementen. Weitergehende Hinweise finden Sie in der Hilfe sowie in dem für Windows Vista bzw. Windows 7 erhältlichen Markt+Technik-Buch »Windows – leichter Einstieg für Senioren«.

Arbeiten mit Ordnern und Dateien **103**

Zusammenfassung

In diesem Kapitel haben Sie bereits einige wichtige Dinge im Umgang mit Windows gelernt. Sie kennen die Elemente des Windows-Desktops, können mit der Maus arbeiten und wissen, wie man mit Fenstern arbeitet. Außerdem haben Sie gelernt, wie ein Fenster in der Größe verändert wird, wie sich in Fenstern blättern lässt und wie Sie zwischen Fenstern wechseln. Weiterhin können Sie mit Laufwerken, Ordnern und Dateien umgehen. Beim Arbeiten mit Windows wiederholen sich die Schritte immer wieder, sodass Sie das alles bald wie im Schlaf beherrschen werden. Außerdem können Sie ja bei Bedarf in diesem Kapitel nachlesen, wenn Ihnen mal etwas entfallen ist.

Lernkontrolle

Zur Überprüfung Ihres Wissens können Sie die folgenden Fragen beantworten. Die Antworten sind in Klammern angegeben.

- **Wie verschieben Sie ein Symbol auf dem Desktop?**
  (Symbol anklicken und bei gedrückter linker Maustaste zur gewünschten Position ziehen.)
- **Wie wird ein minimiertes Fenster wiederhergestellt?**
  (Mit der Maus auf die entsprechende Schaltfläche in der Taskleiste klicken.)
- **Wie lässt sich ein Fenster verschieben?**
  (Indem Sie die Titelleiste des Fensters per Maus zur gewünschten Position ziehen.)
- **Wie lässt sich ein Fenster stufenlos vergrößern?**
  (Indem Sie per Maus den Rand der rechten unteren Fensterecke nach außen ziehen.)
- **Wie lässt sich ein Fenster in den Vordergrund holen?**
  (Sie klicken auf das Fenster oder auf die zugehörige Schaltfläche in der Taskleiste.)

- **Wie lässt sich ein Programm starten und beenden?**
  (Zum Starten wählen Sie den betreffenden Eintrag im Startmenü an oder doppelklicken auf das zugehörige Desktopsymbol. Zum Schließen klicken Sie in der rechten oberen Fensterecke auf die Schaltfläche *Schließen*.)

- **Wozu braucht man Ordner?**
  (Um Dateien nach bestimmten Gesichtspunkten geordnet auf einem Datenträger ablegen zu können.)

- **Wie lassen sich Dateien kopieren?**
  (Indem Sie die markierten Dateien bei gedrückter rechter Maustaste von einem Ordnerfenster in ein zweites Ordnerfenster ziehen, die Maustaste loslassen und im Kontextmenü den Befehl *Kopieren* wählen.)

- **Wie lässt sich eine Datei oder ein Ordner löschen?**
  (Indem Sie das Element markieren und dann zum Papierkorb ziehen oder im Ordnerfenster den Kontextmenübefehl *Löschen* wählen.)

Brennen, Spiele, Fotos, Musik und Video

Nachdem Sie die Grundlagen zur Bedienung von Windows kennen, ist es an der Zeit, das Notebook für eigene Zwecke zu nutzen. Wie wäre es mit einem kleinen Kartenspiel zur Entspannung? So ganz nebenbei lässt sich dann der Umgang mit der Maus üben. Haben Sie eine Digitalkamera? Dann verwenden Sie das Notebook zum Speichern und Verwalten der Fotos. Oder was halten Sie davon, das Notebook zum Abspielen von Musik-CDs und Film-DVDs zu nutzen? Mit einem Brenner lassen sich zudem CDs und DVDs erstellen.

> **Das lernen Sie in diesem Kapitel**   **3**
> - Spaß und Unterhaltung
> - Musik und Videos wiedergeben
> - Fotos verwalten und anzeigen
> - Fotoverwaltung mit Picasa
> - Fotobearbeitung
> - CDs und DVDs brennen

Spaß und Unterhaltung

Ein Notebook lässt sich mit geeigneten Programmen für verschiedene Zwecke nutzen. Windows wird zum Beispiel in allen Versionen mit verschiedenen Spielen (Kartenspielen, Schach etc.) ausgestattet. Bei Computerkursen mit Senioren, die ich ehrenamtlich gebe, konnte ich feststellen: Der Umgang mit Spielen wie Solitär macht riesigen Spaß – und so ganz nebenbei lernten die Teilnehmer den Umgang mit der Maus (Klicken, Ziehen, Doppelklicken). Also, was hindert Sie daran, Ihr Wissen über den Rechner auf diese Weise zu vertiefen? Nachfolgend möchte ich Ihnen zwei dieser Windows-Spiele, quasi als Appetitanreger, vorstellen. Sie finden die Spiele im Startmenü unter *Alle Programme/Spiele*.

Entspannung mit Solitär

Solitär ist ein Kartenspiel (eine Patience), bei dem Sie abgedeckte Karten aufdecken und in einer ganz bestimmten Reihenfolge ablegen müssen. Aber alles der Reihe nach. Zuerst wollen wir das Programm starten und ein neues Spiel beginnen.

1 Klicken Sie im Startmenü auf *Alle Programme/Spiele* und anschließend auf den Eintrag *Solitär*.

Solitär öffnet das hier gezeigte Fenster und gibt bereits automatisch die aufgedeckten Karten der sogenannten Reihenstöße.

Spaß und Unterhaltung 107

Ausgangs-
stoß

Reihen-
stöße

Ziel-
stöße

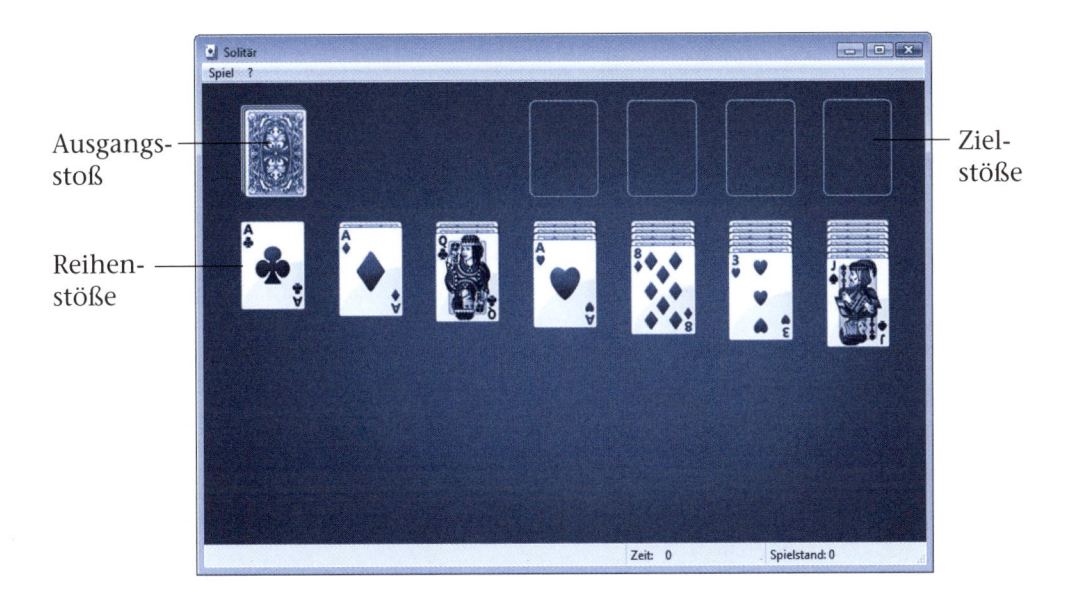

Wenn Sie Solitär bereits kennen, können Sie sofort loslegen. Für alle, die sich zunächst über die Spielregeln informieren möchten, hier eine kleine Anleitung. Das Ziel von Solitär ist es, die Spielkarten in einer bestimmten Reihenfolge auf den vier freien **Zielstößen** in der rechten oberen Ecke des Spielfelds abzulegen. Auf einem **Zielstoß** dürfen Karten der gleichen Spielfarbe (z. B. Herz) nur in der **Reihenfolge Ass**, **2**, **3**, **...**, **10**, **Bube**, **Dame**, **König** abgelegt werden, d. h., die unterste Karte auf einem **Zielstoß** muss immer ein Ass sein.

Bei einem neuen Spiel legt das Programm automatisch sieben sogenannte **Reihenstöße** an und deckt die jeweils obersten Karten auf. Diese Stöße dienen zum »Zwischenspeichern« aufgedeckter Karten.

Sie dürfen nun die zuoberst aufgedeckt liegenden Karten des Ausgangsstoßes und der Reihenstöße jeweils auf eine passende Position eines anderen Reihenstoßes oder eines Zielstoßes durch Ziehen per Maus umlegen. Beim **Reihenstoß** gilt die Regel, dass die Karten mit absteigenden Werten **König, Dame, Bube, 10, 9, ..., 2** anzulegen sind. Gleichzeitig muss noch die **Farbe** der Karte **abwechselnd** Rot oder

Schwarz sein (d. h., auf eine Pik 10 passt dann entweder eine Herz 9 oder eine Karo 9, gefolgt von einer Pik 8 oder Kreuz 8 und so weiter). Enthält ein Stoß also eine aufgedeckte Karo 3 und ein anderer Reihenstoß eine Pik 4, ließe sich Karo 3 an Pik 4 anlegen.

Wie funktioniert das Ganze nun praktisch? Ganz einfach. Das Spiel lässt sich komplett mit der Maus ausführen. Solitär vergibt nicht nur automatisch die Karten, vielmehr passt das Programm auch auf, dass nur gültige Züge ausgeführt werden – Mogeln ist also nicht.

1 Um eine abgedeckte Karte im Reihenstoß aufzudecken, klicken Sie mit der linken Maustaste auf ihre Rückseite.

2 Klicken Sie auf den **Ausgangsstoß**, deckt Solitär – je nach Einstellung – eine (bzw. drei) Karte(n) auf und legt diese rechts neben dem Stoß ab.

3 Aufgedeckte Karten können Sie von einem bestehenden Stoß abheben und per Maus zu einem jeweils passenden Stoß (**Reihenstoß** oder **Zielstoß**) ziehen und dort anlegen.

4 Ein aufgedecktes **Ass** oben auf dem Karten**stoß** ziehen Sie auf einen der freien Zielstöße.

5 Ein König lässt sich zur freien (bereits abgeräumten) Position eines Reihenstoßes ziehen, um eine neue Reihe zu bilden.

> **TIPP**
>
> Sie können vom Reihenstoß oder im Ausgangsstoß eine **aufgedeckte passende Karte per Doppelklick zum richtigen Zielstoß** befördern.

Führen Sie die gültigen Spielzüge aus und legen Sie die Karten sortiert auf den Stößen ab.

Das Spiel ist beendet, wenn Sie entweder alle Karten in der richtigen Reihenfolge in vier Zielstößen angeordnet haben oder wenn es keine gültigen Spielzüge mehr gibt.

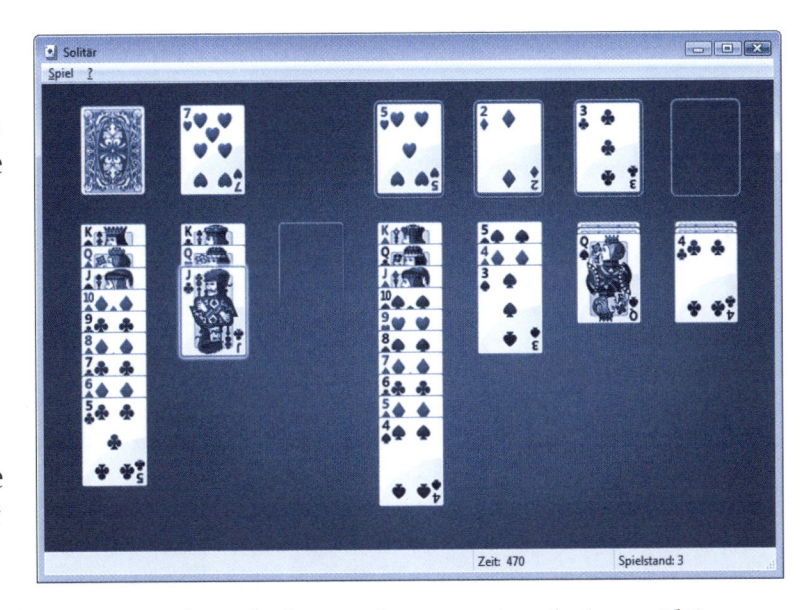

> **HINWEIS**
>
> Möchten Sie ein neues Spiel beginnen, klicken Sie in der Menüleiste des Solitär-Fensters auf das Menü *Spiel* und dann auf den Befehl *Neues Spiel* (oder drücken Sie die Funktionstaste F2). Werden bei Ihnen immer drei Karten beim Klicken auf den Ausgangsstoß aufgedeckt? Dann wählen Sie im Menü *Spiel* den Befehl *Optionen*. Im Dialogfeld *Optionen* können Sie über die Optionsfelder *Eine ziehen* oder *Drei ziehen* festlegen, ob jeweils eine oder drei Karten beim Ziehen aufgedeckt werden. Über den Befehl *Darstellung ändern* des Menüs *Spiel* können Sie das Motiv der Karten wählen. Weitere Informationen zum Spielablauf finden Sie in der Programmhilfe, die Sie über das *?*-Menü aufrufen können.

Noch ein Spiel: Spider Solitär

In Windows gibt es noch eine alternative Solitär-Variante unter dem Namen »Spider Solitär«, die Sie über die Gruppe *Alle Programme/Spiele* des Startmenüs aufrufen können. Das Programm öffnet ein Fenster und fragt in einem Dialogfeld den Schwierigkeitsgrad ab. Klicken Sie auf eine Option und bestätigen Sie dann die *OK*-Schaltfläche. Im Fenster sind am oberen Rand 10 Kartenstöße mit aufgedeckter oberster Karte angeordnet. Die rechte untere Ecke enthält weitere Karten, die vergeben werden können.

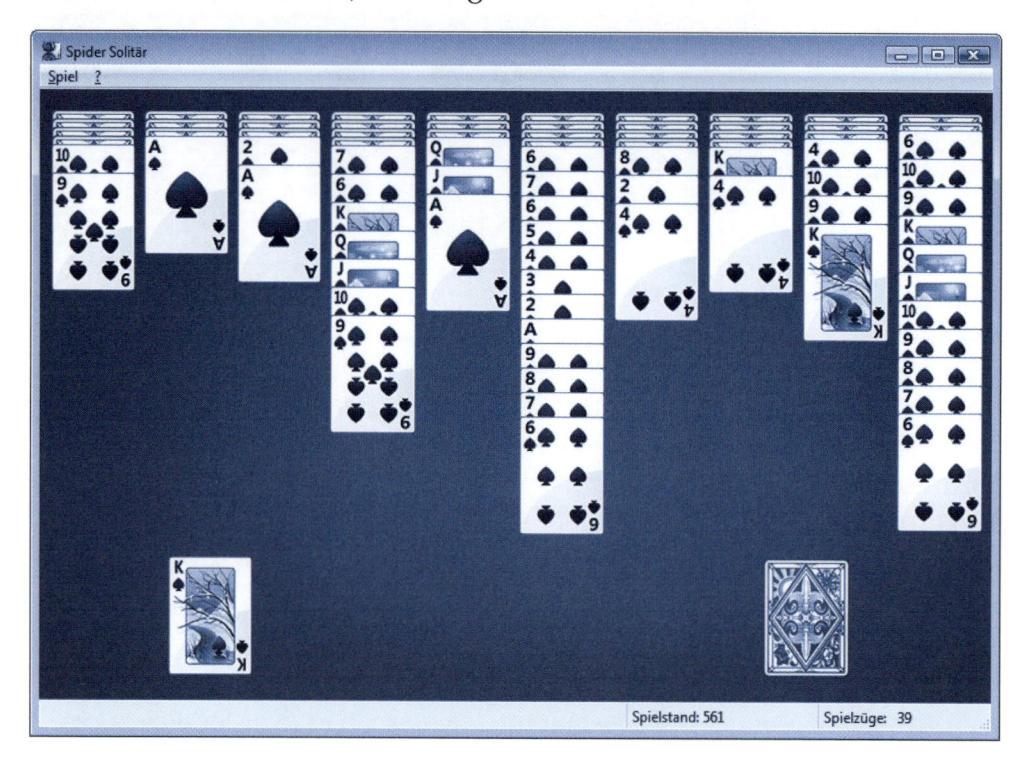

Ziel dieses Spiels ist es, alle Karten aufzudecken und mit absteigenden Wertigkeiten (König, Dame, Bube, 10 bis 2 und As) anzulegen. Sie können einzelne Karten oder ganze Stöße in absteigender Wertigkeit an andere Stöße anlegen (z. B. an eine aufgedeckte 10 kann eine 9 oder ein Stoß mit den Wertigkeiten 9, 8, 7 etc. angelegt werden). Ist eine Reihe (König bis Ass) komplett, wird diese abgeräumt und als fertiger Stoß in der linken unteren Ecke angeordnet.

Versuchen Sie durch geschicktes Verschieben der Karten die Stöße am oberen Rand aufzudecken. Haben Sie durch Umsortieren und Aufdecken freie Positionen in der oberen Reihe geschaffen, können Sie zu diesen jeweils eine aufgedeckte Karte oder einen Teilstoß mit gültiger Wertigkeit verschieben.

Sind keine Züge mehr möglich, fordern Sie einen neuen Satz Karten an (auf eine abgedeckte Karte in der unteren rechten Ecke klicken oder den Menübefehl *Karten geben* wählen). Dies geht jedoch nur, wenn keine freien Positionen in der oberen Reihe vorliegen. Das Spiel ist beendet, sobald keine Züge mehr möglich sind. Über das Menü *Spiel* können Sie ein neues Spiel starten (Befehl *Neues Spiel*) oder prüfen, ob noch Spielzüge möglich sind (Befehl *Tipp* bzw. *Möglichen Zug anzeigen*).

> **HINWEIS**
>
> Windows wird mit weiteren Spielen ausgeliefert, die Sie ausprobieren können. Sie können zum Beispiel Brettspiele wie Schach oder Mahjong ausprobieren. Einige Spiele, wie z. B. Internet Dame, verwenden jedoch einen menschlichen Gegenspieler und benötigen daher eine Internetverbindung. Alternativ können Sie sich eigene Spiele beschaffen und auf dem Notebook installieren. Gerade die Karten- und Strategiespiele stellen eine ideale Möglichkeit zur Unterhaltung und Entspannung dar. Solche Spiele bekommen Sie im Handel, bei Versandfirmen oder im Internet (siehe auch folgende Seiten).

Welche Programme gibt's noch?

Es gibt eine Unmenge an Programmen für Windows, mit denen Ihnen die unmöglichsten Funktionen zur Verfügung stehen.

- Möchten Sie vielleicht eine Sprache lernen oder auffrischen? Neben Übersetzungsprogrammen wie Power Translator und Wörterbüchern gibt es zwischenzeitlich sogar interaktive Sprachtrainer mit Sprachlabor für Computer.

- Nachschlagewerke wie Lexika, Enzyklopädien, Duden oder Fremdwörterbücher sind ebenfalls als Programme für Windows zu haben. Zudem gibt es spezielle Routenplaner, mit denen sich Detailkarten bis auf die Straßenzüge des Zielgebiets abrufen lassen.

- Wer ein Hobby hat, kann sich ggf. durch entsprechende Programme unterstützen lassen. Software zur Ahnenforschung, Verwaltungsprogramme für Sammelobjekte (Briefmarken, Münzen, Schallplatten) etc. werden im einschlägigen Handel angeboten. Auch Planprogramme (Gartenplaner, Finanzplaner) etc. lassen sich auf dem Notebook nutzen.

- Sicherheitssoftware wie Virenscanner (z. B. die für private Anwender im Internet unter *www.free-av.de* bzw. *www.avast.com* kostenlos erhältlichen Antivirenprogramme Avira und Avast) stellen sicher, dass Windows gegen Schädlinge wie Viren aus dem Internet abgesichert wird.

Die vielfältigen Möglichkeiten der Software kann hier nicht einmal ansatzweise wiedergegeben werden. Ein Besuch im Handel informiert Sie über das verfügbare Angebot. Auch im Internet wird häufig Software zum Herunterladen angeboten. Dabei stoßen Sie ggf. auch auf die Begriffe **Shareware** und **Freeware**. Unter **Freeware** eingeordnete Programme dürfen frei kopiert und benutzt werden. Bei **Shareware** erlaubt Ihnen der Autor des Programms, dieses für eine bestimmte Zeit zu testen, erwartet aber bei einer weiteren Nutzung einen kleinen Obolus als Vergütung sowie eine Registrierung. Shareware ermöglicht Ihnen also, das Programm zu testen.

> **HINWEIS**
>
> Achten Sie beim Kauf (oder Download) eines Programms darauf, dass dessen Anforderungen von Ihrem System erfüllt werden. Auf den Programmverpackungen (oder auf den Download-Seiten) steht meist, welche Windows-Version das Programm voraussetzt und welche Computerleistung gebraucht wird. Andernfalls kann es passieren, dass ein solches Programm nicht läuft. Achtung, ein gekauftes **Programm** XY vom Nachbarn **leihen** und auf Ihr Notebook überspielen, **ist** in der

Regel **nicht legal**. Software unterliegt einem Copyright. Die Programmdokumentation regelt die Nutzung und schließt solche Kopien meist aus. Aber es gibt Wege, preiswerter an Software zu kommen, beispielsweise indem Sie beim Kauf eines neuen Notebooks oder eines Geräts auf sogenannte Bundling-Angebote mit beigepackter Software achten. Gelegentlich bekommt man auch ältere Versionen eines Programms preisgünstiger und Sie können bei Bedarf für ein paar Euro auf die neueste Version aktualisieren. Anbieter wie Pearl Agency (*www.pearl.de*, Tel. 07631-360-0) bieten Kataloge mit Zubehör (Software, Geräte, CDs und mehr). Die Kataloge informieren nicht nur über Angebot und Preise, sondern Sie erhalten auch weitere interessante Informationen.

Überspielen Sie Programme aus dem Internet, besteht generell die Gefahr, dass Sie sich auch **Viren**, **Trojaner** oder **Adware** einschleppen. Diese Programme zerstören entweder Dateien auf dem Notebook oder übertragen vertrauliche Daten wie angesurfte Seiten, Kennworteingaben etc. über das Internet. Abhilfe schaffen die bereits erwähnten und im Handel erhältlichen Virenschutzprogramme, die das Notebook auf solche Schädlinge überwachen. Die Programme lösen Alarm aus, sobald eine befallene Datei erkannt wird, und können Viren, Trojaner oder Adware teilweise sogar entfernen.

Achten Sie bei Downloads aus dem Internet darauf, nicht an »Abzockerseiten« zu geraten, die eine Registrierung (für ein kostenpflichtiges Abonnement) erfordern. Bessere Quellen sind z. B. die Download-Bereiche der Internetseiten von Computerzeitschriften wie *www.heise.de*, *www.chip.de* etc.

Musik und Video wiedergeben

Notebooks mit Windows eignen sich zur Wiedergabe von Musik oder Videos von Festplatte, CDs oder DVDs. Das zur Wiedergabe benötigte Programm ist in Form des Windows Media Players in Windows dabei. Nachfolgend erfahren Sie, wie sich Musik und Videos am Computer wiedergeben lassen.

Kurzanleitung zum Windows Media Player

Sobald der Windows Media Player (z. B. über das Startmenü) gestartet oder mit der Wiedergabe einer Musik- bzw. Videodatei oder -CD/-DVD begonnen wurde, erscheint das Programmfenster mit verschiedenen Bedienelementen.

> **HINWEIS**
>
> Die Darstellung des Windows Media Player-Fensters ist allerdings veränderbar und es gibt verschiedene Programmversionen. In Windows 7 ist die Version 12 (hier im Vordergrund sichtbar) des Windows Media Players enthalten, während Windows Vista (im Hintergrund sichtbar) die Version 11 verwendet. Die Bedienung dieser beiden Varianten ist aber weitgehend identisch.

Der Windows Media Player besitzt am unteren Rand des Fensters Schaltflächen zur Wiedergabesteuerung. Die Funktionen sind ähnlich wie beim Walkman oder beim CD-Player organisiert.

Musik und Video wiedergeben 115

Symbolleiste

Such-
leiste

Zufällige Wieder-
gabe einschalten

Wiederholung aktivieren

Stopp

Zurück

Wiedergabe/Anhalten

Weiter

Ton aus

Lautstärke

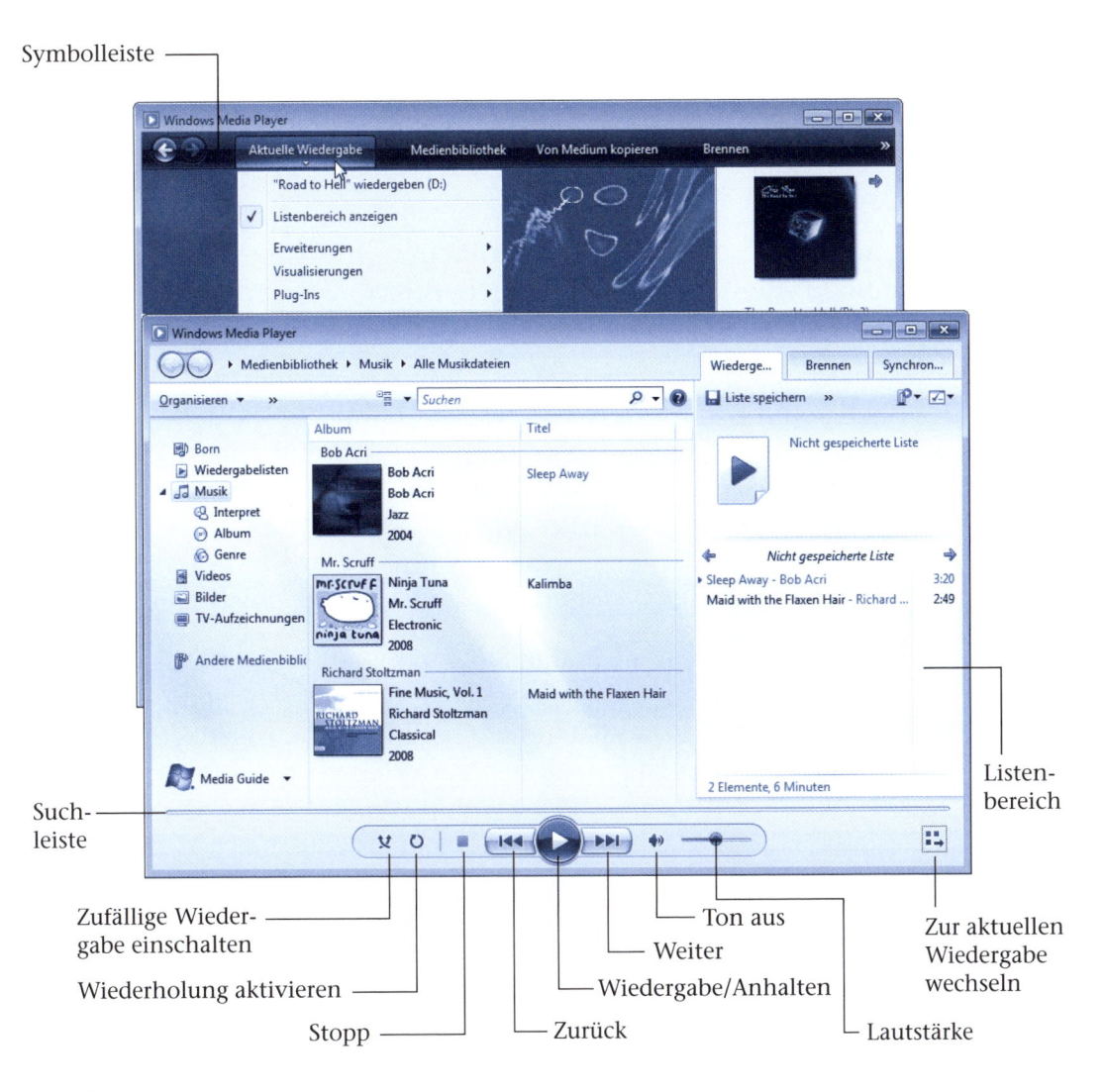

Zur aktuellen
Wiedergabe
wechseln

Listen-
bereich

- Über die Schaltfläche *Wiedergabe/Anhalten* lässt sich ein Multimediatitel (Musik, Video) abspielen bzw. anhalten. Mit der Schaltfläche *Stopp* wird die Wiedergabe beendet.

- Der Schieberegler *Lautstärke* ermöglicht Ihnen, die Lautstärke einzustellen, und ein Klick auf das Lautsprechersymbol schaltet den Ton ein oder aus.

- Die Schaltflächen der Wiedergabesteuerung (*Zurück/Weiter*) ermöglichen Ihnen, schrittweise zwischen den Medientiteln (bei Musik zwischen den Musikstücken und bei Videos zwischen den ggf. vorhandenen Kapiteln) vor oder zurück zu gehen. Klicken Sie auf die Schaltfläche *Weiter* und halten die linke Maustaste länger gedrückt, wechselt der Player (bei der Wiedergabe von Mediendateien) in den schnellen Vorlaufmodus.

- Weiterhin finden Sie noch zwei Schaltflächen, mit denen sich die Titel in zufälliger Reihenfolge wiedergeben bzw. wiederholen lassen.

Der Schieber der Suchleiste bewegt sich beim Abspielen der Medientitel nach rechts. Sie sehen also, welcher Teil des aktuellen Titels bereits abgespielt wurde bzw. noch wiederzugeben ist. Durch Ziehen des Schiebers mit der Maus lässt sich eine bestimmte Stelle im aktuellen Titel suchen.

HINWEIS

Beim **Windows Media Player 11** finden Sie am oberen Fensterrand einige Schaltflächen in der Symbolleiste. Klicken Sie auf das am unteren Rand der jeweiligen Schaltfläche sichtbare Dreieck, öffnet sich ein Menü mit den verfügbaren Funktionen zur Wiedergabe, zur Anzeige der Medienbibliothek, zum Kopieren von Musik und zum Brennen. Über das Menü der Schaltfläche *Aktuelle Wiedergabe* lässt sich z. B. die Wiedergabeliste am rechten Rand über den Befehl *Listenbereich anzeigen* ein- oder ausblenden. Im Listenbereich werden z. B. die Musiktitel von Musik-CDs oder einzelne Kapitel bei Video-DVDs eingeblendet. Ein **Doppelklick auf** einen **Titel der Wiedergabeliste** des Listenbereichs **startet** dessen **Wiedergabe** im Media Player. Der Befehl *Albumcover* des Menüs *Aktuelle Wiedergabe* bringt das Cover der eingelegten Musik-CD in die Anzeige des Media Players. Allerdings setzt dies eine aktive Internetverbindung zum Abrufen der Albumdaten voraus. Zudem muss das Album in den abgefragten Mediendatenbanken bekannt und mit einem Albumcover eingestellt sein. In diesem Fall fragt der Media Player auch den Interpreten sowie die Musiktitel ab und zeigt diese im Listenbereich an.

Musik und Video wiedergeben 117

In der **Version 12** des Windows Media Players sind nur drei Registerkarten zur Wiedergabe, zum Brennen und zum Synchronisieren mit externen Geräten (z. B. MP3-Playern) vorhanden. Klicken Sie auf eine solche Registerkarte, erscheint die zugehörige Seite mit den Bedienelementen der Kategorie.

Nachfolgend wird die Wiedergabe von Musik und Videos gezeigt. Die Beschreibung aller Funktionen sprengt den Rahmen dieses Buchs. Anleitungen zu verschiedenen Funktionen finden Sie in der Hilfe des Windows Media Players. Sie können die Alt -Taste drücken und in der dann eingeblendeten Menüleiste den Eintrag *Hilfe* und im Menü den Befehl *Windows Media Player-Hilfe* wählen, um das Hilfefenster zu öffnen.

Musik am Computer hören

Sie können am Computer Musik-CDs abspielen und nebenbei weiterarbeiten. Das **Abhören von Musik-CDs** ist eigentlich ein Kinderspiel, Windows bietet eine entsprechende Funktion:

1 Drücken Sie am CD- oder DVD-Laufwerk die Auswurftaste, um die Schublade auszufahren.

2 Legen Sie die Musik-CD (mit der spiegelnden Seite nach unten) in die Schublade (siehe auch Kapitel 1) und drücken Sie die Auswurftaste am Laufwerk ein zweites Mal, um die CD einzufahren.

3 Erscheint das Dialogfeld *Automatische Wiedergabe*, klicken Sie auf den mit *Audio-CD wiedergeben* oder ähnlich benannten Befehl.

Welche Optionen im Dialogfeld angezeigt werden, hängt von der Windows-Version und den installierten Programmen ab.

Dann startet der Windows Media Player und beginnt mit dem Abspielen der Musikstücke. Mehr brauchen Sie eigentlich nicht zu wissen, da nun alles automatisch läuft. Bei Bedarf können Sie über die Bedienelemente am unteren Fensterrand zwischen den Titeln der Musik-CD wechseln oder die Lautstärke anpassen.

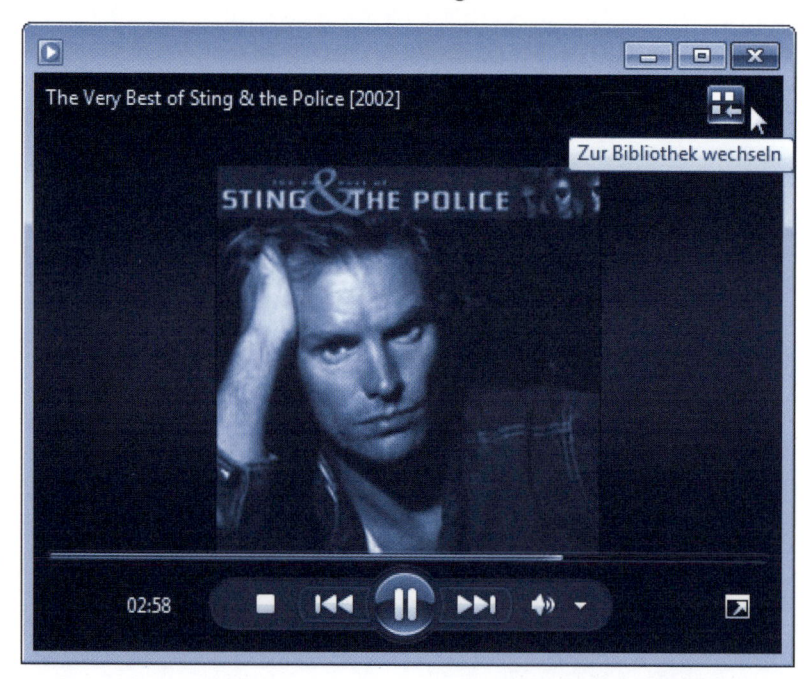

Um das Abspielen zu beenden, drücken Sie einfach auf die Auswurftaste des CD-/DVD-Laufwerks und warten, bis die Schublade ausgefahren wird. Dann entnehmen Sie die CD, schließen die Schublade und beenden das Wiedergabeprogramm. Das war's!

> **HINWEIS**
>
> Im Windows Media Player 12 gibt es den (hier links gezeigten) Anzeigemodus »Aktuelle Wiedergabe« und die auf den vorherigen Seiten gezeigte Darstellung als »Bibliothek«. Über die Schaltflächen *Zur aktuellen Wiedergabe wechseln* und *Zur Bibliothek wechseln* in der rechten unteren bzw. oberen Fensterecke lässt sich zwischen den beiden Darstellungen umschalten.
>
> Die Wiedergabe von Musik setzt natürlich voraus, dass die Soundausgabe am Notebook möglich und eingeschaltet ist. Weiterhin lassen sich manche Musik-CDs nicht auf Notebooks abspielen, da diese vom Hersteller mit einem entsprechenden Kopierschutz für Computer versehen wurden. Dies ist dann aber auf der CD-Hülle vermerkt.

Möchten Sie statt einer Musik-CD lieber **Musik wiedergeben**, die in Musikdateien (z. B. MP3-Dateien) auf der Festplatte gespeichert ist? Auch das ist ein Kinderspiel.

1 Öffnen Sie das Ordnerfenster, in dem die Musikdateien gespeichert sind (üblicherweise ist dies der Ordner *Musik* bzw. *Eigene Musik*).

2 Um im betreffenden Ordner in Dateien gespeicherte Musikstücke wiederzugeben, reicht ein Doppelklick auf die *.wav-*, *.mp3-* oder *.wma*-Datei.

Windows sucht anhand der Dateinamenerweiterung automatisch das für den Dateityp geeignete Wiedergabeprogramm (z. B. den Windows Media Player) und beginnt sofort mit der Wiedergabe des Musiktitels. Über die Schaltflächen des Windows Media Players können Sie die Wiedergabe anhalten oder beenden (siehe vorhergehender Abschnitt).

> **HINWEIS**
>
> **Musik** kann in unterschiedlichen Formaten in Dateien abgelegt werden. Verbreitet sind die **Dateitypen** .*wav* (unkomprimierte Musikdaten wie auf Audio-CDs), .*mp3* (mit dem MP3-Verfahren komprimierte Musikstücke) und .*wma* (mit einem Microsoft-Verfahren komprimierte Musikstücke). Der Windows Media Player kann Dateien in diesen Formaten abspielen. Probleme kann es geben, wenn die Dateien in anderen Audio- oder Videoformaten vorliegen und der Player nicht über die erforderlichen Codecs oder Decoder zur Wiedergabe der Audio- oder Videodatei verfügt. Der Windows Media Player ist in der Lage, automatisch im Internet nach fehlenden Codecs zu suchen.

> **FACHWORT**
>
> Das Wort **Codec** setzt sich zusammen aus Coder und Decoder und bezeichnet Softwarebausteine, die zum Kodieren oder Dekodieren von Audio- oder Videodaten benutzt werden. Codecs sind häufig patentgeschützt und müssen teilweise lizenziert bzw. gekauft werden. Während manche Codecs zur Wiedergabe in der Regel kostenlos verwendet werden dürfen, sind Codecs zum Erzeugen von Audio- und Videodateien i. d. R. gebührenpflichtig.

> **ACHTUNG**
>
> Im Internet gekaufte Musikstücke, die im WMA-Format vorliegen, sind häufig mit einem digitalen Rechtemanagement (DRM, Digital Rights Management) versehen. DRM ist ein Abspielschutz, der die Wiedergabe nur im Rahmen der erworbenen Rechte erlaubt. Dies verhindert mitunter, dass Sie regulär erworbene Musik auf einem anderen/neuen Computer abspielen können. Besser ist es, wenn die Musikstücke im MP3-Format im Musikshop zum Download angeboten werden, die kein solches Rechtemanagement aufweisen.

Videos und DVDs ansehen

Haben Sie eine **Videodatei** auf der Festplatte oder auf CD bzw. DVD vorliegen, lässt sich diese auf dem Rechner **wiedergeben**:

1 Öffnen Sie ein Ordnerfenster und suchen Sie den Ordner (meist der Ordner *Videos*), in dem die Videodatei gespeichert ist.

2 Wählen Sie die gewünschte Datei (z. B. *.wmv*-Datei) im Ordnerfenster per Doppelklick an.

Windows erkennt am Dateityp, welches Programm zur Wiedergabe benötigt wird, und startet dieses.

Das Anzeigeprogramm lädt die Videodatei und beginnt mit deren Wiedergabe. Hier sehen Sie das Fenster des Media Players, in dem ein Video wiedergegeben wird.

Besitzen Sie eine Video-CD (VCD) oder eine **DVD** mit einem Spielfilm, den Sie am Computer **ansehen** möchten?

1 Legen Sie die DVD oder VCD in das DVD-Laufwerk ein und schließen Sie die Laufwerksklappe.

2 Falls in Windows das Dialogfeld *Automatische Wiedergabe* erscheint, wählen Sie den Befehl *Video-CD wiedergeben* bzw. *DVD-Film wiedergeben*.

Anschließend wird das Video im Fenster des Windows Media Players abgespielt. Sie können dann die Filmszenen ggf. über in der Startseite des Films eingebaute Menüs oder über die Schaltfläche *DVD* der Bedienleiste abrufen. Über das Kontextmenü des Videobereichs können Sie ggf. die Bildgröße anpassen. Details zu den entsprechenden Programmfunktionen liefert die Hilfe des Programms.

> **TIPP**
>
> Erscheint das Dialogfeld *Automatische Wiedergabe* nicht, starten Sie den Windows Media Player über das Startmenü. Danach drücken Sie ggf. die [Alt]-Taste, um das Menü zu öffnen. Wählen Sie im Menü *Wiedergabe* den Befehl *DVD, VCD oder CD-Audio*, um die Wiedergabe zu beginnen.

> **FACHWORT**
>
> Videodateien werden häufig mit **Dateinamenerweiterungen** wie *.avi*, *.wmv*, *.mpg* oder *.mpeg* gespeichert. Der Windows Media Player kann die Videodateien nur abspielen, wenn die benötigten **Codecs** installiert sind. Bei *.avi*-, *.wmv*- und MPEG-1-Dateien ist dies immer der Fall. Der zur Wiedergabe von MPEG-2-Dateien und DVD-Videos benötigte MPEG-2-Decoder ist aber nur in den Home Premium- bzw. Ultimate-Varianten von Windows Vista bzw. Windows 7 enthalten. Bei allen anderen Windows-Versionen müssen Sie einen solchen Decoder kaufen oder kostenpflichtige Programme wie Nero, Cyberlink Power DVD installieren. Zum Abspielen von Video-DVD ist zudem Voraussetzung, dass das DVD-Laufwerk des Computers den gleichen Regionalcode wie die DVD aufweist (siehe auch Kapitel 1). Der Windows Media Player kann standardmäßig zudem keine Super-Video-CD (S-VCD) wiedergeben.
>
> Alternativ empfiehlt sich die Verwendung des VLC Media Players, der sich kostenlos von der Internetseite *www.videolan.org* herunterladen lässt. Das Programm unterstützt mehr Videoformate (MPEG-2, MPEG-4, DivX, XviD, MOV etc.) als der Windows Media Player und kann auch Super-Video-CDs wiedergeben. Zudem gibt es weitere Abspielprogramme, die teilweise kostenlos im Internet angeboten werden (z. B. QuickTime-Player, *www.apple.com/de/quicktime/*, RealPlayer, *de.real.com/player*).

Fotos verwalten und anzeigen

Besitzen Sie eine Digitalkamera, ein Fotohandy oder einen Scanner, lassen sich Fotos als Bilddateien auf dem Computer speichern. Zudem lassen sich Fotos oder Bilder aus dem Internet laden und auf dem Computer ablegen. Mit geeigneter Software können Sie die Fotos und Bilder anzeigen, drucken und verwalten.

Fotos speichern und organisieren

Sie können die **Fotodateien** einer Foto-CD oder die Speicherkarte einer Digitalkamera sehr einfach **auf** den **Computer übertragen**.

1 Legen Sie das Speichermedium in das betreffende Laufwerk ein und öffnen Sie die Ordnerfenster des Laufwerks sowie das Ordnerfenster des Speicherziels (z. B. über die Startmenüsymbole *Computer* bzw. *Arbeitsplatz*).

2 Kopieren bzw. verschieben Sie dann die Fotodateien, wie in Kapitel 2 gezeigt, zum Zielordner auf der Festplatte des Computers.

Fotos werden im Ordner *(Eigene) Bilder* abgelegt. Zur besseren Übersichtlichkeit empfiehlt es sich aber, in diesem Ordner weitere Unterordner (z. B. *Fotos\2007\Urlaub_Sommer* etc.) anzulegen. Dann lassen sich die Fotodateien direkt in solchen Unterordnern strukturiert ablegen und leichter wiederfinden.

Um eine schnelle Bildvorschau der Fotomotive zu erhalten, stellen Sie die Ansicht des Ordnerfensters über die Menüschaltfläche *Ansichten* bzw. *Ansicht ändern* auf die Anzeige von Miniaturansichten um (siehe Kapitel 2).

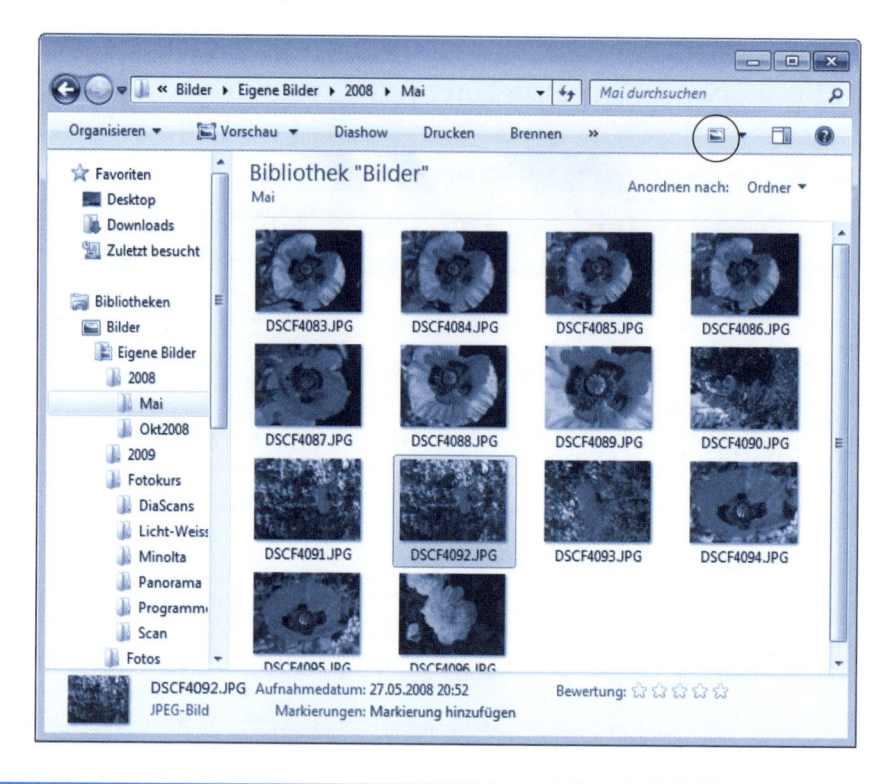

HINWEIS

Alternativ können Sie Fotos von Datenmedien über Programme wie das nachfolgend beschriebene Picasa, den Importassistenten der Windows Vista Fotogalerie oder der Windows 7-Fotoanzeige importieren und automatisch in Ordnern ablegen lassen.

Fotovorschau anzeigen

Möchten Sie eine vergrößerte Darstellung des Fotos ansehen?

1 Klicken Sie im Ordnerfenster mit der rechten Maustaste auf die Fotodatei.

Fotos verwalten und anzeigen **125**

2 Wählen Sie im Kontextmenü den Befehl *Vorschau*
mit der linken Maustaste an.

Windows öffnet dann das Foto in einer vergrößerten Darstellung als Vorschau. Je nach Windows-Version kommen dabei unterschiedliche Programme (**Windows-Fotogalerie** in Windows Vista, **Windows-Fotoanzeige bei** Windows 7) zum Einsatz. Beide besitzen jedoch eine weitgehend identische Bedienung.

Diashow

Die am unteren Fensterrand sichtbaren Schaltflächen ermöglichen, die Darstellung des Fotos zu vergrößern, nach links oder rechts zu drehen oder zwischen den Fotodateien des Ordners zu blättern.

Auch eine Schaltfläche zum Löschen der zugehörigen Fotodatei finden Sie in der Bedienleiste mit den Schaltflächen. Die Windows-Fotogalerie aus Windows Vista enthält am oberen Rand des Programmfensters noch weitere Schaltflächen, um das Foto zu bearbeiten, zu drucken oder zu bearbeiten.

> **TIPP**
>
> Zeigen Sie per Maus auf die betreffende Schaltfläche, blenden alle Windows-Versionen eine QuickInfo (ein kleines Fenster) mit dem Namen der zugehörigen Funktion ein. Sie können die jeweiligen Funktionen der Bedienelemente also leicht herausfinden.

Diashow der Fotos abrufen

Möchten Sie die Fotos in einem Ordner in Form einer Diashow am Bildschirm wiedergeben, klicken Sie in der Vorschau auf die am unteren Fensterrand angezeigte Schaltfläche *Diashow*. Alternativ können Sie die Funktionstaste F11 drücken, um die Diashow zu starten.

Der Desktop verschwindet und Windows zeigt das erste Foto der Diashow. Das Motiv wechselt dann in festen Zeitabständen zwischen den Bilddateien des aktuellen Ordners. Die Bildreihenfolge wird von der Diashow anhand der Dateinamen vorgegeben.

Bewegen Sie die Maus, finden Sie in Windows Vista im unteren Bereich des Bildschirms eine Leiste mit Bedienelementen. Alternativ lässt sich mit der rechten Maustaste ein Kontextmenü zur Steuerung öffnen. Über die Kontextmenübefehle bzw. die Schaltflächen der Bedienleisten können Sie die Diashow anhalten, vorwärts/rückwärts blättern und die Wiedergabe beenden. Wenn Sie mit der Maus auf eine Schaltfläche zeigen, erscheint ebenfalls eine QuickInfo mit der Bezeichnung der Funktion.

TIPP

Die Diashow lässt sich jederzeit durch Drücken der [ESC]-Taste beenden. Über die Schaltflächen [←] und [→] können Sie ebenfalls zwischen den Bildern der Diashow blättern.

Fotos drucken

Von den mit der Digitalkamera geschossenen Fotos können Sie in einem Fotolabor Papierabzüge anfertigen lassen. Die Fotodateien lassen sich per Internetverbindung zu den Fotolabors übertragen oder auf CD brennen und zusenden. Günstiger ist es jedoch, die in Kaufhäusern, Elektronikmärkten oder Fotogeschäften aufgestellten Lesestationen zu verwenden. Dort können Sie die Speicherkarten der Kamera einlesen, die Fotos auswählen, ggf. bearbeiten und dann zum Labor übertragen. Manche dieser Stationen bieten auch die Möglichkeit, direkt vor Ort Papierabzüge auszudrucken. Labors bieten die preisgünstigste Möglichkeit, an Papierabzüge zu gelangen. Benötigen Sie schnell einen Papierabzug eines Fotos? Mit einem Farb- bzw. Fotodrucker können Sie selbst Papierabzüge anfertigen.

1 Öffnen Sie den Ordner, der Ihre Fotodateien enthält (z. B. *Bilder* bzw. Unterordner).

2 Markieren Sie das oder die zu druckenden Fotos (Strg -Taste gedrückt halten und die Dateien anklicken).

3 Klicken Sie eine der markierten Fotodateien mit der rechten Maustaste an und wählen Sie den im Kontextmenü mit *Drucken* oder ähnlich bezeichneten Befehl (bzw. die in der Symbolleiste des Ordnerfensters angezeigte *Drucken*-Schaltfläche).

4 Sobald Windows das Dialogfeld des Fotodruck-Assistenten öffnet, legen Sie die Optionen zur Druckausgabe fest und starten die Ausgabe.

In Windows Vista und **Windows 7** legen Sie im Dialogfeld *Bilder drucken* den Drucker, die Papiergröße, die Qualität und den Papiertyp über die Listenfelder fest.

Das Druckformat lässt sich in der rechten Spalte einstellen. Die Schaltfläche *Drucken* startet dann die Ausgabe am gewählten Drucker.

> **FACHWORT**
>
> **Listenfelder** sind Steuerelemente, die eine Auswahl aus vorgegebenen Optionen ermöglichen. Klicken Sie auf die am rechten Rand des Listenfelds sichtbare Schaltfläche, öffnet sich eine Liste mit den verfügbaren Optionen. Klicken Sie einen Listeneintrag an, wird die Liste geschlossen und der gewählte Eintrag im Listenfeld angezeigt. Ein **Kombinationsfeld** arbeitet wie ein Listenfeld, ermöglicht dem Benutzer aber zusätzlich die Eingabe eines Werts in das zugehörige Textfeld.

Fotoverwaltung mit Picasa

Von der Firma Google wird das Fotoprogramm Picasa unter *http://picasa.google.com* zum kostenlosen Download angeboten. Sobald das Programm unter Windows installiert ist, lässt es sich über das Symbol auf dem Desktop oder einen Startmenüeintrag aufrufen. Picasa stellt Funktionen zum Verwalten, Anzeigen und Bearbeiten von Fotos zur Verfügung.

Fotos in Picasa anzeigen

Die Verwaltung einer größeren Anzahl von Fotodateien über Ordner mittels der Windows-Funktionen ist recht schwierig. Das Programm Picasa nimmt Ihnen diese Aufgabe ab, indem es die Fotos in den Speicherordnern erfasst und in übersichtlicher Form darstellen kann. Hierzu erscheint beim ersten Aufruf ein Dialogfeld zum Durchführen eines Suchlaufs nach Fotodateien über die Ordner der Festplatte. Zudem lassen sich Fotos zur besseren Organisation definierbaren (Foto-)Alben zuordnen. Um eine Übersicht über diverse Fotos zu erhalten, gehen Sie folgendermaßen vor.

1 Starten Sie Picasa, indem Sie beispielsweise das betreffende Desktopsymbol per Doppelklick anwählen.

130 Kapitel 3

2 Klicken Sie in der linken Spalte des Picasa-Programmfensters den Eintrag des gewünschten Fotoordners oder des Albums an.

Picasa blendet dann die Miniaturansichten der im Ordner bzw. Album gefundenen Fotos im rechten Teil des Fensters ein. Über die Bildlaufleisten können Sie zwischen Ordnern, Alben und Fotos blättern.

Fotos importieren

Möchten Sie Fotos von einer Digitalkamera, von einer Speicherkarte oder einer Foto-CD direkt importieren und in Ordner der Festplatte einsortieren lassen?

1 Stellen Sie sicher, dass die Datenquelle (Foto-CD, Speicherkarte) im gewünschten Laufwerk eingelegt ist.

> **HINWEIS**
>
> Digitalkameras lassen sich über USB an das Notebook anschließen. Im Idealfall wird die Kamera durch Windows sofort als Wechseldatenträger erkannt. In allen anderen Fällen muss ein zur Windows-Version passender Treiber für diese Kamera installiert werden, um auf die Fotos zugreifen zu können. Persönlich verwende ich die Speicherkartenleser des Notebooks, um die Fotos direkt von der Speicherkarte einzulesen (spart die Treiberinstallation sowie Batterien der Kamera).

2 Klicken Sie im Programmfenster auf die Schaltfläche bzw. den Registerreiter *Importieren*.

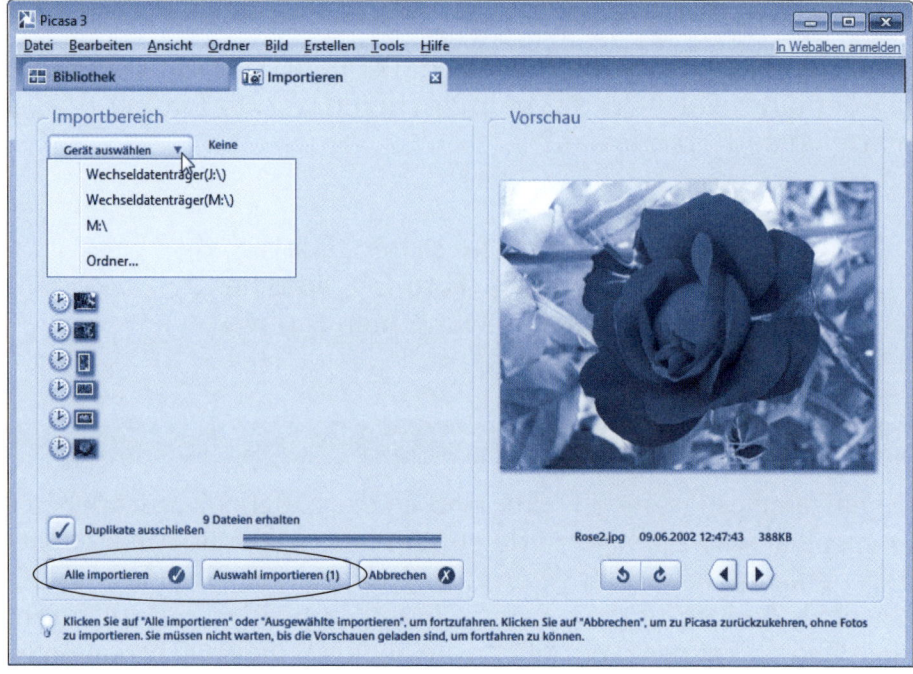

3 Wählen Sie über die Schaltfläche *Gerät auswählen* der Registerkarte *Importieren* das gewünschte Laufwerk oder den Importordner.

Die in der Quelle gefundenen Fotos werden dann in der linken Spalte des Fensters als Miniaturen eingeblendet. Sie können ein Foto anklicken, um dieses als Vorschau anzuzeigen und über die Schaltflächen unterhalb des Vorschaubereichs nach links/rechts zu drehen.

4 Markieren Sie die gefundenen und zu importierenden Fotos auf der Registerkarte *Importieren*. Mehrere Fotos können Sie markieren, indem Sie diese bei gedrückter Strg-Taste in der Fotoliste anklicken.

5 Klicken Sie auf die Schaltfläche *Alle importieren* bzw. *Auswahl importieren*.

Fotoverwaltung mit Picasa

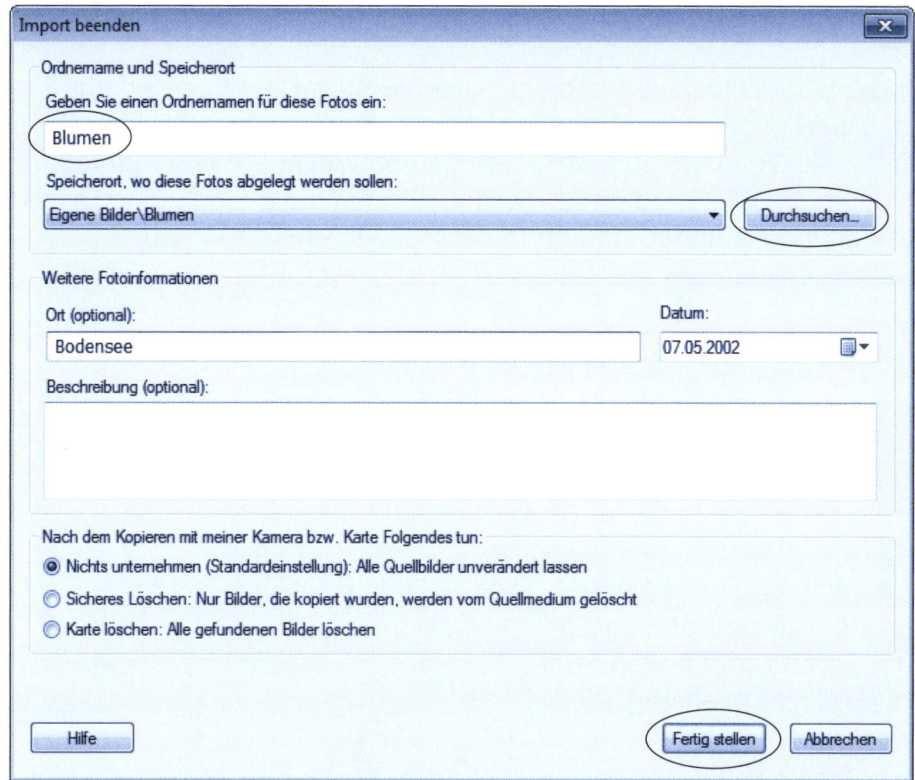

6 Geben Sie im Folgedialog *Import beenden* einen Ordnernamen ein und wählen Sie ggf. den Speicherort über die *Durchsuchen*-Schaltfläche.

7 Ergänzen Sie ggf. die Felder für die Fotoinformationen und klicken Sie auf die *Fertig stellen*-Schaltfläche.

Jetzt werden die Fotos von der Datenquelle in den Zielordner übertragen. Picasa legt automatisch einen entsprechenden Ordner an und trägt diesen in die Ordnerliste ein. Sie können anschließend diesen Ordner in der linken Spalte des Programmfensters anwählen, um seinen Inhalt als Miniaturvorschauliste anzuzeigen.

> **HINWEIS**
>
> Importierte Fotos werden beim erneuten Aufruf der Registerkarte *Importieren* mit einem roten Kreis und einem *X*-Zeichen markiert. Picasa löscht die Fotodateien beim Import jedoch nicht vom Quellmedium. Um ein Speichermedium zu leeren, können Sie unter Windows sein Ordnerfenster öffnen und dann die Dateien direkt löschen.

Fotos in Alben katalogisieren

Beim Import werden die Fotodateien in Ordnern abgelegt. Zur besseren Organisation lassen sich Fotos in sogenannte Alben eintragen.

1 Wählen Sie den Fotoordner mit den gewünschten Fotos in der linken Spalte des Picasa-Fensters an.

2 Klicken Sie das in ein Fotoalbum aufzunehmende Foto in der Miniaturansicht des Picasa-Fensters mit der rechten Maustaste an.

3 Wählen Sie im Kontextmenü den Befehl *Zum Album hinzufügen* und klicken Sie im Untermenü auf den Namen des eingeblendeten Albums.

Fotoverwaltung mit Picasa

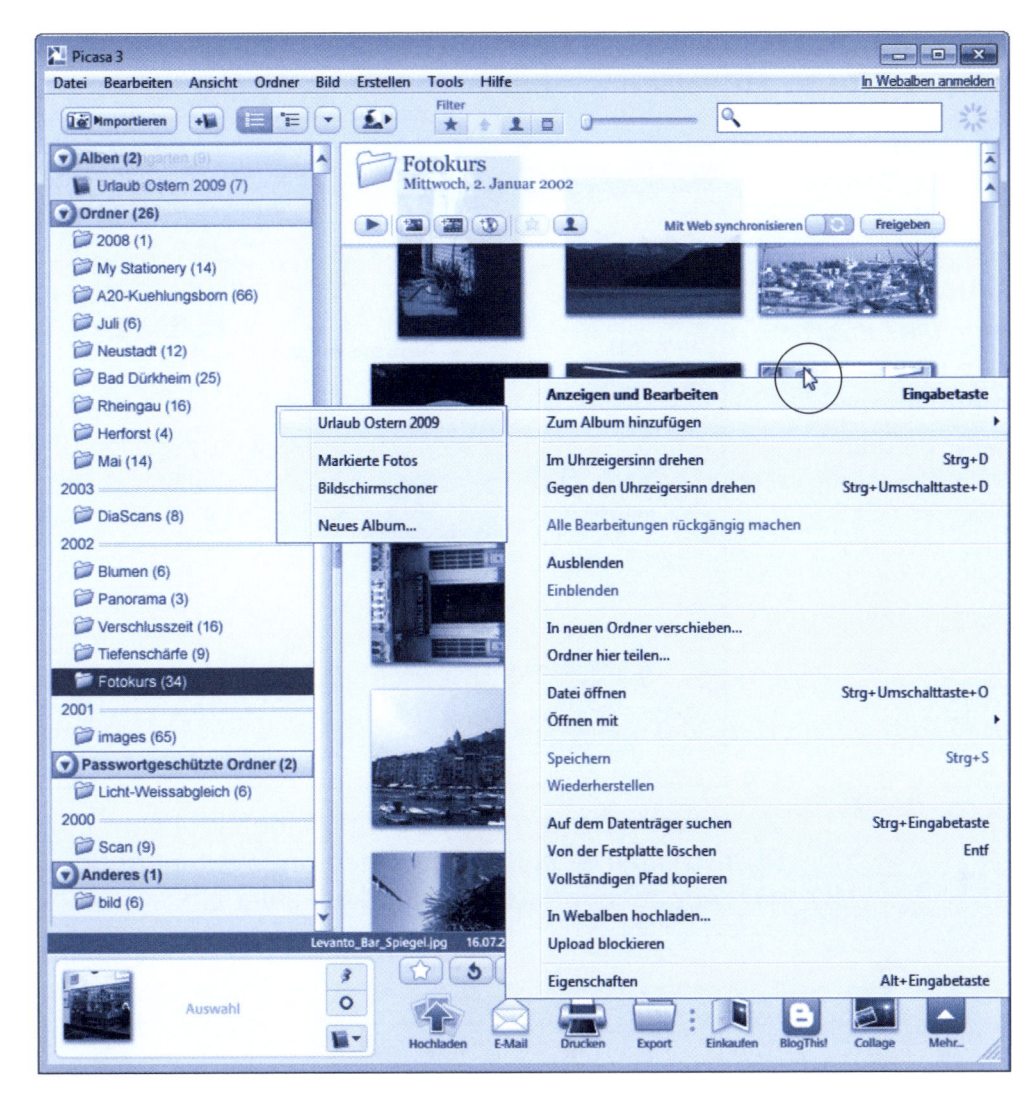

Das Foto wird dann dem Album zugeordnet (wobei die Fotodatei aber im Quellordner gespeichert bleibt).

TIPP

Im Kontextmenü der Miniaturansicht finden Sie auch Befehle, um das Fotos nach links/rechts zu drehen, die Eigenschaften (Exif-Werte) anzuzeigen, die Fotodatei von der Festplatte zu löschen etc.

Ist noch kein Album angelegt oder möchten Sie das **Foto** einem **neuen Album zuweisen**?

1 Wählen Sie im Kontextmenü des Befehls *Zum Album hinzufügen* den Untermenüeintrag *Neues Album*.

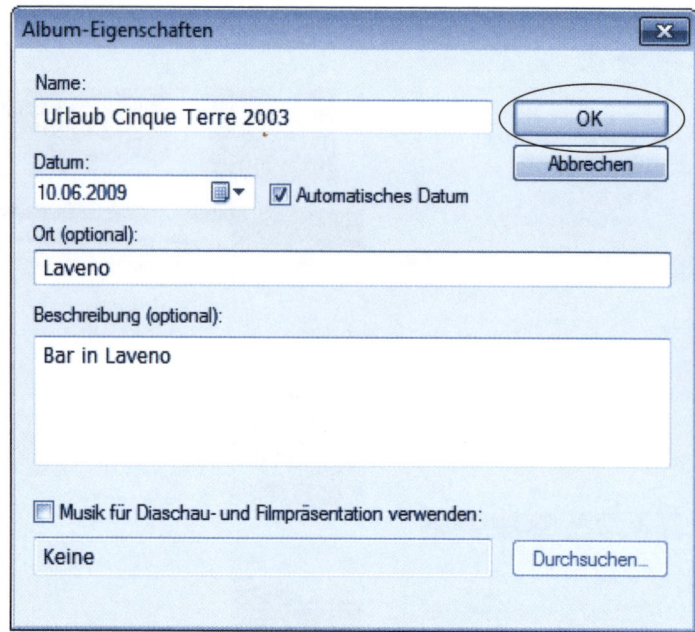

2 Anschließend tragen Sie im Dialogfeld *Album-Eigenschaften* einen Albumnamen und weitere optionale Angaben in die betreffenden Felder ein.

3 Schließen Sie das Dialogfeld *Album-Eigenschaften* über die *OK*-Schaltfläche.

Das Album wird dann angelegt und das Foto zugeordnet. Auf diese Weise können Sie beliebige Fotos in Alben »einsortieren«. Die Fotodateien selbst verbleiben im Quellordner, lassen sich aber weiterhin über den Ordnereintrag des Picasa-Fensters abrufen. Klicken Sie später den Eintrag für das Album in der linken Spalte des Picasa-Fensters an, werden alle Fotos in der Miniaturansicht aufgelistet.

Fotos mit Picasa bearbeiten

Picasa ermöglicht Ihnen, Fotos in vergrößerter Darstellung oder als Diashow anzuzeigen, zu beschneiden, mit Texten zu versehen, aufzuhellen etc. Hierzu gehen Sie folgendermaßen vor.

1 Doppelklicken Sie im Picasa-Programmfenster auf die Miniaturansicht des gewünschten Fotos.

2 Anschließend führen Sie im Programmfenster die gewünschten Bearbeitungsschritte aus.

Werkzeuge und Bedienelemente

Bildunterschrift

In der linken Spalte finden Sie drei Registerkarten, über deren Symbole Funktionen zur Optimierung bzw. zur Bearbeitung des Fotos abrufbar sind. Unterhalb der Großbildansicht des Fotos können Sie eine Bildunterschrift eintragen. Diese wird durch Picasa in die Fotodatei als Metadatensatz eingetragen.

> **TECHTALK**
>
> JPEG-Fotodateien von Digitalkameras weisen in der Regel sogenannte Exif-Daten auf. Diese enthalten Angaben über die Aufnahmeparameter (Kamera, Blende, Belichtungszeit, Blitzlicht, Aufnahmedatum etc.). Zusätzlich lassen sich in Fotodateien weitere Metadaten wie eine Bildunterschrift unterbringen. Diese Informationen werden angezeigt, wenn Sie im Kontextmenü eines Fotos den Befehl *Eigenschaften* wählen (funktioniert sowohl unter Windows als auch in Picasa).

Klicken Sie auf eines der Symbole der Registerkarte *Optimierung*, blendet Picasa die benötigten Bedienelemente ein. Sie können dann die gewünschten Funktionen auf das in der vergrößerten Vorschau angezeigte Foto anwenden.

- Beim Werkzeug *Zuschneiden* lässt sich über das auf der Registerkarte *Optimieren* eingeblendete Listenfeld ein Beschnittmodus (z. B. Manuell, 9 x 13 etc.) einstellen. Zum manuellen Beschnitt klicken Sie auf die linke obere Ecke des Ausschneidebereichs des Fotos und ziehen die Maus bei gedrückter linker Maustaste zur diagonalen Ecke. Nach dem Loslassen der Maustaste lassen sich die Beschnittränder durch Ziehen per Maus noch verschieben.

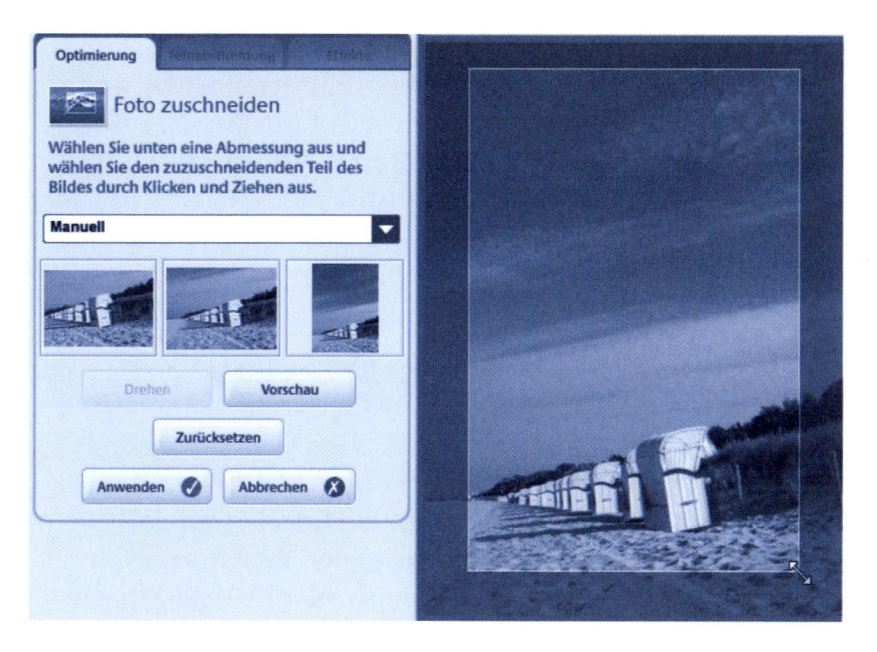

- Das Werkzeug *Ausrichten* zeigt einen Schieberegler, der beim Ziehen das Foto um einen Drehpunkt rotiert. So lässt sich z. B. ein schräger Horizont oder ein schiefer Scan eines Bildes ausrichten.
- Beim Werkzeug *Rote Augen* versucht Picasa automatisch, die Augenpartie der gezeigten Person zu finden. Gelingt dies nicht, müssen Sie im Foto die Augenpartie der betreffenden Person durch Ziehen per Maus mit Vierecken markieren.
- Wählen Sie das *Text*-Werkzeug, können Sie anschließend einen Text eintippen. Dieser wird in einem Markierungsrahmen über das Foto gelegt. Der Rahmen lässt sich per Maus verschieben und um einen rot markierten Drehpunkt rotieren.
- Die Werkzeuge *Auf gut Glück*, *Kontrast*, *Farbe* und *Aufhellen* ermöglichen Ihnen, den Kontrast, die Helligkeit oder die Farbe falsch belichteter Fotos zu verbessern. Entweder wird die Verbesserung automatisch durchgeführt oder lässt sich über Schieberegler bzw. Bedienelemente gezielt vornehmen.
- Mit dem *Retuschieren*-Werkzeug lassen sich kleinere Bildfehler (z. B. Pickel bei Porträtaufnahmen) entfernen. Klicken Sie auf die Fehlerstelle und ziehen Sie bei gedrückter linker Maustaste über diese Stelle.

Bei der Auswahl eines Werkzeugs werden ggf. verschiedene Bedienelemente und Schaltflächen im unteren Bereich der Registerkarte eingeblendet. Die mit *Abbrechen* beschriftete Schaltfläche ermöglicht, einen Bearbeitungsschritt zu verwerfen, während die *Anwenden*-Schaltfläche alle Änderungen übernimmt. Bei anderen Werkzeugen wird eine *Rückgängig machen*-Schaltfläche auf der Registerkarte eingeblendet, über die sich (automatisch) vorgenommene Korrekturen zurücknehmen lassen.

> **TIPP**
>
> Sobald Sie sich im Bearbeitungsmodus befinden, lässt sich in der Symbolleiste des Programmfensters die Schaltfläche *Abspielen* anklicken. Dann schaltet Picasa zur **Diashow** um und gibt die Fotodateien des Ordners oder Albums wieder. In einer eingeblendeten Werkzeugleiste können Sie die Motive nach links/rechts drehen sowie die Anzeigedauer oder den Einblendmodus festlegen. Die Diashow beenden Sie über die angezeigte *Beenden*-Schaltfläche oder durch Drücken der [ESC]-Taste. Um den **Bearbeitungsmodus** zu **verlassen**, reicht ein Doppelklick auf die Vorschau des Fotos (wobei dieses nicht gerade in Bearbeitung sein darf). Alternativ können Sie die in der linken oberen Ecke des Programmfensters angezeigte Schaltfläche *Zurück zur Bibliothek* anklicken.

> **HINWEIS**
>
> Picasa enthält eine Reihe zusätzlicher Funktionen. So können Sie Fotos markieren und dann im unteren Bereich des Fensters auf das Symbol *Drucken* klicken. Dann erscheint ein Dialogfeld mit den Optionen zum Ausdruck der Fotos. Der Befehl *Bilder sichern* im Menü *Tools* ermöglicht, den Inhalt eines Fotoordners auf eine CD oder DVD zu brennen. Über das Menü *Erstellen* des Programmfensters lassen sich Fotocollagen oder Filme aus Fotos anfertigen. Hinweise zu den einzelnen Funktionen erhalten Sie über die Programmhilfe im Internet. Diese lässt sich mittels der Funktionstaste [F1] oder über das Hilfemenü aufrufen.

Fotobearbeitung

Picasa stellt zwar einfache Funktionen zur Bearbeitung von Fotos bereit. Um Fotos zu retuschieren oder zu bearbeiten, müssen Sie zu speziellen Fotobearbeitungsprogrammen greifen. Aus der Vielzahl der am Markt angebotenen Programme hat sich Adobe Photoshop Elements als Standard etabliert. Die beim Schreiben dieses Buches für Windows aktuelle Version 7 ist für unter 100 Euro im Handel erhältlich und liegt manchen Digitalkameras auch als Light-Version bei. Nachfolgend werden einige Funktionen zur Fotobearbeitung in Photoshop Elements 7 beschrieben.

> **HINWEIS**
>
> Besitzen Sie noch eine ältere Programmversion oder die Version 8? Sie können die nachfolgenden Ausführungen auch für diese Programmversionen verwenden, da die Bedienung weitgehend identisch ist. Zudem steht unter *photofiltre.free.fr* ein kostenloses Programm mit einer an Photoshop Elements angelehnten Bedienung zur Verfügung.

Photoshop Elements-Editor im Überblick

Die Bearbeitung von Fotos erfolgt im Photoshop Elements-Editor. Zum Aufrufen dieses Editors und zum Laden der Fotodateien können Sie folgende Schritte verwenden.

1 Starten Sie Photoshop Elements (z. B. über das Windows-Startmenü oder das ggf. sichtbare Desktopsymbol).

2 Sobald das Dialogfeld zur Auswahl der Funktionsgruppen erscheint, klicken Sie auf das Symbol zur Fotobearbeitung (mit *Fotos bearbeiten*, *Bearbeiten* oder ähnlich beschriftet).

Kapitel 3

Photoshop Elements startet nun den Standardeditor, der sich mit dem Fenster zur Fotobearbeitung meldet. Dieses Fenster enthält einige Elemente, über die sich Funktionen zur Bearbeitung der Fotos abrufen lassen.

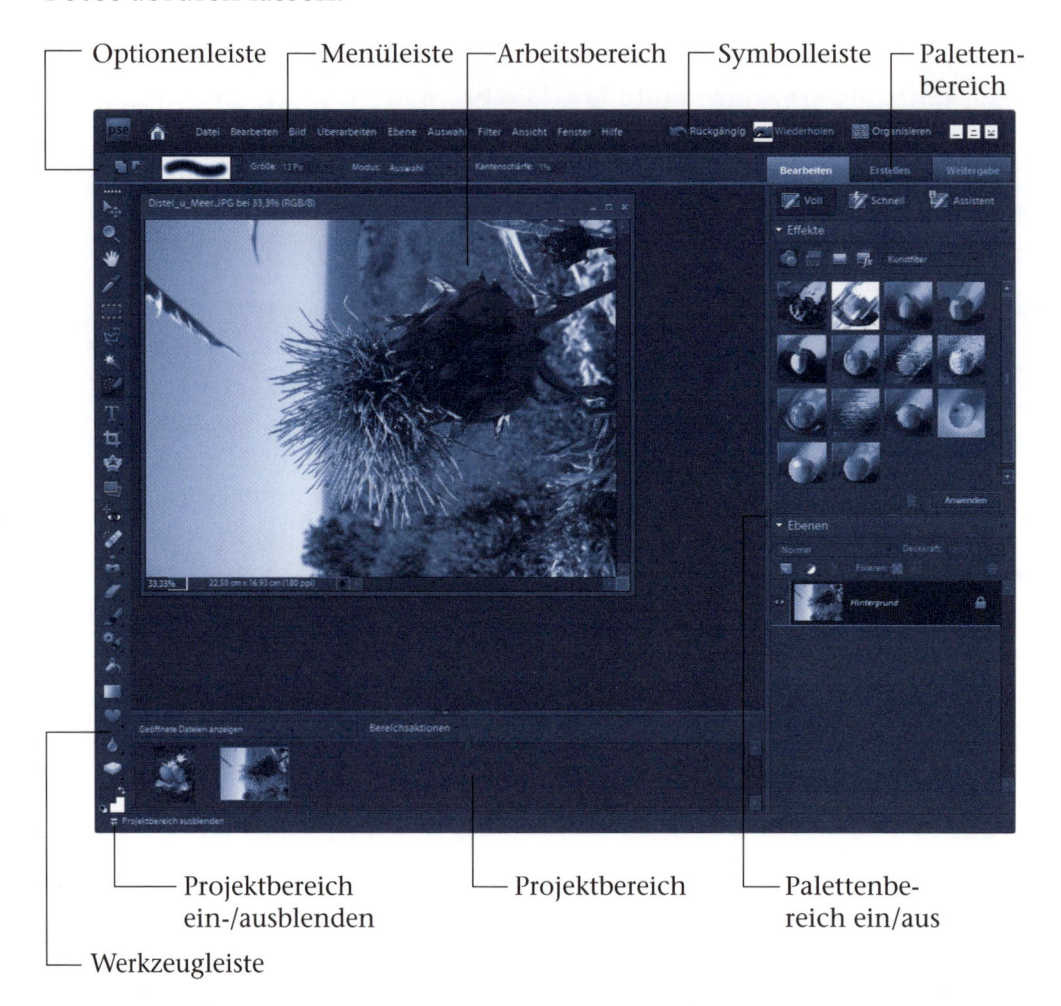

Screenshot des Standardeditors mit Beschriftungen: Optionenleiste, Menüleiste, Arbeitsbereich, Symbolleiste, Palettenbereich, Projektbereich ein-/ausblenden, Projektbereich, Palettenbereich ein/aus, Werkzeugleiste.

- Die **Menüleiste** ermöglicht den Zugriff auf die Befehle zum Abrufen der einzelnen Bearbeitungsfunktionen des Editors. Je nach Programmversion befindet sich rechts neben oder unter der Menüleiste noch eine **Symbolleiste** mit Schaltflächen zum Zugriff auf weitere Funktionen.

- An der linken Seite wird die **Werkzeugleiste** sichtbar. Über deren Schaltflächen stehen die einzelnen Werkzeuge (Markieren, Beschneiden, Pinsel etc.) zur Bildkorrektur bereit. Ein kleines Dreieck in der unteren rechten Ecke der Schaltfläche signalisiert, dass dort mehrere Werkzeuge anwählbar sind. Klicken Sie die Schaltfläche per Maus an, halten aber die linke Maustaste länger gedrückt, öffnet sich ein Menü zur Werkzeugauswahl.

- Direkt oberhalb der Bildvorschau findet sich noch die **Optionenleiste**. In dieser Leiste werden abhängig vom gewählten Werkzeug die Bedienelemente zum Setzen bestimmter Optionen (z. B. Werkzeugstärke) eingeblendet.

- Im **Arbeitsbereich** findet sich das Fenster mit dem zu bearbeitenden Foto sowie in der rechten Spalte der **Palettenbereich**. In der Version 7 weist dieser Palettenbereich drei Registerkarten *Bearbeiten*, *Erstellen* und *Weitergeben* auf. Über die Registerkarte *Bearbeiten* des **Palettenbereichs** lässt sich auf Ebenen, Stile und Effekte sowie Anweisungen zur Bearbeitung der Bilder zugreifen. Die anderen Registerkarten enthalten Schaltflächen und Symbole zum Erstellen von Bildbänden, Diashows, Fotocollagen, Foto-CDs/-DVDs etc.

- Unterhalb des Arbeitsbereichs zeigt der Editor noch Miniaturabbildungen der geladenen Fotos im sogenannten **Projektbereich** (auch als Fotobereich bezeichnet) an. Durch Anklicken einer Miniaturabbildung wird das betreffende Foto im Arbeitsbereich in den Vordergrund gebracht.

Der **Projektbereich** lässt sich über eine Schaltfläche in der Statusleiste des Fensters **ein-** oder **ausblenden**. Der **Palettenbereich** wird (je nach Programmversion) über eine Schaltfläche am rechten Rand des Fensters oder der Statusleiste ein- oder ausgeblendet. Um bestimmte **Fotos** zum Bearbeiten zu **laden**, gibt es mehrere Möglichkeiten.

- Die einfachste Variante besteht darin, die Fotodateien aus dem Fenster eines Windows-Ordners in den Arbeitsbereich des Photoshop Elements-Editors zu ziehen und dann die linke Maustaste loszulassen.

- Sie können im Menü *Datei* den Befehl *Öffnen* wählen (oder die Tastenkombination [Strg]+[O] drücken), um das gleichnamige Dialogfeld aufzurufen. Dann wählen Sie im *Öffnen*-Dialogfeld den Fotoordner, markieren anschließend die gewünschten Fotodateien und bestätigen Ihre Auswahl über die *Öffnen*-Schaltfläche des Dialogfelds.

Sobald das Foto im Editorfenster geladen wurde, können Sie dieses bearbeiten und anschließend auch wieder speichern.

Fotos drehen und spiegeln

Im Hochkantformat aufgenommene Fotos werden beim Laden nach links gekippt dargestellt. Sie können ein geladenes Foto aber per Programm um 90 Grad drehen.

1 Laden Sie das Foto im Editorfenster und stellen Sie sicher, dass das zugehörige Dokumentfenster angewählt ist.

2 Zum **Drehen** oder Spiegeln **eines Fotos** öffnen Sie das Menü *Bild*, klicken auf den Befehl *Drehen* und wählen im Untermenü den gewünschten Befehl aus.

Das Untermenü des Befehls *Drehen* enthält verschiedene Befehle, die für die Drehvarianten stehen. Je nach Programmversion sind die Befehle leicht unterschiedlich benannt. Wählen Sie beispielsweise den Befehl *900 nach rechts*. Zusätzlich finden Sie Befehle, um Fotos horizontal oder vertikal zu spiegeln.

Fotoausschnitt markieren ...

Möchten Sie ein Foto beschneiden (der Fachbegriff heißt freistellen)? Oder sollen Bildteile ausgeschnitten bzw. kopiert und in andere Dokumente eingefügt werden? Zuerst gilt es die betreffenden **Bildteile** zu **markieren**. Hierzu sind folgende Schritte auszuführen.

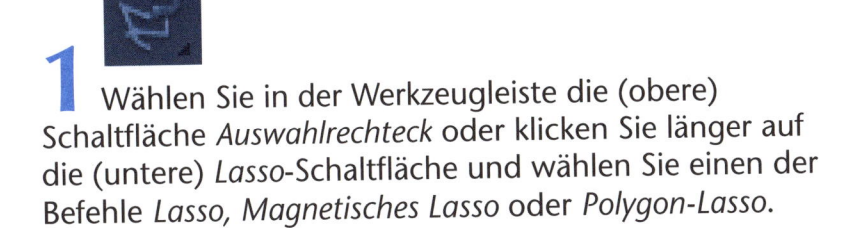

1 Wählen Sie in der Werkzeugleiste die (obere) Schaltfläche *Auswahlrechteck* oder klicken Sie länger auf die (untere) *Lasso*-Schaltfläche und wählen Sie einen der Befehle *Lasso, Magnetisches Lasso* oder *Polygon-Lasso*.

Das Werkzeug *Auswahlrechteck* kann rechteckige (oder bei entsprechender Werkzeugauswahl elliptische) Bereiche eines Fotos markieren, das Lasso bietet die Möglichkeit, eine Freihandlinie oder eine freie Kurve aus Linienstücken zusammenzustellen.

2 Markieren Sie nun den gewünschten Bildausschnitt im Dokumentfenster des gewünschten Fotos mithilfe des Werkzeugs.

Die Vorgehensweise beim Markieren ist etwas abhängig vom gewählten Werkzeug.

- Bei der Funktion **Auswahlrechteck** (oder im Modus *Auswahlellipse*) klicken Sie auf einen Punkt des Bildes und ziehen die Maus bei gedrückter linker Maustaste.

- Beim **Lasso** klicken Sie einen Punkt im Bild an. Wenn Sie jetzt die linke Maustaste gedrückt halten, können Sie einen beliebigen Umriss mit der Maus abfahren. Sobald Sie die linke Maustaste loslassen, wird eine geschlossene Fläche markiert.

- Beim **Polygon-Lasso** klicken Sie einen Punkt im Bild an. Anschließend können Sie weitere Punkte durch Mausklicks festlegen. Die Punkte werden durch Linien miteinander verbunden. Ein Doppelklick bewirkt, dass Anfangs- und Endpunkt dieses Polygons durch ein Linienstück verbunden werden und damit die Fläche als geschlossene Markierung angezeigt wird.

- Das **magnetische Lasso** ermöglicht Ihnen, Figuren, wie die hier gezeigte Blüte, sehr einfach zu markieren. Klicken Sie nach Auswahl des Werkzeugs auf einen Punkt am Rand der Figur. Anschließend fahren Sie mit dem Mauszeiger (die linke Maustaste ist nicht gedrückt) am Rand der Figur entlang. Photoshop Elements wird dann den Rand automatisch markieren. Dies funktioniert aber nur, wenn ein starker Kontrast zwischen freizustellender Figur und dem Hintergrund besteht. Ein Doppelklick schließt die Markierung.

Eine gestrichelte Linie markiert den Auswahlbereich. Hier wurden zwei Varianten – ein Auswahlrechteck und eine Auswahl mittels Lasso – in ein Bild montiert.

Um eine Markierung aufzuheben, klicken Sie auf einen Punkt außerhalb der Markierung.

Oder Sie wählen im Menü *Auswahl* den Befehl *Auswahl aufheben* an.

... und freistellen

Das Beschneiden eines rechteckigen Bildausschnitts wird als Freistellen bezeichnet.

1 Stellen Sie sicher, dass der gewünschte Bildausschnitt gemäß obigen Erläuterungen mit einem rechteckigen Rahmen markiert wurde.

2 Zum Freistellen (also zum Ausschneiden des markierten Bereichs) wählen Sie im Menü *Bild* den Befehl *Freistellen*.

Sie können auch die Schaltfläche *Freistellungswerkzeug* der Palette wählen und einen rechteckigen Bildausschnitt per Maus zum Freistellen markieren. Der äußere Bereich wird dann dunkel abgeblendet. Die Freistellung erfolgt, sobald Sie die Markierung durch Drücken der ⏎-Taste bestätigen.

Photoshop Elements entfernt alle äußeren Bildteile und belässt lediglich den markierten Bereich im Dokumentfenster. Sie können nun das Bild weiterverarbeiten oder speichern.

> **TIPP**
>
> Haben Sie ein Foto freigestellt, ausgeschnitten oder anderweitig bearbeitet? Sie können den jeweils letzten Schritt über den Befehl *Rückgängig* im Menü *Bearbeiten* oder die gleichnamige Schaltfläche der Symbolleiste zurücknehmen.

... oder ausschneiden, kopieren und einfügen

Neben dem Freistellen können Sie markierte Bildteile auch ausschneiden bzw. kopieren. Die markierten Teile werden dann in einen als Windows-Zwischenablage bezeichneten Speicher übertragen und lassen sich in das aktuelle Dokument oder in andere Dokumente (z. B. Word) einfügen.

1 Stellen Sie sicher, dass der gewünschte Bildausschnitt gemäß obigen Erläuterungen mit einem rechteckigen Rahmen oder mit einem Polygon über die Lasso-Werkzeuge markiert wurde.

2 Öffnen Sie das Menü *Bearbeiten* und wählen Sie den Befehl *Ausschneiden* oder *Kopieren*.

Photoshop Elements überträgt dann den markierten Bildteil in die Zwischenablage. Beim Befehl *Ausschneiden* bleibt anstelle des markierten Ausschnitts ein »Loch« (in der über die Farbpalette der Werkzeugleiste eingestellten Hintergrundfarbe). Der Befehl *Kopieren* verändert das Originalbild nicht, legt aber eine Kopie des markierten Bereichs in der Zwischenablage ab.

3 Fügen Sie nun den Inhalt der Zwischenablage über den Befehl *Neu/Bild aus Zwischenablage* des Menüs *Datei* als neues Dokumentfenster in Photoshop Elements ein.

Sie können alternativ auch über den Untermenübefehl *Neu/Leere Datei* des Menüs *Datei* bzw. über die Tastenkombination [Strg]+[N] ein neues weißes Blatt anlegen. Legen Sie dann im angezeigten Dialogfeld die Dokumentgröße z. B. über das Feld *Vorgabe* auf »DIN A4« fest. Anschließend lässt sich der Inhalt der Zwischenablage über den Menübefehl *Bearbeiten/Einfügen* in das neue Blatt einfügen. Haben Sie den Inhalt der Zwischenablage in das aktuelle Foto erneut eingefügt, legt Photoshop Elements den Ausschnitt an der alten Stelle ab. Hier sehen Sie das Originalfoto mit dem Ausschnitt sowie ein neues Blatt mit dem eingefügten Inhalt der Zwischenablage.

> **TIPP**
>
> Die drei Funktionen zum Ausschneiden, Kopieren oder Einfügen lassen sich auch über Tastenkombinationen abrufen ([Strg]+[X] schneidet den markierten Bereich aus, [Strg]+[C] kopiert den markierten Bereich in die Zwischenablage und [Strg]+[V] fügt den Inhalt der Zwischenablage in das aktuelle Dokumentfenster ein). Achten Sie vor dem Einfügen darauf, das gewünschte Dokumentfenster durch einen Mausklick auf dessen Titelleiste zu markieren.
>
> Haben Sie den Inhalt der Zwischenablage in Photoshop Elements in ein Dokumentfenster eingefügt, können Sie die nebenstehende Schaltfläche *Verschieben-Werkzeug* wählen.
>
> Photoshop Elements versieht das eingefügte Element mit einem Rahmen und den hier gezeigten Ziehmarken. Sie können per Maus auf den Rahmen zeigen, die linke Maustaste gedrückt halten und dann den Rahmen an beliebige Stellen des Dokumentfensters schieben. Durch Verschieben der rechteckigen Ziehmarken an den Ecken des Rechtecks lässt sich die Größe des Elements anpassen.
>
> Bestätigen Sie den aktuellen Vorgang durch Drücken der [↵]-Taste. Den Verschieben-Modus heben Sie auf, indem Sie z. B. das *Auswahlrechteck*-Werkzeug in der Werkzeugleiste wählen.

Helligkeit und Farbe eines Fotos korrigieren

Ist ein Foto zu hell oder zu dunkel geworden oder weist es gar einen Farbstich auf? Auch dies lässt sich, in gewissen Grenzen, mit Photoshop Elements korrigieren.

1 Laden Sie das Foto im Programmfenster. Sollen Korrekturen nur auf Teile des Fotos ausgeführt werden, markieren Sie die betreffenden Abschnitte.

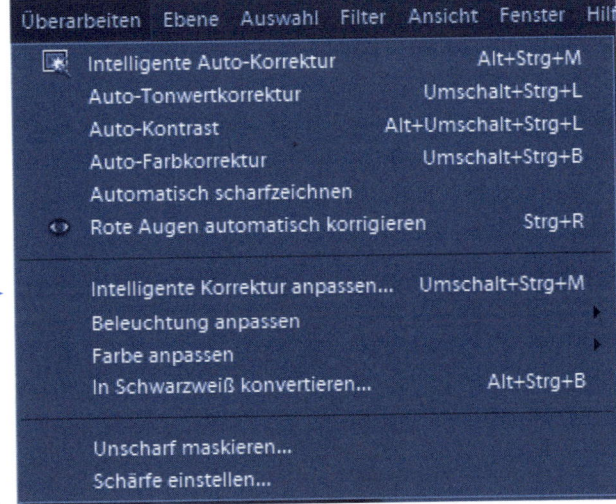

2 Öffnen Sie das Menü *Überarbeiten* und wählen Sie einen der dort eingeblendeten Befehle.

Die Anzahl und Benennung der Befehle hängt von der verwendeten Photoshop Elements-Programmversion ab.

Über die *Auto*-Befehle (z. B. *Auto-Tonwertkorrektur*) übernimmt das Programm automatisch die Verbesserung des Fotos. Der Befehl *Intelligente Autokorrektur* führt bei Bedarf verschiedene Korrekturen (Helligkeit, Farbe etc.) durch. Die Befehle *Beleuchtung anpassen* und *Farbe anpassen* öffnen Untermenüs, über deren Befehle Sie manuelle Farbkorrekturen durchführen können.

Bildretusche mit Photoshop Elements

Mit Photoshop Elements können Sie Fotos nachbearbeiten (z. B. rote Augen korrigieren oder Bildteile retuschieren).

1 Zum Retuschieren eines Fotos laden Sie dieses in Photoshop Elements.

2 Wählen Sie ggf. das *Lupen-Werkzeug* in der Werkzeugleiste und klicken Sie mehrfach auf das Foto, um es zu vergrößern.

In der Optionenleiste oberhalb des Dokumentbereichs finden Sie zwei Lupensymbole, um die Vergrößerungs- und Verkleinerungsfunktion auszuwählen. Die zu retuschierende Stelle (z. B. Pupille des zu korrigierenden roten Auges) sollte gut zu sehen sein.

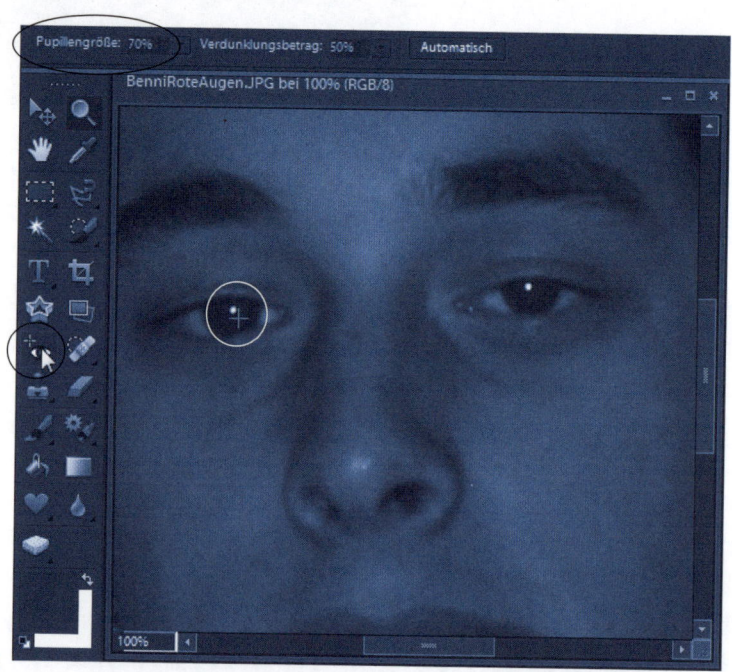

3 Um **rote Augen** in einem Foto zu **korrigieren**, wählen Sie in der Symbolleiste die Schaltfläche für das *Rote-Augen*-Werkzeug.

Die Benennung des Werkzeugs differiert etwas zwischen den Programmversionen.

4 Stellen Sie ggf. in der Symbolleiste oberhalb des Fotos die Pupillenstärke und weitere Korrekturoptionen ein.

5 Klicken Sie anschließend auf die roten Augen im Foto und warten Sie, bis das Programm diese korrigiert hat.

Sie müssen die beiden Augen getrennt korrigieren. Anschließend können Sie das Foto unter neuem Namen speichern oder weiterbearbeiten.

1 Zum **Retuschieren** laden Sie das Foto und vergrößern es (siehe oben).

2 Anschließend wählen Sie das Werkzeug (*Weichzeichner*, *Scharfzeichner*, *Wischfinger*) in der Werkzeugleiste (ggf. die linke Maustaste etwas länger gedrückt halten, um das Menü zu öffnen).

3 Korrigieren Sie dann den Bildfehler, indem Sie bei gedrückter linker Maustaste mit dem Werkzeugsymbol über den Bildbereich wischen.

Hier ist die Mundpartie mit den glänzenden Stellen im Foto als Bildausschnitt entsprechend vergrößert und wird gerade mit dem Wischfinger bearbeitet.

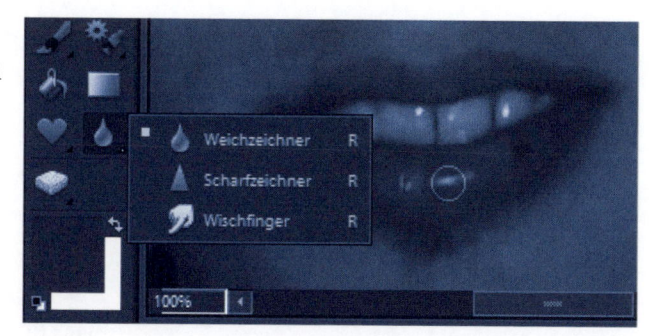

- Bewegen Sie die Maus nach Auswahl des *Weichzeichners* bei gedrückter linker Maustaste über eine glänzende Stelle im Foto, wird diese »stumpfer«. Auf die gleiche Weise können Sie mit dem Weichzeichner Fältchen oder andere kleine Fehler behandeln.

- Über den *Scharfzeichner* lassen sich Stellen im Bild schärfen. Konkret werden die Pixelkontraste verstärkt.

- Der *Wischfinger* ermöglicht Ihnen auf sehr einfache Weise, Teile im Bild zu verschmieren. Zeigen Sie auf einen Bildbereich neben der fehlerhaften Stelle und ziehen Sie den Mauszeiger bei gedrückter linker Maustaste über den Bildfehler. Damit lassen sich kleine Bildfehler wie Pickel in einem Porträt verwischen.

Die **Größe eines Werkzeugs** lässt sich über das Element *Größe* in der oberhalb des Fotos eingeblendeten Optionenleiste verändern.

TIPP

Für größere Retuschierarbeiten an einem Foto sollten Sie statt des Wischfingers das Werkzeug *Kopierstempel* verwenden. Halten Sie nach Auswahl des Werkzeugs die [Alt]-Taste gedrückt und klicken Sie auf eine Stelle im Foto. Der Kopierstempel wird dann mit dem Inhalt dieser Stelle gefüllt und Sie können die [Alt]-Taste loslassen.

Ziehen Sie den Kopierstempel anschließend bei gedrückter linker Maustaste über eine Bildstelle, wird das Muster dorthin kopiert. Ein kleines Fadenkreuz zeigt dabei an, welcher Bildbereich gerade kopiert wird.

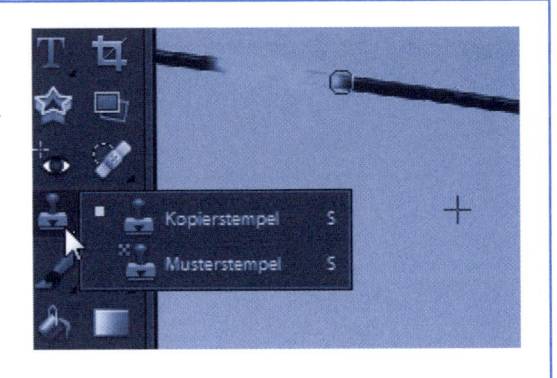

Fotos speichern

Haben Sie ein Foto bearbeitet, können Sie es über den Befehl *Speichern* des Menüs *Datei* oder durch Drücken der Tastenkombination [Strg]+[S] in der Ursprungsdatei speichern. Allerdings möchte ich von diesem Ansatz dringend abraten, denn beim Speichern wird ja die Originaldatei überschrieben. Handelt es sich dabei um die von der Digitalkamera auf den Rechner übertragene Fotodatei, geht das Original verloren! Dies ist tragisch, wenn Sie im Nachhinein feststellen, dass die Korrektur schiefgegangen oder nicht zufrieden stellend ausgefallen ist. Das Foto ist dann unwiederbringlich verloren. Profis vermeiden daher das Arbeiten mit Originalen und verwenden Kopien der Fotodateien zum Bearbeiten. Zudem können Sie beim Speichern die bearbeiteten Fotos unter einem neuen Namen sichern.

1 Öffnen Sie hierzu das Menü *Datei* des Anwendungsfensters und wählen Sie den Befehl *Speichern unter*.

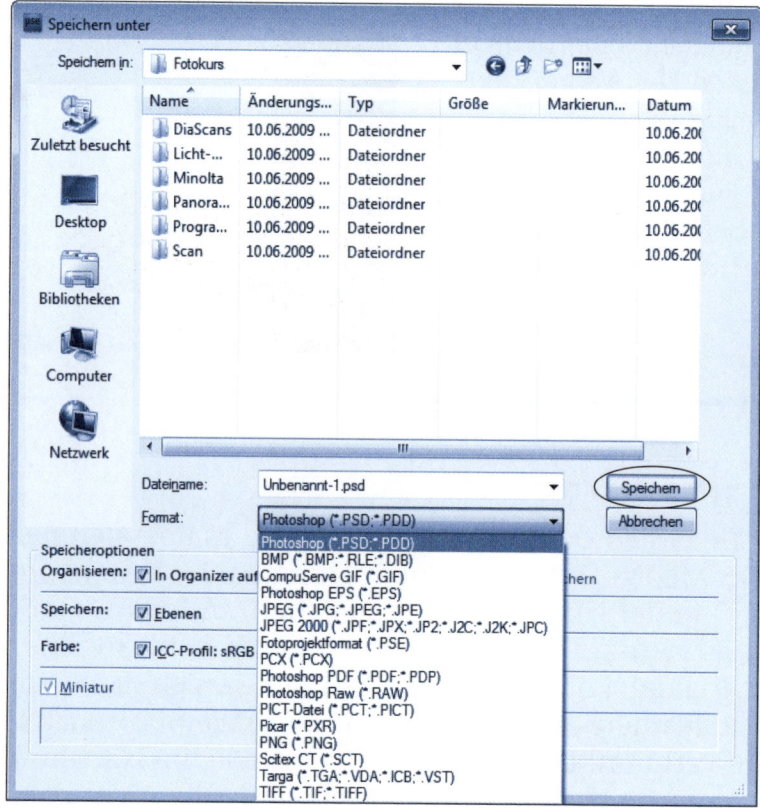

2 Wählen Sie im *Speichern unter*-Dialogfeld den Zielordner (z. B. über das Listenfeld *Speichern in*), geben Sie den gewünschten Dateinamen in das betreffende Feld ein und stellen Sie im Listenfeld *Format* das gewünschte Speicherformat ein.

Die Kontrollkästchen *Als Kopie* und *In Organisator aufnehmen* steuern, ob bearbeitete Fotos automatisch als Kopie unter neuem Namen gesichert und automatisch in den Organisator (d. h. in den Fotokatalog) aufgenommen werden.

3 Klicken Sie auf die *Speichern*-Schaltfläche. Existiert der Dateiname bereits, erhalten Sie eine Warnung angezeigt und Sie können über Schaltflächen wählen, ob die Datei überschrieben werden soll oder nicht.

Fotobearbeitung 157

Photoshop Elements ermöglicht Ihnen, die Fotos und Bilder in verschiedenen Dateiformaten zu sichern. Viele Formate werden dabei direkt in Windows (z. B. im Internet Explorer etc.) sowie in weiteren Programmen unterstützt. Zum Speichern von Fotos können Sie das JPEG-Format oder das TIFF-Format verwenden. Je nach gewähltem Zielformat öffnet Photoshop Elements beim Speichern das Dialogfeld zur Auswahl der Formatoptionen. Hier sehen Sie die Dialogfelder mit den Optionen für das JPEG- und für das TIFF-Format.

4 Stellen Sie die Speicheroptionen (beim JPEG-Format z. B. die Speicherqualität oder beim TIFF-Format die Komprimieroption) ein und bestätigen Sie dies über die *OK*-Schaltfläche.

Das Dialogfeld wird geschlossen und das Foto unter dem angegebenen Namen im Zielformat gesichert.

> **ACHTUNG**
>
> Das JPEG-Verfahren benutzt ein verlustbehaftetes Komprimierungsverfahren. Achten Sie daher auf den in der Gruppe *Bild-Optionen* eingestellten Qualitäts- oder Größenwert. Je kleiner die Dateigröße gewählt wird, umso geringer wird auch die Qualität des gespeicherten Fotos. Bearbeiten Sie ein JPEG-Bild in mehreren Schritten, bei denen das Foto gespeichert und später erneut geladen wird, kann dies zu einem merklichen Qualitätsverlust führen. Verwenden Sie daher während der Bearbeitung eines Fotos ggf. das TIFF-Format mit dem Wert »Ohne« für die Bildkomprimierung zum Speichern. Dies ergibt zwar große Bilddateien, verhindert aber Qualitätsverluste beim Speichern. Erst wenn das Foto fertig bearbeitet ist, können Sie es in der gewünschten Qualitätsstufe im JPEG-Format sichern.

> **HINWEIS**
>
> Photoshop Elements besitzt eine Vielzahl von weiteren Funktionen zur Bildverwaltung, -retusche und -archivierung. Es würde an dieser Stelle zu weit führen, auf alle Möglichkeiten zur Fotobearbeitung einzugehen. Mehr Details liefert der Markt+Technik-Titel »Digitale Fotografie – leichter Einstieg für Senioren«.

CDs und DVDs brennen

Computer sind heute standardmäßig mit einem CD-/DVD-Brenner ausgestattet. In Windows Vista/Windows 7 sind zwar einfache Brennfunktionen im Betriebssystem enthalten. Viele Anwender greifen aber auf Brennprogramme zurück, um Dateien, Fotos, Musik oder sogar Videos auf CD- und DVD-Rohlinge zu brennen. Neben dem kostenpflichtigen Brennprogramm Nero gibt es auch kostenlose Alternativen wie das nachfolgend vorgestellte CDBurnerXP.

CDs und DVDs brennen

HINWEIS

Die aktuelle Version des Programms CDBurnerXP können Sie von der Internetseite *www.cdburnerxp.se* kostenlos herunterladen. Nach dem Download kann die Setup-Datei per Doppelklick direkt unter Windows Vista oder Windows 7 installiert werden. Der Setup-Assistent führt Sie durch die Installationsschritte.

So brennen Sie Daten-CDs und -DVDs

Möchten Sie Fotos, Dokumente oder Dateien auf eine CD oder eine DVD brennen, gehen Sie folgendermaßen vor.

1 Starten Sie CDBurnerXP über das betreffende Desktopsymbol oder über das Startmenü.

2 Sobald das Dialogfeld *Aktions-Auswahl* erscheint, klicken Sie auf den Befehl *Daten-Zusammenstellungen* und bestätigen dies über die *OK*-Schaltfläche.

Mit diesem Schritt wird das Dialogfeld geschlossen und das Brennprogramm für das Erstellen einer Daten-CD oder -DVD vorbereitet. Jetzt gilt es in weiteren Schritten die zu brennenden Dateien zusammenzustellen und den Brennvorgang durchzuführen.

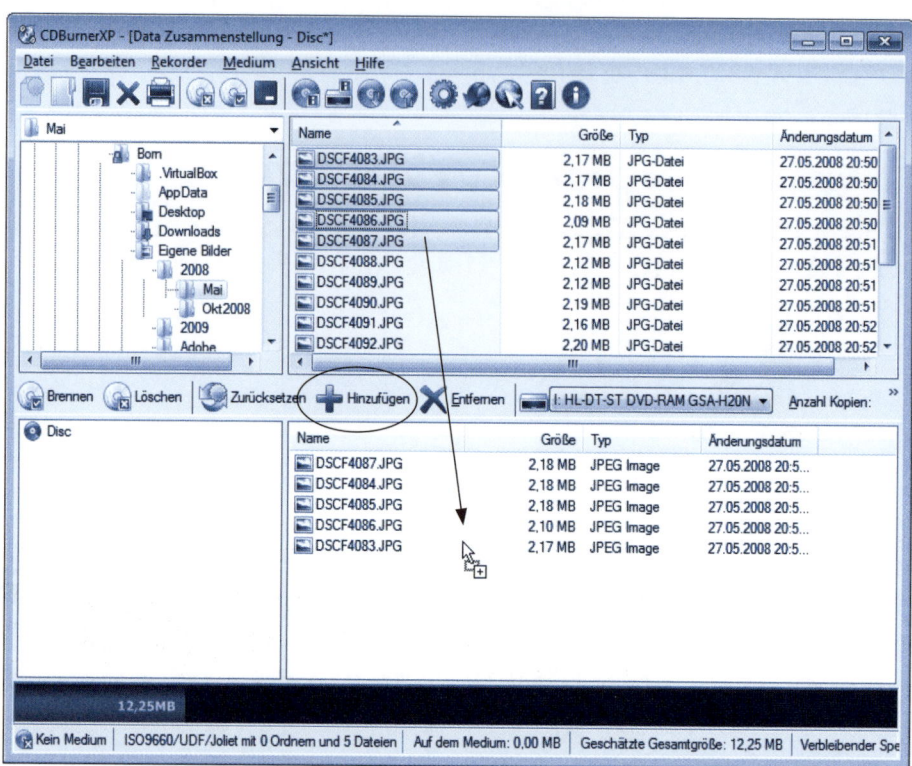

3 Sobald das hier gezeigte Fenster des Brennprogramms erscheint, navigieren Sie über die im linken oberen Fenster sichtbare Laufwerks- und Ordnerliste zum Ordner, in dem die zu brennenden Dateien liegen.

4 Nach Auswahl des Quellordners suchen Sie in der im rechten oberen Fenster angezeigten Dateiliste die zu brennenden Dateien und übertragen diese in das untere rechte Fenster.

Zum Übertragen der zu brennenden Dateien in die sogenannte »Zusammenstellung« gibt es mehrere Möglichkeiten. Sie können eine Datei (oder einen Ordner) im rechten oberen Fenster per Mausklick markieren und dann auf die *Hinzufügen*-Schaltfläche klicken. Alternativ lässt sich eine markierte Datei auch bei gedrückter linker Maustaste aus dem oberen rechten in das untere rechte Fenster ziehen.

> **TIPP**
>
> Wenn Sie beim Anklicken die Strg-Taste gedrückt halten, können Sie auch mehrere Dateien markieren. Oder Sie klicken die erste zu markierende Datei an, halten die ⇧-Taste gedrückt und klicken dann auf eine zweite Datei. Dann werden alle dazwischen liegenden Dateien markiert. Oder Sie markieren mehrere Dateien in der Quellliste durch Ziehen per Maus (einfach in der rechten Ecke des ersten Dateinamens per Maus klicken und dann bei gedrückter linker Maustaste einen Markierungsrahmen aufziehen). Die Markierung lässt sich aufheben, indem Sie auf einen Bereich außerhalb des Markierungsrahmens klicken.

Markieren Sie Dateien in der Zusammenstellung (rechtes unteres Fenster), lassen sich diese mittels der *Entfernen*-Schaltfläche vom Brennen ausnehmen. Die Schaltfläche *Zurücksetzen* der Symbolleiste löscht dagegen die komplette Zusammenstellung. Auf diese Weise können Sie Dateien und ganze Ordner aus verschiedenen Pfaden und von verschiedenen Laufwerken zur Zusammenstellung hinzufügen.

> **HINWEIS**
>
> CDBurnerXP zeigt Ihnen in der am unteren Fensterrand sichtbaren Statusleiste, wie viel Platz die Dateien der Zusammenstellung belegen. Ist ein Medium (CD-R, CD-RW, DVD+R, DVD-R, DVD+RW, DVD-RW, DVD-R DL, BD-R etc., siehe auch Kapitel 1) im Brenner eingelegt, wird die verfügbare Kapazität überwacht. Ein grüner Balken in der Statusleiste signalisiert, dass noch genügend Platz zum Brennen vorhanden ist. Bei einem rot eingefärbten Balkenende ist die Zusammenstellung zu groß. Sie müssen dann Dateien aus der Zusammenstellung entfernen, um die restlichen Daten brennen zu können.

Sind alle zu brennenden Dateien und Ordner in der Zusammenstellung aufgenommen, können Sie diese **Zusammenstellung** auf das Medium **brennen**.

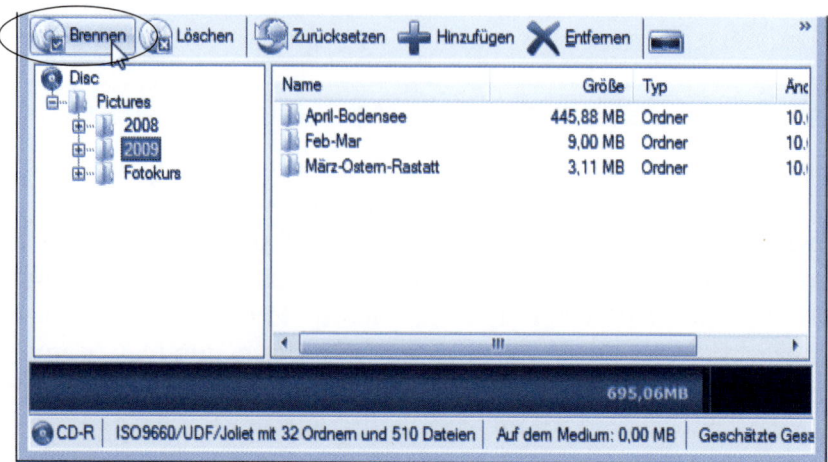

5 Stellen Sie sicher, dass ein Rohling im Brenner eingelegt ist, und klicken Sie anschließend in der Symbolleiste auf die *Brennen*-Schaltfläche.

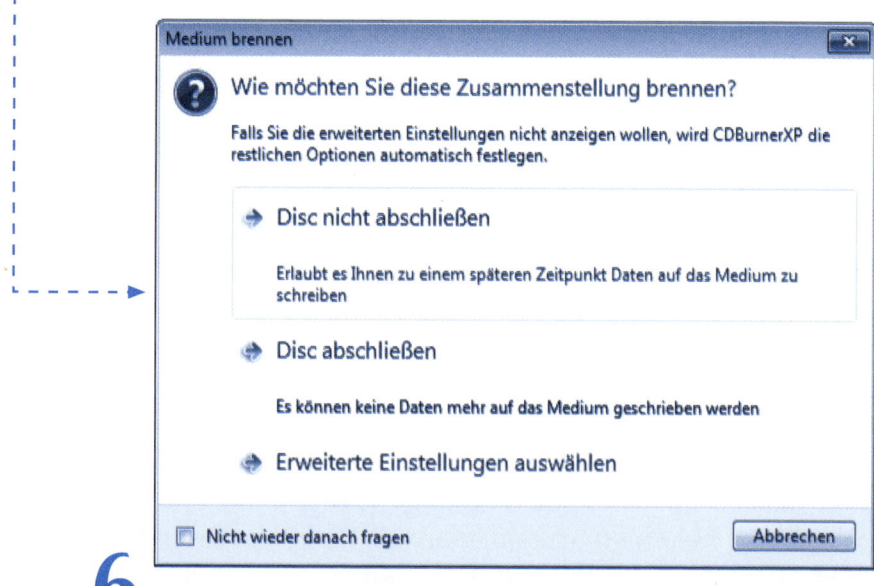

6 Klicken Sie im Dialogfeld *Medium brennen* auf einen der Befehle *Disc nicht abschließen* oder *Disc abschließen*.

CDs und DVDs brennen

> **HINWEIS**
>
> Der Modus »Disc nicht abschließen« ist sinnvoll, wenn Sie nur wenige Dateien brennen und der Rohling nur teilweise belegt ist. Dann haben Sie zu einem späteren Zeitpunkt die Möglichkeit, weitere Dateien auf den Rohling zu brennen. Man spricht auch von einem »Multisession-Modus«, bei der Daten häppchenweise auf einen Rohling gebrannt werden. Gibt es Probleme beim Lesen nicht abgeschlossener Medien, sollten Sie die Option »Disc abschließen« beim Brennen verwenden.

Anschließend warten Sie, bis der Brennvorgang abgeschlossen und der Rohling automatisch ausgeworfen wird. Während des Brennvorgangs werden Sie über ein Dialogfeld über den Status informiert.

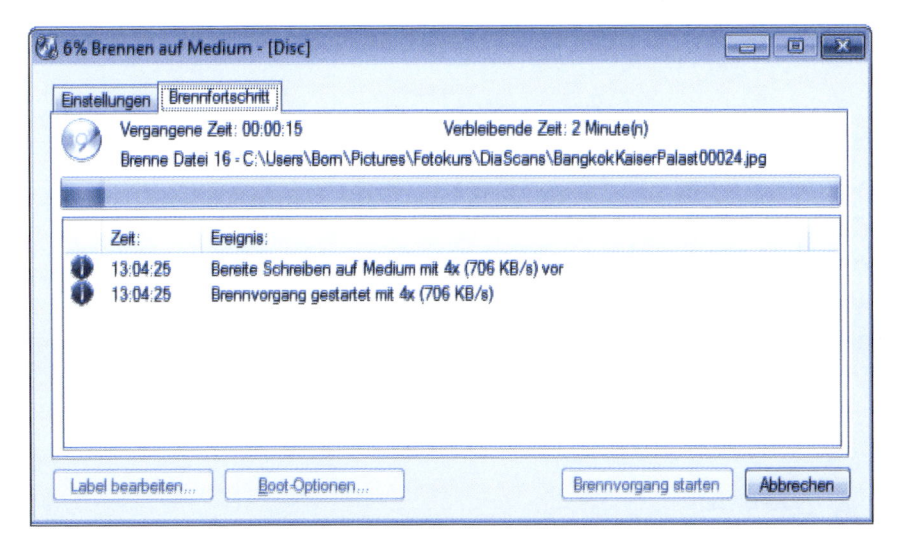

Bei einem erfolgreichen Brennvorgang erscheint eine entsprechende Benachrichtigung in einem Dialogfeld. Sobald Sie die noch geöffneten Dialogfelder geschlossen haben, können Sie die CD/DVD dem Brenner entnehmen und archivieren oder weiternutzen. Beim Schließen von CDBurnerXP fragt dieser ggf. in einem weiteren Dialogfeld nach, ob die Zusammenstellung für später gespeichert werden soll. Über Schaltflächen wie *Ja* können Sie das Speichern zulassen oder über *Nein* die Zusammenstellung verwerfen.

> **ACHTUNG**
>
> Beachten Sie, dass selbst gebrannte CDs und DVDs nur eine eingeschränkte Haltbarkeit haben. RW-Medien lassen sich zwar bis zu 1000 Mal löschen und erneut beschreiben, neigen aber frühzeitig zu Defekten. Auch bei Discountern verkaufte Rohlinge können bereits beim Brennen oder nach wenigen Monaten Daten verlieren und sind nicht mehr lesbar. Persönlich verwende ich CD-R-Rohlinge, um Fotos oder wichtige Dateien zu archivieren, da diese weniger fehleranfällig als RW-Medien oder DVDs sind.

Auf diese Weise können Sie beliebige Dateien und Ordner (z. B. mit Fotos, mit Videodateien oder mit Dokumenten und Programmen) archivieren. Weiterhin lassen sich Musikdateien im MP3- und WMA-Format auf CDs brennen. Diese lassen sich meist auf modernen DVD-Playern abspielen.

Eine Audio-CD brennen

Musik-CDs verwenden ein besonderes Format zur Speicherung der Songs, sodass diese auf handelsüblichen CD-Playern abgespielt werden können. CDBurnerXP stellt Ihnen die benötigten Funktionen zum Brennen einer Audio-CD zur Verfügung. Der Ablauf entspricht im Grunde dem oben beschriebenen Brennen einer Daten-CD. Sobald Sie einen CD-R-Rohling in den Brenner eingelegt haben, gehen Sie in folgenden Schritten vor.

1 **Audio CD**
Erstellen Sie Audio-CDs, mit und ohne Pausen zwischen den Tracks.

Starten Sie CDBurnerXP über das betreffende Desktopsymbol, wählen Sie im Dialogfeld *Aktions-Auswahl* den Befehl *Audio-CD* und bestätigen Sie dies über die *OK*-Schaltfläche.

CDs und DVDs brennen 165

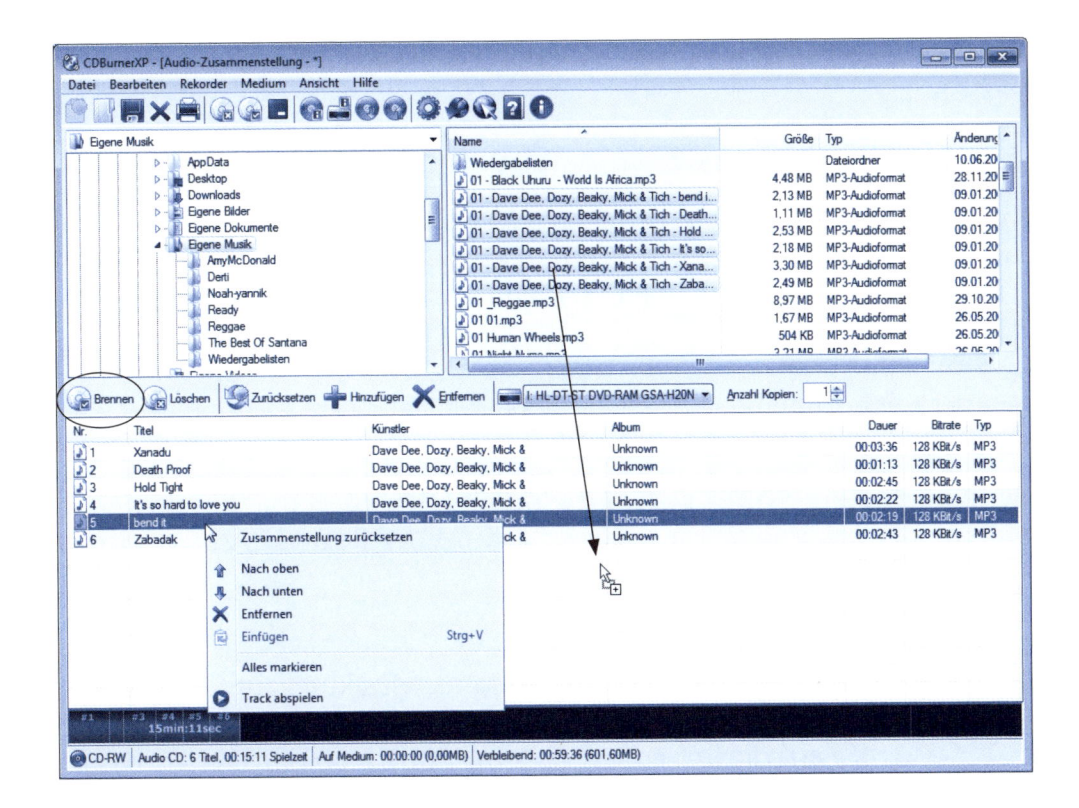

2 Sobald das hier gezeigte Fenster des Brennprogramms erscheint, navigieren Sie über die im linken oberen Fenster sichtbare Laufwerks- und Ordnerliste zum Ordner mit den zu brennenden Musikdateien.

3 Nach Auswahl des Quellordners übernehmen Sie die im rechten oberen Fenster angezeigten Musikstücke (Dateien im WMA-, MP3- oder WAV-Format) in das untere Fenster mit der Audiozusammenstellung.

Die Übernahme kann durch Ziehen per Maus oder mittels der *Hinzufügen*-Schaltfläche erfolgen. In der Audiozusammenstellung werden Titel, Künstler und die Dauer des Musikstücks (sofern bekannt) angezeigt. Bei Bedarf können Sie die Reihenfolge der

Titeleinträge per Maus (durch Ziehen nach oben oder unten) anpassen.

> **TIPP**
>
> Klicken Sie einen Titel mit der rechten Maustaste in der Zusammenstellung an, lässt sich dieser über den Kontextmenübefehl *Track abspielen* wiedergeben. Oder Sie wählen im Menü *Ansicht* den Befehl *Audio Player*, um ein separates Playerfenster zur Wiedergabe anzuzeigen. Bei den im rechten oberen Fenster angezeigten Musikdateien startet dagegen der Kontextmenübefehl *Wiedergabe* den Windows Media Player.

Bei eingelegtem Rohling wird die bereits belegte Kapazität in der Statusleiste angezeigt. Eine CD-R kann in der Regel bis zu 74 Minuten Musik aufnehmen.

4 Nachdem die gewünschten Musiktitel zur Zusammenstellung hinzugefügt wurden, klicken Sie auf die in der Symbolleiste (oberhalb der Zusammenstellung) sichtbare Schaltfläche *Brennen*.

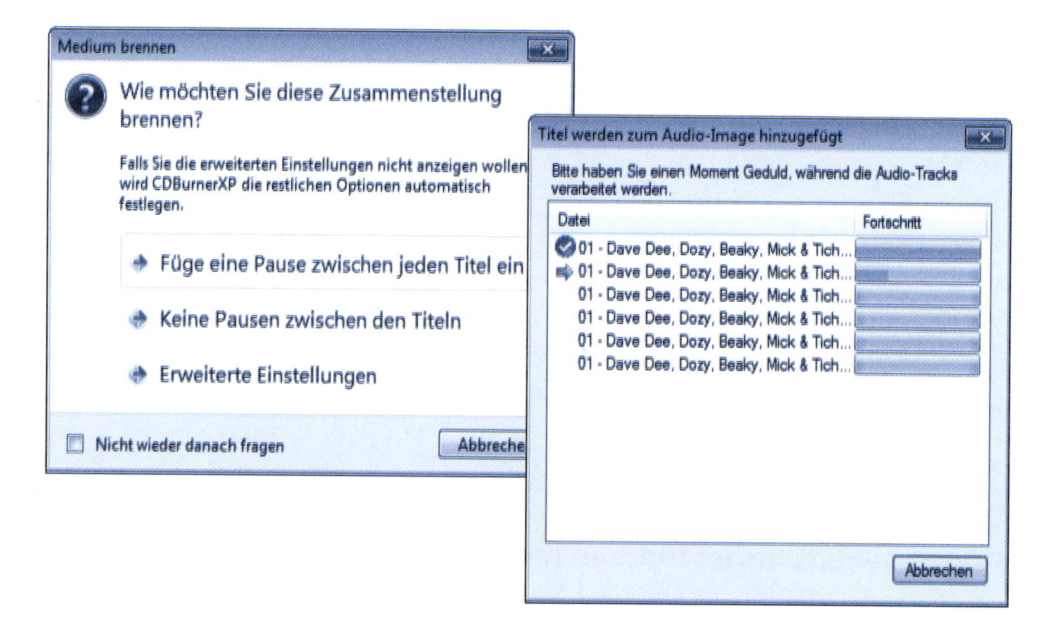

5 Wählen Sie im Dialogfeld *Medium brennen* einen der angezeigten Befehle, um die Musikstücke mit oder ohne Pausen auf das Medium zu brennen.

Danach erscheint ggf. ein Dialogfeld *Titel werden zum Audio-Image hinzugefügt*. Eine Fortschrittsanzeige zeigt den Status der Umwandlung der Musikdateien vom MP3- oder WMA-Format in das benötigte Audioformat. Sobald dieser Vorgang abgeschlossen ist, wird der Statusdialog mit dem Brennfortschritt erscheinen.

Warten Sie, bis der Brennvorgang erfolgreich abgeschlossen ist. Dann können Sie die noch geöffneten Dialogfelder schließen und den gebrannten CD-R-Rohling dem Brenner entnehmen. Anschließend lässt sich testen, ob die so gebrannte CD auf dem Computer im Windows Media Player und auf handelsüblichen CD-Playern abgespielt werden kann.

> **HINWEIS**
>
> Manche CD-Player können keine als Audio-CD gebrannten CD-RW-Medien abspielen. Im Internet gekaufte Musikstücke, die im WMA-Format gespeichert wurden, enthalten u. U. einen Kopierschutz und lassen sich dann nicht auf eine Audio-CD brennen. Beachten Sie beim Brennen von Audio-CDs auch den Urheberschutz. Nach der 2009 gültigen Rechtslage dürfen Privatkopien nur von legalen Musikquellen angefertigt werden. Die Umgehung eines Kopierschutzes ist unzulässig.

RW-Rohlinge löschen

Verwenden Sie einen wiederbeschreibbaren Rohling (CD-RW, DVD+RW, DVD-RW), der bereits Daten enthält?

1 Zum Löschen des Mediums legen Sie den Rohling in den Brenner und klicken in der CDBurnerXP-Symbolleiste auf die mit *Löschen* beschriftete Schaltfläche.

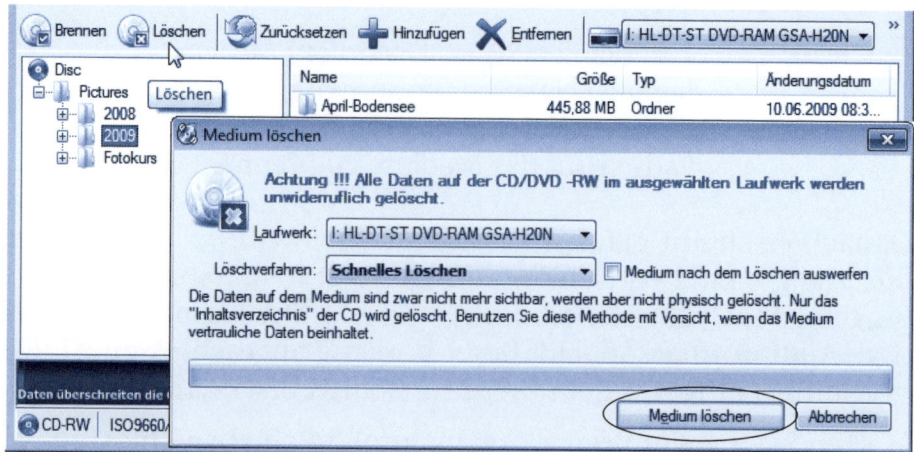

2 Im Dialogfeld *Medium löschen* lassen sich ggf. der Brenner und das Löschverfahren über Listenfelder wählen.

3 Danach ist die Schaltfläche *Medium löschen* anzuklicken.

In den meisten Fällen reicht der Modus »Schnelles Löschen«, bei dem nur das Inhaltsverzeichnis des RW-Mediums gelöscht wird. Die Methode »Vollständiges Löschen« überschreibt auch die Daten auf dem RW-Medium, was u. U. aber sehr lange dauert.

> **HINWEIS**
>
> CDBurnerXP besitzt weitere Funktionen. So können Sie über den Befehl *Optionen* im Menü *Datei* die Einstellungen (z. B. CD- oder DVD-Titel) anpassen. Im Menü *Datei* finden sich auch Befehle, um eine Audio-CD zu kopieren oder ein Label für die CD-/DVD-Hülle zu drucken. Details zu diesen Funktionen finden Sie in der Onlinehilfe, die sich mittels der Funktionstaste F1 oder über das Hilfemenü aufrufen lässt.
>
> Zum **Brennen** von **Diashows** als Video-CD oder zum Filmschnitt und zum Brennen von Video-CDs bzw. -DVDs benötigen Sie andere Programme. Neben dem vorgestellten Programm Picasa besitzt auch das

weiter oben erwähnte Programm Photoshop Elements eine Funktion zum Brennen von Fotos als Video-CD. In Windows Vista ist das Programm Windows Movie Maker zum Schneiden von Videoclips dabei. Zudem finden Sie in beiden Windows-Versionen das Programm Windows DVD Maker zum Erstellen von Film-DVDs. Eine Erläuterung der Funktionen sprengt aber den Umfang dieses Buches. Der von mir verfasste Markt+Technik-Titel »Easy Computer« geht auf einige dieser Fragen ein.

Zusammenfassung

Dieser Workshop hat Ihnen einige grundlegende Techniken vermittelt, um mit Dateien und Ordnern umzugehen. Sie haben erfahren, wie Sie Musik-CDs und DVDs mit Videos abspielen können oder wie Sie mit Fotos und Bildern umgehen. Weiterhin können Sie z. B. mit Windows mitgelieferte Spiele wie Solitär zur Entspannung nutzen oder CDs und DVDs brennen. Damit wissen Sie schon eine ganze Menge und können den Computer produktiv nutzen. In den nächsten Kapiteln zeige ich Ihnen weitere Anwendungsmöglichkeiten zum Schreiben von Texten und zum Rechnen sowie Funktionen, um ins Internet zu gehen.

Lernkontrolle

Zur Überprüfung Ihres Wissens können Sie die folgenden Fragen beantworten. Die Antworten sind in Klammern angegeben.

- **Wie lassen sich Dateien kopieren?**
  (Indem Sie die markierten Dateien bei gedrückter rechter Maustaste von einem Ordnerfenster in ein zweites Ordnerfenster ziehen, die Maustaste loslassen und im Kontextmenü den Befehl *Kopieren* wählen.)

- **Wozu braucht man Ordner?**
  (Um Dateien nach bestimmten Gesichtspunkten geordnet auf einem Datenträger ablegen zu können.)

- **Wie lässt sich eine Datei oder ein Ordner löschen?**
  (Indem Sie das Element z. B. zum Papierkorb ziehen.)

- **Wie lässt sich eine Musik-CD abspielen?**
  (Legen Sie die CD in das Laufwerk ein. Falls das Wiedergabeprogramm nicht startet, wählen Sie es im Startmenü aus und aktivieren die CD-Wiedergabe.)

- **Wie lässt sich eine Audio- oder Videodatei wiedergeben?**
  (Die Audio- oder Videodatei im Ordnerfenster per Doppelklick anwählen. Dann wird das Wiedergabeprogramm gestartet.)

- **Wie lassen sich rote Augen aus Fotos entfernen?**
  (Sie müssen das Foto in einem Grafikbearbeitungsprogramm laden, den Bereich mit den roten Augen markieren und dann die Funktion Rote-Augen-Korrektur anwenden.)

- **Was benötigen Sie zum Erstellen einer CD oder DVD?**
  (Sie benötigen einen CD- oder DVD-Brenner, geeignete Rohlinge sowie ein Brennprogramm.)

Das Notebook als Bürohelfer

Mit einem Notebook und den richtigen Programmen lassen sich der Schriftverkehr oder sonstige Büroarbeiten erledigen. In diesem Kapitel lernen Sie beispielsweise das Erstellen von Texten mit einem Schreibprogramm kennen. Weiterhin erfahren Sie, wie sich Texte formatieren und besonders schön gestalten lassen. Mit diesem Wissen lässt sich ein Notebook für Büroaufgaben im privaten Bereich, im Verein oder beruflich nutzen.

Das lernen Sie in diesem Kapitel
- Office-Programme im Überblick
- Texte flott erstellt
- Textdokumente formatieren
- Textverarbeitung für Könner
- Tabellenkalkulation

Office-Programme im Überblick

Die alte Schreibmaschine hat ausgedient, als Ersatz sind Computer in die Büros eingezogen. Mit den richtigen Programmen lässt sich das Schreiben von Briefen, das Erstellen von Rechnungen, das Verwalten von Terminen, das Vorbereiten von Präsentationen etc. schnell erledigen. In Anlehnung an den englischen Begriff »Office« für Büro spricht man daher auch von Office-Programmen. Neue Notebooks sind neben Windows häufig mit verschiedenen Büroprogrammen als Dreingabe ausgestattet. Allerdings gibt es Office-Pakete verschiedener Hersteller.

- **Microsoft Office:** Microsoft hat unter diesem Namen eine Sammlung verschiedener Programme für Bürofunktionen veröffentlicht. Im Laufe der Zeit sind verschiedene Microsoft-Office-Versionen (z. B. 2003, 2007, 2010) erschienen.

- **StarOffice/OpenOffice.org:** Das Produkt StarOffice stammt von der Firma Sun und enthält ebenfalls verschiedene Programme. Der Knüller: Es gibt eine frei verfügbare und kostenlose Variante unter dem Namen OpenOffice.org (*de.openoffice.org*) zum Download. Wer also StarOffice kennt, kann mit OpenOffice.org arbeiten und umgedreht. Auch von diesen Office-Programmen gibt es verschiedene Versionen (StarOffice 6 bis 9 bzw. OpenOffice.org 1.x/2.x/3.x).

Die Bedienung der verschiedenen StarOffice- bzw. OpenOffice.org-Varianten ist weitgehend identisch. Bei Microsoft Office gab es allerdings einen Bruch in der Benutzeroberfläche zwischen Office 2003 und 2007. An dieser Stelle noch ein Kurzüberblick über die wichtigsten Programmmodule der betreffenden Office-Versionen.

- **Textverarbeitung:** Mit **Microsoft Word** oder dem Programm **Writer** aus StarOffice/OpenOffice.org lassen sich Textdokumente wie Briefe, Einladungen etc. erstellen.

- **Tabellenkalkulation:** Diese stellt Arbeitsblätter in Form von Tabellen zur Verfügung, in denen sich Berechnungen ausführen lassen. **Microsoft Excel** sowie das in StarOffice/OpenOffice.org enthaltene **Calc** gehören in diese Kategorie.

Office-Programme im Überblick 173

- **Präsentation:** Die Programme bieten Funktionen zur Erstellung (und Anzeige) von Vortragsfolien oder Computerpräsentationen. **Microsoft PowerPoint** sowie **Impress** aus StarOffice/OpenOffice.org sind typische Vertreter.

- **Datenbank:** Ein solches Programm stellt Funktionen zur Verwaltung und Auswertung von Daten (z. B. Adressenlisten und Beständen) in Form von Tabellen bereit. Darüber hinaus können Formulare zur Dateneingabe und Berichte zur Auswertung angefertigt werden. In manchen Office-Paketen ist das Datenbankprogramm **Microsoft Access** enthalten. Ab StarOffice 8 bzw. OpenOffice.org 2 finden Sie das Datenbankmodul **Base**.

In den Office-Paketen gibt es häufig weitere Beigaben. So enthalten verschiedene Microsoft Office-Versionen das Programm **Microsoft Outlook**. Es dient zur Bearbeitung der elektronischen **Post** und bietet zusätzlich einen **Kalender**, eine Art **Notizblock**, Funktionen zur Verwaltung von **Aufgabenlisten** oder zur Pflege von **Adressen**. Im (für weniger als 100 Euro erhältlichen) Microsoft Office 2007 Home and Student wurde Outlook aber durch das Programm **OneNote** (eine Anwendung zum Verfassen von Notizen) ersetzt.

HINWEIS

In diesem Buch gehe ich auf die in Microsoft Office 2007 Home and Student enthaltenen Funktionen zur Textverarbeitung und Tabellenkalkulation ein. Die Erläuterungen ermöglichen Ihnen aber, auch mit den betreffenden Modulen von Microsoft Office 2010 zu arbeiten. Falls Sie noch mit älteren Microsoft Office-Versionen arbeiten, OpenOffice.org/StarOffice einsetzen oder eine detailliertere Einführung in Word, Excel sowie andere Office-Programme benötigen, möchte ich Sie auf die verschiedenen von mir bei Markt+Technik publizierten Titel zu Microsoft Office und OpenOffice.org verweisen.

Ein (Office-)Programm starten

Bevor ich mit den Details beginne, nochmals eine kurze Wiederholung. Wissen Sie noch, wie sich ein Programm starten lässt? Die auf Ihrem Rechner installierten Office-Programme können Sie wie jedes andere Windows-Programm nutzen.

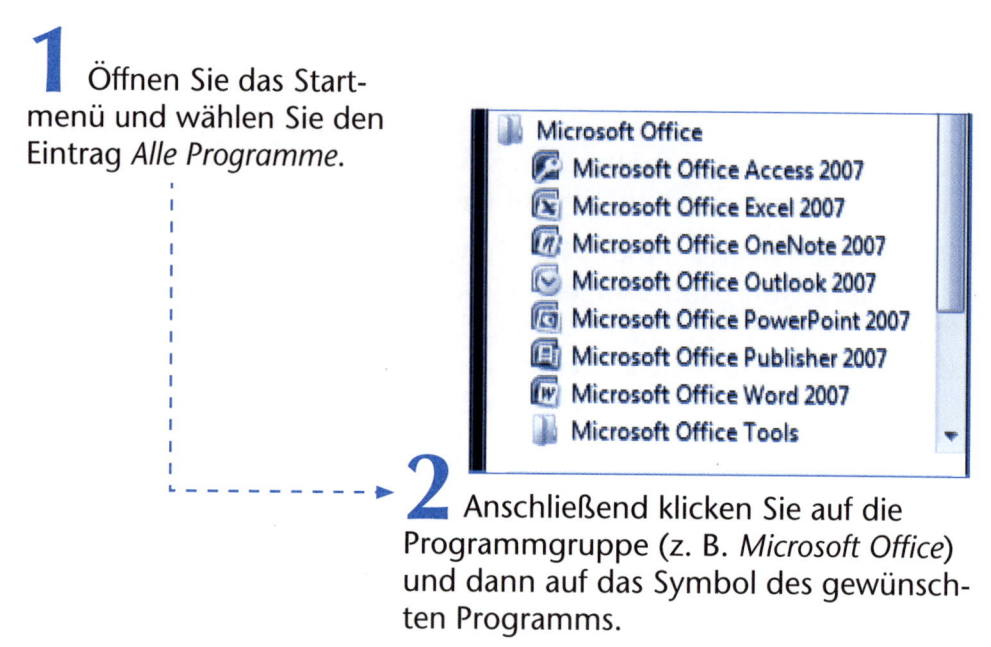

1 Öffnen Sie das Startmenü und wählen Sie den Eintrag *Alle Programme*.

2 Anschließend klicken Sie auf die Programmgruppe (z. B. *Microsoft Office*) und dann auf das Symbol des gewünschten Programms.

Nach Anwahl eines Eintrags startet Windows anschließend die Anwendung.

Natürlich können Sie auch eine Dokumentdatei in einem Ordnerfenster per Doppelklick anwählen. Dann öffnet Windows diese automatisch im zugehörigen (Office-)Programm. Das kennen Sie ja bereits aus den vorherigen Kapiteln.

Word 2007 im Überblick

Zur Erfassung, Bearbeitung und Speicherung **von Texten** können Sie **Microsoft Word** 2007 verwenden. Das Programmfenster weist die folgenden Elemente auf.

Office-Programme im Überblick **175**

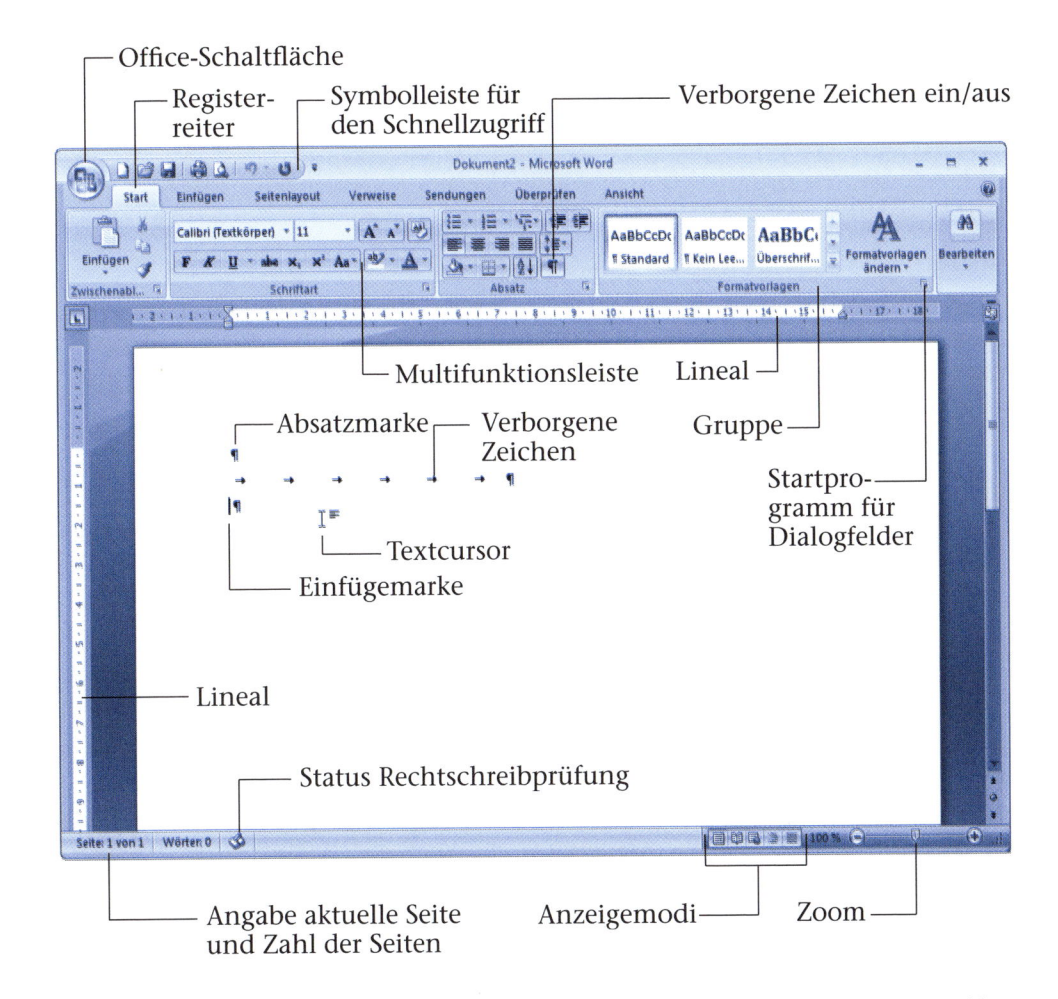

- Office-Schaltfläche
- Registerreiter
- Symbolleiste für den Schnellzugriff
- Verborgene Zeichen ein/aus
- Multifunktionsleiste
- Lineal
- Absatzmarke
- Verborgene Zeichen
- Gruppe
- Startprogramm für Dialogfelder
- Textcursor
- Einfügemarke
- Lineal
- Status Rechtschreibprüfung
- Angabe aktuelle Seite und Zahl der Seiten
- Anzeigemodi
- Zoom

■ Die in der Titelleiste sichtbare **Symbolleiste für den Schnellzugriff** enthält verschiedene Schaltflächen, über die Sie auf häufig benutzte Funktionen zugreifen können – und die sich auch anpassen lässt.

■ Die Schaltfläche *Office* in der linken oberen Ecke öffnet ein Menü, über das Sie Zugriff auf verschiedene Funktionen (wie *Öffnen*, *Speichern unter*, *Drucken* etc.) erhalten.

■ Statt der aus älteren Programmversionen bekannten Menü- und Symbolleisten besitzt Word 2007 die sogenannte **Multifunktionsleiste** oberhalb des Dokumentbereichs. Über verschiedene Registerreiter können Sie **Registerkarten** mit den Schaltflächen und Elementen zur Dokumentgestaltung abrufen. Diese Elemente werden innerhalb der Registerkarte zu **Gruppen** zusammengefasst. Viele Gruppen enthalten in der unteren rechten Ecke die Schaltfläche *Startprogramm für Dialogfelder*, über die Sie Einstelldialoge öffnen können.

Ähnlich wie viele andere Anwendungen besitzt Word 2007 eine Statusleiste am unteren Fensterrand. Der Dokumentbereich im Fensterinneren ist (optional) mit Linealen versehen. Die **Einfügemarke** (der auch als Schreibmarke bezeichnete, senkrecht blinkende Strich) signalisiert im **Dokumentbereich**, wo das nächste einzugebende Zeichen auf dem Bildschirm eingefügt wird. Einfügemarken werden in Windows überall verwendet, wo Texte einzugeben sind. Sie brauchen lediglich auf eine Stelle im Text zu klicken, um die Einfügemarke an der betreffenden Stelle zu positionieren.

Sobald Sie mit der Maus auf den Dokumentbereich zeigen, nimmt der Mauszeiger zudem die Form des **Textcursors** an. Dieser lässt sich genauso wie der Mauszeiger handhaben. Sie können mit dem Textcursor auf ein Wort zeigen, etwas markieren oder klicken.

Das horizontale **Lineal** zeigt die Abstände vom linken Rand an und legt auch den linken und rechten Zeilenrand fest. Über das vertikale Lineal lässt sich der Abstand einzelner Zeilen zum oberen Rand ablesen. Die **Statusleiste** dient zur Anzeige verschiedener Informationen wie Zeilenzahl, Überschreibmodus etc.

HINWEIS

Microsoft Word kann verborgene (Steuer-)Zeichen wie Absatzmarken, Leerzeichen zwischen Wörtern, Tabulatorzeichen etc. anzeigen. Bei der Texteingabe sehen Sie dann besser, wo ein Absatz endet und wie viele Leerzeichen zwischen Wörtern eingetippt wurden. Beim Drucken eines Textdokuments werden diese Steuerzeichen nicht mit ausgegeben.

Die Anzeige dieser Zeichen lässt sich mit nebenstehender Schaltfläche, die sich auf der Registerkarte *Start* der Multifunktionsleiste des Programms findet, ein- oder ausschalten.

Texte flott erstellt

Briefe, Einladungen oder ähnliche Schriftstücke lassen sich mit einem Textverarbeitungsprogramm verfassen. Ich möchte Ihnen nun zeigen, wie einfach das ist.

Ein neues Dokument erstellen

Beim Start des Textverarbeitungsprogramms stellt dieses automatisch ein neues (leeres) Dokument im Anwendungsfenster bereit.

- Ein weiteres neues Dokument öffnen Sie, indem Sie die Tastenkombination [Strg]+[N] drücken.
- Sie können auch die Schaltfläche *Neu* in der Symbolleiste für den Schnellzugriff anklicken.

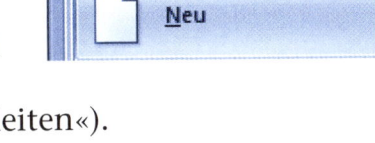

Weiterhin gibt es die Möglichkeit, im Menü der Office-Schaltfläche den Befehl *Neu* zu wählen (siehe weiter unten im Abschnitt »Dokumente aus Vorlagen ableiten«).

Das Programm legt ein neues Dokument im Programmfenster an, und Sie können anschließend mit der Texteingabe beginnen.

Text eingeben, so geht's

Jetzt ist es an der Zeit, den ersten Text einzugeben. Dabei lernen Sie die wichtigsten Techniken zum Umgang mit der Tastatur kennen. Nehmen wir an, Sie möchten einen ganz normalen Brief schreiben.

1 Tippen Sie einfach den gewünschten Text per Tastatur ein.

Falls Sie mit der Tastatur noch auf »Kriegsfuß« stehen: Der **Zwischenraum** zwischen den Wörtern wird durch die [Leer]-Taste am unteren Rand der Tastatur eingefügt. **Großbuchstaben** erhalten

Sie, wenn Sie gleichzeitig mit der Taste die ⇧-Taste drücken. Auf diese Weise können Sie auch **Sonderzeichen** wie § oder % über die oberste Tastenreihe abrufen. Mit ⇧+4 erhalten Sie das Dollar-Zeichen. Wenn Sie eine Taste länger festhalten, schaltet die Tastatur in den Wiederholmodus. Dann wird das Zeichen automatisch bei der Eingabe wiederholt.

> **TIPP**
>
> Liefern plötzlich alle Tasten Großbuchstaben und beim Drücken der ⇧-Taste erscheinen Kleinbuchstaben? Dann haben Sie versehentlich die ⇩-Taste gedrückt und die Tastatur auf Großschreibung umgestellt. Um den Modus aufzuheben, tippen Sie erneut die ⇩-Taste an. Ein irrtümlich eingegebenes Zeichen lässt sich durch Drücken der ←-Taste sofort löschen.

Manche Tasten sind mit drei Symbolen versehen. Drücken Sie nur die Taste, erscheint das erste Zeichen. Für die beiden anderen Zeichen müssen Sie zwei Tasten gleichzeitig drücken (die ⇧-Taste ruft das zweite Zeichen ab und mit der Taste AltGr erhalten Sie das dritte Zeichen). Die Tilde (~) wird also beispielsweise mit der Tastenkombination AltGr+~ eingegeben. Die Tastenkombination AltGr+E erzeugt dagegen das Euro-Währungszeichen. Die Tastenkombination AltGr+Q erzeugt das bei E-Mail-Adressen benötigte **@-Zeichen**.

> **TIPP**
>
> Auf den Buchinnenseiten finden Sie eine Übersicht über die Tastatur. Dort werden die wichtigsten Tasten vorgestellt. Mit etwas Übung bekommen Sie schnell Sicherheit und bringen auch längere Texte flott zu »Papier«. Tippfehler lassen sich darüber hinaus mit wenigen Tastendrücken korrigieren – eine echte Erleichterung gegenüber einer Schreibmaschine!

Hier sehen Sie einen Beispielbrief, der zur Demonstration mit einigen Fehlern eingetippt wurde. Sie sollten diesen oder einen ähnlichen Text eingeben.

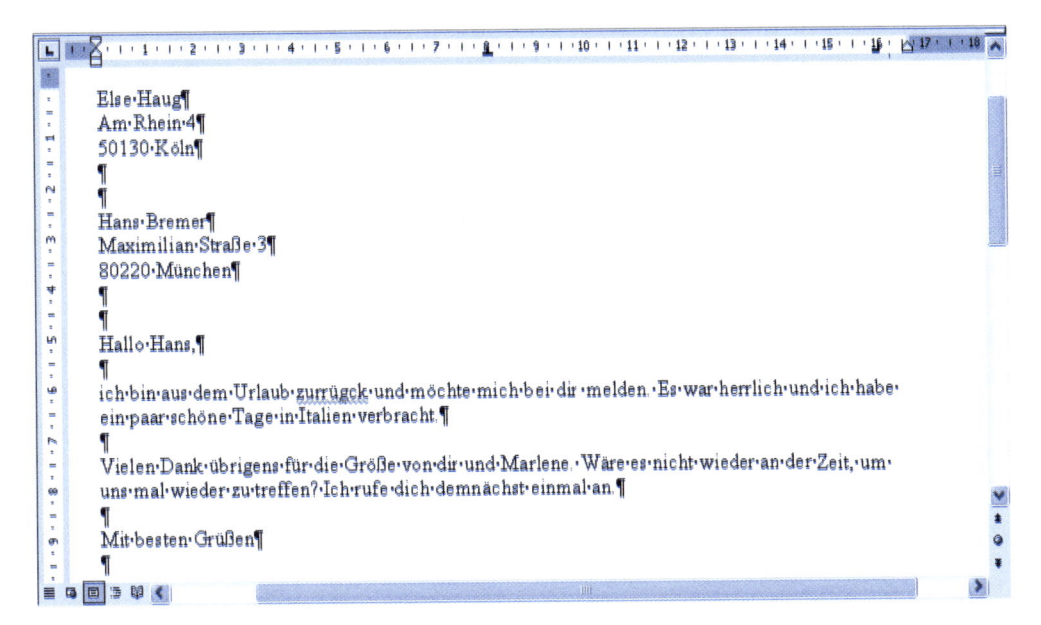

```
Else Haug¶
Am Rhein 4¶
50130 Köln¶
¶
¶
Hans Bremer¶
Maximilian Straße 3¶
80220 München¶
¶
¶
Hallo Hans,¶
¶
ich bin aus dem Urlaub zurrügck und möchte mich bei dir melden. Es war herrlich und ich habe
ein paar schöne Tage in Italien verbracht.¶
¶
Vielen Dank übrigens für die Größe von dir und Marlene. Wäre es nicht wieder an der Zeit, um
uns mal wieder zu treffen? Ich rufe dich demnächst einmal an.¶
¶
Mit besten Grüßen¶
```

Fangen Sie noch nicht an, sich an der Gestaltung zu verkünsteln, das erledigen wir später. Noch gleicht die Texteingabe dem Schreiben eines Briefes auf der Schreibmaschine. Wer Erfahrung mit der Schreibmaschine hat, soll bitte an eine Besonderheit denken: Gelangen Sie beim **Schreiben eines Absatzes** an den rechten Zeilenrand, drücken Sie keinesfalls die ⏎-Taste, sondern tippen Sie einfach weiter. Textverarbeitungsprogramme wie Word »schreiben« automatisch den Text in der nächsten Zeile weiter. Nur bei Einzelzeilen wie Adressangaben oder Listen müssen Sie per ⇧-Taste **zum nächsten Absatz weiterschalten**. In obigem Text sehen Sie übrigens die Absatzmarken, wo ein Zeilenwechsel durch Drücken der ⇧-Taste in das Dokument eingefügt wurde. An einigen Stellen sorgt eine zusätzlich eingefügte Absatzmarke für eine Leerzeile. Mit einer geschlängelten Linie unterstrichene Textstellen signalisieren übrigens, dass die Rechtschreibprüfung des Programms einen Schreibfehler erkannt hat.

Einen Text korrigieren ist ganz einfach

Haben Sie den Beispieltext im Dokumentfenster eingetippt? Ich habe im Original vorsätzlich einige Tippfehler eingebaut. Aber auch ohne einen solchen »Vorsatz« geht es bei der Eingabe von Texten selten ohne Fehler ab. Schnell wird ein Wort vergessen, ein Buchstabe ist doppelt oder es sind Ergänzungen erforderlich. Und beim späteren Lesen eigener Texte fallen Ihnen vermutlich weitere Fehler auf. Das ist aber kein Beinbruch, Word bietet Ihnen (wie viele andere Windows-Programme) praktische Korrekturfunktionen. Sie können mit wenigen Kniffen Text löschen oder ergänzen. Das Wort »zurück« in der ersten Zeile des ersten Absatzes im Beispielbrief weist gleich zwei Tippfehler auf.

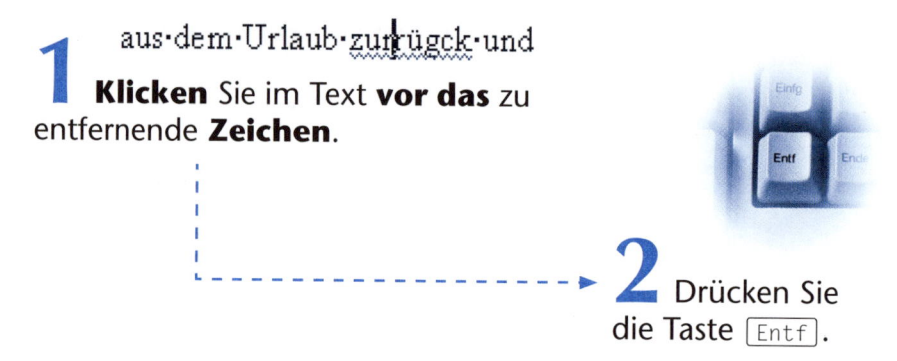

1 **Klicken** Sie im Text **vor das** zu entfernende **Zeichen**.

2 Drücken Sie die Taste [Entf].

Word entfernt jetzt das rechts von der Einfügemarke stehende Zeichen.

Nun ist noch der zweite Tippfehler im Wort zu korrigieren – der Buchstabe »g« ist überflüssig. Sie könnten die beiden letzten Schritte wiederholen. Zur Übung möchte ich aber etwas anderes vorschlagen.

3 Drücken Sie einfach die Cursortasten (z. B. [→] bzw. [←]), um die Einfügemarke zur Textstelle mit dem Fehler zu positionieren.

4 Urlaub·zurck·und

Drücken Sie jetzt zweimal die Taste `Entf`, um die Zeichen »üg« rechts von der Einfügemarke zu löschen.

5 Drücken Sie dann die Taste `ü`, um den fehlenden Buchstaben im Wort zu ergänzen.

Beim Eintippen eines Zeichens wird der übrige Text der Zeile einfach nach rechts eingerückt. Sie können also einen oder mehrere Buchstaben oder sogar ganze Wörter und Sätze im Text ergänzen. Bei der nächsten Korrektur ist im Wort »möchtes« ein »s« zu löschen. Zum Löschen des Buchstabens verwenden wir eine andere Variante:

·und·möchtes|mich·

6 Klicken Sie **hinter** das zu löschende Zeichen.

7 Drücken Sie die Taste `←`.

Das Zeichen links von der Schreibmarke wird gelöscht.

möchte|mich·

Auf diese Weise können Sie ganz leicht Tippfehler im Text korrigieren. Mit der Taste `Entf` löschen Sie immer **Zeichen**, die rechts von der Einfügemarke stehen. Um ein Zeichen links von der Einfügemarke zu **entfernen**, drücken Sie die `←`-Taste. Diese Technik klappt übrigens in allen Windows-Programmen, in denen Texte bearbeitet werden (also auch beim Umbenennen von Dateien oder beim Arbeiten mit Tabellenkalkulationsprogrammen). Ist dies nicht schön?

AutoKorrektur und Rechtschreibprüfung

Eine als **AutoKorrektur** bezeichnete Funktion überwacht in Word Ihre Eingaben und setzt Tippfehler automatisch in eine korrekte Schreibweise um (aus »dei« wird dann z. B. »die«). Führt die AutoKorrektur bei der Eingabe zu einer falschen Schreibweise, drücken Sie sofort die Tastenkombination [Strg]+[Z], um die Änderung wieder aufzuheben. Zudem steht Ihnen eine **Rechtschreibprüfung** zur Verfügung, um Tippfehler auszumerzen.

1 Klicken Sie auf die mit *Rechtschreibung und Grammatik* bezeichnete Schaltfläche, die so ähnlich wie hier gezeigt aussieht.

Sie finden diese Schaltfläche in Word 2007 auf der Registerkarte *Überprüfen* der Multifunktionsleiste. Bei Anwahl dieser Schaltfläche wird die Prüfung manuell gestartet. Diese durchläuft den gesamten Text des Dokuments, beginnend bei der aktuellen Position der Einfügemarke. In einem Dialogfeld werden dann falsch geschriebene Wörter und ggf. Korrekturvorschläge angezeigt.

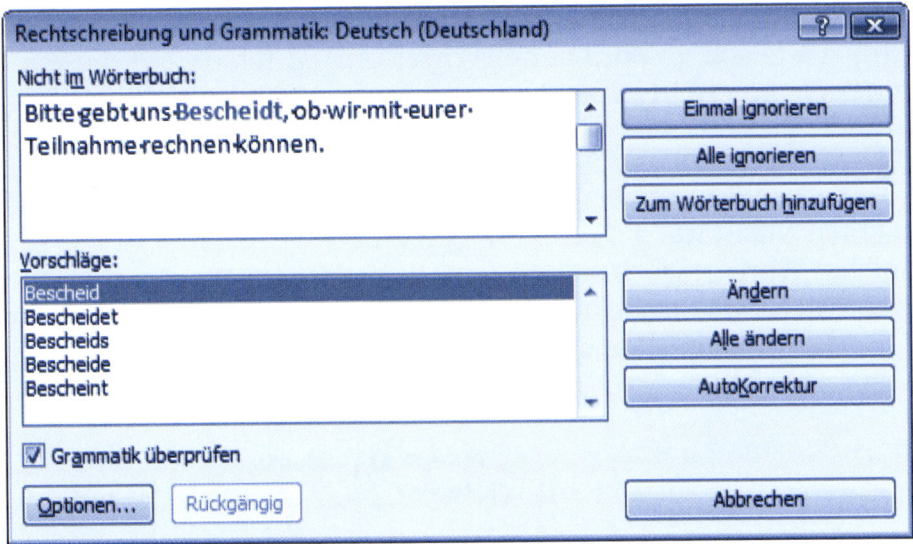

Rechtschreibung und Grammatik: Deutsch (Deutschland)

Nicht im Wörterbuch:

Bitte gebt uns Bescheidt, ob wir mit eurer Teilnahme rechnen können.

- Einmal ignorieren
- Alle ignorieren
- Zum Wörterbuch hinzufügen

Vorschläge:

- Bescheid
- Bescheidet
- Bescheids
- Bescheide
- Bescheint

- Ändern
- Alle ändern
- AutoKorrektur

☑ Grammatik überprüfen

- Optionen...
- Rückgängig
- Abbrechen

2 Sie können den Schreibfehler im Dialogfeld korrigieren (im Dialogfeld auf das hervorgehobene Wort klicken und dieses dann per Tastatur mit den oben beschriebenen Techniken ändern). Oder Sie wählen eine der im Dialogfeld eingeblendeten Schreibweisen, indem Sie den Begriff in der Liste *Vorschläge* anklicken.

3 Anschließend klicken Sie auf eine der im Dialogfeld enthaltenen Schaltflächen, um den Vorschlag zu übernehmen, die Korrekturen auszuführen oder das bemängelte Wort in der Schreibweise zu belassen.

Die mit *Ändern* beschriftete Schaltfläche nimmt die Korrektur im Dokument vor. Die mit *Alle ändern* oder ähnlich beschriftete Schaltfläche weist die Rechtschreibprüfung an, alle Stellen mit dem entsprechenden Fehler im Dokument automatisch zu korrigieren. Über die Schaltfläche *Einmal ignorieren* bleibt die als falsch bemängelte Schreibweise erhalten. Mit *Alle ignorieren* wird die Korrektur der Schreibweise im kompletten Dokument belassen. Die Schaltfläche *AutoKorrektur* trägt den falsch geschriebenen Begriff samt korrekter Schreibweise in die AutoKorrektur-Liste ein. Unbekannte, aber richtig geschriebene Begriffe lassen sich über die Schaltfläche *Zum Wörterbuch hinzufügen* in ein Wörterbuch übertragen.

Die Rechtschreibprüfung von Word erkennt aber bereits bei der Eingabe falsch geschriebene Wörter und unterstreicht diese mit einer rot geschlängelten Linie.

1 Klicken Sie mit der rechten Maustaste auf ein solches Wort, zeigt das Kontextmenü Vorschläge für eine korrekte Schreibweise an.

2 Sie können dann einen der Kontextmenübefehle zur Korrektur verwenden.

Klicken Sie im Kontextmenü ggf. auf den Korrekturvorschlag mit der richtigen Schreibweise, um den Fehler im Text zu korrigieren

Änderungen rückgängig machen

Haben Sie irrtümlich etwas gelöscht, etwas ungewollt überschrieben oder falsch eingetippt? Ähnlich wie viele Windows-Anwendungen ermöglicht Ihnen auch Word, die letzten Änderungen zurückzunehmen:

Word besitzt in der Symbolleiste für den Schnellzugriff eine mit *Rückgängig* bezeichnete Schaltfläche (links) sowie eine (optional einblendbare) Schaltfläche *Wiederherstellen* (rechts).

Wählen Sie die Schaltfläche *Rückgängig* oder drücken die Tastenkombination [Strg]+[Z], wird die **letzte Änderung rückgängig** gemacht. Diese Funktion lässt sich sogar mehrfach anwenden, um

Korrekturen schrittweise zurückzunehmen. Die Schaltfläche *Wiederherstellen* ermöglicht über den Befehl *Rückgängig*, zurückgenommene Änderungen wieder aufzuheben.

Positionieren im Text

Die Einfügemarke können Sie an jeder Stelle im Text positionieren, indem Sie mit der Maus vor den jeweiligen Buchstaben klicken. Sie dürfen aber auch die sogenannten **Cursortasten** sowie weitere Tasten benutzen, um die Einfügemarke im Text zu bewegen. Nachfolgend finden Sie eine Auflistung der wichtigsten Tasten und Tastenkombinationen, um die Einfügemarke im Text zu bewegen.

Tasten	Bemerkung
↑	Verschiebt die Einfügemarke im Text eine Zeile nach oben.
↓	Verschiebt die Einfügemarke im Text eine Zeile nach unten.
←	Verschiebt die Einfügemarke im Text ein Zeichen nach links in Richtung Textanfang.
→	Verschiebt die Einfügemarke im Text ein Zeichen nach rechts in Richtung Textende.
Strg + ←	Verschiebt die Einfügemarke im Text um ein Wort nach links.
Strg + →	Verschiebt die Einfügemarke im Text um ein Wort nach rechts.
Pos1	Drücken Sie diese Taste, springt die Einfügemarke an den Zeilenanfang.
Ende	Mit dieser Taste verschieben Sie die Einfügemarke an das Zeilenende.

Diese Tastenkombinationen lassen sich auch bei anderen Windows-Textbearbeitungsprogrammen einsetzen.

Markieren von Texten

Bei bestehenden Texten kommt es häufiger vor, dass ganze Sätze oder Textteile gelöscht werden müssen, z. B. wenn Sie einen Rundbrief schreiben, den Sie individuell an die Empfänger anpassen möchten. Sie können hierzu die Einfügemarke an den Anfang des Textbereichs setzen und dann die [Entf]-Taste so lange drücken, bis alle Zeichen gelöscht sind. Eleganter ist das Löschen aber, wenn Sie den Text vorher **markieren**. Dann reicht ein Tastendruck auf [Entf], um den markierten Textbereich zu löschen. Tippen Sie dagegen ein Zeichen ein, löscht Word den markierten Text und fügt das eingetippte Zeichen zum Dokument hinzu.

> **FACHWORT**
>
> **Das Markieren** werden Sie in Windows und in den zugehörigen Programmen häufiger gebrauchen können. Sie können Dateien, Symbole, Ordner, Textbereiche oder Bildausschnitte mit der Maus (durch Anklicken oder Ziehen) markieren. Je nach Programm zeigt Windows den markierten Bereich mit einem farbigen Hintergrund oder durch eine gestrichelte Linie an. Haben Sie etwas markiert, wirken alle Befehle auf den Inhalt der Markierung.

Das Markieren lässt sich mit dem farbigen Auszeichnen eines Textes auf einem Blatt Papier vergleichen. In Word benutzen Sie hierzu den Textcursor, den Sie über den zu markierenden Text ziehen. Nehmen wir an, Sie möchten im Beispielbrief einen Textteil löschen. Dann gehen Sie folgendermaßen vor:

1 Klicken Sie mit der Maus an den Anfang des zu markierenden Textbereichs.

2 Halten Sie die linke Maustaste gedrückt und ziehen Sie die Maus zum Ende des Bereichs, der markiert werden soll.

Der markierte Textbereich wird farbig hervorgehoben.

`uns·mal·wieder·zu·treffen?·`

Drücken Sie anschließend die `Entf`-Taste, wird der markierte Text gelöscht. Alternativ können Sie auch einfach einen neuen Text eintippen. Das erste eingetippte Zeichen ersetzt den markierten Text, anschließend werden die restlichen eingetippten Zeichen eingefügt.

3 `uns│wieder·zu·treffen?`
Tippen Sie anschließend den neuen Text »uns« ein.

> **HINWEIS**
>
> Zum **Aufheben der Markierung** klicken Sie auf eine Stelle außerhalb des markierten Bereichs oder drücken eine der Cursortasten `→` bzw. `←`.

Diese hier gelernten Techniken können Sie an vielen Stellen, z. B. auch beim Umbenennen von Dateien und Ordnern (siehe vorheriges Kapitel), einsetzen. Vielleicht korrigieren Sie zur Übung die im obigen Briefentwurf eingebrachten Fehler noch einmal selbstständig.

> **HINWEIS**
>
> Sie können Texte auch mit der Tastatur markieren. Positionieren Sie die Einfügemarke an den Anfang des zu markierenden Bereichs. Anschließend halten Sie die `⇧`-Taste gedrückt und verschieben die Einfügemarke durch das Drücken der oben beschriebenen Cursortasten im Text.

Ausschneiden, Kopieren und Verschieben

Um umfangreichere Textstellen in einem Dokument zu verschieben oder zu kopieren, benötigen Sie weitere Funktionen. Im obigen Beispielbrief sollte bei der Begrüßung die Dame vor dem Herrn aufgeführt werden.

1 dir und Marlene.
Markieren Sie den auszuschneidenden oder zu verschiebenden Text.

2 Wählen Sie den Befehl zum Ausschneiden oder Kopieren.

Diese Befehle lassen sich auf verschiedenen Wegen aufrufen:

Die nebenstehende Schaltfläche mit dem Scherensymbol oder die Tastenkombination [Strg]+[X] schneiden den markierten Bereich aus. Der markierte Bereich verschwindet im Dokumentfenster.

Die nebenstehende Schaltfläche mit dem Symbol zweier Blätter oder die Tastenkombination [Strg]+[C] kopieren den markierten Bereich aus dem Dokument an die gewünschte Stelle.

Die Schaltflächen finden Sie auf der Registerkarte *Start* in der Gruppe *Zwischenablage* der Multifunktionsleiste. In beiden Fällen wird der vorher markierte Bereich in die Windows-**Zwischenablage** übertragen.

> **FACHWORT**
>
> Die **Zwischenablage** ist ein Speicherbereich, der durch Windows bereitgestellt wird. Ein Programm kann dort ausgeschnittene oder kopierte Dokumentteile hinterlegen und wieder herausnehmen. Der Inhalt der Zwischenablage geht beim Beenden von Windows verloren.

3 Klicken Sie in die Zeile hinter »von« und fügen Sie ein Leerzeichen mit der Taste [Leer] ein.

4 Klicken Sie in der Multifunktionsleiste auf der Registerkarte *Start* auf diese Schaltfläche oder drücken Sie die Tastenkombination ⌈Strg⌉+⌈V⌉.

Word fügt jetzt den **Text** aus der **Zwischenablage** an der **Einfügemarke** in das Dokument ein.

von Marlene| dir und .

Sie haben mit diesen Schritten den vorher markierten Text an die neue Position kopiert (oder verschoben, wenn der Befehl *Ausschneiden* gewählt wurde).

5 Wiederholen Sie nun die letzten Schritte und verschieben Sie den Text »dir« hinter »und« ans Ende des Satzes.

Damit hat sich wieder ein sinnvoller Satzteil »von Marlene und dir« ergeben.

HINWEIS

Sie können nicht nur einzelne Wörter, sondern auch ganze Sätze, Abschnitte oder auch einen Text insgesamt markieren und in die Zwischenablage übernehmen. Anschließend lässt sich der Inhalt der Zwischenablage beliebig oft in das Dokument einfügen. Der **Datenaustausch** über die **Zwischenablage** funktioniert auch **zwischen verschiedenen Fenstern (also z. B. zwischen zwei Textdokumenten) des gleichen Programms oder verschiedenen Anwendungen**.

So wird gedruckt

Zum sofortigen **Drucken** eines **Dokuments** besitzen die meisten Windows-Anwendungen eine *Drucken*-Schaltfläche (mit dem Symbol eines Druckers) in der Symbolleiste. In Word 2007 gehen Sie in folgenden Schritten vor.

1 Klicken Sie auf die *Office*-Schaltfläche und zeigen Sie im geöffneten Menü auf den Befehl *Drucken*.

2 Wählen Sie im Untermenü den Befehl *Schnelldruck* oder den Befehl *Drucken*.

Mit dem Befehl *Schnelldruck* wird das Dokument sofort und vollständig gedruckt. Der Befehl *Drucken* (oder das Drücken der Tastenkombination [Strg]+[P]) öffnet dagegen das Dialogfeld *Drucken*.

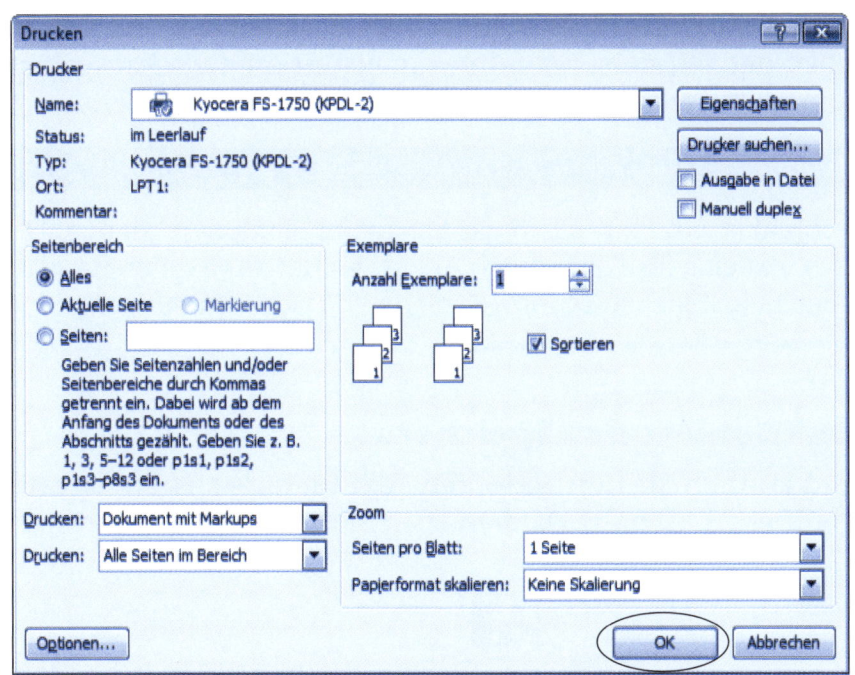

3 Wählen Sie im Dialogfeld *Drucken* die Einstellungen zum Ausdrucken und klicken Sie auf die *OK*-Schaltfläche.

- Im Dialogfeld *Drucken* finden Sie die wichtigsten Optionen zum Drucken.
- Das Listenfeld *Name* ermöglicht Ihnen, den Drucker auszuwählen. Dies ist sinnvoll, wenn mehrere Druckertreiber installiert sind oder falls Sie über den Microsoft XPS Document Writer eine später im Internet Explorer anzeigbare *.xps*-Druckdatei erzeugen wollen.
- Die Schaltfläche *Eigenschaften* ermöglicht es, Druckereinstellungen wie das Papierformat anzupassen.
- Um einzelne Seiten eines Dokuments zu drucken, klicken Sie auf das Optionsfeld *Seiten* und tippen die gewünschten Seitenzahlen in das Textfeld ein (z. B. 5-7;8).
- Benötigen Sie mehrere Kopien, klicken Sie auf das Drehfeld *Anzahl Exemplare*. Dann können Sie entweder die Kopienzahl auf der Tastatur eintippen oder den Zähler durch Anklicken der beiden Schaltflächen erhöhen oder erniedrigen.

Sie müssen übrigens nicht warten, bis der Drucker fertig mit dem Ausgeben der Seiten ist. Windows speichert die Druckausgaben der Programme zwischen, und Sie können sofort weiterarbeiten.

> **FACHWORT**
>
> Ein **Drehfeld** ist ein Textfeld, in das Sie Zahlen eintippen können. Der Wert des Textfelds lässt sich durch Anklicken der am rechten Rand befindlichen Schaltflächen schrittweise erhöhen oder erniedrigen.

So funktioniert das Speichern

In Word können Sie den getippten Text für eine spätere Verwendung aufheben, d. h. in Dateien speichern.

1 Klicken Sie in der Symbolleiste für den Schnellzugriff auf die Schaltfläche *Speichern*.

Ein vorher aus einer Datei geladenes Dokument (siehe folgende Seiten) wird dann einfach in der bestehenden Datei gesichert. Bei einem neuen Dokument erscheint das Dialogfeld *Speichern unter*. Falls das Dialogfeld bei Ihnen schmäler ist, müssen Sie auf die in der linken unteren Ecke angezeigte Schaltfläche *Ordner einblenden* klicken, um die Darstellung zu erweitern.

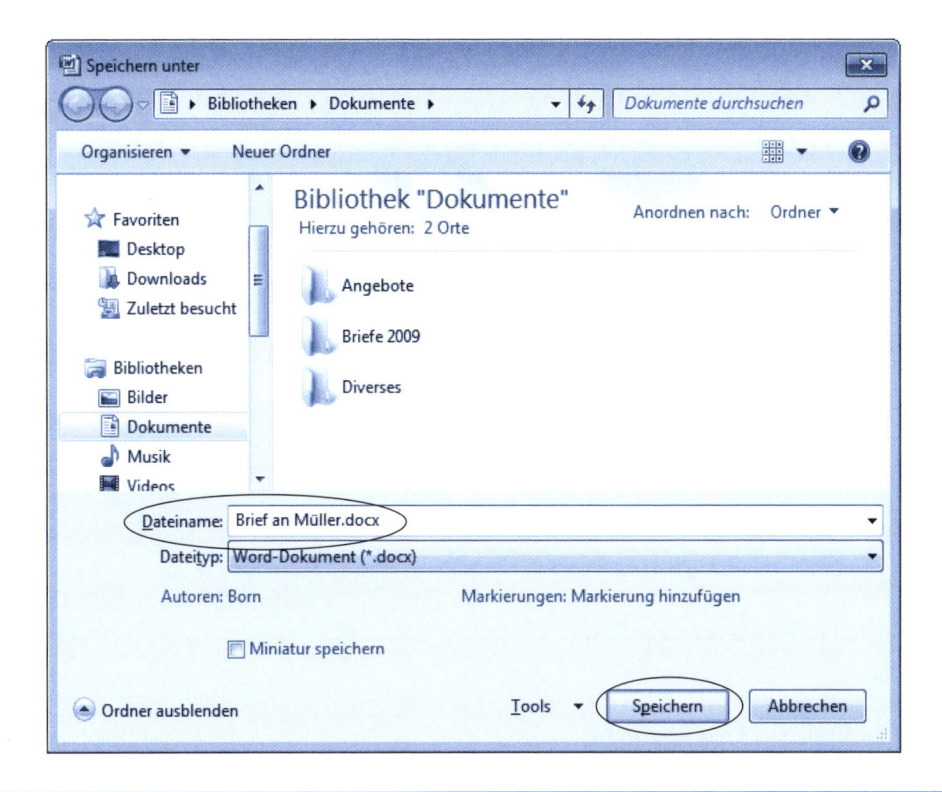

> **TIPP**
>
> Möchten Sie ein bereits aus einer Datei geladenes Dokument unter einem neuen Namen speichern, öffnen Sie in Word 2007 das Menü der *Office*-Schaltfläche, zeigen auf den Befehl *Speichern unter* und klicken im Untermenü auf den Befehl *Word-Dokument*. Dann öffnet sich ebenfalls das Dialogfeld *Speichern unter* und Sie können den neuen Dateinamen wählen. Der Befehl *Speichern* im Menü der *Office*-Schaltfläche oder die Tastenkombination [Strg]+[S] wirken dagegen wie die *Speichern*-Schaltfläche.

2 Navigieren Sie ggf. über die Navigationsleiste am linken Dialogfeldrand direkt zum Zielordner, in dem die Datei abzulegen ist (meist ein Unterordner von *Dokumente*). Ein Doppelklick auf ein Ordnersymbol zeigt dessen Inhalt an. - - - - - - - -➤

3 Klicken Sie auf das Feld *Dateiname* und tippen Sie ggf. den Namen (z. B. *Brief*) für das gewünschte Dokument ein bzw. passen Sie den vom Programm vorgeschlagenen Namen an. Sie müssen dabei keine Dateinamenerweiterung im Dateinamen verwenden, da das Textverarbeitungsprogramm diesen automatisch ergänzt.

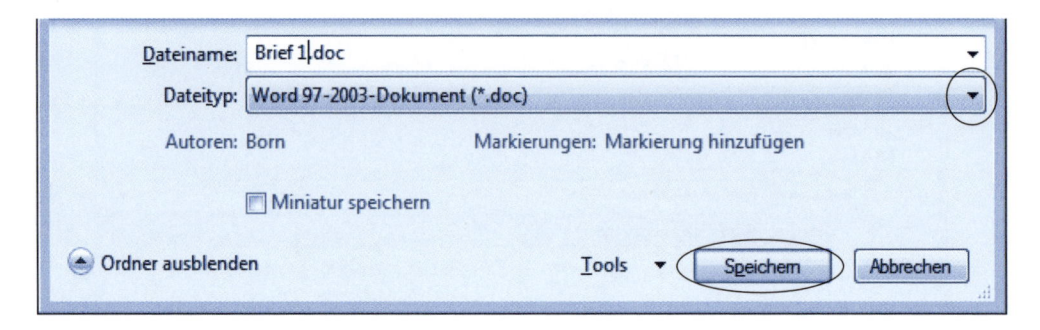

```
Dateiname: Brief 1.doc
Dateityp:  Word 97-2003-Dokument (*.doc)
Autoren: Born                Markierungen: Markierung hinzufügen
                 ☐ Miniatur speichern
⏶ Ordner ausblenden                Tools  ▾   Speichern    Abbrechen
```

4 Klicken Sie bei Bedarf auf den Pfeil des Listenfelds *Dateityp* und wählen Sie den Eintrag für den gewünschten Dateityp.

5 Sobald der Zielordner, der Dateiname und der Dateityp festgelegt sind, klicken Sie auf die Schaltfläche *Speichern*.

Das Dialogfeld wird geschlossen und das Textverarbeitungsprogramm legt das Dokument in einer Datei im gewünschten Ordner ab. Die Datei erhält den von Ihnen gewählten Namen und die zugehörige Dateinamenerweiterung. Wenn Sie jetzt das Programm beenden, bleibt die Datei erhalten, und Sie können das Dokument später wieder laden. Möchten Sie ein geändertes Dokument später erneut speichern, reicht ein Mausklick auf die Schaltfläche *Speichern*.

> **HINWEIS**
>
> Der **Dateityp** legt fest, wie die Dokumentinhalte gespeichert werden, und bestimmt auch, mit welchen Programmen die Dokumente später wieder gelesen werden. Word 2007 speichert die Dokumente als »Word-Dokument (*.docx)« ab. Ältere Word-Versionen verwenden das Format »Word-Dokument (*.doc)«. Word 2007 ermöglicht optional das Speichern im Dateiformat älterer Word-Versionen. Das »Rich Text Format (*.rtf)« wird gerne zum Austausch von Daten zwischen verschiedenen Textverarbeitungsprogrammen verwandt. Der Dateityp »Dokumentvorlage« wird nur benutzt, wenn Sie ein bestehendes Dokument (z. B. einen Briefkopf) als Vorlage für neue Dokumente verwenden möchten.

Versuchen Sie, Word über die Schaltfläche *Schließen* zu beenden, ohne dass im Dokument vorgenommene Änderungen gesichert wurden?

Dann zeigt das Programm einen Warndialog, der Sie auf diese ungespeicherten Änderungen hinweist.

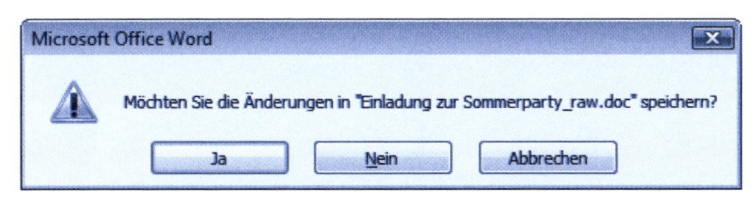

Klicken Sie bei Word auf die *Ja*-Schaltfläche, werden die Änderungen in der zugehörigen Datei (deren Name ggf. über den *Speichern unter*-Dialog angefragt wird) gespeichert. Die *Nein*-Schaltfläche beendet das Textverarbeitungsprogramm und die Änderungen werden verworfen. Klicken Sie auf die Schaltfläche *Abbrechen*, gelangen Sie in das Textverarbeitungsprogramm zurück und können weiterarbeiten.

Wie kann ich ein Dokument laden?

Gespeicherte **Textdokumente** lassen sich in Word erneut **laden** und anschließend anzeigen, bearbeiten oder drucken. Im einfachsten Fall reicht es, die Dokumentdatei in einem Ordnerfenster per Doppelklick anzuwählen. Dann startet Windows die Anwendung und lädt das Dokument. Sie können das Dokument aber auch aus der Anwendung heraus öffnen.

> **TIPP**
>
> Am schnellsten geht das Laden, wenn Sie die Dokumentdatei bei gedrückter linker Maustaste aus einem Ordnerfenster zur Leiste im Fenster des Textverarbeitungsprogramms ziehen und die Maustaste loslassen.

1 Klicken Sie im Word-Fenster auf die *Office*-Schaltfläche und wählen Sie den Befehl *Öffnen*. Alternativ können Sie die Tastenkombination [Strg]+[O] drücken.

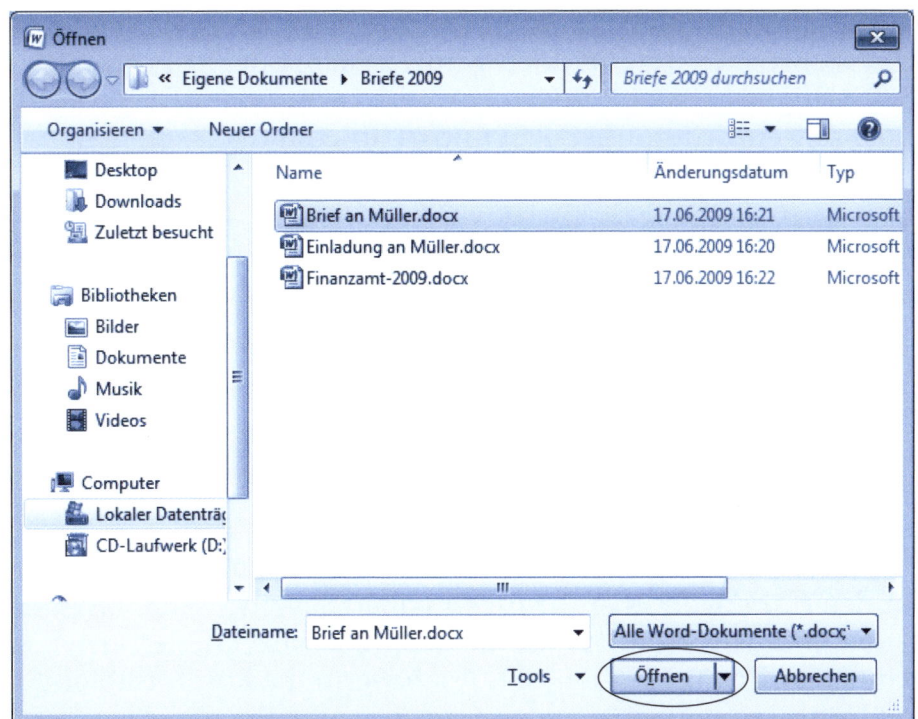

2 Stellen Sie, falls nicht angezeigt, das Listenfeld für den Dateityp des Dialogfelds *Öffnen* auf den Wert »Alle Word-Dokumente«, um alle vom Programm unterstützten Textdokumente anzuzeigen.

3 Wählen Sie, wie auf den vorherigen Seiten beim Speichern gezeigt, den Ordner aus, der die zu ladende Datei enthält (einfach auf die Ordnersymbole doppelklicken, bis der gewünschte Unterordner erscheint).

4 Klicken Sie auf die Datei, die Sie öffnen möchten, und bestätigen Sie dies über die Schaltfläche *Öffnen*.

Word lädt anschließend die Datei und zeigt das Ergebnis im Dokumentfenster an. Das ist doch ganz einfach, oder? Die einzige Schwierigkeit besteht vielleicht darin, den Ordner (z. B. *Dokumente* oder dessen Unterordner) zu finden, in dem die Datei gespeichert ist.

> **TIPP**
>
> In Kapitel 2 finden Sie noch einige Hinweise zu Dateien und Ordnern sowie zum Umgang mit Ordnerfenstern. Diese Informationen lassen sich auch in den Dialogfeldern *Öffnen* und *Speichern unter* verwenden.

Texte formatieren

In den bisherigen Ausführungen haben Sie ein Textverarbeitungsprogramm wie Word als simplen Schreibmaschinenersatz zum Eintippen des Textes benutzt. Auch wenn die komfortablen Korrekturfunktionen ganz angenehm sind, ein Textverarbeitungsprogramm kann viel mehr. Möchten Sie Ihre Einladungen und Briefe besonders schön gestalten? Bestimmte Textstellen lassen sich beispielsweise fett hervorheben oder Überschriften in der Zeilenmitte anordnen. Das wird als **Formatieren** bezeichnet und lässt sich in Word mit wenigen Mausklicks erreichen. In den nachfolgenden Abschnitten erfahren Sie, wie sich Textdokumente mit den verschiedenen Formaten gestalten lassen.

Texte links, rechts oder zentriert ausrichten

Überschriften werden gelegentlich in der Mitte der Zeile ausgerichtet. Manchmal gibt es auch Textstellen, die am rechten Rand enden sollen (z. B. Absenderangaben in Briefköpfen). Wie sich so etwas nutzen lässt, soll jetzt an einem Beispiel demonstriert werden. Verwenden wir doch einfach den bereits weiter oben eingetippten Briefentwurf. Wie wäre es damit, den Briefkopf sowie die Zeile mit der Datumsangabe rechtsbündig auszurichten? Sofern Sie den Entwurf gespeichert haben, können Sie diesen erneut laden.

Texte formatieren **199**

Ist der Text nicht mehr vorhanden, tippen Sie den unten gezeigten Briefentwurf einfach nochmals ein. Dann führen Sie folgende Schritte aus.

1 Markieren Sie die ersten drei Zeilen mit der Absenderangabe.

2 Klicken Sie in der Gruppe *Absatz* der Registerkarte *Start* der Multifunktionsleiste auf die Schaltfläche *Rechtsbündig*.

Das Textverarbeitungsprogramm richtet den markierten Textbereich am rechten Seitenrand aus.

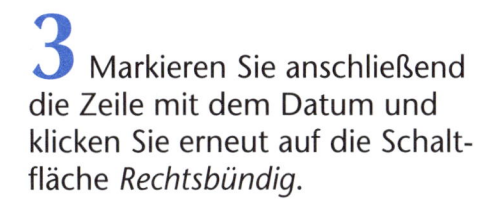

3 Markieren Sie anschließend die Zeile mit dem Datum und klicken Sie erneut auf die Schaltfläche *Rechtsbündig*.

Wenn alles geklappt hat, sollten jetzt zwei Textstellen rechtsbündig ausgerichtet sein.

> **TIPP**
>
> Welcher Modus gerade aktiv ist, sehen Sie (neben der Textausrichtung) auch an der als »eingedrückt« angezeigten Schaltfläche.

Mit Schaltflächen wie *Linksbündig*, *Zentrieren* etc. können Sie den Text am linken (Seiten-)Rand ausrichten.

- Die Schaltfläche *Linksbündig* sorgt dafür, dass die Zeilen am linken Rand der Seite ausgerichtet werden. Erreicht der Text den rechten Rand, wird das nächste Wort automatisch in die Folgezeile übernommen (umbrochen). Weil die Zeilen am rechten Rand unterschiedlich lang sind, bezeichnet man dies auch als Flattersatz. Eine linksbündige Ausrichtung ist die übliche Art der Texterfassung.

- Verwenden Sie die Schaltfläche *Zentrieren*, um Texte in die Mitte zwischen dem linken und rechten Rand zu setzen. Diese Anordnung eignet sich zum Beispiel zur Zentrierung von Überschriften.

- Über die Schaltfläche *Rechtsbündig* enden die Textzeilen am rechten Seitenrand, während der Flattersatz sich auf den linken Rand bezieht.

- Viele Textverarbeitungsprogramme besitzen auch eine Schaltfläche *Blocksatz*. Klicken Sie diese Schaltfläche an, vergrößert das Programm die Wortzwischenräume so, dass alle Zeilen eines Absatzes die gleiche Länge aufweisen. Linker und rechter Rand weisen keinen Flattersatz mehr auf. Diesen Effekt kennen Sie aus Büchern oder Zeitungen.

Die Art der Ausrichtung erkennen Sie an den stilisierten Linien des Schaltflächensymbols. Außerdem blendet Word eine QuickInfo mit dem Namen der Funktion ein, sobald Sie auf eine dieser Schaltflächen zeigen.

HINWEIS

Das **Ausrichten** bezieht sich auf den **markierten Textbereich** oder den aktuellen **Absatz**. Haben Sie bei der Eingabe eines Satzes am Zeilenende die ⏎-Taste gedrückt, legt das Textverarbeitungsprogramm jede Zeile als eigenen Absatz an. Dann wird das Ausrichten dieses Satzes recht aufwendig. Dies ist der Grund für meine Empfehlung weiter oben, den Text bereits bei der Eingabe in Absätzen zu schreiben.

Schrift verändern, vergrößern oder verkleinern

Im nächsten Schritt soll die Absenderangabe im Briefkopf mit etwas größeren Buchstaben hervorgehoben werden. Außerdem könnte über der Empfängerangabe noch die Absenderadresse in verkleinerter Schrift erscheinen – dann sparen Sie sich in Fensterkuverts die Absenderangabe auf dem Umschlag.

1 Markieren Sie wieder die drei Zeilen des jetzt bereits rechts ausgerichteten Briefkopfs (einfach vor die erste Zeile klicken und dann die Maus bei gedrückter linker Maustaste zum Ende der dritten Zeile ziehen).

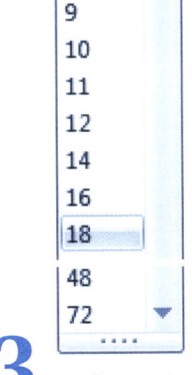

2 Klicken Sie in der Gruppe *Schriftart* der Registerkarte *Start* der Multifunktionsleiste auf das Listenfeld *Schriftgrad*.

3 Stellen Sie in der angezeigten Liste einen Wert von 18 Punkt für den Schriftgrad ein (oder tippen Sie die Zahl 18 in das Feld ein).

4 Klicken Sie auf eine Stelle neben dem Text, um die Markierung aufzuheben.

> **FACHWORT**
>
> Die Größe der Zeichen wird als **Schriftgrad** bezeichnet, die Zahlen geben dabei den Schriftgrad in **Punkt** an, was eine Maßeinheit wie mm ist. Zur Darstellung von Texten werden sogenannte **Schriftarten** (wie Times Roman, Courier, Arial etc.) benutzt. Die Schriftarten lassen sich direkt über das betreffende Listenfeld in der *Format*-Symbolleiste wählen.

Um eine Absenderangabe in verkleinerter Schrift oberhalb der Empfängeradresse einzufügen, sind folgende Schritte erforderlich.

1 Klicken Sie auf eine Stelle oberhalb der ersten Zeile der Empfängerangabe.

2 Drücken Sie ggf. einige Male die ⏎-Taste, um Leerzeilen einzufügen.

Durch diese Leerzeilen rutscht das Empfängerfeld etwas tiefer, sodass es im Fenster eines Kuverts zu sehen ist.

3 Tippen Sie anschließend die Zeile mit der Absenderadresse ein (z. B. »Else Haug - Am Rhein 4 - 50130 Köln«).

4 Markieren Sie diese Zeile mit dem Absender.

5 Klicken Sie auf das Feld mit der Schriftgröße und wählen Sie den Schriftgrad 8.

Wenn Sie anschließend auf eine freie Stelle des Dokuments klicken, um die Markierung aufzuheben, sieht der Brief etwa folgendermaßen aus.

```
                                              Else·Haug¶
                                              Am·Rhein·4¶
                                              50130·Köln¶
¶
¶
Else·Haug·–·Am·Rhein·4·–·50130·Köln¶
¶
Hans·Bremer¶
Maximilian-Straße·3¶
80220·München¶
¶
                                              Köln,·den·¶
```

Möchten Sie die Schriftart für einen Text verändern, geht dies ähnlich.

1 Markieren Sie wieder die drei Zeilen des bereits rechts ausgerichteten und im Schriftgrad vergrößerten Briefkopfs.

2 Klicken Sie in der Gruppe *Schriftart* der Registerkarte *Start* der Word 2007-Multifunktionsleiste auf das Listenfeld *Schriftart*, um die Liste der Schriftarten einzublenden.

3 Blättern Sie in der Liste und klicken Sie danach auf den Eintrag mit der gewünschten Schriftart.

Der markierte Textbereich wird dann in der gewählten Schriftart dargestellt und Sie können ggf. die Textmarkierung aufheben.

> **HINWEIS**
>
> Welche Schriftarten bei Ihnen angezeigt werden, hängt von der installierten Software ab. Meist werden die Schriftarten »Arial« für Überschriften und »Time New Roman« zur Gestaltung von Grundtexten benutzt. Es gibt aber auch Handschriftarten, die sich sehr schön zur Gestaltung eines Briefkopfs eignen. Hier gilt es ggf. selbst etwas zu experimentieren, um den gewünschten Effekt herauszufinden. Allerdings sollten Sie nicht zu viele verschiedene Schriftarten in einem Dokument verwenden, da sonst die Lesbarkeit leidet.

Fette, kursive oder unterstrichene Texte

Häufig findet man in Schriftstücken fett hervorgehobene oder unterstrichene Textstellen. Auch eine kursive Ausgabe mit schräg gestellten Buchstaben kann zum Hervorheben von Wörtern oder Textstellen benutzt werden. Diese Formatierungen lassen sich in Word über die folgenden drei Schaltflächen der Gruppe *Schriftart* der Registerkarte *Start* der Word 2007-Multifunktionsleiste zuweisen.

F   Diese Schaltfläche formatiert den markierten Text mit **fetten** Buchstaben.

K   Klicken Sie auf diese Schaltfläche, erscheint der markierte Text mit schräg gestellten Buchstaben. Man bezeichnet dies auch als *kursiv*.

U   Um einen markierten Text zu unterstreichen, klicken Sie auf diese Schaltfläche.

Klicken Sie eine dieser Schaltflächen an, wird ein markierter Text oder der anschließend eingetippte Text in der entsprechenden Weise formatiert.

> **TIPP**
>
> Sie erkennen an einer eingedrückt dargestellten Schaltfläche, welcher Formatmodus für den markierten Text gerade eingeschaltet ist. Klicken Sie auf eine solche eingedrückte Schaltfläche, hebt Word die Formatierung für den markierten Text wieder auf.

Nutzen wir doch gleich eines dieser Formate und unterstreichen die im Fenster des Kuverts sichtbare Absenderzeile:

1 Markieren Sie die zu unterstreichende Textstelle (hier die Absenderangabe im Bereich des Fensterkuverts).

2 Klicken Sie auf die Schaltfläche *Unterstreichen* und dann auf eine freie Dokumentstelle, um die Markierung aufzuheben.

Jetzt wird der Text unterstrichen dargestellt. Auf diese Weise können Sie bei Bedarf weitere Textstellen im Dokument mit fetten oder kursiven Buchstaben formatieren.

Else·Haug···Am·Rhein·4·~·50130·Köln¶
¶
Hans·Bremer¶
Maximilian·Straße·3¶
80220·München¶

So kommt Farbe in den Text

Besitzen Sie einen Farbdrucker und möchten Sie Dokumentteile (z. B. die Überschrift einer Einladung) farbig gestalten? Auch dies ist ziemlich einfach.

1 Markieren Sie die betreffende Textstelle per Maus im Dokumentfenster.

2 Klicken Sie auf die Schaltfläche für die Schriftfarbe (bzw. *Zeichenfarbe*), warten Sie, bis sich die Palette öffnet, und wählen Sie die gewünschte Farbe.

Bei Word 2007 finden Sie die nebenstehende Schaltfläche in der Gruppe *Schriftart* der Registerkarte *Start* der Multifunktionsleiste. Ein Klick auf die Schaltfläche weist die zuletzt benutzte Farbe zu. Klicken Sie auf das kleine Dreieck neben der Schaltfläche, öffnet sich eine Palette zur Farbauswahl. Die Schaltfläche *Hervorheben* links neben der Schaltfläche *Schriftfarbe* ermöglicht es, den Texthintergrund einzufärben.

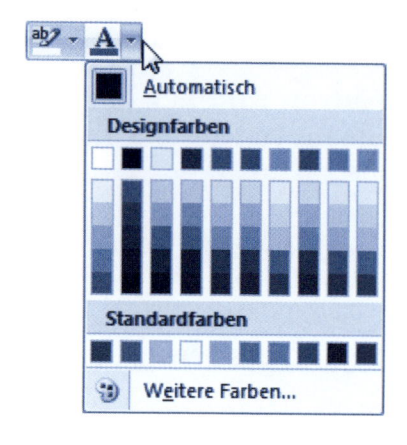

Im Programmfenster wird der markierte Textbereich mit der betreffenden Farbe ausgezeichnet.

Zeilen- und Absatzabstand anpassen

Weiter oben habe ich darauf hingewiesen, dass ein etwas vergrößerter Absatzabstand durch Einfügen einer Leerzeile erreicht werden kann. Word stellt Ihnen spezielle Optionen zum Anpassen des Zeilen- und Absatzabstands zur Verfügung.

> Zur Textkorrektur ist ein Ausdruck mit einem vergrößerten Zeilenabstand ganz hilfreich. Dann lassen sich Korrekturanweisungen im Zeilenzwischenraum unterbringen. ¶
> Bei Dokumenten mit mehreren Absätzen sind bestimmte Absatzabstände erwünscht. Verzichten Sie auf Leerzeilen zum Absetzen von Absätzen. ¶
> Verwenden Sie stattdessen Absatzformate, um Zeilenabstand und Absatzabstand einzustellen. ¶

Texte formatieren **207**

1 Geben Sie, wie hier gezeigt, einen Text ein, der aus mindestens zwei Absätzen mit mehreren Zeilen besteht.

2 Markieren Sie den gesamten Text, um die Absatzformate auf das gesamte Dokument anzuwenden.

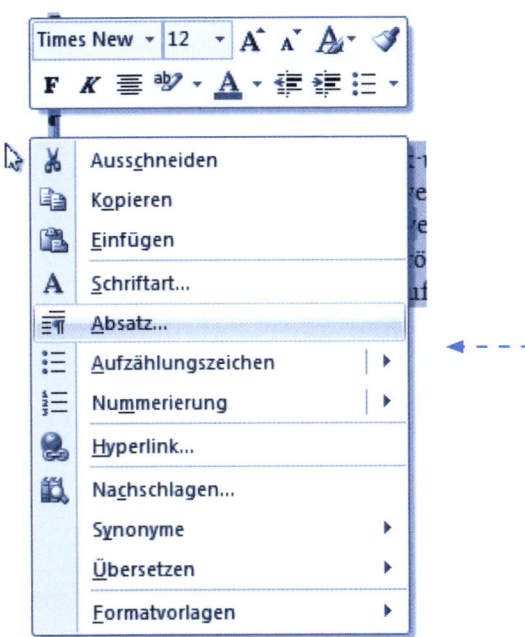

3 Klicken Sie mit der rechten Maustaste auf den markierten Textbereich und wählen Sie im Kontextmenü den Befehl *Absatz*.

4 Das Programm öffnet jetzt ein Eigenschaftenfenster mit verschiedenen Registerkarten, über die sich die Absatzformate einstellen lassen. Wählen Sie die Registerkarte *Einzüge und Abstände*.

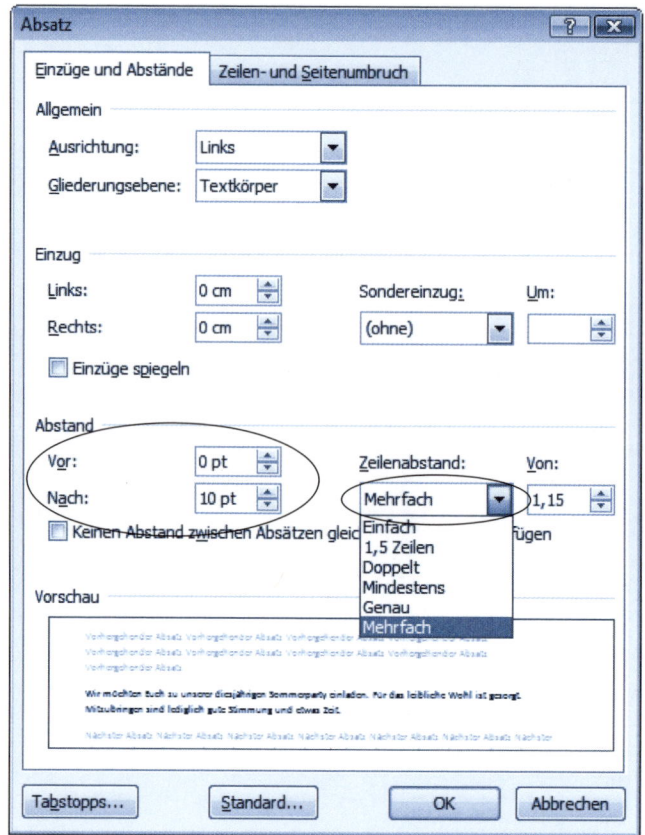

5 Anschließend können Sie den Zeilenabstand über das gleichnamige Listenfeld auf einfach, 1,5 Zeilen, doppelt etc. stellen, um den Abstand zwischen den Zeilen eines Absatzes zu vergrößern.

6 Den Abstand zwischen den Absätzen stellen Sie über die Drehfelder *Vor:* und *Nach:* der Gruppe *Abstand* ein.

7 Schließen Sie die Registerkarte über die *OK*-Schaltfläche.

> Zur Textkorrektur ist ein Ausdruck mit einem vergrößerten Zeilenabstand ganz hilfreich. Dann lassen sich Korrekturanweisungen im Zeilenzwischenraum unterbringen. ¶
>
> Bei Dokumenten mit mehreren Absätzen sind bestimmte Absatzabstände erwünscht. Verzichten Sie auf Leerzeilen zum Absetzen von Absätzen. ¶
>
> Verwenden Sie stattdessen Absatzformate, um Zeilenabstand und Absatzabstand einzustellen. ¶
> ¶

Das Textverarbeitungsprogramm weist den Absätzen dann die eingestellten Formate zu. Im hier gezeigten Beispiel wurde der erste Absatz einzeln markiert und mit einem 1,5-zeiligen Abstand formatiert. Anschließend wurden alle Absätze markiert und dann ein Abstand von 6 Punkt nach jedem Absatz zugewiesen. Die Absätze werden dadurch optisch voneinander abgesetzt.

HINWEIS

In Word wird der Absatzabstand standardmäßig in (typografischem) Punkt angegeben. Sie können aber statt »6 pt« auch einen Wert der Art »0,5 cm« in die Felder *Vor:* und *Nach:* eintippen.

Einrücken im Text – so geht's

Gelegentlich möchte man Textstellen etwas einrücken. Oder der rechte Rand für einen Absatz soll etwas nach links verschoben werden. Fachleute bezeichnen dies als Einzüge im Text. Gelegentlich sieht man bei Schriftstücken, dass Einzüge am linken Rand durch Einfügen von Leerzeichen (oder Tabulatorzeichen) vorgenommen werden. Eine verkürzte Zeilenlänge ließe sich durch Zeilenumbrüche im Text erreichen – was aber jeweils neue Absätze generiert und daher verpönt ist. Word bietet eine wesentlich elegantere Methode, Einzüge und Abstände vom linken/rechten Rand einzustellen. Möchten Sie einige Absätze am linken Rand etwas einziehen oder einen bestehenden Einzug wieder reduzieren?

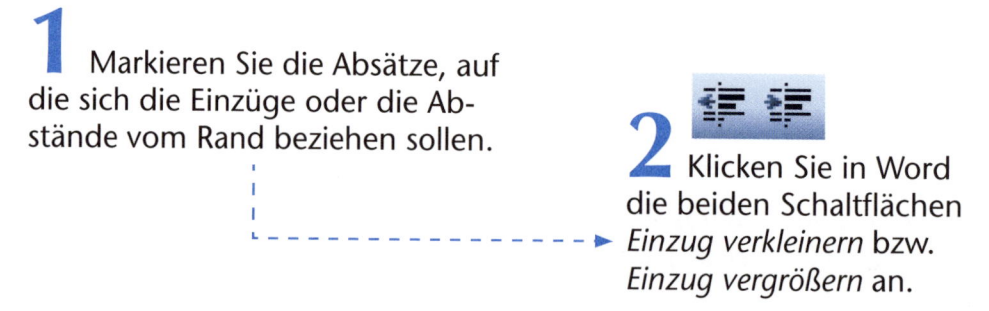

1 Markieren Sie die Absätze, auf die sich die Einzüge oder die Abstände vom Rand beziehen sollen.

2 Klicken Sie in Word die beiden Schaltflächen *Einzug verkleinern* bzw. *Einzug vergrößern* an.

Sie finden die Schaltflächen in der Gruppe *Absatz* der Registerkarte *Start* der Word 2007-Multifunktionsleiste.

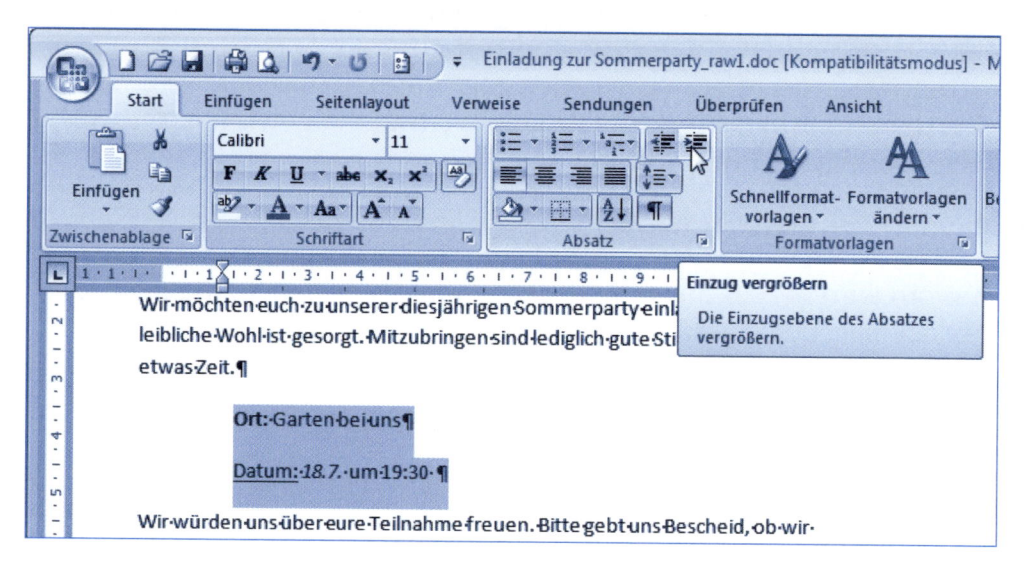

Hier sehen Sie einen auf diese Weise eingerückten Absatz im Word 2007-Fenster. Der Einzug der markierten Absätze lässt sich über die Schaltfläche *Einzug verkleinern* wieder zurücksetzen.

Eine schnelle Anpassung der **Einzüge und Randeinstellungen** erreichen Sie zudem **über** das in allen Textverarbeitungsprogrammen angezeigte horizontale **Lineal**.

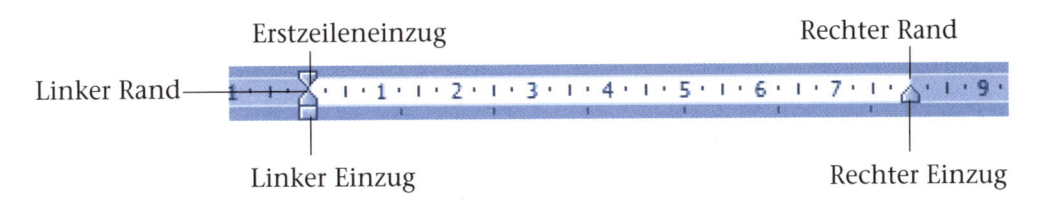

Texte formatieren **211**

Erstzeileneinzug — Rechter Rand
Linker Rand — Linker Einzug — Rechter Einzug

Im Lineal sehen Sie links und rechts einen eingefärbten Bereich. Die Übergänge zwischen weißem und eingefärbtem Bereich zeigen den linken und rechten Rand für den Textbereich an. Zudem sehen Sie am linken und rechten Rand des Lineals kleine Dreiecke. Diese als **Randsteller** bezeichneten Elemente erlauben Ihnen, den Einzug der ersten Zeile sowie den Beginn und das Ende der Zeilen der markierten Absätze einzustellen.

1 Markieren Sie die Absätze, deren Einzüge oder Randeinstellungen anzupassen sind.

2 Anschließend können Sie den entsprechenden Randsteller (Erstzeileneinzug, linker Einzug, rechter Einzug) per Maus auf dem Lineal nach links oder rechts verschieben.

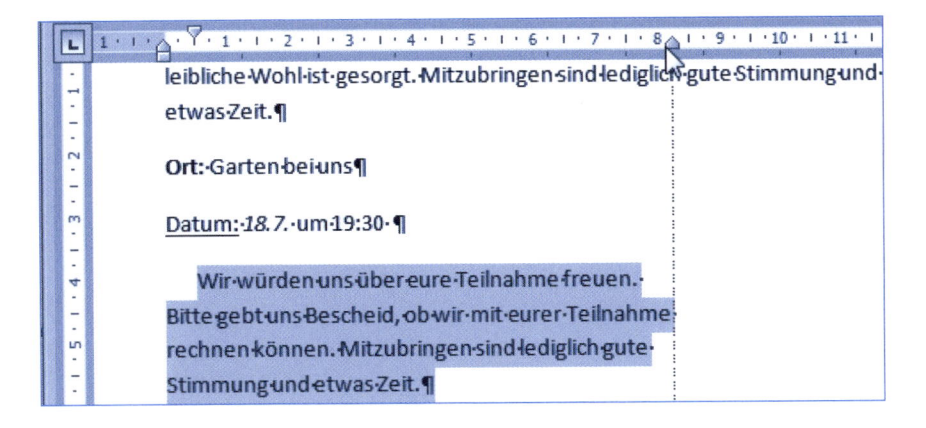

leibliche Wohl ist gesorgt. Mitzubringen sind lediglich gute Stimmung und etwas Zeit.¶

Ort: Garten bei uns¶

Datum: *18. 7.* um 19:30 ¶

Wir würden uns über eure Teilnahme freuen. Bitte gebt uns Bescheid, ob wir mit eurer Teilnahme rechnen können. Mitzubringen sind lediglich gute Stimmung und etwas Zeit.¶

Das Programm passt dann die Absatzeinzüge entsprechend an. Hier wurde ein Absatz am rechten Rand und in der Erstzeile links eingezogen.

> **HINWEIS**
>
> Beim Ziehen eines Randstellers wird übrigens eine vertikale gestrichelte Linie im Dokumentbereich eingeblendet. Word erlaubt zudem, den linken/rechten Rand per Lineal anzupassen. Zeigen Sie mit der Maus auf den Übergang zwischen farbigem und weißem Linealhintergrund und verschieben Sie die Trennlinie auf dem Lineal . Bei Word 2007 können Sie auch die Schaltfläche *Seitenränder* auf der Registerkarte *Seitenlayout* der Multifunktionsleiste wählen. In einem Eigenschaftenfenster lassen sich die Seitenränder und mehr einstellen.

Von Aufzählungen und Nummerierungen

Gelegentlich ist es hilfreich, Absätze in einem Dokument mit einem vorangestellten **Schmuckpunkt** besonders hervorzuheben. Oder die einzelnen Absätze werden mit vorangestellten Nummern ausgezeichnet. Man bezeichnet diese Hervorhebungen auch als **Aufzählungen** (Schmuckpunkte) und **Nummerierungen** (Ziffern oder Buchstaben). Das Auszeichnen einzelner Absätze eines Dokuments als Aufzählung oder Nummerierung ist mit wenigen Schritten durchzuführen.

1 Markieren Sie jene Absätze, die als Aufzählung oder mit Nummerierung dargestellt werden sollen.

2 Klicken Sie in der Word 2007-Multifunktionsleiste auf der Registerkarte *Start* auf die Schaltfläche für Nummerierungen oder Aufzählungen.

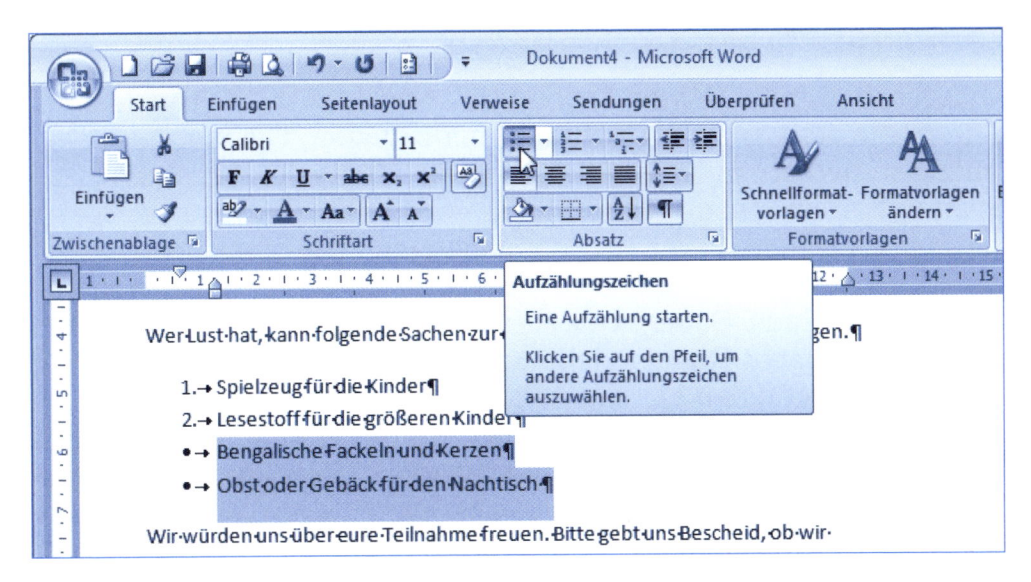

Hier sehen Sie einen Ausschnitt aus einem Textdokument in Word 2007, in dem zwei Absatzzeilen mit einer Nummerierung (1., 2.) und die beiden markierten Absätze mit einer Aufzählung versehen sind.

> **HINWEIS**
>
> Klicken Sie einen so formatierten Absatz mit der rechten Maustaste an, finden Sie im Word 2007-Kontextmenü die Befehle *Aufzählungszeichen* und *Nummerierung*. Über diese Befehle öffnen sich Paletten oder Dialogfelder, in denen Sie die Nummerierungs- und Aufzählungszeichen festlegen können. **Um** die **Aufzählung** oder **Nummerierung aufzuheben**, markieren Sie die betreffenden Absätze und klicken dann erneut auf die eingedrückt dargestellte Schaltfläche.

Textverarbeitung für Könner

In diesem Abschnitt möchte ich Ihnen noch zeigen, wie Sie fortgeschrittene Funktionen zur Textverarbeitung nutzen können. Es geht beispielsweise um das Erstellen von Listen mit Tabulatoren, den Einsatz von Tabellen oder das Einbinden von Grafiken in Ihre Dokumente.

Listen mit Tabulatoren gestalten

Gelegentlich möchte man Listen (z. B. Namensliste, Telefonliste, Adressliste etc.) in einem Textdokument nutzen. Die meisten Benutzer stehen aber vor dem Problem, die Daten der einzelnen Spalten korrekt einzurücken. Häufig werden die Einträge der Spalten mit Leerzeichen voneinander abgesetzt. Spätestens beim Ausdrucken verschieben sich dann diese Spalten und das Ganze sieht sehr unschön aus. Dabei ist das Erstellen einer sauber formatierten Liste sehr einfach. Dies soll jetzt an einer Telefonliste probiert werden. Sie brauchen ggf. ein neues leeres Dokument oder Sie müssen ein paar Leerzeilen in ein bestehendes Dokument einfügen und dann die Textmarke auf eine Leerzeile stellen. Danach führen Sie folgende Schritte aus.

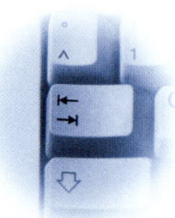

1 Tippen Sie als Erstes die Kopfzeile mit den Namen ein, wobei Sie die einzelnen Begriffe der Spaltenköpfe durch Drücken der ⇥-Taste trennen.

2 Anschließend ergänzen Sie die restlichen Zeilen um die Daten der Telefonliste. Jeder Eintrag in der Zeile wird ebenfalls mit einem Tabulatorzeichen vom nächsten Eintrag getrennt.

3 Zum Schluss können Sie noch die Kopfzeile fett formatieren.

Das Dokument sollte dann ungefähr wie hier gezeigt aussehen. Lassen Sie sich an dieser Stelle durch den »wilden« Aufbau der Liste nicht stören.

```
Name→Vorname   →   ☏·Telefon → Kosten/€¶
Born→Klaus→346  →  5,40¶
Braun→Dieter→458 → 10,00¶
Daum→Willi→192  →  3,00¶
Eigner→Agnes→374 → 4,00¶
Immer→Inge → 111 → 0,40¶
```

Ursache ist, dass die sogenannten Tabstopps (also die Positionen, zu denen ein Tabulator springt) im Abstand von 1,5 cm auf dem horizontalen Lineal definiert sind. Enthält die Liste unterschiedlich lange Texte, werden die Einträge in den Spalten, wie hier gezeigt, verschoben. Versuchen Sie niemals, dies durch Eingabe mehrerer Tabulatorzeichen zu korrigieren. Dies führt bei späteren Änderungen zu unnötigem Korrekturaufwand.

> **TIPP**
>
> Möchten Sie das **Symbol** des Telefons (oder ein anderes Sonderzeichen) in den Text **einfügen**? Wählen Sie in der Word 2007-Multifunktionsleiste die Menüschaltfläche *Symbol* in der Gruppe *Symbole* auf der Registerkarte *Einfügen*.
>
> Jetzt erscheint ein Dialogfeld *Symbol*, in dem Sie eine Schriftart (z. B. Wingdings) wählen. Danach klicken Sie auf das Zeichen und übernehmen es mit der Schaltfläche *Einfügen* ins Dokument.

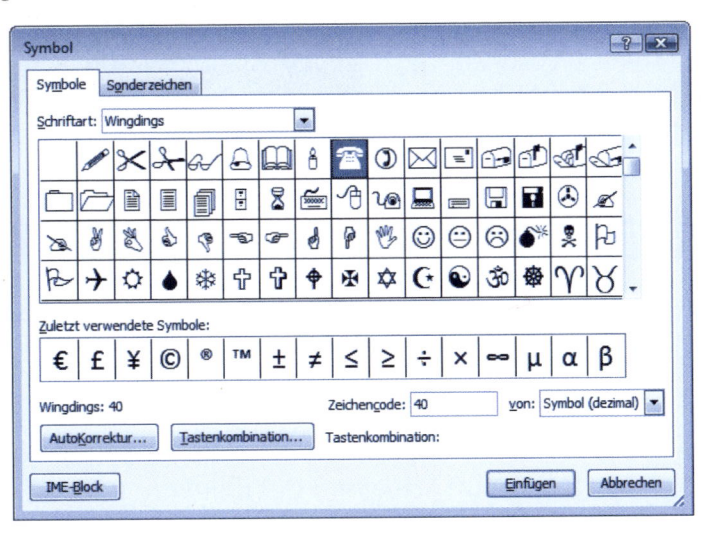

Zum Abschluss gilt es noch die mit den Tabulatorzeichen gestaltete Liste so aufzuteilen, dass die Spaltenköpfe mit den Spalten im Text übereinstimmen. Hierzu passen Sie die Tabstopps manuell mit folgenden Schritten an.

1 Markieren Sie den Bereich mit den Daten der Liste (einfach vor das erste Zeichen des Spaltenkopfes klicken und die Maus bei gedrückter linker Maustaste zum letzten Zeichen der Liste ziehen).

2 Klicken Sie mit der Maus in der unteren Hälfte des horizontalen Lineals auf jene Positionen, an die ein Tabstopp eingefügt werden soll.

Bei jedem Mausklick wird die Position des Tabstopps durch einen kleinen »Winkel« im Lineal markiert und das Programm ordnet die Spalten entsprechend an.

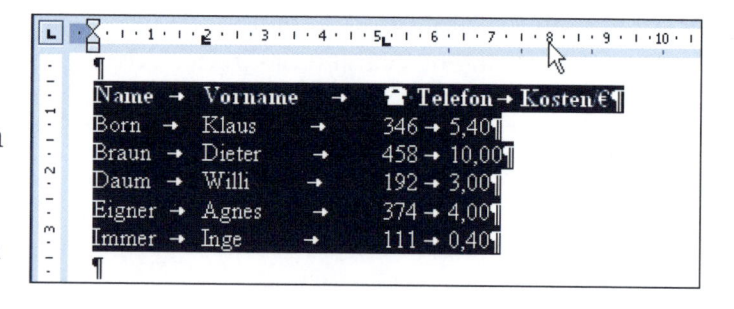

HINWEIS

Die »Marken« für die Tabstopps werden angezeigt, sobald Sie die zugehörigen Zeilen bzw. Absätze markieren. Bei Bedarf können Sie dann diese Marken durch Ziehen per Maus nach links oder rechts verschieben und so den Tabstopp justieren. Ziehen Sie eine solche Marke mit der Maus nach oben oder unten aus dem Lineal heraus, wird der zugehörige Tabstopp beim Loslassen der linken Maustaste entfernt.

Im hier gezeigten Beispiel gibt es noch eine Besonderheit. Die letzte Spalte weist **Währungsbeträge** auf, die **am Dezimalkomma ausgerichtet** sind. Dazu müssen Sie statt eines linksbündigen Tabstopps einen dezimalen Tabstopp verwenden.

1 Markieren Sie die Kopfzeile und setzen Sie einen linksbündigen Tabstopp für den Spaltenkopf »Kosten«.

2 Anschließend markieren Sie die restlichen Zeilen der Tabelle ohne die Spaltenköpfe, da nun für diesen Textbereich ein anderer Tabulator gesetzt wird.

3 Klicken Sie in der linken oberen Dokumentecke mehrfach auf das Feld zur Tabulatorauswahl, um statt des hier gezeigten »Tabstopp links« einen »Tabstopp dezimal« auszuwählen.

4 Anschließend legen Sie den dezimalen Tabstopp für die Spalte »Kosten« fest, indem Sie im horizontalen Lineal auf die betreffende Position klicken.

Das Ergebnis könnte dann wie hier gezeigt aussehen.

Name	Vorname	☏ Telefon	Kosten/€
Born	Klaus	346	5,40
Braun	Dieter	458	10,00
Daum	Willi	192	3,00
Eigner	Agnes	374	4,00
Immer	Inge	111	0,40

Listen mit Tabellen gestalten

Der im vorhergehenden Abschnitt gezeigte Umgang mit Tabulatoren erlaubt zwar das Gestalten von Listen, löst aber nicht immer alle Probleme. Viele Benutzer bevorzugen daher das Arbeiten mit Tabellen, die sich in Word in den Textbereich einfügen lassen. Dies möchte ich nun an der bereits bekannten Telefonliste demonstrieren.

1 Fügen Sie nach Möglichkeit einige Leerzeilen in das Dokument ein. Diese ermöglichen Ihnen später, Text vor und hinter die Tabelle einzufügen oder die komplette Tabelle wieder zu löschen.

2 Klicken Sie im Dokument auf die Stelle (meist ein leerer Absatz), an die die Tabelle einzufügen ist.

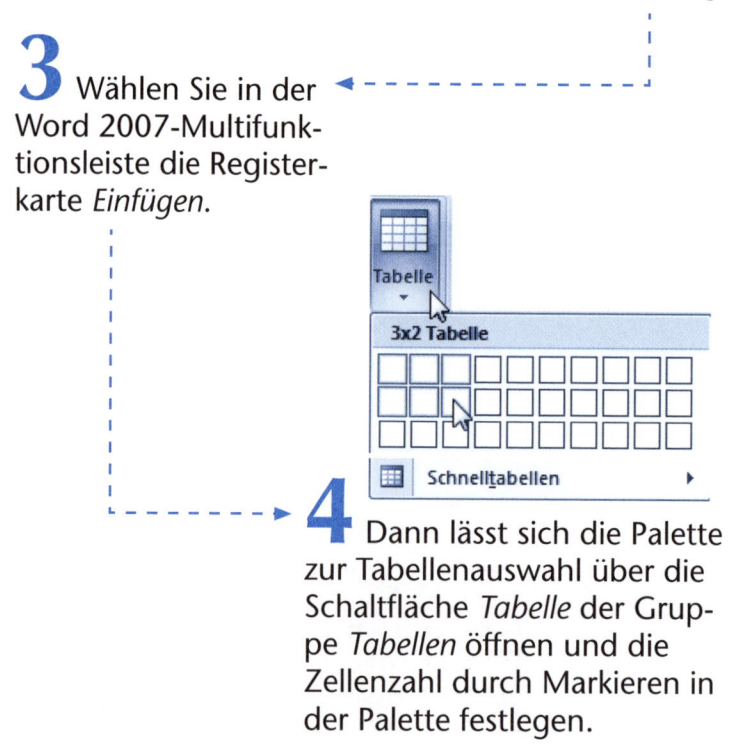

3 Wählen Sie in der Word 2007-Multifunktionsleiste die Registerkarte *Einfügen*.

4 Dann lässt sich die Palette zur Tabellenauswahl über die Schaltfläche *Tabelle* der Gruppe *Tabellen* öffnen und die Zellenzahl durch Markieren in der Palette festlegen.

Die Tabelle wird mit der markierten Zeilen- und Spaltenzahl in das Dokument eingefügt. Hier sehen Sie eine Tabelle mit zwei Zeilen und drei Spalten.

- Das Tabellengitter ist mit einem schwarzen Rahmen versehen. Die kleinen Kreise in jeder Word-Tabellenzelle stellen Endemarken der Zelle (bzw. der Zeile) ähnlich der Absatzmarken im Text dar. Ober- und unterhalb der Tabelle sind zwei Absatzmarken zu sehen.

- Möchten Sie Daten in die Zellen der Tabelle eintragen, klicken Sie auf die betreffende Zelle und tippen dann den Text ein. Es stehen die üblichen Funktionen zur Texteingabe und -formatierung bereit. Drücken Sie z. B. die ⏎-Taste, wird ein Absatz in die Tabellenzelle eingefügt. Markierte Texte lassen sich wie gewohnt formatieren. Zudem können Sie den Inhalt der Zelle über die bereits oben erwähnten Schaltflächen linksbündig, zentriert oder rechtsbündig ausrichten.

- Die ⇆-Taste positioniert die Textmarke jeweils eine Zelle weiter nach rechts. Wird die Zelle am rechten Tabellenrand erreicht, springt die Textmarke zur ersten Zelle in der nächsten Zeile. Steht die Textmarke in der rechten unteren Zelle, erzeugt die ⇆-Taste eine neue Tabellenzeile.

- Um die Breite einer Zelle zu verändern, zeigen Sie per Maus auf die Trennlinie. Sobald der Mauszeiger die Form eines Doppelpfeils annimmt, lässt sich die Trennlinie der Zelle nach links oder rechts ziehen. Die Breite wird bei unmarkierten Zellen auf die komplette Spalte und sonst auf die markierten Zellen angewandt. Auf die gleiche Weise können Sie die horizontalen Linien nach oben/unten ziehen, um die Zeilenhöhe anzupassen.

> **HINWEIS**
>
> Den Inhalt der Zellen können Sie – wie bei normalen Texten gewohnt – durch Ziehen per Maus markieren. Komplette Strukturen der Tabelle wie Zellen, Zeilen oder Spalten lassen sich ebenfalls durch Ziehen markieren. Ziehen Sie die Maus bei gedrückter linker Maustaste nach unten, wird die Spalte markiert. Ziehen Sie die gedrückte Maustaste zu den nach rechts liegenden Zellen bis zum rechten Rand, wird die Tabellenzeile markiert. Word unterscheidet dabei noch, ob der Zelleninhalt oder die Zellenstruktur markiert ist. Klicken Sie beispielsweise wie nachfolgend gezeigt links neben die Tabelle, wird die komplette Zeile markiert. Zeigen Sie auf den Anfang einer Zelle oder auf die oberste Linie einer Tabelle, erscheint ein schwarzer Pfeil. Ein Mausklick auf den Spaltenkopf markiert dann die Spalte, ein Mausklick auf die Zelle markiert diese.
>
> | Zelle·1,1¤ | ¤ | ¤ | ¤ |
> |---|---|---|---|
> | ¤ | ¤ | Zelle·2,3¤ | ¤ |
>
> Um die Zellenstruktur anzupassen, klicken Sie mit der rechten Maustaste auf den markierten Zellenbereich. Im Kontextmenü bietet Word Befehle, um Zellen einzufügen oder zu löschen.

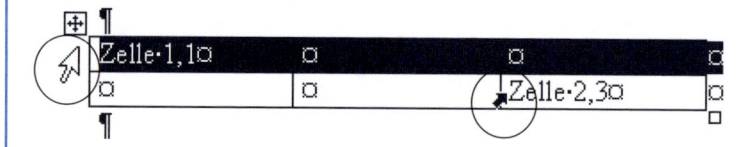

Hier sehen Sie das Word-Beispiel der Telefonliste, wobei diese Liste als Tabelle gestaltet wurde.

Name¤	Vorname¤	☎·Telefon¤	Kosten/€¤
Born¤	Klaus¤	346¤	5,40¤
Braun¤	Dieter¤	458¤	10,00¤
Daum¤	Willi¤	192¤	3,00¤
Eigner¤	Agnes¤	374¤	4,00¤
Immer¤	Inge¤	111¤	0,40¤

Bei der Spalte mit den Telefonnummern wurden die Zellen markiert und dann rechtsbündig ausgerichtet. Zudem habe ich die Währungsangaben in der Spalte *Kosten* markiert und mit einem Dezimaltabulator versehen. Dieser bewirkt, dass die Beträge am Dezimalkomma ausgerichtet werden.

Abschließend noch ein kleiner Hinweis. Standardmäßig versieht Word die Tabellen mit einem schwarzen Rahmen, der die Struktur anzeigt. Gelegentlich ist es aber erwünscht, die Liste ohne diese Linien darzustellen. Dann müssen Sie die als »Rahmen« bezeichneten **Linien** mit folgenden Schritten **aufheben**:

1 Markieren Sie die komplette Tabelle. Achten Sie aber darauf, dass wirklich nur die Tabelle und nicht zusätzliche Absatzmarken vor und hinter der Tabelle markiert sind.

Sobald eine Tabelle markiert wurde, blendet Word 2007 das Kontexttool *Tabellentools* mit der Registerkarte *Entwurf* in der Multifunktionsleiste ein.

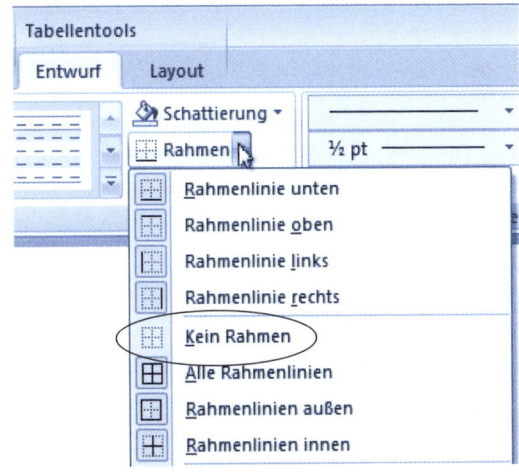

2 Klicken Sie in der Gruppe *Tabellenformatvorlagen* der Registerkarte auf den rechten Rand der Schaltfläche *Rahmen* und wählen Sie im angezeigten Menü den Eintrag *Kein Rahmen*.

Sobald Sie die Tabellenmarkierung aufheben, ist nur noch eine feine Gitterlinie zu sehen.

Name	Vorname	☎ Telefon	Kosten/€	
Born	Klaus	346	5,40	
Braun	Dieter	458	10,00	
Daum	Willi	192	3,00	
Eigner	Agnes	374	4,00	
Immer	Inge	111	0,40	

Diese Gitterlinie zeigt die Zellenstruktur der Tabelle an, wird aber nicht mit ausgedruckt.

Grafiken in den Text einfügen

Häufig besteht der Wunsch, Grafiken oder Fotos in ein Dokument einzubinden. Das ist in Word mit wenigen Mausklicks erledigt. Dies möchte ich an einer Einladung demonstrieren, die etwas Text und eine Grafik (bzw. ein Foto) enthält. Dabei lernen Sie auch die kleinen Tricks kennen, mit denen man Text neben einem Bild positionieren kann.

> **TIPP**
>
> Bei eingefügten Elementen wie Tabellen oder Grafiken gibt es gewisse Probleme mit dem umgebenden Text. Achten Sie beim Einfügen des Elements darauf, dass ober- und unterhalb der Einfügestelle Leerzeilen vorhanden sind. Das erleichtert es, ggf. Text vor oder hinter das eingefügte Element einzugeben. Ist alles fertig, können Sie überflüssige Leerzeilen leicht löschen.

1 Holen Sie sich ein neues leeres Textdokument und fügen Sie einige Leerzeilen ein.

2 Anschließend tippen Sie den Text »Einladung« in die oberste Zeile ein. Weisen Sie dieser Zeile einen etwas größeren Schriftgrad (z. B. 26 Punkt), ggf. eine eigene Schriftfarbe sowie eine hübsche Schriftart zu und zentrieren Sie den Text.

3 Klicken Sie im Dokument auf die dritte Leerzeile und fügen Sie nun eine Tabelle mit zwei Spalten und einer Zeile ein. Markieren Sie danach die Tabelle und heben Sie die Rahmenlinien auf (siehe vorherige Seite).

4 Klicken Sie auf die rechte Zelle der Tabelle und tippen Sie einen Einladungstext ein, den Sie anschließend noch etwas formatieren (z. B. Schriftgrad 14 Punkt).

Die jeweiligen Schritte haben Sie bereits in den vorhergehenden Abschnitten gelernt. Sehen Sie notfalls dort nach, um die genauen Details einer Funktion nochmals nachzulesen. Das Ganze könnte dann wie hier gezeigt aussehen.

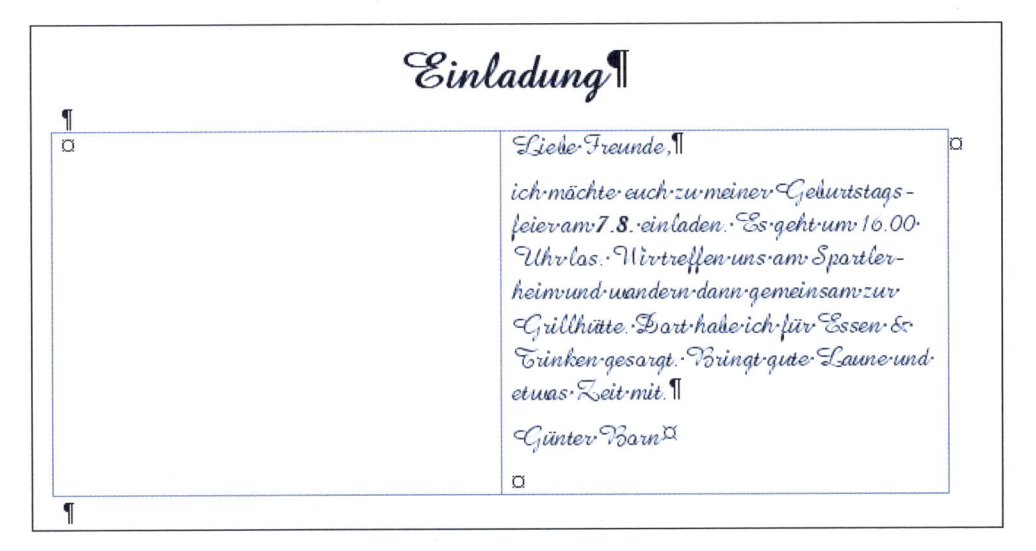

Einladung¶

Liebe Freunde,¶

ich möchte euch zu meiner Geburtstagsfeier am 7.8. einladen. Es geht um 16.00 Uhr los. Wir treffen uns am Sportlerheim und wandern dann gemeinsam zur Grillhütte. Dort habe ich für Essen & Trinken gesorgt. Bringt gute Laune und etwas Zeit mit.¶

Günter Born

Hier habe ich eine Handschriften-Schriftart benutzt. Auf den meisten Systemen finden Sie solche Schriften (z. B. »Brush Script MT«), die sich über das Listenfeld *Schriftart* abrufen lassen. Nun gilt es noch die Grafik einzufügen.

1 Klicken Sie im Dokument an die Stelle, an die die Grafik einzufügen ist. In diesem Beispiel müssen Sie in die linke, noch freie Zelle der Tabelle klicken.

2 Wählen Sie in der Word 2007-Multifunktionsleiste die Registerkarte *Einfügen*.

3 Klicken Sie in der Gruppe *Illustrationen* auf die Schaltfläche *Grafik*, um das Dialogfeld *Grafik einfügen* zu öffnen.

Dessen Aussehen hängt etwas von der verwendeten Windows-Version ab. Der Dateityp für die Bilddatei steht standardmäßig auf »Alle Grafiken«.

4 Wählen Sie im Dialogfeld *Grafik einfügen* den Bildordner und anschließend die Bilddatei aus.

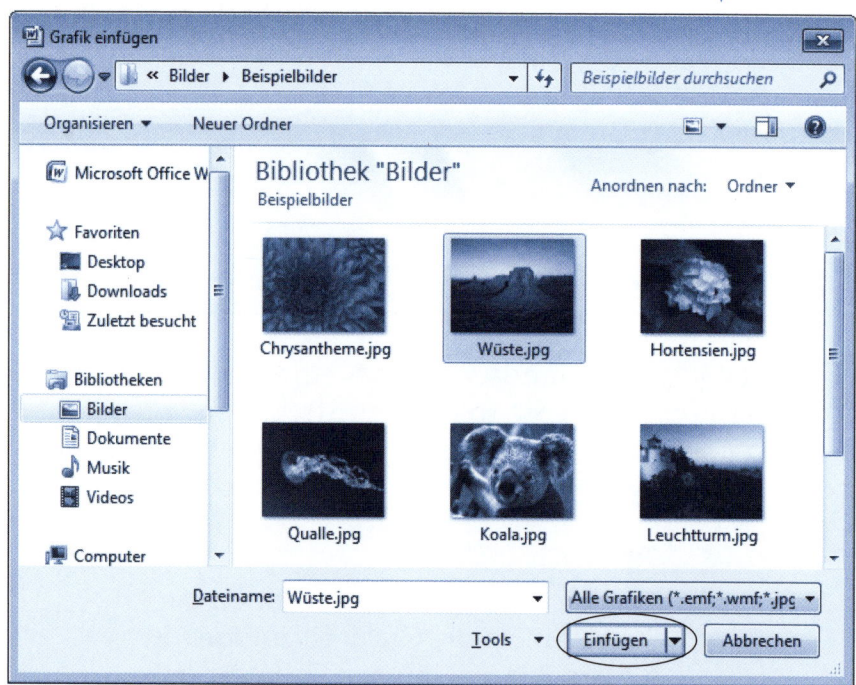

5 Bestätigen Sie die Auswahl über die Schaltfläche *Einfügen*.

Die Grafik wird anschließend in das Dokument (oder wie hier gezeigt in die betreffende Tabellenzelle) eingebunden.

Allerdings dürfte die Grafik noch etwas zu groß sein, d. h., Sie müssen ihre Größe im Dokument bzw. in der Tabellenzelle anpassen.

6 Klicken Sie auf die Grafik, wird diese markiert und mit einem Rahmen, der an den Rändern sogenannte Ziehmarken enthält, dargestellt.

7 Über diese Ziehmarken lässt sich eine Grafik ähnlich wie ein Windows-Fenster per Maus in der Größe anpassen (einfach die Ziehmarke per Maus diagonal verschieben).

Sobald Sie die Maustaste loslassen, wird die Grafik in der betreffenden Größe im Textdokument hinterlegt. Um eine solche Grafik bei Bedarf wieder zu entfernen, klicken Sie diese im Dokument an und drücken dann die Entf-Taste.

TECHTALK

Normalerweise werden die Daten der Grafik direkt in die Dokumentdatei hinterlegt, was zu sehr großen Dokumentdateien führt. Klicken Sie auf das kleine Dreieck der Schaltfläche *Einfügen* und wählen Sie den Befehl *Mit Datei verknüpfen* im eingeblendeten Menü. Das Bild wird dann als **Verknüpfung** eingefügt, sodass nur der Pfad zur Bilddatei im Dokument gespeichert wird (was weniger Platz benötigt). Geben Sie die Dokumentdatei auf einen Datenträger weiter, müssen Sie auch die Grafikdateien auf dieses Medium kopieren.

Dokumente aus Vorlagen ableiten

In den bisherigen Beispielen haben wir immer leere Dokumente genutzt. Für Briefe etc. bietet es sich an, diese als neue Dokumente aus **Vorlagen** (z. B. mit einem Briefkopf) abzuleiten.

1 Öffnen Sie in Word 2007 das Menü der *Office-*Schaltfläche und wählen Sie den Befehl *Neu*.

2 Wählen Sie im angezeigten Dialogfeld *Neues Dokument* eine Kategorie in der linken Spalte *Vorlagen*.

3 Anschließend können Sie in der mittleren Spalte eine der angebotenen Vorlagen anklicken und dann mittels der *Erstellen*-Schaltfläche übernehmen.

Im Dokumentfenster erscheint dann ein neues Dokument mit dem Inhalt der gewählten Vorlage.

> **HINWEIS**
>
> Haben Sie in Word ein **Dokument** erstellt, können Sie dieses **als Vorlage** speichern. In Word 2007 öffnen Sie das Menü der *Office*-Schaltfläche und wählen die Befehle *Speichern unter/Word-Vorlage*. Sobald Sie im Dialogfeld *Speichern unter* den Dateityp auf »Dokumentvorlage (*.dot)« bzw. »Word-Vorlage (*.dotx)« setzen, wechselt Word zum Vorlagenordner. Sie können dann einen Dateinamen für die Vorlagendatei eingeben, ggf. zu einem Unterordner wechseln und das Dokument wie jede andere Textdatei über die Schaltfläche *Speichern* sichern. Dann steht das Dokument anschließend als Vorlage beim Anlegen neuer Dokumente mittels der obigen Schritte zur Verfügung.

Tabellenkalkulation

Am Kapitelanfang ist bei der Vorstellung der Programmfunktionen typischer Office-Pakete das Stichwort **Tabellenkalkulation** gefallen. Fragen Sie sich, was ein **Tabellenkalkulationsprogramm** ist und was man damit machen kann? Nachfolgend möchte ich in einem Schnellkurs zeigen, was hinter Tabellenkalkulationsprogrammen wie Excel steckt und wie sich diese einsetzen lassen.

Tabellenkalkulation – was ist das?

Viele Leute führen eine Art Haushaltsbuch zur Kontrolle ihrer Einnahmen und Ausgaben – damit sie am Monatsende wissen, wo das Geld geblieben ist. Dafür reicht ein Heft oder ein einfaches

Blatt Papier aus. Dumm ist nur, dass Sie jedes Mal, wenn Sie neue Zahlen (auch als Daten bezeichnet) in das Haushaltsbuch eintragen, auch die Summen neu ermitteln müssen. Spätestens wenn eine solche Berechnung häufiger durchzuführen ist, kann man dies einem Tabellenkalkulationsprogramm überlassen.

Die nebenstehende Tabelle **zeigt ein** solches **Haushaltsbuch**, bei dem der Benutzer nur noch Einnahmen und Ausgaben in die betreffende Spalte einzutippen bracht.

	A	B	C	D	E	F
1		**Haushaltsbuch**				
2						
3	Einnahmen			Ausgaben		
4	Pension	2.300,00		Miete	700,00	
5	Zinsen	50,50		Nebenkosten	200,00	
6				Strom etc.	70,00	
7				Versicherungen	100,00	
8				Telefon	70,00	
9				Lebensmittel	500,00	
10				Kleidung	300,00	
11				sonstiges	70,00	
12						
13						
14	Summe	2.350,50		Summe	2010,00	
15						
16	**Differenz**	340,50				

Ein **Tabellenkalkulationsprogramm** wie Excel (oder Calc aus OpenOffice.org) **berechnet** dann **automatisch** die daraus resultierenden kumulierten **Summen** und zeigt diese sowie die Differenz aus Einnahmen und Ausgaben an. Die Ergebnisse lassen sich speichern, ausdrucken oder mit wenigen Mausklicks grafisch auswerten.

> **HINWEIS**
>
> Dieser Ansatz lässt sich auf beliebige Problemstellungen (Kassenbuch, Listen zur Kostenkontrolle, Budgetkontrolle, Verbrauchsberechnungen für das Auto, Reisekostenabrechnung etc.) anwenden. Aber auch Vereinslisten (z. B. mit Adressen und Zahlungseingängen), ggf. eine Vermögensaufstellung, Mietobjektabrechnungen, Aktiendepotverwaltung etc. lassen sich auf diese Weise am Computer führen. Sie müssen lediglich einmalig eine Tabelle mit den erforderlichen Berechnungen anlegen.

Excel – das erste Mal

Haben Sie Lust bekommen, eine Tabellenkalkulation wie Microsoft Excel auszuprobieren? Rufen Sie das Programm Microsoft Excel über die betreffende Programmgruppe des Zweigs *Alle Programme* des Windows-Startmenüs auf. Hier sehen Sie das Programmfenster von Excel 2007.

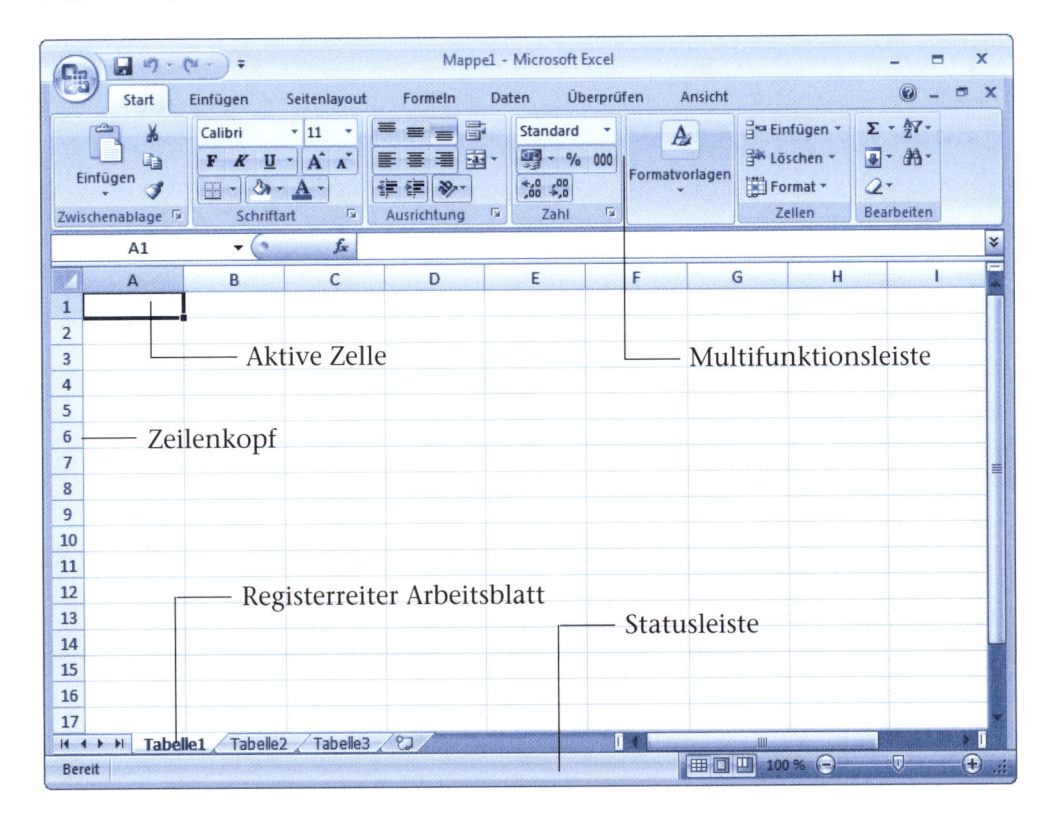

- Excel 2007 verwendet die bereits am Kapitelanfang bei Word 2007 erwähnte Multifunktionsleiste, über deren Registerreiter die Schaltflächen zum Abrufen der Excel-Funktionen verfügbar sind.

- Das Tabellenkalkulationsprogramm stellt als Dokument eine sogenannte **Arbeitsmappe**, bestehend aus **Arbeitsblättern,** bereit. Ein Arbeitsblatt ist als Tabelle organisiert. Sie erkennen die Tabelle an den Gitternetzlinien.

- Die **Tabelle** wird in **Zeilen** und **Spalten** aufgeteilt. Die **Spaltenköpfe** sind mit Großbuchstaben wie A, B, C bezeichnet, während die **Zeilenköpfe** fortlaufend nummeriert sind. Ein viereckiges Feld in der Tabelle wird als **Zelle** bezeichnet. Die Position einer solchen Zelle lässt sich durch Angabe der Zeilen- und Spaltennummer angeben. Die erste Zelle besitzt die Adresse A1 (Spalte A, Zeile 1).

- Klicken Sie mit der Maus auf eine Zelle, wird diese mit einem fetten Rahmen hervorgehoben. Diese Zelle stellt dann die **aktive Zelle** dar. Alternativ können Sie auch die Cursortasten (z. B. →, ← etc.) verwenden, um Zellen anzuwählen.

Ein neues Excel-Dokument, sprich eine Arbeitsmappe, enthält bereits drei leere Arbeitsblätter. Diese heißen »Tabelle1« bis »Tabelle3«. Im unteren Teil des Dokuments sehen Sie drei Registerreiter mit den Namen dieser Arbeitsblätter. Diese Registerreiter werden in Excel als **Blattregister** bezeichnet. Durch Anklicken der Blattregister können Sie auf die einzelnen Arbeitsblätter des Dokuments zugreifen. Sie arbeiten dabei immer mit dem Arbeitsblatt, dessen Registerreiter hell angezeigt wird.

Ein Haushaltsbuch als Beispiel

Das Arbeiten mit einem Tabellenkalkulationsprogramm ist eigentlich sehr einfach und intuitiv. Probieren Sie es doch einmal und setzen Sie zumindest Teile des obigen Haushaltsbuchs in Excel um.

1 Falls nicht schon geschehen, starten Sie das Kalkulationsprogramm oder holen sich ein neues Dokument, indem Sie (wie in Word 2007, siehe vorherige Seiten) im Menü der *Office*-Schaltfläche den Befehl *Neu* wählen, dann im Dialogfeld *Neue Arbeitsmappe* auf eine Vorlage klicken und die *Erstellen*-Schaltfläche bestätigen.

Tabellenkalkulation 231

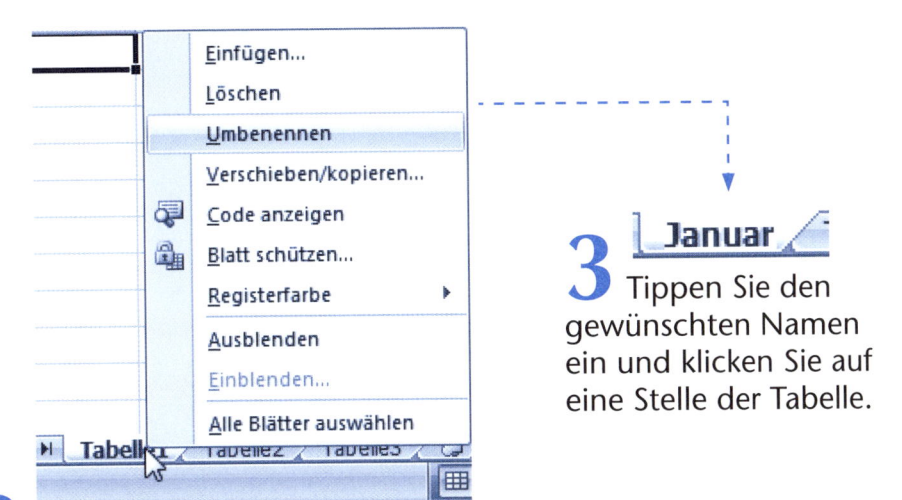

2 Klicken Sie mit der rechten Maustaste auf den Registerreiter des Arbeitsblatts »Tabelle1« und wählen Sie im Kontextmenü den Befehl *Umbenennen*.

3 Tippen Sie den gewünschten Namen ein und klicken Sie auf eine Stelle der Tabelle.

Excel übernimmt jetzt den neuen Namen für das Arbeitsblatt. Auf diese Weise können Sie die Tabellen nach den einzelnen Monaten benennen. Brauchen Sie ein **neues Arbeitsblatt**, wählen Sie im Kontextmenü den Befehl *Einfügen*. Sie können einen Registerreiter übrigens per Maus (waagerecht) ziehen und so die Arbeitsblätter umgruppieren.

> **ACHTUNG**
>
> Der Name für ein Arbeitsblatt darf bis zu 31 Zeichen lang sein. Sie können Leerzeichen im Namen verwenden (z. B. »Haushaltsbuch Januar«). Unzulässig sind jedoch die Zeichen [ ] : / \ ? und *. Weiterhin muss der Name in der Arbeitsmappe eindeutig sein, d. h., Sie können den gleichen Namen nicht zweimal vergeben.

Jetzt sollten wir mit der Eingabe der Rubrik »Einnahmen« beginnen.

1 Klicken Sie auf die Zelle A3.

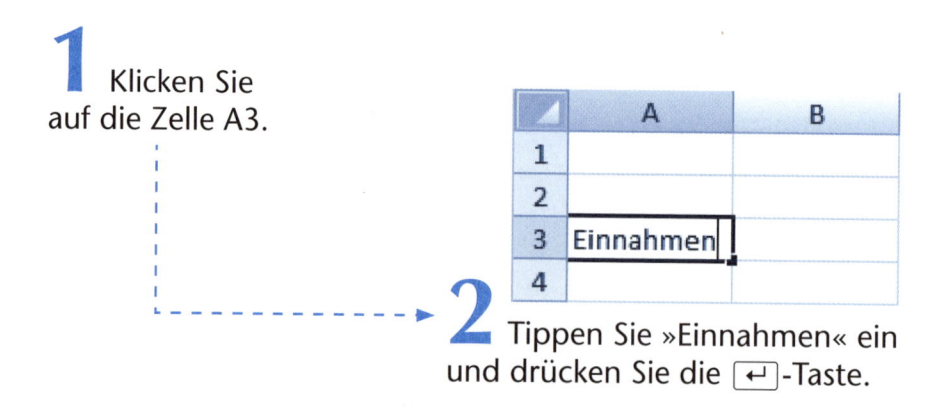

	A	B
1		
2		
3	Einnahmen	
4		

2 Tippen Sie »Einnahmen« ein und drücken Sie die ⏎-Taste.

Der eingegebene Text wird jetzt in der Zelle angezeigt. Gleichzeitig wird eine andere Zelle als aktive Zelle hervorgehoben. Bei der Eingabe in Excel verhält sich die Tastatur ähnlich wie bei der Texteingabe in Word (lesen Sie ggf. im vorherigen Abschnitt nach). Hat die Eingabe des ersten Werts geklappt?

3 Dann geben Sie die übrigen Zeilennamen auf die gleiche Art in Spalte A ein.

	A
1	
2	
3	Einnahmen
4	Gehalt
5	Einmalzahlung
6	
7	
8	
9	
10	
11	
12	
13	
14	Summe

Standardmäßig wird beim Drücken der ⏎-Taste die Zelle eine Zeile tiefer als aktiv markiert. Sie brauchen daher nur die Namen einzutippen und dann die ⏎-Taste zu drücken. Hier sehen Sie ein Beispiel für die Spalte.

> **HINWEIS**
>
> Ist Ihnen bei der Eingabe in eine Zelle ein Fehler passiert? Dann drücken Sie einfach die Tastenkombination [Strg]+[Z]. Excel macht den letzten Befehl rückgängig. Fällt Ihnen der Fehler erst später auf? Klicken Sie auf die Zelle und korrigieren Sie den Wert. Falls Sie beim Eingeben der obigen Werte genau aufgepasst haben, ist Ihnen vielleicht die Zeile oberhalb des Dokumentfensters aufgefallen.
>
> In dieser **Bearbeitungsleiste** zeigt Excel den Inhalt der aktiven Zelle an.
>
> Der Inhalt der Bearbeitungsleiste ändert sich, sobald Sie etwas eingeben. Sie können natürlich auch auf die Bearbeitungsleiste klicken und dann einen Teil des angezeigten Inhalts markieren. Dann lassen sich (ähnlich wie bei Word) auch einzelne Buchstaben löschen oder einfügen. Die Schaltfläche *Abbrechen* (mit dem Kreuz) oder das Drücken der [Esc]-Taste beendet Ihre Eingabe und verwirft die eingetippten Werte. Der vorherige Zellinhalt wird wieder sichtbar. Klicken Sie auf die Schaltfläche mit dem Häkchen oder drücken Sie die [↵]-Taste, dann überträgt Excel die Eingabe aus der Bearbeitungsleiste in die aktive Zelle. Über die Schaltfläche mit dem Gleichheitszeichen oder dem Text »fx« können Sie dagegen Funktionen abrufen.

Haben Sie die Texte in die Rubrik für die Eingaben eingegeben, sollten Sie jetzt die Ausgabenspalte ergänzen.

1 Klicken Sie auf die Zelle D3, tippen Sie den Text »Ausgaben« ein und drücken Sie dann die [↵]-Taste.

2 Wiederholen Sie diesen Schritt und geben Sie die restlichen Texte der Ausgabenpositionen ein.

Die Tabelle sollte dann in Excel etwa folgendermaßen aussehen.

	A	B	C	D	E	F
1						
2						
3	Einnahmen			Ausgaben		
4	Gehalt			Miete		
5	Einmalzahlung			Nebenkosten		
6				Strom etc.		
7				Versicherungen		
8				Telefon		
9				Lebensmittel		
10				Kleidung		
11				Sonstiges		
12						
13						
14	Summe			Summe		

Januar / Tabelle2 / Tabelle3

Bereit — 100 %

> **TIPP**
>
> Gelegentlich ist eine Tabellenspalte zu eng, dann wird der Inhalt der Zellen abgeschnitten oder Zahlen werden mit den Zeichen #### dargestellt. Sie können die Spaltenbreite aber jederzeit anpassen.
>
> Zeigen Sie auf den Spaltentrenner zwischen den Spaltenköpfen und warten Sie, bis der Mauszeiger die hier gezeigte Form annimmt.
>
> Dann ziehen Sie den Spaltentrenner einfach bei gedrückter linker Maustaste nach rechts, bis die Spalte breit genug ist.

Nach dieser Vorbereitung können Sie nun mit dem Eintippen der
Zahlen für Einnahmen und Ausgaben beginnen.

1 Klicken Sie auf die Zelle B4.

2 Geben Sie den Betrag 2500,00 ein und drücken Sie die ⏎-Taste.

Das Arbeitsblatt sieht dann so aus. Ups! Wir hatten doch den Betrag 2500,00 eingetippt! Excel zeigt nur den Wert 2500 an, obwohl wir 2500,00 eingetippt haben. Wenn Sie dagegen die Zahl 2500,01 eintippen, wird dies auch so angezeigt.

Dieser »merkwürdige« Effekt ist kein Fehler, sondern hat eine andere Ursache. Jeder Zelle wird in Excel nicht nur ein Wert, sondern auch ein **Zellformat** zur Darstellung des Zellinhalts zugewiesen. Bei einem neuen Arbeitsblatt verwendet das betreffende Tabellenkalkulationsprogramm das Zellformat »Standard«. Dieses Format erlaubt Ihnen unterschiedliche Eingaben in eine Zelle (Texte, Zahlen etc.). Das Kalkulationsprogramm sorgt dann automatisch für eine »optimale« Anzeige des Zellinhalts (und schneidet Nullen hinter dem Dezimalpunkt ab). Die Anpassung des Formats wird nachfolgend gezeigt.

> **FACHWORT**
>
> Das **Zellformat** legt fest, wie das Kalkulationsprogramm Zahlen, Texte oder sonstige Zellinhalte darstellen soll. Zahlen erscheinen standardmäßig rechtsbündig, Texte linksbündig. Fett geschriebene oder ausgerichtete Zellinhalte werden genauso über das Zellformat gesteuert wie die Angabe über die Zahl der Nachkommastellen.

3 Geben Sie jetzt die restlichen Werte in die Tabelle ein.

Das Ergebnis sollte dann so ähnlich wie hier gezeigt aussehen.

	A	B	C	D	E
1					
2					
3	Einnahmen			Ausgaben	
4	Gehalt	2500		Miete	700
5	Einmalzahlung	50,5		Nebenkosten	200
6				Strom etc.	50
7				Versicherungen	100
8				Telefon	50
9				Lebensmittel	500
10				Kleidung	300
11				Sonstiges	20
12					
13					
14	Summe			Summe	

Zahlen formatieren

Kommen wir jetzt auf das Problem der fehlenden Nachkommastellen zurück. Um das Format zur Zahlendarstellung zu verändern, müssen wir erst die **Zellen markieren** (andernfalls wären die Schritte für jede einzelne Zelle durchzuführen).

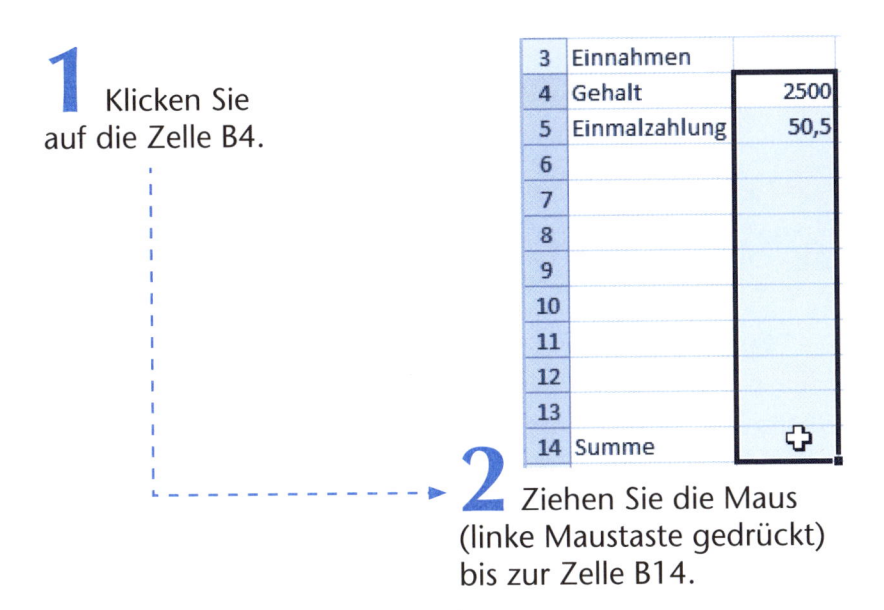

Tabellenkalkulation **237**

1 Klicken Sie auf die Zelle B4.

3	Einnahmen	
4	Gehalt	2500
5	Einmalzahlung	50,5
6		
7		
8		
9		
10		
11		
12		
13		
14	Summe	

2 Ziehen Sie die Maus (linke Maustaste gedrückt) bis zur Zelle B14.

Excel markiert den dazwischenliegenden Zellbereich mit einem Rahmen.

In der Gruppe *Zahlen* der Registerkarte *Start* der Multifunktionsleiste enthält Excel die beiden nebenstehenden Schaltflächen *Dezimalstellen hinzufügen* und *Dezimalstellen löschen*, über die Sie Dezimalstellen ergänzen oder entfernen können.

3 Klicken Sie zweimal auf die Schaltfläche *Dezimalstellen hinzufügen*.

Bei jedem Mausklick fügt Excel eine Nachkommastelle ein. Ist der gesamte Zellbereich bis zum Feld »Summe« markiert, wird das Zellformat auch für die noch leeren Zellen gesetzt. Tragen Sie später einen Wert in diese Zellen ein, wird dieser automatisch in der betreffenden Darstellung angezeigt.

4 Wiederholen Sie die obigen Schritte jetzt für die Rubrik »Ausgaben«.

> **HINWEIS**
>
> Weiterhin bietet Excel die Möglichkeit, das Zellformat über ein Dialogfeld zu setzen. Klicken Sie mit der rechten Maustaste auf den markierten Zellbereich und wählen Sie den Befehl *Zellen formatieren* im Kontextmenü. Danach können Sie das Zellformat über die Registerkarten des geöffneten Eigenschaftenfensters anpassen.

Die Tabelle sollte anschließend folgende Zahlendarstellung aufweisen.

	A	B	C	D	E
1					
2					
3	Einnahmen			Ausgaben	
4	Gehalt	2500,00		Miete	700,00
5	Einmalzahlung	50,50		Nebenkosten	200,00
6				Strom etc.	50,00
7				Versicherungen	100,00
8				Telefon	50,00
9				Lebensmittel	500,00
10				Kleidung	300,00
11				Sonstiges	20,00
12					
13					
14	Summe			Summe	

Ergänzen Sie nun noch den Text mit der Differenz zwischen Einnahmen und Ausgaben.

5 Klicken Sie auf die Zelle A16 und tippen Sie den Text »Differenz« in die Zelle ein.

> **TIPP**
>
> Texte können Sie innerhalb einer Zelle auf mehrere Zeilen aufteilen, indem Sie in Microsoft Excel bei der Eingabe durch Drücken der Tastenkombination [Alt]+[↵] Zeilenumbrüche einfügen.

> **HINWEIS**
>
> Mit den obigen Schritten haben Sie letztendlich eine einfache Tabelle bzw. Liste angelegt. Sie erkennen sicherlich schon, dass sich Tabellenkalkulationsprogramme hervorragend zum Erstellen von Listen (Telefonlisten, Adresslisten, Listen der Vereinsmitglieder, Bestandslisten etc.) eignen.

Berechnungen in der Tabelle gefällig?

Was jetzt noch fehlt, ist eine Funktion, mit der das Tabellenkalkulationsprogramm automatisch die Einnahmen und die Ausgaben summiert und vielleicht auch die Differenz beider Werte anzeigt. Auch das ist kein großes Problem.

1 Klicken Sie auf die Zelle B14.

2 Klicken Sie in der Gruppe *Bearbeiten* der Registerkarte *Start* der Multifunktionsleiste auf die Schaltfläche *Summe*.

Excel erkennt Ihre Absicht und markiert im Arbeitsblatt einen in der Nähe liegenden Zahlenblock durch eine gestrichelte Linie. Diese Linie zeigt Ihnen an, dass die Zahlen in die Berechnung eingehen sollen.

In der Zelle B14 wird jetzt die Formel »=SUMME(..)« eingeblendet. Die Angabe B4:B13 in der Klammer steht für den markierten Zellbereich.

3 Drücken Sie die ↵-Taste, um die Formel zu bestätigen.

Excel zeigt anschließend das Ergebnis in der Zelle B14 an. Da das Zellformat bereits in den vorherigen Schritten festgelegt wurde, wird das Ergebnis automatisch mit Nachkommastellen versehen.

HINWEIS

Das Tabellenkalkulationsprogramm analysiert die Umgebung der aktiven Zelle bei Anwahl der *Summe*-Schaltfläche. Werden in der Nachbarschaft Zahlen in einer Zeile oder Spalte gefunden, markiert das Programm die betreffenden Zellen. Sie können aber jederzeit andere Zellen anklicken und einen Bereich durch das Ziehen mit der Maus markieren. Excel zeigt dann die umlaufende Linie um den markierten Zellbereich. Sobald Sie diese Auswahl durch Drücken der ⏎-Taste bestätigen, wird die Bereichsangabe in die Zielzelle übernommen.

TIPP

Bei der Anwendung der obigen Formel wurde der gesamte Bereich von der Zelle B4 bis zur Zelle B14 summiert, obwohl einige Zellen leer sind. Dies bietet Ihnen die Möglichkeit, weitere Werte in die Zeilen 7, 8, 9 und 10 einzutragen, ohne die Formel ändern zu müssen. Sobald Sie etwas an den Zahlen der Tabelle ändern, berechnet Excel automatisch das Ergebnis und zeigt dieses in der Zelle B14 an.

4 Wiederholen Sie jetzt die obigen Schritte, indem Sie die Zelle E14 anklicken und dann die Funktion zur Summenbildung erneut anwenden.

Wenn Sie alles richtig gemacht haben, sollte jetzt auch die Summe der Ausgaben in der betreffenden Zelle eingeblendet werden. Nun bleibt noch die Aufgabe, die **Differenz** zwischen Einnahmen und Ausgaben zu **ermitteln**. Hierzu müssen Sie die Differenz der Inhalte der Zellen B14 und E14 bestimmen und in der Zelle B16 ablegen. Das ist mit wenigen Mausklicks erledigt.

1 Klicken Sie auf die Zelle B16.

Sie könnten jetzt in die Bearbeitungsleiste klicken und die Formel direkt in der Form = B14 - E14 eintippen. Aber Excel kennt eine elegantere Variante.

2 Geben Sie das Zeichen = mit der Tastatur ein und klicken Sie danach auf die Zelle B14.

Excel markiert die angeklickte Zelle mit einer umlaufenden Linie und blendet die Zelladresse B14 in der Zielzelle und in der Bearbeitungsleiste ein, d. h., der Wert geht in die Berechnung ein.

3 Tippen Sie jetzt ein Minuszeichen mit der Tastatur ein.

Excel erkennt, dass Sie weitere Ausdrücke zur Formel hinzufügen möchten. Die Zelle enthält jetzt die Teilberechnung als Formel.

4 Klicken Sie auf die Zelle E14.

| 16 | Differenz | =B14-E14 |

5 Drücken Sie die ⏎-Taste, um die Formel abzuschließen.

> ### HINWEIS
> Möchten Sie die Formel erneut sehen, klicken Sie einfach auf die betreffende Zelle. Excel blendet die Formel dann sowohl in der Zelle als auch in der Bearbeitungsleiste ein und Sie können die Formel dort anklicken und korrigieren.

Excel zeigt nach dem Abschluss der Formel das Ergebnis der Berechnung in der Zielzelle. Das sieht dann wie in diesem Arbeitsblatt aus.

	A	B	C	D	E
2					
3	Einnahmen			Ausgaben	
4	Gehalt	2500,00		Miete	700,00
5	Einmalzahlung	50,50		Nebenkosten	200,00
6				Strom etc.	50,00
7				Versicherungen	100,00
8				Telefon	50,00
9				Lebensmittel	500,00
10				Kleidung	300,00
11				Sonstiges	20,00
12					
13					
14	Summe	2550,50		Summe	1920,00
15					
16	Differenz	630,50			

Sobald Sie jetzt etwas an den Zahlen ändern (z. B. Werte korrigieren oder hinzufügen), rechnet Excel bei jedem Drücken der ⏎-Taste das komplette Arbeitsblatt mit allen Formeln durch. Anschließend sehen Sie das aktualisierte Ergebnis – das ist doch eine tolle Sache, nicht wahr? Wenn Sie sich jetzt einmal ein Arbeitsblatt mit noch mehr Formeln vorstellen, wird klar, welche Arbeitserleichterung Excel darstellen kann. Sie könnten beispielsweise eine Zinsformel für einen Kredit mit eingeben, und es werden die Zahlungsraten über mehrere Jahre berechnet. Die entsprechenden Funktionen lassen sich in Excel über die Schaltfläche des Funktionsassistenten f_x abrufen.

Markierte **Zellen** können Sie ähnlich wie bei Word über die Schaltflächen der Symbolleiste **formatieren** (und sogar den Zellhintergrund einfärben, die Zellen einrahmen oder mit Linien unterstreichen). Zeigen Sie auf die Schaltflächen der Symbolleiste, blendet Excel eine QuickInfo zu der betreffenden Funktion ein. Alternativ klicken Sie mit der rechten Maustaste auf die gewünschte Zelle und wählen im Kontextmenü den Befehl *Zellen formatieren*. Dann erscheint ein Dialogfeld mit mehreren Registerkarten. Über die Registerkarte *Zahlen* lässt sich das Zellformat beeinflussen, während die anderen Registerkarten die Farbe des Zellinhalts oder des -hintergrunds, Rahmens und mehr festlegen.

Das Arbeitsblatt lässt sich ähnlich wie bei Word über die Schaltfläche *Speichern* in einer Datei ablegen. Excel benutzt die Dateinamenerweiterung .xls (bzw. .xlsx bei Excel 2007) für Arbeitsmappen. Auch das Drucken sollte für Sie kein Problem sein, wählen Sie einfach in Excel 2007 den Druckbefehl im Menü der *Office*-Schaltfläche.

HINWEIS

An dieser Stelle möchte ich die Kurzeinführung in das Tabellenkalkulationsprogramm Excel beenden. Mit diesem Programm lässt sich wesentlich mehr anfangen. So können Sie beispielsweise die Werte aus Tabellenbereichen mit wenigen Mausklicks in Grafiken (z. B. Umsatzgrafiken) umsetzen. In meinen Markt+Technik-Titeln der Easy-Reihe zu Microsoft Office finden Sie detailliertere Hinweise zum Umgang mit diversen Versionen von Microsoft Excel.

Zusammenfassung

In diesem Kapitel haben Sie einen kurzen Überblick über Office-Programme zur Textverarbeitung und zur Tabellenkalkulation erhalten. Vielleicht ist dies ja der Anstoß, und Sie fangen an, mit Word oder Excel zu arbeiten. Im nächsten Kapitel befassen wir uns mit dem Internet.

Lernkontrolle

Zur Überprüfung Ihres Wissens können Sie die folgenden Fragen beantworten. Die Antworten sind in Klammern angegeben.

- **Wie können Sie einen Text mit Word fett auszeichnen?**
  (Den Text markieren und dann die Schaltfläche *Fett* in der Symbol- bzw. Multifunktionsleiste anklicken.)

- **Wie laden Sie eine Textdatei in Word?**
  (Word starten, die Funktion *Öffnen* aufrufen und dann die gewünschte Dokumentdatei auf dem Speichermedium suchen, anklicken und auf die Schaltfläche *Öffnen* klicken.)

- **Wie fügen Sie eine Tabelle in ein Textdokument ein?**
  (Klicken Sie im Dokument auf die Einfügestelle und wählen Sie in der Leiste des Programms die Schaltfläche zum Einfügen von Tabellen. Anschließend markieren Sie durch Ziehen mit der Maus die gewünschte Zeilen- und Spaltenzahl der Tabelle.)

- **Wie können Sie eine neue Tabelle in Microsoft Excel einfügen?**
  (Klicken Sie den Registerreiter eines Blattregisters mit der rechten Maustaste an und wählen Sie den Kontextmenübefehl *Einfügen*. Wählen Sie im Dialogfeld die Vorlage *Tabellenblatt* und klicken Sie auf die *OK*-Schaltfläche.)

- **Wie lässt sich in Microsoft Excel eine Zelle fett formatieren?**
  (Markieren Sie die Zelle durch Anklicken. Anschließend klicken Sie in der Multifunktionsleiste des Programmfensters auf die Schaltfläche *Fett*, um das Format dem Zellinhalt zuzuweisen.)

- **Wie führen Sie eine Summenbildung in Excel durch?**
(Markieren Sie die Ergebniszelle und klicken Sie auf die in der Multifunktionsleiste angezeigte Schaltfläche *Summe*. Markieren Sie ggf. den Zellbereich zur Summierung und bestätigen Sie dies über die ⏎-Taste.)

Ich bin drin: Internet und E-Mail

Haben Sie Interesse am Internet? Surfen im Internet ist ganz einfach, ein Notebook und ein Internetanschluss reichen. Und schon kann's losgehen. Die benötigten Internetprogramme bringt Microsoft Windows bereits in Form des Internet Explorers mit oder können kostenlos nachgerüstet werden. In diesem Kapitel möchte ich Ihnen zeigen, wie Sie ins Internet gelangen, wie Sie Webseiten abrufen sowie E-Mail-Nachrichten austauschen können.

> **Das lernen Sie in diesem Kapitel**   **5**
> - Kleine Einführung ins Internet
> - Surfen im WWW
> - E-Mail-Schnellkurs

So geht's ins Internet

Im **Internet** sind viele Tausend Rechner von Instituten, Behörden und Firmen länderübergreifend über Telefonleitungen, Glasfaserkabel oder Satelliten miteinander verbunden. Diese Rechner werden oft als **Internetserver** bezeichnet. Ein Internetserver in New York kann beispielsweise Daten mit einem Rechner in Rom oder in Berlin austauschen. Ein **Internetnutzer benötigt** einen **Zugang zu** einem solchen **Internetserver**, um die verschiedenen **Dienste** wie Nachrichtenaustausch, Verschicken von Dateien, Einkaufen, Abruf von Webseiten etc. **nutzen zu können**. Es ist dann kein Problem, in Ihrem Wohnzimmer die Wettervorhersage für Mallorca abzufragen, eine Reise zu buchen oder einem Freund in Australien elektronische Post zu schicken.

Was brauche ich fürs Internet?

Um das Internet zu nutzen, brauchen Sie einen Internetzugang (meist über eine Telefonleitung oder Funknetzwerke, seltener über Kabelnetz). Dabei gibt es mehrere Techniken, um den Internetzugang zu realisieren.

Benutzen Sie (zu Hause oder im Hotel) einen **normalen Telefonanschluss**, benötigen Sie ein sogenanntes analoges **Modem** am Notebook. Stöpseln Sie den Telefonstecker des Modemkabels in die rechte oder linke N-Buchse der (TAE-)Telefondose. Das andere Ende mit dem RJ-11-Stecker passt in die Buchse des analogen Modemausgangs am Notebook oder am USB-Modem.

So geht's ins Internet 249

Das Telefonkabel bleibt dagegen in der mittleren F-Buchse der Telefondose eingestöpselt. Je nach Land benötigen Sie aber spezielle Telefonadapter, um den Anschluss an die Telefondose herzustellen. Erkundigen Sie sich ggf. im Fachhandel.

Bei einem **ISDN-Telefonanschluss** führt eine Leitung von der Telefonhauptanschlussdose zum sogenannten NTBA. Dieses graue Kästchen stellt die ISDN-Ausgänge für die ISDN-Hausverkabelung oder für den direkten Anschluss von ISDN-Geräten und -Telefonen bereit.

Verbinden Sie eine freie ISDN-Buchse am NTBA oder an der ISDN-Anschlussdose mit dem ISDN-Ausgang des **ISDN-Geräts**. Diese Geräte sind mit USB-Anschluss für Notebooks im Fachhandel erhältlich (z. B. FRITZ!Box ISDN).

Nutzen Sie eine schnelle **DSL-Verbindung** für den Internetzugang, benötigen Sie einen sogenannten **DSL-Splitter** und ein **DSL-Modem** oder einen DSL-Router. Die Geräte werden ggf. vom DSL-Anbieter geliefert, sind aber auch im Handel erhältlich.

Der DSL-
Splitter wird
direkt über
ein Kabel
mit der
Telefon-
buchse des
Telefonan-
bieters (z. B.
T-Com)
verbunden.
Im Splitter stehen sowohl Buchsen zum Anschluss normaler Telefone oder ISDN-Anlagen als auch ein DSL-Ausgang zur Verfügung.

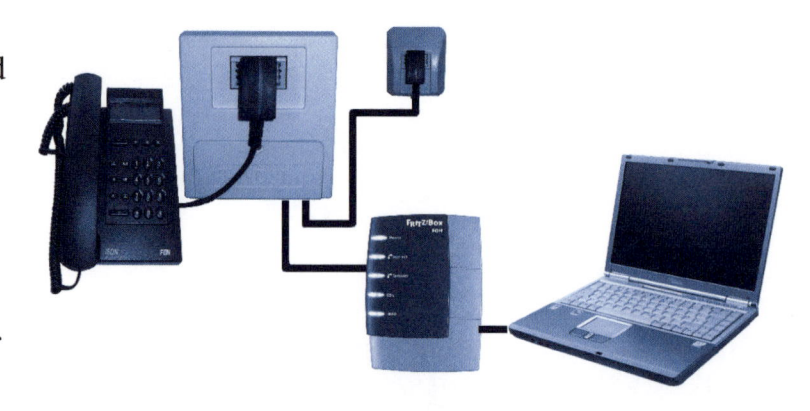

Der DSL-Splitter wird über ein spezielles Kabel mit dem DSL-Modem/-Router verbunden. Vom DSL-Modem führt dann ein Netzwerkkabel zur DSL/Netzwerkbuchse (RJ-45-Buchse) des Notebooks. Bei einem WLAN-Router wird die Verbindung zum Notebook dagegen über eine Funkstrecke hergestellt.

FACHWORT

Bei DSL werden zwischenzeitlich **DSL-Router** oder **WLAN-Router** (z. B. FRITZ!Box WLAN-Phone) zur Verfügung gestellt. Ein Router ist ein intelligenter Netzwerkverteiler, an den sich mehrere Computer anschließen lassen und der einen DSL-Zugang zum Internet bereitstellen kann. Bei einem **WLAN-Router** kommt noch eine Unterstützung für Funknetzwerke hinzu – ganz praktisch, da viele Notebooks bereits eine WLAN-Unterstützung besitzen. Über die WLAN-Funktion eines Notebooks können Sie auch unterwegs über in Bahnhöfen, Cafés, Flughäfen betriebene öffentliche WLAN-Stationen (Hotspots) Verbindung zum Internet aufnehmen (siehe auch Kapitel 6). Das Wörtchen »Phone« im Produktnamen signalisiert, dass der betreffende Router auch **Internettelefonie** unterstützt.

Online ist die Bezeichnung für den Zustand, bei dem eine Verbindung zum Internet besteht. Wird die Verbindung beendet, bezeichnet man den Status als **offline**. Solange Sie online sind, fallen in der Regel

Gebühren für die Telefon- und Internetverbindung an. Während dieser Zeit können Sie Informationen aus dem Internet abrufen oder Daten wie E-Mails zum Internet übertragen.

GPRS (General Packet Radio Service), **UMTS** (Universal Mobile Telecommunications System) und **HSDPA** (High Speed Downlink Packet Access) sind Mobilfunkstandards zum mobilen Datentransfer.

Alternativ lassen sich auch **Mobilfunktechniken** wie **GPRS**, **UMTS** oder **HSDPA** über (UMTS-) Handy oder den hier gezeigten USB-Surf-Stick für den Internetzugang über Mobilfunkanbieter einsetzen.

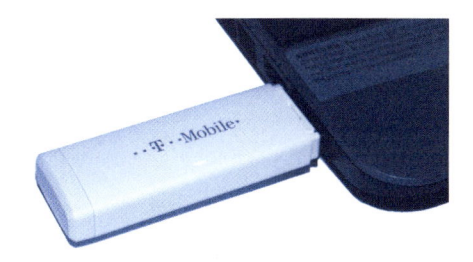

Bei USB-Surf-Sticks ist meist auch eine Einwahlsoftware des betreffenden Mobilfunkanbieters dabei, mit der sich die Internetverbindung problemlos aufbauen und wieder trennen lässt. Mobilfunkanbieter und Zugangsdaten sind unter www.laptopkarten.de oder www.teltarif.de/mobilfunk/umts/ bzw. www.teltarif.de/i/gprs-config.html zu finden.

Der Fachhandel bietet nicht nur eine große Auswahl an Geräten, sondern sicherlich auch eine Beratung – lassen Sie bei Bedarf auch die Geräte vom Händler installieren und die Internetverbindung einrichten.

Neben der Gerätetechnik benötigen Sie noch geeignete Programme, um die Internetdienste nutzen zu können. Um Seiten aus dem World Wide Web abzurufen, kommen als **Browser** bezeichnete Programme zum Einsatz. In Windows ist meist der **Internet Explorer** als Browser enthalten oder lässt sich kostenlos über den Download-Bereich der Internetseite www.microsoft.com/de/de/ nachrüsten bzw. aktualisieren. Es gibt aber auch alternative Browser wie den **Firefox** (kostenlos unter www.mozilla-europe.org/de/ herunterladbar), die ggf. sogar vom Notebook-Hersteller vorinstalliert sind.

Bei **E-Mails** gibt es bei einigen Anbietern die Möglichkeit, diese direkt per Browser über Formulare, die auf Webseiten bereitgestellt werden, zu schreiben und zu versenden. Sie können auch ein **E-Mail-Programm** wie **Windows Mail** (Windows Vista), **Windows Live Mail** (kostenlos für alle Windows-Versionen über *http://download.live.com/* oder die Windows 7-Datenträger erhältlich) oder **Thunderbird** (*www.mozilla-europe.org/de/*) einsetzen. Zur Teilnahme an Chats reicht ein Browser, mit dem die Webseiten des Chatanbieters besucht werden.

> **HINWEIS**
>
> Wichtig ist, dass Sie aus Sicherheitsgründen immer mit der aktuellen Version des Browsers oder des E-Mail-Programms arbeiten. Von Microsoft bereitgestellte Browser wie der Internet Explorer oder die E-Mail-Programme werden automatisch über die Windows Update-Funktion (abrufbar über die Systemsteuerung) aktualisiert. In diesem Buch wird die Version 8 des Internet Explorers bzw. die Version 3.5 des Firefox zugrunde gelegt. Bitten Sie ggf. erfahrene Bekannte, Ihre Kinder oder Enkel, Ihr System entsprechend zu aktualisieren.

Wenn die »Technik« steht, benötigen Sie noch einen Anbieter, als **Provider** bezeichnet, **der** Ihnen einen **Internetzugang bereitstellt**. Diese Anbieter betreiben Rechner, die per Modem oder ISDN-Karte als Gegenstelle angewählt werden oder einen DSL-Zugang bereitstellen und überhaupt erst den Zugriff auf das Internet erlauben. Die **Nutzung** des **Internets** ist **nicht kostenfrei**, Sie müssen sich für einen Anbieter und dessen Gebührenmodell entscheiden. Hierbei gibt es mehrere Varianten:

- **Festvertrag mit Anmeldung:** Bei einigen Anbietern wie T-Online, Freenet etc. von Einwahlverbindungen (auch per Mobilfunk) müssen Sie sich anmelden und einen Vertrag abschließen. Erst nach diesem Schritt wird der Internetzugang für Sie freigeschaltet. Die Kosten für einen solchen Zugang bestehen dann meist aus einer monatlichen Grundgebühr sowie einem daten- oder zeitabhängigen Verbindungsentgeld.

- **Internet-by-Call:** Diese Variante ist bei Einwahlverbindungen für Einsteiger am bequemsten und funktioniert ähnlich wie das Telefonieren mit Call-by-Call: Sie verwenden zur Verbindungsaufnahme mit dem Internet die Nummer spezieller Anbieter wie MSN etc. Für die Dauer der Internetsitzungen fallen dann (wie bei einem Telefongespräch) Verbindungskosten an, die direkt auf der Telefonrechnung ausgewiesen und eingezogen werden.

- **DSL-Volumentarife oder -Flatrate:** Bei Breitband-DSL-Internetzugängen werden von verschiedenen Anbietern Volumen- oder Pauschaltarife (**Flatrate**) offeriert. Beim Volumentarif haben Sie monatlich eine bestimmte Datenmenge zur Übertragung frei. Bei einer Flatrate dürfen Sie so viele Daten übertragen, wie Sie wollen, und auch die Onlinezeit spielt keine Rolle. Das ist alles in der Pauschale inbegriffen, die je nach Anbieter sogar Internettelefonate in das deutsche Festnetz oder andere Leistungen beinhaltet.

Nutzen Sie das Modell, das für Sie am günstigsten und bequemsten ist. Um zu Beginn vielleicht nur mal ins Internet reinzuschnuppern, wird Internet-by-Call sicherlich am günstigsten sein. Schon nach wenigen Minuten sind Sie im Internet und können loslegen. DLS rechnet sich für Vielsurfer und intensive Internetnutzer. Erkundigen Sie sich im Fachhandel, bei Ihrer Telefongesellschaft oder bei Bekannten, welche Möglichkeiten des Internetzugangs es gibt.

Den Internetzugang einrichten

Sobald die Verkabelung steht, müssen Sie die Internetverbindung für Ihren Provider noch einrichten.

- Für Geräte wie analoge Modems oder ISDN-Einheit ist bei der Erstinbetriebnahme ein **Treiber** zu **installieren**. Die Treiber werden entweder mit Windows oder dem Gerät mitgeliefert. Konsultieren Sie ggf. die Gerätehandbücher, um Informationen zur Treiberinstallation zu erhalten, oder lassen Sie die Installation ggf. vom Händler bzw. von fachkundigen Bekannten ausführen.

- Um die Zugangsdaten für das Internetkonto des gewählten Providers in Windows einzutragen, stellen viele Provider eine CD mit einem Installationsprogramm bereit. Dieses führt Sie Schritt für Schritt durch den Anmeldevorgang und richtet den Internetzugang automatisch ein.

- Möchten Sie Internet-by-Call verwenden, empfiehlt sich die Verwendung eines kostenlosen Tarifmanagers (z. B. das Programm Smartsurfer, *smartsurfer.web.de*, oder Oleco, *www.oleco.de*). Das Programm ist mit wenigen Mausklicks installiert, lässt sich über ein Desktopsymbol starten und zeigt Ihnen vor einer Verbindungsaufnahme immer den verfügbaren Anbieter samt Preis an.

- Bei DSL erhalten Sie ebenfalls ein Zugangspaket des Anbieters, in dem die ggf. benötigte Software sowie Hinweise zum Einrichten des Zugangs enthalten sind. Wie Sie eine WLAN-Verbindung oder einen WLAN-Router einrichten, ist in Kapitel 6 kurz skizziert.

Wegen der Vielzahl der Tarife und Anschlussmöglichkeiten kann hier keine detaillierte Anleitung zur Inbetriebnahme gegeben werden. Erkundigen Sie sich im Fachhandel oder bei Ihrer Telefongesellschaft, welche Möglichkeiten des Internetzugangs es gibt. Dort oder bei erfahrenen Bekannten, Kindern und Enkeln finden Sie sicherlich auch Hilfe beim Einrichten des Internetzugangs.

Internetverbindung aufbauen und beenden

Um auf das Internet zuzugreifen, muss eine Internetverbindung aufgebaut sein. Verwenden Sie eine DSL-Breitbandverbindung mit einem Pauschaltarif (Flatrate)? Dann werden am **DSL-Zugang** (DSL-Router) die Zugangsdaten eingetragen und dieses Gerät stellt automatisch die Verbindung zum Internetprovider her. Wie Sie per **Funknetz** eine Verbindung zu einem WLAN-Router oder Zugangspunkt (Hotspot) einrichten, wird in Kapitel 6 skizziert. Bei einem **Internetzugang per Mobilfunk** verwenden Sie die vom Mobilfunkanbieter bereitgestellte Software, um die Verbindung auf- und wieder abzubauen.

Sofern Sie noch mit einem analogen **Modem** oder einem **ISDN**-Zugang arbeiten, stellen Sie die Verbindung nur bei Bedarf her. Ist ein Einwahlprogramm für den Internetzugang installiert oder wurde eine Einwahlverbindung manuell eingerichtet, sollte sich ein entsprechendes Symbol auf dem Desktop befinden.

So geht's ins Internet **255**

1 Doppelklicken Sie auf das betreffende Desktopsymbol für die Internetverbindung.

2 Tippen Sie bei Bedarf den **Benutzernamen** und das **Kennwort** für den Zugang in die Felder des Dialogfelds *Verbindung mit ... herstellen* ein.

3 Markieren Sie ggf. das Kontrollkästchen *Benutzernamen und Kennwort speichern für* und wählen Sie zusätzlich, ob die Option nur für das eigene Konto oder für alle Benutzer gelten soll.

> **ACHTUNG**
>
> Hat Ihnen Ihr Internetanbieter (z. B. T-Online) ein **persönliches Kennwort** mitgeteilt, **schützen** Sie dieses wie die Geheimzahl Ihrer EC-Karte. Verraten Sie es niemandem und lassen Sie das Kontrollkästchen zum Speichern des Kennworts unmarkiert. Dann müssen Sie allerdings das Kennwort vor jeder Verbindungsaufnahme erneut eintippen. Über die mit *Eigenschaften* beschriftete Schaltfläche können Sie übrigens auf die Eigenschaften der Einwahlverbindung zugreifen.

4 Klicken Sie auf die mit *Wählen* bezeichnete Schaltfläche.

Windows versucht jetzt, eine Verbindung per Modem/ISDN-Anschluss mit der angegebenen Rufnummer aufzunehmen. Sie werden über ein Dialogfeld über die benutzte Verbindung und den Status der Verbindungsaufnahme informiert. Geht alles glatt, wird die Verbindung mit dem Internetrechner des Providers aufgebaut. Dann verschwindet das Dialogfeld und Sie können im Internet surfen, E-Mails austauschen und mehr.

Benötigen Sie eine per Einwahlverbindung aufgebaute **Internetverbindung** nicht mehr, sollten Sie diese **trennen**. Hierzu gehen Sie folgendermaßen vor:

1 Doppelklicken Sie auf das betreffende Desktopsymbol zur Verbindungsaufnahme.

Windows öffnet den Statusdialog der Verbindung, in dem Sie auch die Dauer der Verbindung und die Übertragungsrate erkennen.

2 Klicken Sie auf der Registerkarte *Allgemein* des Dialogfelds *Status von …* auf die Schaltfläche *Trennen*.

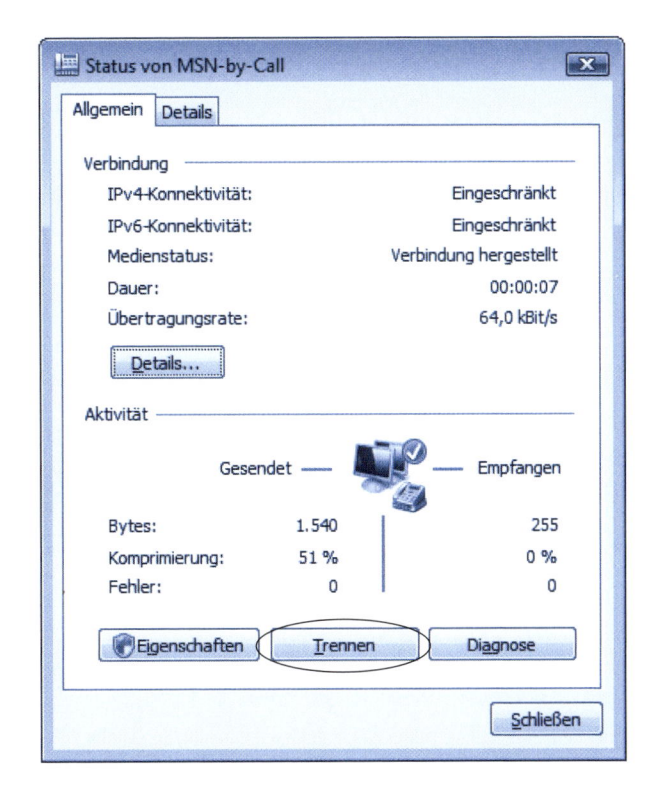

Sobald das Dialogfeld verschwindet, ist die Internetverbindung beendet.

HINWEIS

Verwenden Sie einen Tarifmanager wie den oben erwähnten Smartsurfer, funktioniert der Verbindungsauf- und -abbau genau so – auch wenn das Dialogfeld geringfügig anders aussieht. Bei einem Tarifmanager entfällt die Eingabe des Benutzernamens und des Kennworts. Dafür können Sie vor jeder Verbindungsaufnahme den Call-by-Call-Anbieter wählen. Manche Systeme sind auch so eingerichtet, dass beim Aufrufen des Internet Explorers bzw. bei der Anwahl der ersten Internetseite automatisch der Dialog zur Verbindungsaufnahme erscheint. Falls Sie Probleme bei der Interneteinwahl haben, lassen Sie sich von erfahrenen Bekannten oder Fachleuten zeigen, wie es geht.

Surfen im WWW

Das World Wide Web ist für mich eine riesige Informationsbörse mit Zugang vom eigenen Wohnzimmer. Sie können sich über eine Urlaubsregion, das Wetter im Zielgebiet, die neuesten Börsenkurse oder das Weltgeschehen informieren. Vielleicht wollen Sie Webseiten für Senioren besuchen, Routen für eine Fahrt planen lassen, in Kochrezepten schmökern, das neueste Video von »the Zimmers« ansehen und vieles mehr. Das Abrufen der im Internet gespeicherten Webseiten ist mit dem Internet Explorer oder einem alternativen Browser ein Kinderspiel. Sie müssen nur online gehen und schon haben Sie Zugriff auf das Wissen der Welt.

Websurfen – das erste Mal

So, nun ist es aber an der Zeit, die erste Webseite im Internet zu besuchen. Welche Webseite Sie besuchen, ist zweitrangig. Vielleicht versuchen Sie einmal die folgenden Schritte.

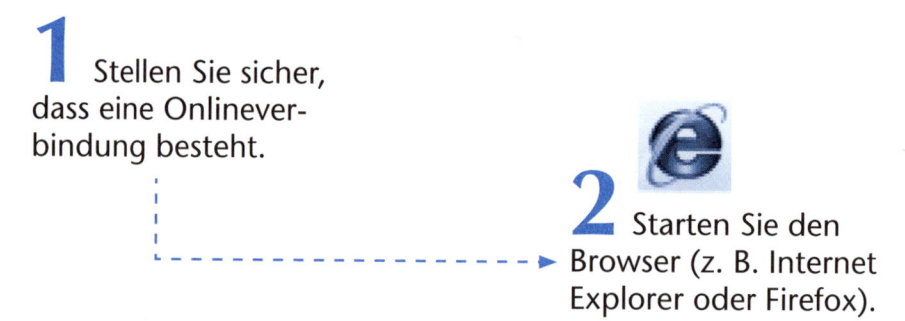

1 Stellen Sie sicher, dass eine Onlineverbindung besteht.

2 Starten Sie den Browser (z. B. Internet Explorer oder Firefox).

Die Symbole zum Aufruf der Browser finden Sie meist im Startmenü, ggf. auf dem Desktop oder in der *Schnellstart*-Symbolleiste bzw. der Windows 7-Taskleiste. Sobald das Fenster des Browsers erscheint, müssen Sie angeben, welche Webseite Sie ansehen möchten.

3 Tippen Sie »www.spiegel.de« in die Adressleiste des Internet Explorers ein.

Surfen im WWW   259

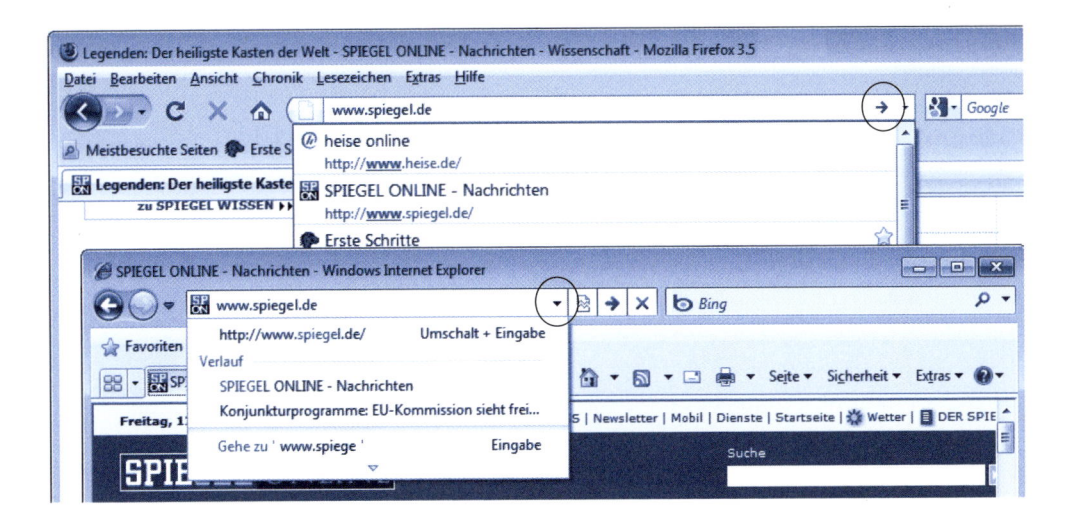

4 Drücken Sie die ⏎-Taste oder klicken Sie auf die rechts neben dem Adressfeld sichtbare Schaltfläche.

> **HINWEIS**
>
> Hier sehen Sie die Ausschnitte der beiden Browserfenster (Firefox im Hintergrund und Internet Explorer im Vordergrund). Bereits bei der Eingabe der Internetadresse klappt der Browser ggf. die Adressleiste auf und listet ähnlich lautende Adressen auf. Ist die gewünschte Adresse aufgeführt, können Sie diese durch Anklicken des Eintrags in die Adressleiste übernehmen und die Seite automatisch abrufen.

Sobald die eingegebene Adresse im letzten Schritt bestätigt wurde, fragt der Browser beim nächsten Internetserver an und ruft die gewünschte Seite aus dem World Wide Web ab. Wird die Seite gefunden, lädt der Browser die Daten aus dem Internet und zeigt den Inhalt an. Das kann einige Sekunden dauern. Wenn alles geklappt hat, gelangen Sie mit obiger Adresse zum Onlineangebot des »Spiegels«. Hier sehen Sie die Seite mit einigen Schlagzeilen.

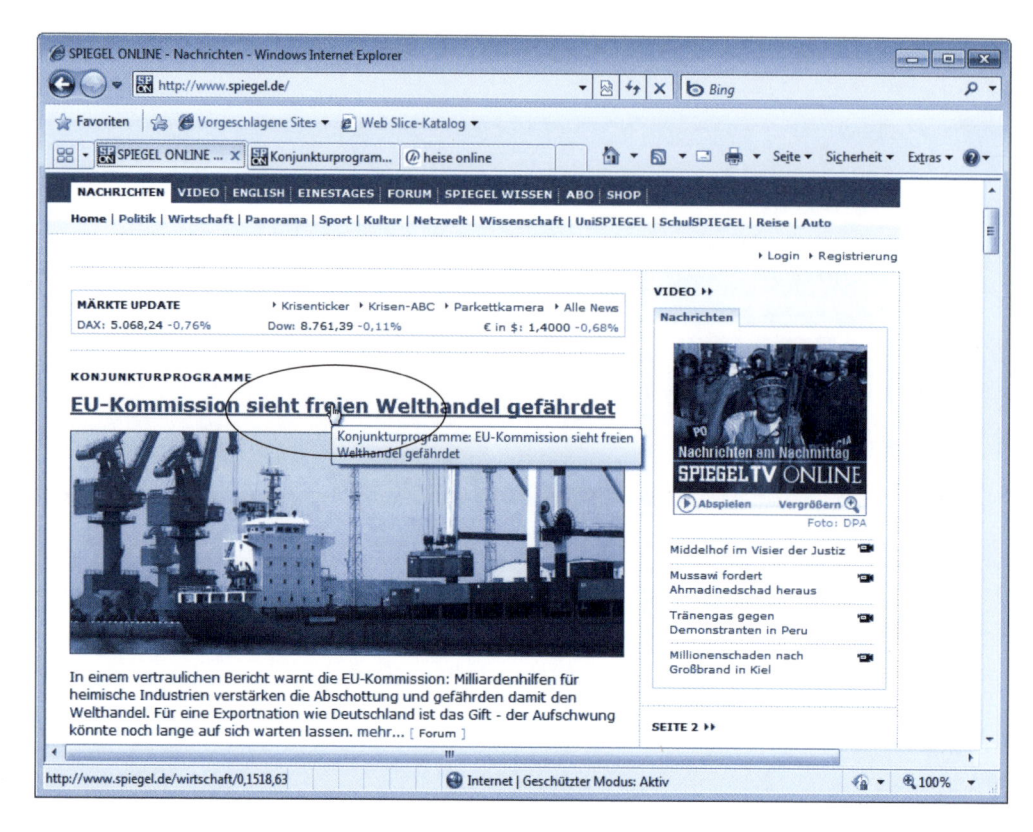

Wie geht es nun weiter und wie kommen Sie beispielsweise zum Artikel einer Schlagzeile?

Vielleicht ist Ihnen bereits aufgefallen, dass beim Zeigen auf verschiedene Stellen im Dokumentfenster (z. B. auf eine Schlagzeile) eine stilisierte Hand als Mauszeiger erscheint.

Bewegen Sie den Mauszeiger wieder von der Stelle weg, nimmt der Mauszeiger erneut die Form des gewohnten Pfeils an. Diese Stellen werden als **Hyperlinks** bezeichnet.

FACHWORT

Hyperlinks sind nichts anderes als **Verweise** (engl.: Links) **zu** anderen **Webseiten**. Der Autor einer solchen Seite legt fest, an welcher Stelle es diese Hyperlinks gibt, wohin verwiesen wird und wie die Links aus-

Surfen im WWW

sehen. In vielen Webseiten werden Hyperlinks als blau unterstrichener Text dargestellt. Aber das muss nicht sein. Bei Spiegel Online sind z. B. auch Schlagzeilen oder andere Texte sowie Bilder als Hyperlinks ausgeführt. Sicher erkennen lassen sich Hyperlinks am Wechsel des Mauszeigers. Sobald die stilisierte Hand erscheint, befindet sich der Mauszeiger auf einem Hyperlink, der sich anklicken lässt.

5 Suchen Sie einen solchen Hyperlink in der angezeigten Webseite und klicken Sie diesen an.

Bei Anwahl eines Hyperlinks ruft der Browser die im Link angegebene Folgeseite auf.

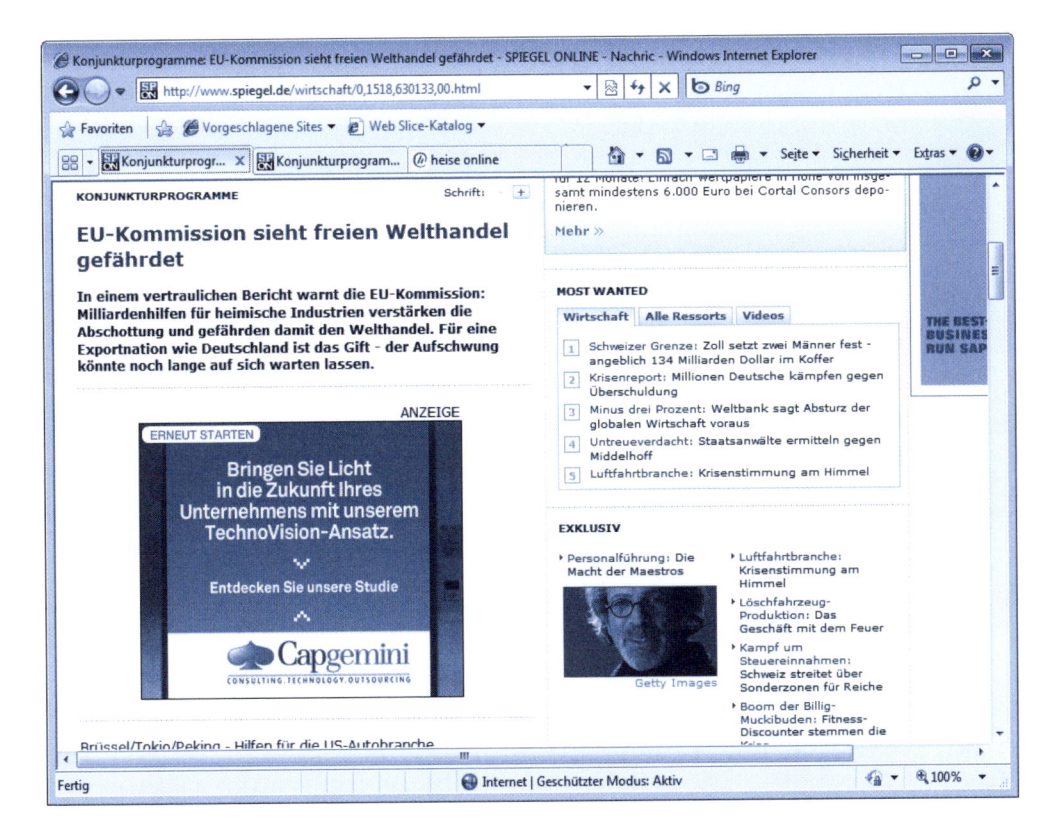

Diese Seite sollte nach kurzer Zeit im Fenster des Browsers erscheinen. Eine prima Sache, oder? Passt der Inhalt der Seite nicht ins **Dokumentfenster**, können Sie über die **Bildlaufleiste(n)** am rechten und unteren Rand im Dokument blättern. Aber das kennen Sie ja bereits aus früheren Kapiteln zu anderen Programmen.

Und wie geht's zurück?

Haben Sie die obigen Schritte nachvollzogen und eine Folgeseite aufgerufen? Sicherlich möchten Sie anschließend wieder zur Hauptseite zurückkehren. Jedes Mal die Startadresse (z. B. *www.spiegel.de*) einzutippen ist zu aufwendig. Glücklicherweise merken sich Browser wie der Internet Explorer die besuchten Seitenadressen. Links neben dem Adressfeld sehen Sie mit *Zurück*, *Eine Seite zurück*, *Vorwärts*, *Eine Seite vor* oder ähnlich beschriftete Schaltflächen.

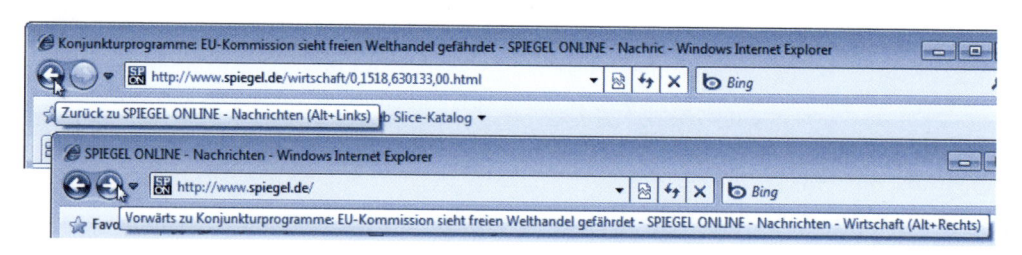

- Klicken Sie in der Symbolleiste auf die Schaltfläche *Zurück*, ruft der Browser die vorher besuchte Seite erneut auf. Durch das mehrfache Klicken auf diese Schaltfläche können Sie auch mehrere Seiten zurückgehen.

- Wählen Sie die Schaltfläche *Vorwärts* in der Symbolleiste, kommen Sie eine Seite weiter.

Die beiden Schaltflächen sind recht praktisch, wenn Sie mehrere Seiten angesehen haben und nochmals einen Schritt zurück und dann wieder weitergehen möchten. Sie können damit in gewisser Weise in den besuchten Webseiten blättern. Sind Sie am Anfang oder am Ende der Liste der von Ihnen besuchten Webseiten angelangt, sperrt der Browser die betreffende Schaltfläche (es bringt dann nichts mehr, in der betreffenden Richtung weiterblättern zu wollen). Wenn Sie den Browser beenden, vergisst das Programm diese Liste und die Schaltflächen sind beim nächsten Start erst einmal gesperrt.

> **TIPP**
>
> Sie können eine **besuchte Seite** auch **direkt auswählen**. Klicken Sie auf den Pfeil neben der Navigationsschaltfläche, öffnet sich ein Menü mit den Titeln der besuchten Seiten. Klicken Sie auf einen der Befehle, wird die Seite aufgerufen.
>
> Beim Internet Explorer 8 finden Sie rechts neben dem Adressfeld noch diese drei Schaltflächen.
>
> Die linke Schaltfläche ermöglicht, den Browser in den Internet Explorer 7-Kompatibilitätsmodus umzuschalten. Dies ist hilfreich, falls Webseiten nicht richtig angezeigt werden. Mit der mittleren Schaltfläche *Aktualisieren (F5)* bzw. der Funktionstaste [F5] lässt sich eine Webseite erneut anfordern. Die rechte Schaltfläche *Stopp (Esc)* oder die [Esc]-Taste bricht das Laden einer Seite ab. Beim Firefox finden Sie zwei Schaltflächen *Aktuelle Seite neu laden* und *Laden dieser Seite stoppen* rechts neben der Schaltfläche *Eine Seite vor*, wobei etwas andere Symbole benutzt werden. Diese Schaltflächen sind ganz praktisch, wenn das Laden einer Seite wegen Überlastung des Internets zu lange dauert oder unterbrochen wird.

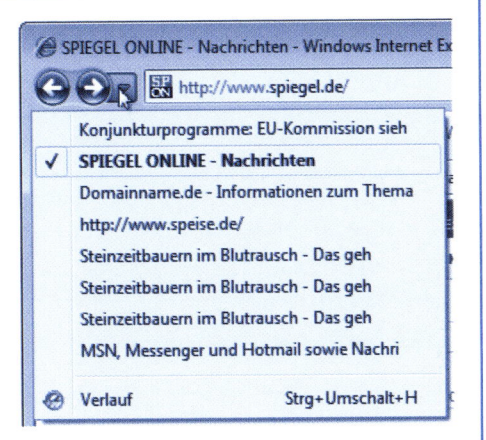

Das ist ja wirklich einfach! Sie brauchen nur eine Webadresse in das Feld *Adresse* einzutippen und diese über die ⏎-Taste zu bestätigen. Anschließend können Sie durch Anklicken der Hyperlinks weitere Webseiten abrufen. Mit den beiden Schaltflächen *Vorwärts* und *Zurück* lassen sich bereits während der aktuellen Internetsitzung besuchte Seiten abrufen. Für dieses Bewegen zwischen Webseiten hat sich der Begriff des »Websurfens« eingebürgert – auch dahinter steckt also nicht viel, außer dass es viel Spaß machen kann!

> **HINWEIS**
>
> Webadressen sind in der Art *www.name.de* gestaltet. Die drei Buchstaben *www* signalisieren, dass es sich um eine Hauptseite im World Wide Web handelt, während *Name* stellvertretend für den Firmennamen steht. An den letzten Buchstaben hinter dem Punkt können Sie manchmal noch erkennen, in welchem Land die Webseite geführt wird. Für Deutschland wird *.de* benutzt, Österreich hat die Kennung *.at* und die Schweiz benutzt *.ch*. Eine Erweiterung *.com* weist dagegen auf eine kommerzielle Webseite einer Firma hin, *.org* steht für eine Organisation (z. B. eine Schule oder eine Universität). Die Adresse *www.mut.de* verweist beispielsweise auf die Startseite des Angebots vom Markt+Technik Verlag.

Haben Sie Lust auf mehr bekommen? Sie müssen nur die Startadressen der verschiedenen Webseiten kennen und schon können Sie mit dem Surfen beginnen. Viele Firmen veröffentlichen ihre Adressen in Anzeigen. Manchmal kann man Internetadressen über den Firmennamen erraten. Ich habe einmal versuchsweise *www.aldi.de* eingetippt und konnte mich prompt über das Aldi-Angebot in Australien informieren (na ja, das Angebot der örtlichen Filiale habe ich auch auf der Seite gefunden). Ähnliches klappte auch mit *www.rewe.de*, *www.quelle.de*, *www.otto.de*, *www.neckermann.de* und vielen anderen Firmennamen. Es ist unglaublich, was sich alles im Web finden lässt. Vom virtuellen Zeitschriftenkiosk über Ratgeberseiten bis hin zu speziellen Seniorenseiten ist alles dabei. Zum Einstieg habe ich Ihnen in folgender Tabelle einige interessante Adressen zusammengestellt.

Adresse	Bemerkungen
www.welt.de www.faz.net www.handelsblatt.com www.times.com www.nzz.ch www.wienerzeitung.at	Adressen der gleichnamigen **Zeitungen**

Adresse	Bemerkungen
www.focus.de www.bunte.de www.gala.de	Die gleichnamigen **Magazine**
www.zdf.de www.tvtoday.de tv.web.de	Aktuelle **Fernsehprogramme**
www.teleauskunft.de tel.search.ch www.herold.at	Die örtlichen **Telefonbücher** im Internet; hilfreich, um bestimmte Personen zu finden
route.web.de www.reiseplanung.de	**Reiseinformationen** und **Stadtpläne**
www.chefkoch.de www.kochen.de rezepte.nit.at	Ratgeber, Tipps, Rezepte und mehr
www.seniorennet.de www.seniorentreff.de www.feierabend.com	Spezielle Seniorenseiten

Zum Suchen nach bestimmten Webseiten klicken Sie auf das in der rechten oberen Browserecke sichtbare Suchfeld, geben einen Suchbegriff (z. B. »Toskana«) ein und drücken die ⏎-Taste.

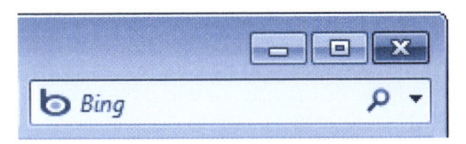

Alternativ können Sie auch die Seiten spezieller **Suchmaschinen** wie *www.google.de*, *www.yahoo.de*, *www.bing.de,* oder *www.web.de* im Browser aufrufen und dann das Stichwort in das auf der Webseite eingeblendete Suchfeld eintippen. Klicken Sie danach auf die in der Seite sichtbare *Suchen*-Schaltfläche, werden Webseiten, in denen der Begriff vorkommt, von der Suchmaschine ermittelt und als Liste ausgegeben. Dann genügt ein Mausklick auf den betreffenden Link, um die Webseite abzurufen.

> **HINWEIS**
>
> Unter dem Begriff **Web 2.0** gibt es eine neue Kategorie von Internetseiten zum Mitmachen, d. h., jeder Besucher kann dort ggf. Inhalte beitragen. **Fotos** finden Sie unter *www.flickr.com*, während **Videos** (u. a. auch von der Seniorengruppe »the Zimmers«) unter *www.youtube.com* zu finden sind. Die Adresse *www.secondlife.com* führt dagegen zu der virtuellen Welt von **Second Life**. Dort können sich Besucher als virtuelle Personen (als Avatare bezeichnet) tummeln. Firmen nutzen diese Plattform, um sich darzustellen. Viele dieser Angebote erfordern aber eine Anmeldung beim Betreiber der Seiten und/oder die Installation einer Zusatzsoftware.

> **ACHTUNG**
>
> Wenn Sie nicht mehr im Internet surfen möchten, sollten Sie bei Einwahlverbindungen die Onlineverbindung trennen – das entspricht dem Auflegen des Hörers nach einem Telefonat (siehe weiter oben). Der Browser lässt sich wie jedes andere Programm über die Schaltfläche *Schließen* ❌ beenden.

E-Mail-Schnellkurs

Um E-Mails versenden oder empfangen zu können, benötigen Sie ein sogenanntes E-Mail-Konto. Dieses beinhaltet eine E-Mail-Adresse sowie ein E-Mail-Postfach, in dem die Nachrichten zugestellt werden können. Es gibt viele Möglichkeiten, um an solche E-Mail-Konten heranzukommen. Manche Internetprovider stellen automatisch Konten bereit. Zusätzlich gibt es die Möglichkeit, sich kostenlose Postfächer bei verschiedenen Anbietern wie WEB.DE (*http://web.de/fm/*), GMX (*freemail.gmx.net*) oder Freenet (*www.freenet.de*) einzurichten. Hierzu müssen Sie sich lediglich anmelden und das Konto beantragen.

> **HINWEIS**
>
> Um eines dieser kostenlosen E-Mail-Konten zu beantragen, rufen Sie im Browser die Internetseite des gewünschten Anbieters (z. B. *http://web.de/fm/*) auf und klicken auf den Hyperlink zum Registrieren für ein kostenloses Postfach. Informieren Sie sich auf der angezeigten Webseite über das Angebot und die Bedingungen. Anschließend müssen Sie die Option zum kostenlosen Anmelden anklicken, um zur Seite mit dem Anmeldeformular zu gelangen. Auf den Anmeldeseiten werden die Angaben zur Person (Name, Wohnort etc.) abgefragt. Zudem müssen Sie in den Formularen den persönlichen Teil Ihrer E-Mail-Adresse (z. B. HBerger) eintragen. Wählen Sie den benutzerspezifischen Teil der E-Mail-Adresse so, dass Sie sich diesen leicht merken und schreiben können. Umlaute oder Leerzeichen sind nicht erlaubt. Häufig verwendet man die Initialen des Vornamens zusammen mit dem Nachnamen. Ist dieser Name bereits belegt, müssen Sie den Namen im Eingabefeld der E-Mail-Adresse variieren. Sie können notfalls den Unterstrich _ zum Trennen von Namensteilen benutzen. Dieser persönliche Teil der E-Mail-Adresse wird dann vom Anbieter mit dem feststehenden Teil (z. B. »web.de«) durch das AT-Zeichen @ kombiniert. Eine E-Mail-Adresse bei WEB.DE könnte also *HBerger@web.de* lauten. Beim Beantragen des E-Mail-Kontos werden auch die Zugangsdaten (Benutzername und Kennwort) festgelegt. Sie benötigen diese Informationen, um sich später am E-Mail-Konto anzumelden. Lassen Sie sich ggf. von erfahrenen Bekannten, Kindern oder Enkeln unterstützen, wenn Sie sich das Beantragen eines E-Mail-Kontos nicht zutrauen. Achten Sie bei dieser Anmeldung darauf, dass nicht unbeabsichtigt ein kostenpflichtiger Vertrag entsteht, da neben den kostenlosen E-Mail-Konten meist auch kostenpflichtige Angebote auf den Internetseiten zu finden sind.

WEB.DE-Freemail per Internet nutzen

Sobald das E-Mail-Konto eingerichtet ist, können Sie es nutzen. Nachfolgend möchte ich die Handhabung kurz für den Anbieter WEB.DE skizzieren – bei anderen Freemail-Anbietern wie Lycos, Freenet etc. funktioniert es ähnlich.

1 Rufen Sie die Freemail-Seite von WEB.DE (*http://web.de/fm/*) im Browser auf.

2 Tippen Sie in das Anmeldeformular Benutzername und Passwort ein und klicken Sie auf die mit *Anmelden* oder *Login* beschriftete Schaltfläche.

Sobald die Eingangsseite Ihres E-Mail-Kontos im Browser angezeigt wird, können Sie über Symbole bzw. Hyperlinks wie *Posteingang*, *E-Mail schreiben* etc. verschiedene Funktionen anwählen.

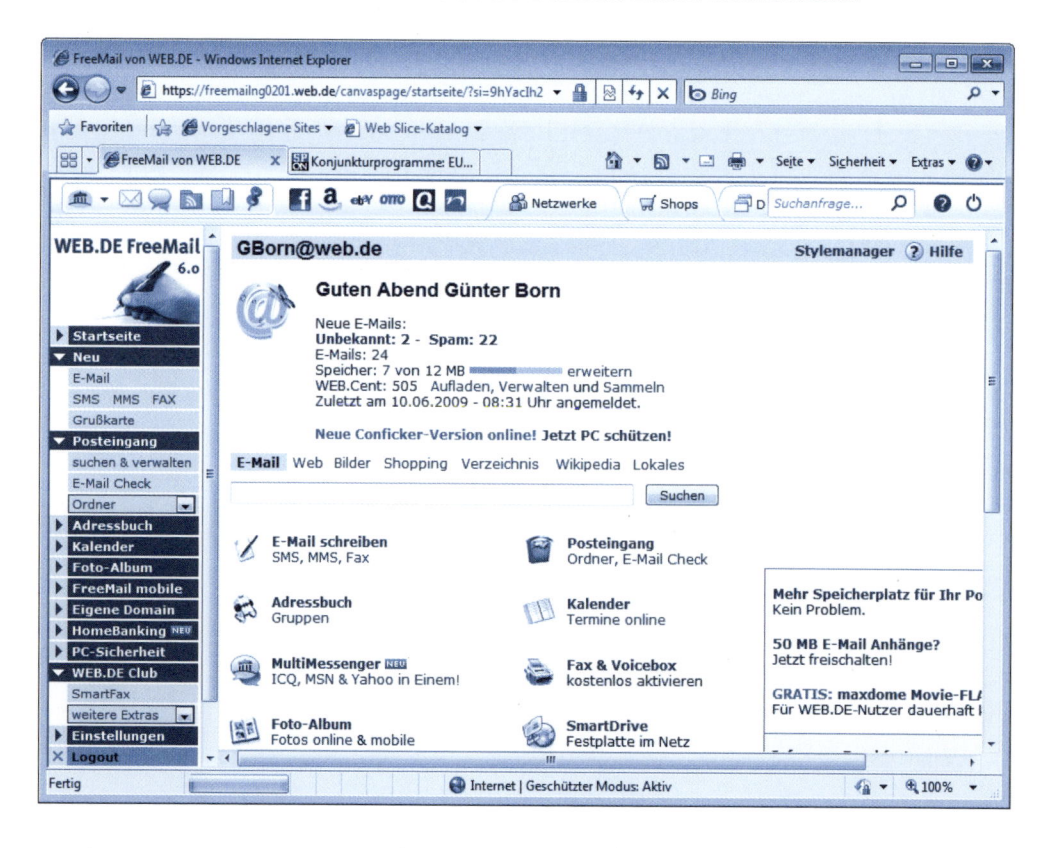

ACHTUNG

Wenn Sie Ihr E-Mail-Postfach über die Webseiten besuchen, achten Sie darauf, die Seite über die mit *Logout* oder *Abmelden* beschriftete Schaltfläche (bei WEB.DE in der linken Spalte) zu verlassen. Erst dann sollten Sie die Verbindung zum Internet trennen.

Eine neue E-Mail schreiben

Möchten Sie eine neue E-Mail erstellen? Zum Testen können Sie die Nachricht ja an Ihre eigene E-Mail-Adresse bei WEB.DE senden.

1 Neue E-Mails erstellen Sie, indem Sie entweder in der Seite auf den Hyperlink E-Mail schreiben oder in der Rubrik »Neu« auf die Schaltfläche *E-Mail* klicken.

Im Fenster des Browsers erscheint jetzt ein Formular mit Textfeldern, in die Sie die erforderlichen Daten der neuen Nachricht eintippen können.

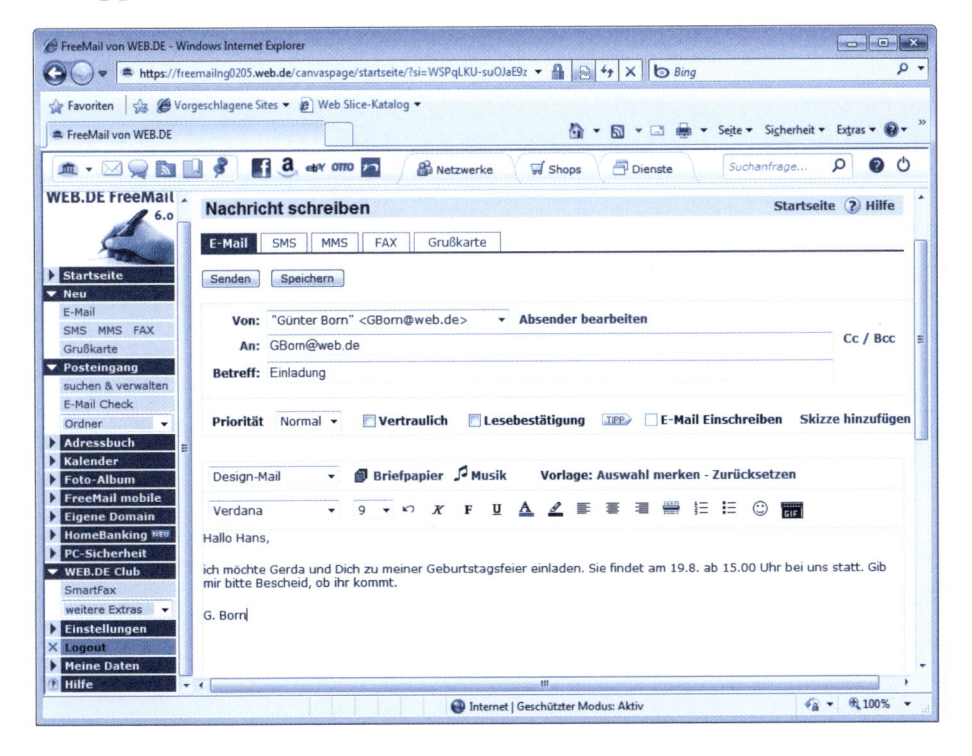

2 Geben Sie als Erstes die E-Mail-Adresse des Empfängers in das Feld *An:* ein (auf das Feld klicken und dann die Adresse eintippen). Über den Hyperlink *Cc/Bcc* können Sie weitere Adressfelder einblenden und mit Werten füllen.

3 Klicken Sie auf das Feld *Betreff:* und geben Sie einen kurzen Text als Betreff ein (damit der Empfänger sofort erkennt, um was es sich handelt).

Die beiden per Hyperlink einblendbaren Felder *Cc* (steht für »carbon copy«) und *Bcc* (steht für »blind carbon copy«) erlauben Ihnen, Durchschläge der Nachricht an weitere Empfänger zu schicken, und können leer bleiben. Wenn Sie Empfängeradressen für Durchschläge statt unter *Cc* in *Bcc* eintragen, erkennt der Empfänger nicht, an wen die Nachricht sonst noch verschickt wurde (bei *Cc* werden alle Empfänger in der verschickten Nachricht aufgelistet).

4 Klicken Sie in das am unteren Dokumentbereich gezeigte Feld und geben Sie dort den eigentlichen Text der Nachricht ein.

5 Ist die Nachricht fertig, suchen Sie die Schaltfläche *Senden* innerhalb der Seite und klicken darauf.

Die Nachricht wird dann im Postausgang abgelegt und verbleibt dort, bis der Postausgangsserver von WEB.DE die Nachricht abholt und verschickt (was einige Zeit dauern kann).

Mit obigen Schritten verfassen Sie nur eine einfache Textnachricht. Das Formular zum Schreiben einer E-Mail hält aber im unteren Bereich noch verschiedene Optionen und Felder bereit (siehe obige Darstellung), über die sich spezielle Funktionen nutzen lassen. Hier ein kurzer Überblick, was sonst noch möglich ist.

- Sie können beispielsweise im Listenfeld oberhalb des Textbereichs der Nachricht den Wert »Design-Mail« einstellen. Dann werden die Schaltflächen oberhalb des Textbereichs eingeblendet und Sie können den Nachrichtentext formatieren. Dies geht ähnlich, wie dies im vorherigen Kapitel am Beispiel von Word oder dem Writer erläutert wurde.

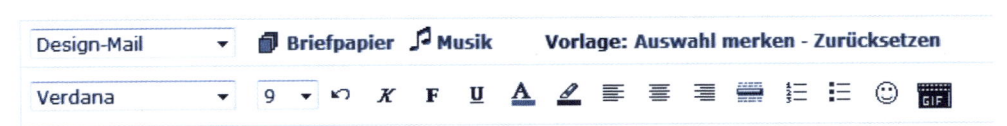

- Der Hyperlink *Briefpapier* im unteren Formularbereich ermöglicht die Auswahl eines Hintergrundmusters, welches der Nachricht zugeordnet wird. Dieses Muster wird dem Empfänger der Nachricht mit angezeigt. Beachten Sie aber, dass die zugehörigen Bilddateien Platz belegen und dass solche Nachrichten etwas länger zur Anzeige benötigen. Nicht jeder Empfänger wünscht Nachrichten mit Briefpapier.

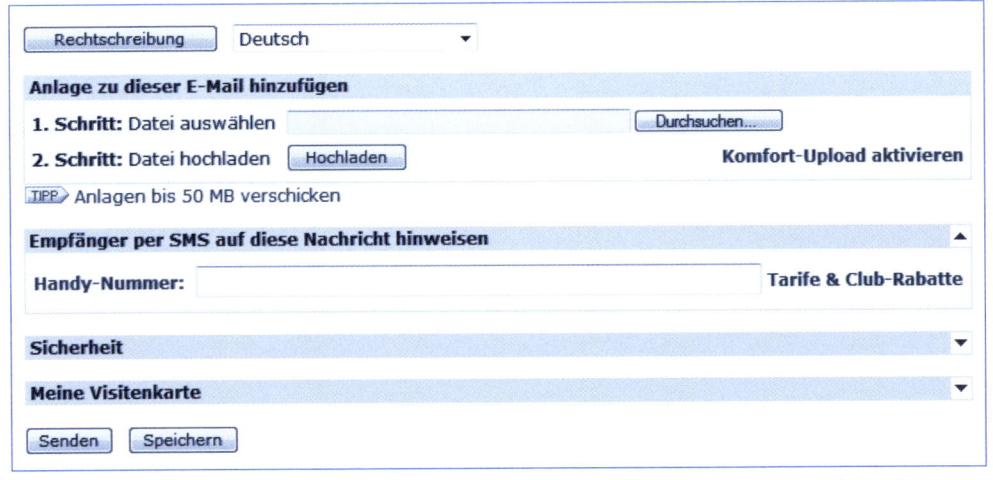

- Möchten Sie der Nachricht eine Datei (ein Bild, ein Word-Dokument etc.) anhängen, klicken Sie auf die Schaltfläche *Durchsuchen*, wählen dann im geöffneten Dialogfeld die gewünschte Datei, schließen das Dialogfeld und klicken auf die Schaltfläche *Hochladen*. Sobald ein Anhang hochgeladen wurde, wird das Ergebnis der Virenprüfung angezeigt.

Zusätzlich können Sie der Nachricht eine Visitenkarte anhängen, die sich über *(Neue) Visitenkarte anlegen* erstellen lässt. Falls die Schaltflächen nicht zu sehen sind, müssen Sie die kleine Schaltfläche mit dem Dreiecksymbol am rechten Rand der betreffenden Kategoriezeile anklicken, um die Darstellung zu erweitern. Sollte das Formular zum Verfassen neuer E-Mails unter Windows 7 im Internet Explorer 8 nicht richtig angezeigt werden, klicken Sie rechts neben der Adressleiste auf die Schaltfläche *Kompatibilitätsansicht*.

> **HINWEIS**
>
> Falls Sie Probleme beim Verfassen der ersten Mail haben oder einmal nicht so genau wissen, was eine Option bedeutet, klicken Sie einfach auf den Hyperlink *Hilfe*, der sich neben vielen Optionen befindet. Es erscheint eine Webseite mit zusätzlichen Erläuterungen, was es mit der Option auf sich hat.

Sie haben Post – die E-Mails lesen

Die eingetroffenen Nachrichten speichert WEB.DE automatisch im Posteingang. Dabei werden die Nachrichten (bei aktiviertem 3-Wege-Spam-Filter) automatisch in die drei Zusatzordner wie *Freunde & Bekannte*, *Unbekannt* und *Spam* einsortiert. Wenn Sie die obigen Schritte ausgeführt und sich eine Nachricht an die eigene Adresse geschickt haben, sollte also Post in einem dieser Ordner vorliegen. Den Inhalt des Posteingangs anzusehen und einzelne Briefe zu lesen ist ganz einfach. Sie müssen nur, wie oben beschrieben, an Ihrem WEB.DE-Postfach angemeldet sein.

1 Wählen Sie in der Startseite das Symbol Posteingang. Oder Sie klicken auf der Seite auf das Listenfeld Ordner der Rubrik »Posteingang« und wählen in der Liste dann den Wert Posteingang.

2 Ist der 3-Weg-Spam-Filter eingeschaltet, klicken Sie in der Seite des Posteingangs auf einen der Hyperlinks *Freunde & Bekannte*, *Unbekannt* oder *Unerwünscht*.

E-Mail-Schnellkurs

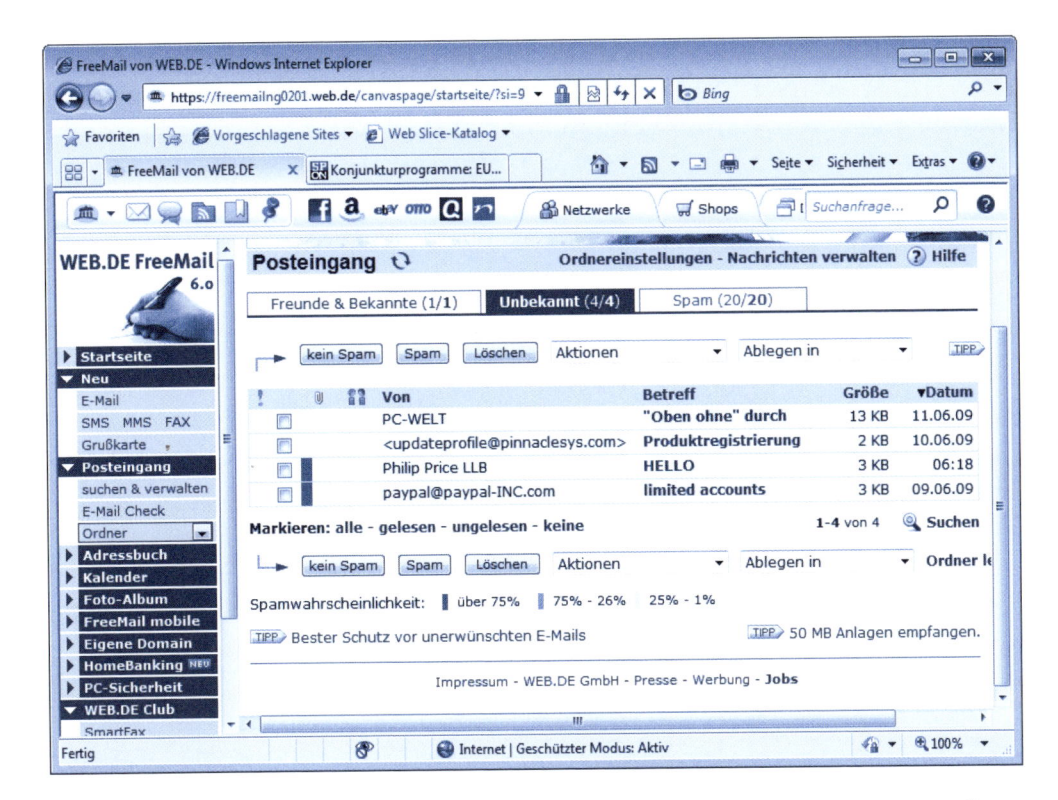

Jetzt erscheint der Inhalt des gewählten Ordners als Webseite, die alle eingegangenen Nachrichten als Liste zeigt.

> **HINWEIS**
>
> Im Postfach wird sich allerlei Werbemüll mit Angeboten für Glücksspiele, Potenzmittel etc. sammeln. Speziell der Ordner *Spam* dient zum Aussortieren dieser meist unerwünschten E-Mails. Im Ordner *Unbekannt* landet alles, was von unbekannten Absendern kommt. Nur der Ordner *Freunde & Bekannte* sollte Nachrichten von bekannten Absendern (die Sie entsprechend klassifiziert haben) aufweisen. Bei WEB.DE werden alle Nachrichten durch den Spam-Filter klassifiziert. Ein gelber Balken am linken Rand der Nachrichtenzeile weist auf Werbung hin, während eine rote Markierung obskuren Werbemüll (Werbung für Potenzmittel etc.) kennzeichnet. Solche Nachrichten sollten Sie ungelesen löschen.

Sie können das am Zeilenanfang sichtbare Kontrollkästchen anklicken, um Nachrichten zu markieren. Anschließend lassen sich die markierten Nachrichten über Schaltflächen und Listenfelder lesen, löschen oder in andere Ordner verschieben.

3 Zum Lesen einer Nachricht klicken Sie in der Spalte *Betreff* auf die Nachrichtenzeile, da der Betrefftext als Hyperlink ausgeführt ist. Oder Sie markieren das Kontrollkästchen am linken Rand der Nachrichtenzeile und klicken auf die Schaltfläche Lesen.

Die Nachricht wird in einem zweiten Formular geöffnet und Sie können den Text lesen. Eventuell anhängende Dateien sind als Liste aufgeführt. Über verschiedene Schaltflächen der Seite lassen sich zusätzliche Funktionen abrufen (z. B. Nachricht beantworten).

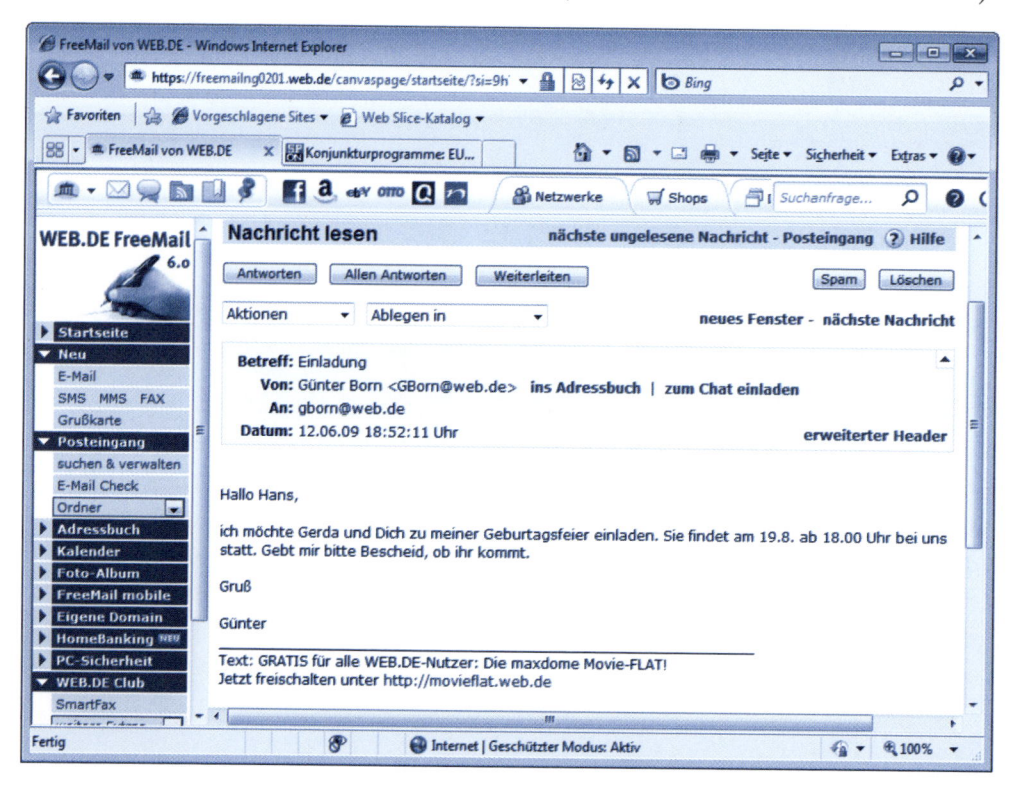

Enthält eine Nachricht Anlagen, werden die Dateien samt Größe in einer Liste unterhalb der E-Mail aufgeführt. Sie können auf den als Hyperlink ausgeführten Dateinamen klicken, um die Anlage zu öffnen. Ein Dialogfeld mit den Schaltflächen *Öffnen* und *Speichern* ermöglicht, die Anlage in einer Anwendung zu laden oder aus dem Internet auf Ihren Computer herunterzuladen.

> **ACHTUNG**
>
> Anlagen einer E-Mail können Viren oder sonstige Schadprogramme enthalten. Sie sollten die Anhänge daher immer speichern und niemals direkt öffnen. Bei WEB.DE werden die Anhänge einer Nachricht automatisch auf Viren überprüft. Sie können aber vor dem Speichern auf die Schaltfläche *Erneut auf Viren prüfen* klicken. Wird ein Virus erkannt, erhalten Sie eine Warnung. Über die Schaltfläche *Anlage löschen* lässt sich diese entfernen. Denken Sie daran, dass neue Schadprogramme unter Umständen noch nicht erkannt werden. Nachrichten von unbekannten Empfängern oder obskure Anhänge (z. B. ausführbare Programme, die Sie nicht angefordert haben) sollten Sie sofort über die betreffenden Schaltflächen des Formulars löschen. Zudem empfiehlt es sich, zusätzlich einen Virenscanner unter Windows zu installieren und aktuell zu halten (siehe Anhang).

Wie wehre ich mich gegen Werbemüll?

Gelegentlich kommt es vor, dass Ihre E-Mail-Adresse in unbefugte Hände gelangt (z. B. wenn Sie die Adresse in Webseiten mit Gewinnspielen etc. angeben). Dann bleibt es nicht aus, dass zukünftig ungebetene Werbe-E-Mails (mit allerlei unsinnigen Angeboten) in Ihr Postfach flattern. Diese Nachrichten bezeichnet man auch mit dem Begriff »Spam«. Spam kann aber auch überhandnehmen und ist lästig. Hier noch ein paar Tipps, wie Sie unnötigen Spam vermeiden oder filtern.

- Geben Sie Ihre E-Mail-Adresse nur an Personen weiter, von denen Sie auch E-Mails erhalten wollen. Tragen Sie Ihre E-Mail-Adresse niemals auf obskure Webseiten, in Adressverzeichnisse, bei Gewinnspielen etc. ein.

- Haben Sie ungebetene E-Mail (z. B. mit Erotikangeboten) bekommen, beantworten Sie diese auf keinen Fall (auch wenn am Ende der Seite ein Link oder eine Adresse zum Abbestellen der Mails aufgeführt ist). Beschweren Sie sich auch nicht beim Absender der Mail. Dies führt nur dazu, dass diese Leute wissen, dass Ihre E-Mail-Adresse gültig ist. Sie würden dann erst recht mit Spam-Mail überschwemmt.

> **TIPP**
>
> Ich habe mir zudem bei WEB.DE ein zweites Freemail-Postfach eingerichtet, welches ich nur gelegentlich abfrage und fast alle Mails sofort lösche. Dieses Postfach gebe ich ggf. an, wenn auf einer Webseite die Eingabe einer E-Mail zwingend erforderlich ist.

Den Spam-Filter einschalten und trainieren

WEB.DE bietet einen 3-Wege-Spam-Schutz, den Sie ein- oder ausschalten können.

Der Zugriff auf die Einstellungen erfolgt über den Hyperlink *Spam & Virenschutz* auf der Eingangsseite des Postfachs.

Bei eingeschaltetem Spam-Schutz sortiert WEB.DE eintreffende Nachrichten automatisch in die drei Ordner *Freunde & Bekannte* (nur von bekannten Absendern), *Unbekannt* (wenn der Absender unbekannt ist) und *Unerwünscht* (wenn die Nachricht als Spam erkannt wird). Über die am oberen Rand der Posteingangsseite angezeigten Hyperlinks *Unbekannt* und *Spam* wird der Inhalt der betreffenden Ordner eingeblendet.

Der Spam-Filter wird aber nicht alle Nachrichten als Spam erkennen oder auch mal einen Fehlalarm bei einer erwünschten Nachricht auslösen. Sie können den Filter aber »trainieren«.

- Nicht erkannte Spam-Nachrichten, die im Ordner *Unbekannt* oder *Freunde & Bekannte* als Spam landen, markieren Sie über das zugehörige Kontrollkästchen am Zeilenanfang. Anschließend klicken Sie auf die Schaltfläche *Spam*.

- Wurde eine Nachricht fälschlich als Spam erkannt und im Ordner *Unbekannt* bzw. *Spam* abgelegt? Markieren Sie das Kontrollkästchen der Nachricht und klicken Sie auf die Schaltfläche *Kein Spam*.
- Möchten Sie Nachrichten aus dem Ordner *Unbekannt* in den Ordner *Freunde & Bekannte* verschieben, markieren Sie ebenfalls das Kontrollkästchen der Nachricht. Anschließend wählen Sie im Listenfeld *Ablegen in* den Wert »Freunde & Bekannte«. Die Nachricht wird dann automatisch in den betreffenden Ordner verschoben.
- Zum Entfernen einer Nachricht wählen Sie die Schaltfläche *Löschen* des Formulars.

> **HINWEIS**
>
> Die WEB.DE-Freemail-Webseite bietet Ihnen weitere Symbole und Schaltflächen, um Zusatzfunktionen wie Adressbücher, Fax- oder SMS-Versand etc. abzurufen. Auf diese Funktionen kann ich aber aus Platzgründen nicht eingehen.

Mit den obigen Erläuterungen sollten Sie die ersten E-Mails verschicken und auch empfangen können. Zum Probieren können Sie sich ja selbst eine E-Mail an die eigene Adresse senden. Der Vorteil des obigen Ansatzes, E-Mails über Webseiten zu verschicken, liegt darin, dass dies mit wenig Aufwand verbunden ist. Ein einmal eingerichtetes Konto lässt sich später jederzeit über die Webadresse nach Eingabe von Benutzername und Kennwort abrufen. Das kann notfalls auch mal in einem Internetcafé auf Mallorca geschehen. Nachteilig ist aber, dass Sie zum Schreiben und Lesen der E-Mails immer online sein müssen. E-Mail-Programme wie Outlook Express (Windows XP), Windows Mail (Windows Vista), Microsoft Outlook oder Windows Live Mail bieten hier wesentlich mehr Komfort. Aus Platzgründen muss aber deren Behandlung an dieser Stelle unterbleiben.

Zusammenfassung

In diesem Kapitel haben Sie einen Einblick in die Welt des Internets und in das Surfen im Web bekommen. Für den Einstieg reicht das, und Sie kommen mit den gezeigten Funktionen auch schon recht weit. Allerdings musste aus Platzgründen vieles verkürzt dargestellt werden. Eine wesentlich detailliertere Darstellung interessanter Webseiten, Anleitungen zum Suchen im Internet, Informationen zum Internetbanking, Tipps zum Herunterladen von Bildern oder Dateien aus dem Web und vieles mehr finden Sie in dem Markt+Technik-Titel »Internet – leichter Einstieg für Senioren«. In diesem Titel wird auch gezeigt, wie Sie E-Mails mit Windows Live Mail erstellen oder abrufen können und wie Sie ein Adressbuch mit E-Mail-Adressen pflegen.

Lernkontrolle

Zur Überprüfung Ihres Wissens können Sie die folgenden Fragen beantworten. Die Antworten sind in Klammern angegeben.

- **Was versteht man unter einem Hyperlink?**
  (Das ist ein Verweis innerhalb einer Webseite auf eine andere Webseite oder einen anderen Abschnitt im gleichen Dokument. Das Dokument wird durch Anklicken des Hyperlinks im Browser aufgerufen.)

- **Wie laden Sie eine Webseite im Internet Explorer?**
  (Internet Explorer starten und die URL der Seite in das Adressfeld eintippen.)

- **Wie lässt sich die vorherige Seite im Internet Explorer abrufen?**
  (Verwenden Sie die Schaltfläche *Zurück*.)

- **Was benötigen Sie, um E-Mails zu versenden?**
  (Sie benötigen einen Internetzugang, ein E-Mail-Konto und einen Browser zum Zugriff auf das E-Mail-Konto.)

Mobil mit dem Notebook

Das Notebook lässt sich auf Reisen mitnehmen oder im Haus an verschiedenen Stellen einsetzen. Dann ergeben sich aber Fragen wie: Kann ich auf Reisen oder unterwegs ins Internet? Wie komme ich möglichst lange mit einer Akkuladung aus? In diesem Kapitel erfahren Sie, was sich hinter Begriffen wie WLAN oder Hotspot versteckt bzw. wie Sie ggf. in einem Hotel ins Internet kommen. Zudem werden das Telefonieren über das Internet sowie die Absicherung des Notebooks gegen Missbrauch angesprochen.

Das lernen Sie in diesem Kapitel   **6**
- Das Notebook auf Reisen nutzen?
- WLAN, was ist das?
- Das Notebook richtig absichern

Das Notebook auf Reisen nutzen?

Sind Sie mit Ihrem Notebook unterwegs, gilt es möglichst lange mit einer Akkuladung auszukommen. Oder Sie möchten wissen, wie Sie eventuell ins Internet kommen. Diese Fragen werden nachfolgend besprochen.

Energiesparoptionen, damit der Akku hält

Unterwegs haben Sie nicht immer eine Steckdose zur Verfügung, d. h., ein eingeschaltetes Notebook bezieht den Strom über den Akku. Das Gleiche gilt, falls Sie den Netzstecker zu Hause gezogen haben. Erkennen lässt sich dies über eine kleine Anzeige in der Taskleiste. Im Akkubetrieb sollte das Symbol einer stilisierten Batterie (hier links) erscheinen.

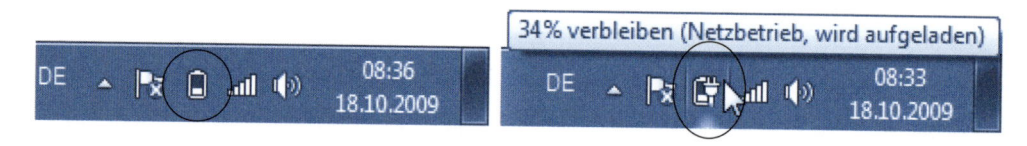

Ein Steckersymbol mit einer Batterie (hier rechts zu sehen) zeigt Ihnen, dass der Akku gerade aufgeladen wird. Zeigen Sie per Maus auf die betreffenden Symbole, erscheint eine QuickInfo mit einer Akkukapazitätsangabe in Prozent (Windows Vista blendet zusätzlich die geschätzte Restlaufzeit ein). Im Akkubetrieb sollten Sie alles abschalten, was nicht gerade benutzt wird.

- Ist Ihr Notebook mit einer WLAN-Einheit für Funknetzwerke ausgestattet, Sie arbeiten aber ausschließlich lokal? Dann sehen Sie im Handbuch nach, wie sich die **WLAN-Funktion abschalten** lässt.

- Sehen Sie im Handbuch nach, wie sich die Hintergrundbeleuchtung des TFT-Displays abschalten lässt. Weiterhin sollten Sie die Helligkeit der Anzeige herunterregeln. Meist geht dies über die Fn-Taste.

Das Notebook auf Reisen nutzen? **281**

- Vermeiden Sie, eine eingelegte CD oder DVD im Akkubetrieb abzuspielen, da der Motor des Laufwerks unnötig Energie verbraucht.

Externe Geräte wie Mäuse, Speicherkartenleser, externe Festplatten, Bluetooth-Adapter, DVB-T-USB-Fernsehempfänger, UMTS-Sticks etc., die momentan nicht benötigt werden, sollten im Batteriebetrieb vom Notebook abgestöpselt werden.

Zudem lassen sich die **Energiesparoptionen** (auch als **Energiesparplan** bezeichnet) so **einstellen**, dass das Notebook möglichst energiesparend betrieben wird.

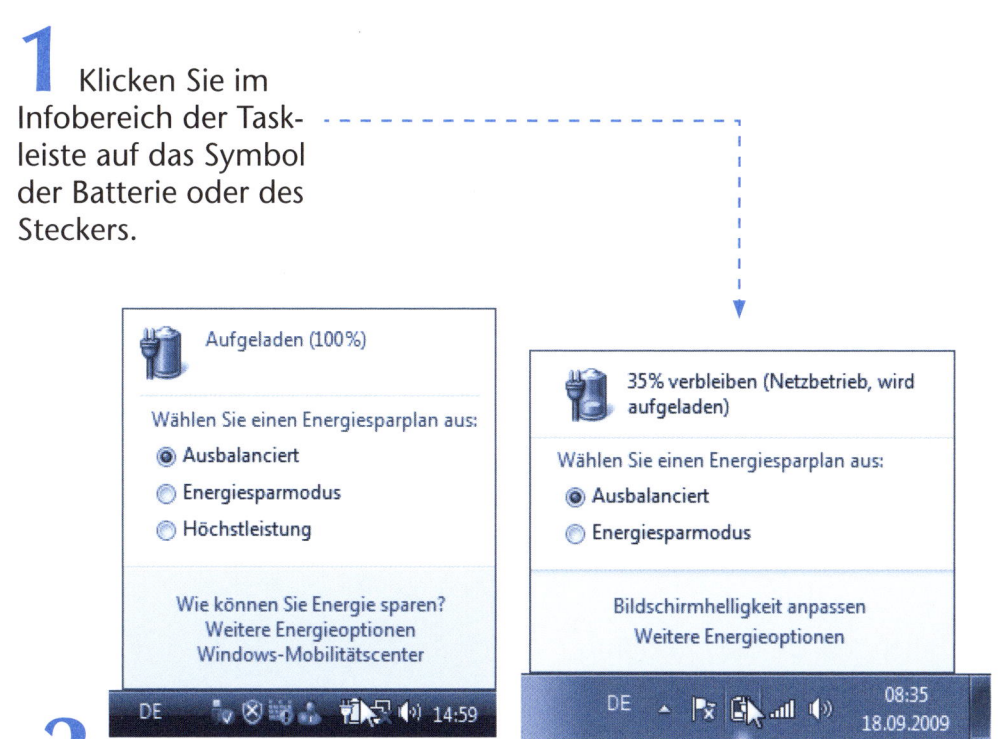

1 Klicken Sie im Infobereich der Taskleiste auf das Symbol der Batterie oder des Steckers.

2 Klicken Sie in der eingeblendeten QuickInfo (links Windows Vista, rechts Windows 7) auf das Optionsfeld des gewünschten Energiesparplans.

Im Akkubetrieb ist das Optionsfeld *Energiesparmodus* vorzuziehen. Dies veranlasst Windows, bei unbenutztem Notebook den Bildschirm nach einer bestimmten Wartezeit abzuschalten und nach einer weiteren Wartezeit in den Energiesparmodus zu wechseln.

HINWEIS

Im Energiesparmodus wird das Notebook in eine Art »Schlafmodus« versetzt, bei dem nur noch wenig Strom verbraucht wird. Sobald Sie eine Taste am Notebook drücken oder die Maus bewegen, wird der Bildschirm wieder eingeschaltet. Bei einem bereits im Schafmodus (Energiesparmodus) befindlichen Notebook müssen Sie den Ein-Schalter betätigen. Dann gelangen Sie nach wenigen Sekunden zum Anmeldebildschirm.

TIPP

Der Hyperlink *Wie können Sie Energie sparen?* in der QuickInfo öffnet in Windows Vista das Fenster der Hilfe und zeigt eine Seite mit Informationen zum Energiesparen.

Möchten Sie die **Einstellungen für** verschiedene **Energiesparpläne in Windows einsehen oder** an eigene Bedürfnisse **anpassen**? Auch dies ist kein großes Problem.

1 Blenden Sie die QuickInfo mit den Energiesparplan-Optionen ein, indem Sie im Infobereich der Taskleiste auf das Symbol der Batterie oder des Steckers klicken.

2 Wählen Sie in der QuickInfo den eingeblendeten Hyperlink *Weitere Energieoptionen*.

Das Notebook auf Reisen nutzen? **283**

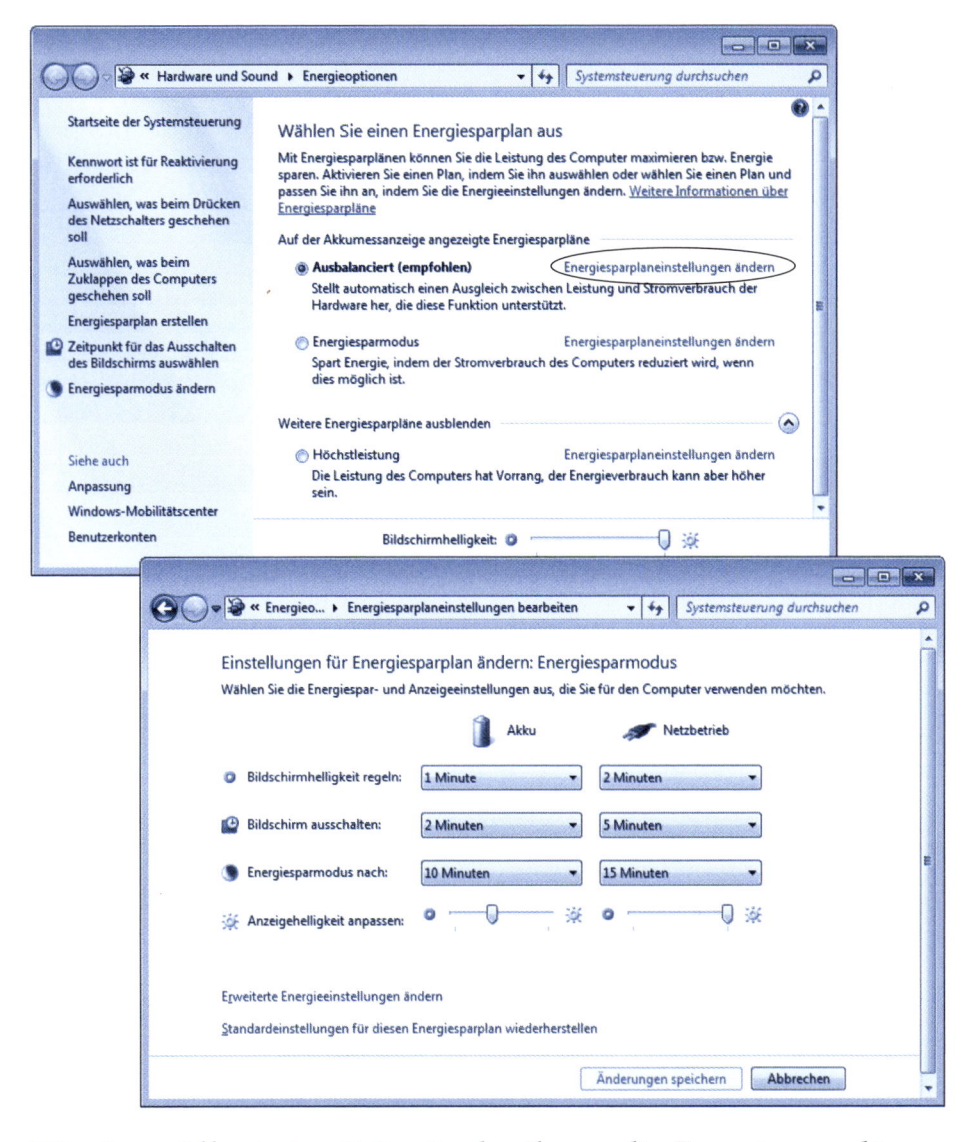

Windows öffnet eine Seite, in der Ihnen die Energiesparpläne angezeigt werden (hier das obere Fenster).

3 Klicken Sie auf den Hyperlink *Energiesparplaneinstellungen ändern*, um die Folgeseite (hier unten sichtbar) zu öffnen.

4 Passen Sie auf der Folgeseite (hier unten dargestellt) die Bildschirmhelligkeit und die Ausschaltzeit für den Bildschirm sowie die Aktivierungszeit für den Wechsel in den Energiesparmodus über die Listenfelder an.

Über die Listenfelder lassen sich die Einstellungen individuell für den Akku- und den Netzbetrieb anpassen. Die Änderungen am Energiesparplan werden beim Anklicken der Schaltfläche *Änderungen speichern* gesichert.

> **HINWEIS**
>
> Der Hyperlink *Erweiterte Energieeinstellungen ändern* öffnet ein Eigenschaftenfenster, in dem Sie weitere Optionen für den Energiesparmodus wählen können. Es lässt sich bei einem Notebook z. B. festlegen, was beim Schließen des Deckels, beim Drücken des Ein-/Ausschalters oder beim Drücken der Taste für den Ruhezustand passieren soll. Details zu diesen Optionen liefert die Windows-Hilfe.

> **TIPP**
>
> Im **Windows-Mobilitätscenter** können Sie sich auf einen Blick über die wichtigsten Einstellungen informieren.
>
> Öffnen Sie hierzu in **Windows Vista** die QuickInfo der Energieoptionen durch einen Mausklick auf das Symbol der Batterie bzw. des Steckers im Infobereich der Taskleiste. Dann reicht ein Mausklick auf den Hyperlink *Windows-Mobilitätscenter*.

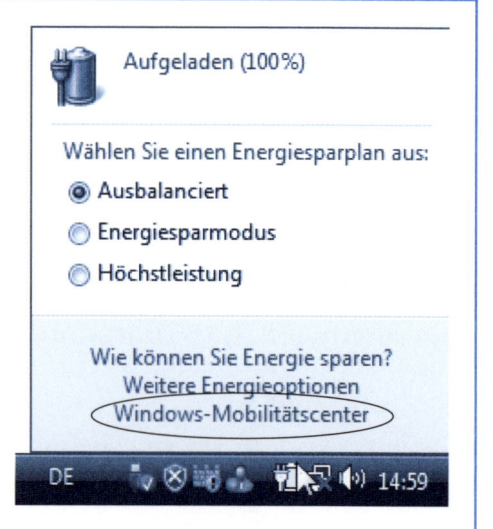

Bei **Windows 7** klicken Sie auf das Batteriesymbol in der Taskleiste, wählen in der QuickInfo aber den Hyperlink *Weitere Energieoptionen*. Danach klicken Sie in der linken Spalte der angezeigten Seite auf den Hyperlink *Windows-Mobilitätscenter*.

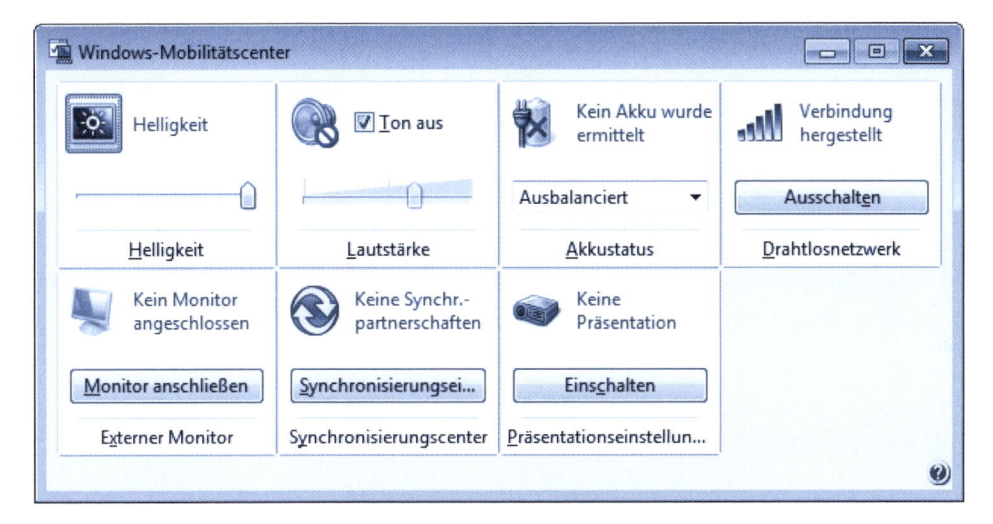

Je nach Windows-Variante können Sie über die Bedienelemente des Mobilitätscenters die Bildschirmhelligkeit oder die Lautstärke anpassen, den Energiesparmodus ändern, das Drahtlosnetzwerk ein- oder ausschalten oder einen angeschlossenen externen Monitor zu- oder abschalten. Die Schaltfläche *Synchronisierung* ermöglicht Ihnen, Dateien mit Rechnern im Netzwerk abzugleichen. Diese für den geschäftlichen Einsatz vorgesehene Funktion wird in diesem Buch aber nicht behandelt.

Internetzugang auf Reisen?

Zu Hause ist der Internetzugang meist kein Problem, ist dort doch ein Telefonanschluss vorhanden. Dann haben Sie schnell eine Verbindung zu einem Provider eingerichtet (siehe Kapitel 5). Auf Reisen besteht in Hotels mit Telefonanschluss zwar die Möglichkeit, ein Modem für den Internetzugang einzusetzen. Sie benötigen ein Notebook mit Modem sowie die passenden Modemkabel (Modemkabel mit passenden Steckern für das Ausland gibt es meist in den Flughäfenshops der betreffenden Länder). Das größere Problem ist, einen Provider zu finden, der auch im Ausland eine Einwahlnummer zum jeweiligen Ortstarif anbietet (es ist von den Kosten her kaum möglich, die deutsche Einwahlnummer des Providers aus dem Ausland anzurufen). Sofern Sie einen Vertrag mit Providern wie T-Online oder 1&1 haben, erkundigen Sie sich nach internationalen Einwahlnummern. Meist läuft so etwas unter dem Stichwort »Roaming« und die Informationen finden Sie üblicherweise auf den Internetseiten der Anbieter. Auf der Webseite *www.ateo.de* können Sie unter dem Stichwort *iPass* ein deutschsprachiges Angebot für den weltweiten Internetzugang für Modem, Handy, WiFi-Hotspot etc. bestellen. Dort gibt es auch eine Einwahlsoftware zum Download. Allerdings lohnt sich dies nur für Menschen, die häufig oder länger reisen.

Wie kommen Sie unterwegs ins Internet, wenn die obige Lösung per Modem und Telefonanschluss ausscheidet? Sie können die **Internetverbindung** für das Notebook **per Handy** (mit Bluetooth oder USB-Datenkabel) oder per USB-Surfstick herstellen (siehe auch Kapitel 5). Nachteilig ist, dass in ländlichen Gebieten oft nur langsame GPRS-Verbindungen möglich sind und diese Art des Internetzugangs noch recht teuer ist.

Die einfachste und preiswerteste Lösung wäre, ein **Internetcafé** aufzusuchen und dort die gewünschten Webseiten abzurufen. Oft lässt sich das eigene Notebook über ein Netzwerkkabel oder eine WLAN-Verbindung mit dem Router des Internetcafés verbinden – und schon sind Sie im Internet. Einziges Problem: Sie sollten aus Sicherheitsgründen keine kritischen Vorgänge wie Onlineüberweisungen vornehmen. Zudem kann man nie sicher sein, ob nicht Kennwörter am Computer im Internetcafé aufgezeichnet und gespeichert werden.

Da moderne Notebooks einen eingebauten WLAN-Adapter für Funknetzwerke aufweisen, besteht die Möglichkeit, über einen sogenannten **Hotspot** ins Internet zu gehen. Hotspots sind nichts anderes als »öffentliche« WiFi-Empfangsstationen, die dann einen Zugang zum Internet freigeben. Solche Hotspots werden in Bahnhöfen, Flughäfen, Hotels, Gaststätten etc. angeboten. Die Verbindungsaufnahme mit einem Hotspot ist auf den nachfolgenden Seiten beschrieben.

> **TIPP**
>
> Eine Übersicht über Hotspots finden Sie im Internet auf Webseiten wie *www.hotspot-locations.de, wi-fi.jiwire.com* und *www.hotspotfinder.de*. Unter *www.informationsarchiv.net/magazin/19* gibt es weitere Informationen zum Auffinden von Hotspots.

WLAN, was ist das?

WLAN ist die Abkürzung für **W**ireless **L**ocal **A**rea **N**etwork, also ein drahtloses lokales Netzwerk. Über die entsprechende WiFi-Funktechnik (WiFi steht für Wireless Fidelity) kann eine Verbindung zwischen verschiedenen Geräten hergestellt werden. Dies ermöglicht Ihnen, mit dem Notebook in verschiedenen Räumen oder im Garten zu arbeiten und trotzdem im Internet zu surfen oder sogar über das Internet (z. B. mit dem Programm Skype) zu telefonieren.

Was brauche ich für ein WLAN-Funknetzwerk?

Windows bringt bereits eine Unterstützung für Drahtlosnetzwerke (Funknetzwerke) mit.

Und bei Notebooks ist meist ein WLAN-Adapter eingebaut – oder lässt sich als USB-WLAN-Stick, z. B. FRITZ!WLAN USB Stick, preiswert nachrüsten.

Sie brauchen dann nur noch einen WLAN-Zugangspunkt (quasi die Gegenstelle), die den Internetzugang ermöglicht. Meist wird als WLAN-Zugangspunkt ein **WLAN-DSL-Router** verwendet, der einen Breitband-DSL-Anschluss bereitstellt (siehe Kapitel 5). Solche Router ermöglichen den Zugriff auf das Internet sowie die Vernetzung mehrerer Rechner über Netzwerkkabel und/oder Funkstrecken. Hier sehen Sie ein entsprechendes Gerät der Firma AVM, welches WLAN, DSL-Modem und die Funktion eines Netzwerkrouters bereitstellt.

(FRITZ!Box Fon WLAN, Foto: Firma AVM)

TECHTALK

Das sollten Sie über WiFi-Netze wissen

Bei WiFi-Funknetzwerken werden verschiedene Wireless-LAN-Standards (IEEE 802.11b mit 11 Mbit/Sekunde, IEEE 802.11g mit 54 Mbit/Sekunde) unterschieden. Neueste Geräte unterstützen auch 802.11n. Problem ist aber, dass sich Geräte verschiedener Hersteller nicht immer untereinander verstehen. Achten Sie beim Kauf solcher Komponenten daher darauf, dass diese WiFi-kompatibel sind. Zudem sollten Sie wissen, dass die Funkübertragung die angegebenen maximalen Übertragungsraten nur im Freien erreicht. Sind Betondecken, Holz- oder Rigips zwischen den Funkempfängern? Metall und Wasser dämpfen die Funkwellen, sodass die Empfangsqualität und damit die Datenübertragungsrate sinkt. Bei ungünstigen Gegebenheiten ist dann kein Empfang mehr möglich.

WLAN-Funktechnik in Betrieb nehmen

Die Inbetriebnahme eines WLAN-Funknetzwerks mit Internetzugang über DSL erfolgt in mehreren Schritten. Sie müssen den WLAN-Router betriebsbereit machen und können dann in einem weiteren Schritt die Funkstrecke einrichten. Zur Inbetriebnahme eines WLAN-Routers reicht es, diesen zur Stromversorgung an eine Steckdose anzuschließen. Anschließend sollten Sie die **Verkabelung herstellen**.

- Bei einem WLAN-DSL-Router gilt es das Verbindungskabel vom DSL-Splitter in die entsprechende DSL-Buchse des Routers einzustöpseln (siehe Kapitel 5, Abschnitt »Was brauche ich fürs Internet?«). Die Kabel, Stecker und Buchsen sind genormt (RJ-45) und die Buchse am Router ist meist mit DSL beschriftet.

- Unterstützt der WLAN-Router Telefonieren per Internet, kann auch eine Verbindung zum Telefonanschluss hergestellt werden.

- Werden Computer über Netzwerkkabel mit dem WLAN-DSL-Router verbunden, stöpseln Sie die Netzwerkkabel in die RJ-45-Netzwerkbuchsen des Notebooks und des WLAN-DSL-Routers ein. Auch am Router sind die Buchsen meist entsprechend beschriftet.

Die Gerätedokumentation liefert zusätzliche Hinweise, was wo anzuschließen ist und was Sie beachten müssen.

WLAN-DSL-Router einrichten

Um auf das Internet zugreifen zu können, müssen die Zugangsdaten für den Provider im WLAN-DSL-Router (nachfolgend als WLAN-Zugangspunkt bezeichnet) eingegeben werden. Zudem lässt sich der WLAN-Zugangspunkt so konfigurieren, dass nur abgesicherte Verbindungen über die Funkstrecke möglich sind. Am einfachsten ist es, den WLAN-Router über ein Netzwerkkabel mit dem Notebook zu verbinden. Anschließend können Sie die Konfigurierung über ein vom Hersteller mitgeliefertes Konfigurierprogramm oder über die in vielen Routern unterstützte Internetschnittstelle vornehmen.

> **HINWEIS**
>
> Einige Hersteller von WLAN-DSL-Routern (z. B. AVM FRITZ!Box WLAN) liefern einen USB-Memory-Stick mit. Dieser wird in eine USB-Buchse des WLAN-DSL-Routers gesteckt, damit das Gerät die Sicherheitsinformationen auf den Stift übertragen kann. Danach lässt sich der USB-Speicherstift zum Einrichten des Drahtlosnetzwerks für verschiedene Rechner verwenden. Dabei werden die Sicherheitsinformationen und die Verbindungsdaten für das Drahtlosnetzwerk hinterlegt. Lesen Sie ggf. im Gerätehandbuch des Herstellers nach, was dann zu beachten ist. Bei Problemen sollten Sie sich von fachkundigen Dritten bei der Inbetriebnahme des WLANs unterstützen lassen.

Um den WLAN-Router per Browser zu konfigurieren, gehen Sie in folgenden Schritten vor.

1 Stellen Sie sicher, dass eine Verbindung (am besten über ein Netzwerkkabel) zum WLAN-Router besteht.

2 Starten Sie den Browser, tippen Sie die IP-Adresse (oder die symbolische Adresse) des Routers in die Adresszeile ein und bestätigen Sie dies über die ⏎-Taste.

Bei der FRITZ!Box Fon WLAN können Sie statt der IP-Adresse *192.168.178.1* auch den Namen *fritz.box* als Adresse in den Browser angeben, um zur Konfigurationsseite zu gelangen. Bei anderen Routern sollte die zu verwendende Adresse im Gerätehandbuch angegeben sein.

3 Ist der Zugriff auf die Konfiguration des WLAN-Geräts durch ein Kennwort abgesichert, geben Sie dieses in das betreffende Feld ein.

4 Anschließend nehmen Sie die Konfigurierung bzw. die gewünschten Anpassungen über die Konfigurationsseiten des Routers vor.

Hier sehen Sie die Konfigurationsseiten für Internetzugang und WLAN-Absicherung der FRITZ!Box.

- Um per DSL ins Internet gehen zu können, tragen Sie im betreffenden Formular die vom Provider mitgeteilten Internetzugangsdaten ein. Wichtig ist, dass Sie den Modus zum Trennen der Internetverbindung festlegen. Verfügen Sie über eine Flatrate, können Sie die Option »Internetverbindung dauerhaft halten« verwenden. Bei Zeittarifen sollten Sie die Option zum »Trennen nach ... Sekunden« wählen und eine Zeitspanne (z. B. 180 Sekunden) eintragen. Bei einer unbenutzten Internetverbindung trennt der Router dann den DSL-Zugang (damit keine Verbindungskosten mehr anfallen).

- Weiterhin sollten Sie die Herstellervorgabe für den Namen des Drahtlosnetzwerks ändern. Schalten Sie im Formular zur Konfigurierung der WLAN-Sicherheit die Option für eine gesicherte Verbindung ein, wählen Sie als Verschlüsselungsmethode unbedingt das **WPA-** oder **WPA2-Verfahren** (WiFi Protected Access) und legen Sie den Netzwerkschlüssel fest (bzw. notieren den vom Router zugewiesenen Schlüssel). Der aus Ziffern oder Zeichen bestehende **Netzwerkschlüssel** schützt den Zugang zum WLAN-Drahtlosnetzwerk und wird zum Einrichten der abgesicherten WLAN-Verbindung des Notebooks benötigt.

Details zur Routerkonfigurierung können hier wegen Platzmangel und angesichts der Gerätevielfalt nicht gegeben werden. Schauen Sie in den Herstellerunterlagen nach, was dort zur Routerkonfigurierung steht, und lassen Sie den WLAN-Router bei Bedarf durch einen Fachmann einrichten.

WLAN-Verbindung am Notebook herstellen

Das Herstellen einer WLAN-Verbindung vom Notebook zu einem WLAN-DSL-Router ist mit wenigen Schritten möglich.

WLAN-Verbindung in Windows Vista herstellen

Um eine WLAN-Drahtlosverbindung zwischen dem Notebook und einem WLAN-Zugangspunkt (WLAN-Router, Hotspot) unter Windows Vista herzustellen, gehen Sie folgendermaßen vor.

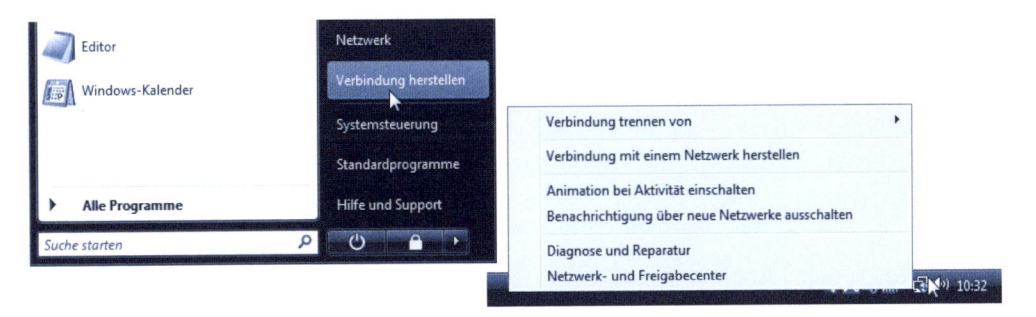

1 Klicken Sie das Netzwerksymbol im Infobereich der Taskleiste mit der rechten Maustaste an und wählen Sie den Kontextmenübefehl *Verbindung mit einem Netzwerk herstellen* (hier rechts sichtbar). Fehlt das Netzwerksymbol, öffnen Sie das Startmenü und wählen Sie in der rechten Spalte den Befehl *Verbindung herstellen*.

> **HINWEIS**
>
> Ob das Netzwerksymbol angezeigt wird, hängt etwas von der installierten Software ab. Bei AVM WLAN-USB-Sticks kann z. B. auch ein eigenes Symbol für das Funknetzwerk auftauchen. Der Startmenübefehl *Verbindung herstellen* sollte aber in allen Fällen funktionieren. Falls der Startmenübefehl *Verbindung herstellen* fehlt, wählen Sie die *Start*-Schaltfläche mit einem Rechtsklick an und rufen den Kontextmenübefehl *Eigenschaften* auf. Im Eigenschaftenfenster ist auf der Registerkarte *Startmenü* die Schaltfläche *Anpassen* (rechts neben der Option *Startmenü*) zu wählen. Im Dialogfeld *Startmenü anpassen* müssen Sie in der Liste mit den Optionen das Kontrollkästchen *Verbindung herstellen* markieren und alle geöffneten Dialogfelder über die *OK*-Schaltfläche schließen.

Windows Vista sucht dann alle Drahtlosnetzwerke in Ihrer Umgebung ab und listet diese im Dialogfeld *Verbindung mit einem Netzwerk herstellen* auf. Dort sollte dann auch das Funknetzwerk Ihres WLAN-DSL-Routers auftauchen.

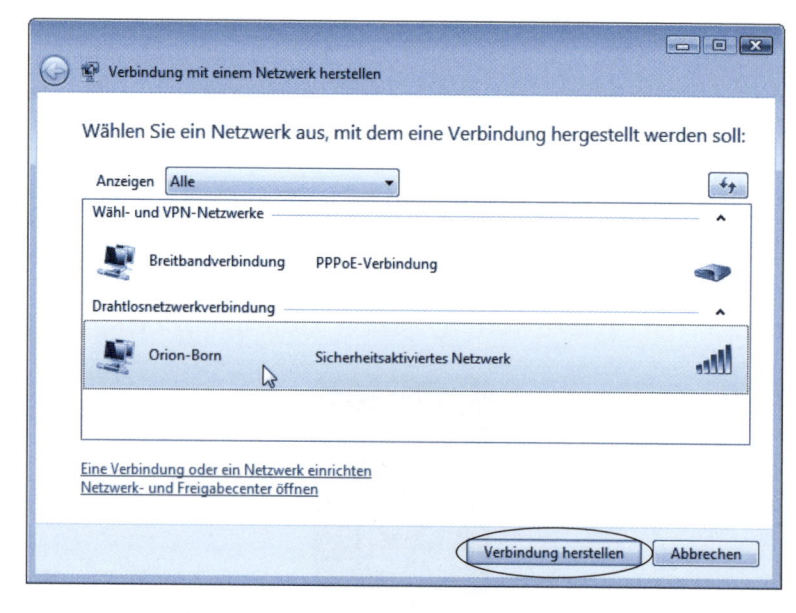

Die Namen und die Anzahl der gefundenen Funknetzwerke hängen von der jeweiligen Umgebung ab. Befinden Sie sich in der Nähe eines Hotspots, würde dessen Name in der Liste auftauchen – Sie können die hier gezeigten Schritte also auch zur Verbindungsaufnahme mit einem **Hotspot** verwenden.

> **TIPP**
>
> Wird **kein Funknetz gefunden**, prüfen Sie, ob der WLAN-Adapter am Notebook bzw. am WLAN-DSL-Router auch eingeschaltet ist. Zudem lässt sich im WLAN-Router die Bekanntgabe des Netzwerknamens (SSID-Broadcasting) ein- oder ausschalten. Bei ausgeschaltetem SSID-Broadcasting wird ebenfalls kein Funknetzwerk gefunden. Sie müssen dann die Option zur Bekanntgabe des Netzwerknamens im WLAN-Router einschalten. Hinweise zum Ein-/Ausschalten dieser Funktionen sollte die jeweilige Gerätedokumentation liefern. Schlägt die Suche nach einem angeblich vorhandenen Hotspot fehl? Dann erkundigen Sie sich beim Betreiber, ob dieser überhaupt aktiv ist (manchmal ist der Hotspot außer Betrieb).

2 Klicken Sie im Dialogfeld *Verbindung mit einem Netzwerk herstellen* auf den Eintrag der gewünschten Drahtlosverbindung und bestätigen Sie dies über die Schaltfläche *Verbindung herstellen*.

Kann Windows Vista die Verbindung herstellen, erscheint im Dialogfeld *Verbindung mit einem Netzwerk herstellen* die Meldung »Verbindung mit .... wurde erfolgreich hergestellt«. Sie können dann das Dialogfeld über die *Schließen*-Schaltfläche beenden.

Handelt es sich um einen abgesicherten WLAN-Zugangspunkt (erkennbar am Hinweis »Sicherheitsaktiviertes Netzwerk«), benötigt Windows einen Netzwerkschlüssel zur Verbindungsaufnahme. Bei der ersten Verbindungsaufnahme ist dieser Netzwerkschlüssel i. d. R. unbekannt und Sie müssen die folgenden Zusatzschritte ausführen.

3 Erscheint das Dialogfeld *Geben Sie den Netzwerksicherheitsschlüssel ...*, tippen Sie im Folgedialog den für das Funknetzwerk vorgesehenen Schlüssel ein und klicken Sie dann auf die Schaltfläche *Verbinden*.

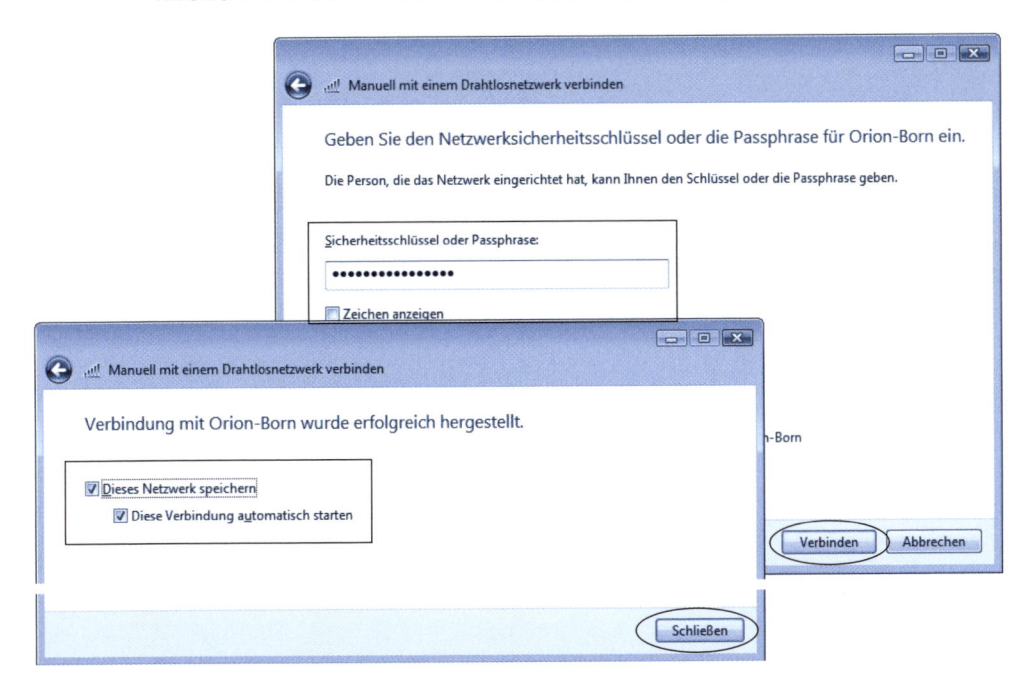

4 Warten Sie, bis die Verbindung hergestellt wurde. Dies wird durch eine Statusanzeige signalisiert. Stellen Sie sicher, dass im Abschlussdialog *Verbindung mit ... wurde erfolgreich hergestellt* die hier gezeigten Kontrollkästchen markiert sind, und klicken Sie auf die *Schließen*-Schaltfläche.

Die Verbindung wird nur dann erfolgreich hergestellt werden können, wenn Sie den korrekten Schlüssel für den Netzwerkzugriff eingetragen haben. Das Markieren des Kontrollkästchens *Dieses Netzwerk speichern* veranlasst Vista, diesen Zugriffsschlüssel lokal im Netzwerkprofil zu speichern – die Abfrage des Sicherheitsschlüssels unterbleibt dann bei zukünftigen Verbindungsaufnahmen.

HINWEIS

Als Netzwerkschlüssel ist der Wert zu verwenden, der im WLAN-Router für die Absicherung des Drahtlosnetzwerks (über eine WPA/WPA2-Verschlüsselung) festgelegt wurde. Die Art der Verschlüsselung (z. B. WEP, WPA, WPA2) ermittelt Windows eigenständig. Um eine reibungslose Aufnahme von abgesicherten WLAN-Verbindungen zu gewährleisten, sollte in Windows Vista mindestens das Service Pack 1 (besser Service Pack 2) installiert sein (siehe auch Kapitel 7).

WLAN-Verbindung in Windows 7 herstellen

Unter Windows 7 gelten die oben für Windows Vista gegebenen Hinweise ebenfalls. Allerdings weichen die Dialoge zur Aufnahme einer WLAN-Verbindung geringfügig ab.

1 Klicken Sie im Infobereich der Taskleiste auf das Symbol des Drahtlosnetzwerkadapters.

Dann sollten in einer geöffneten Palette gefundene Funknetzwerke auftauchen. Zeigen Sie auf einen dieser Einträge, blendet Windows 7 eine QuickInfo mit den Kenndaten (Netzwerkname, Signalstärke, Funktyp, Verschlüsselung) ein. Die Signalstärke lässt sich an den grünen stilisierten Balken erkennen.

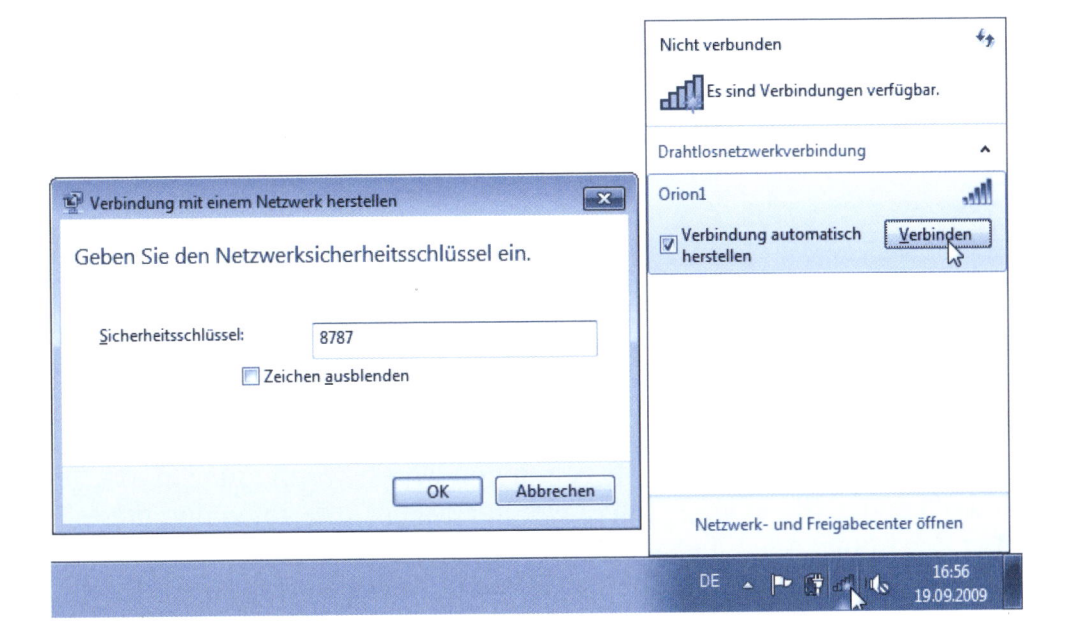

2 Klicken Sie in der eingeblendeten Liste der Verbindungen auf den Eintrag für das gewünschte Funknetzwerk.

3 Setzen oder löschen Sie ggf. die Markierung des Kontrollkästchens, um die Verbindung automatisch herzustellen, und klicken Sie danach auf die *Verbinden*-Schaltfläche.

Windows versucht, die Drahtlosnetzwerkverbindung aufzubauen. Handelt es sich um eine abgesicherte Verbindung und ist der Netzwerkschlüssel unbekannt, erscheint das hier links gezeigte Dialogfeld.

4 Tragen Sie den Netzwerkschlüssel in das Feld *Sicherheitsschlüssel* ein und klicken Sie auf die *OK*-Schaltfläche.

Bei korrekt eingegebenem Netzwerkschlüssel wird eine Verbindung zum WLAN-Router aufgebaut. Ist die Option zum automatischen Verbinden markiert, stellt Windows 7 später die WLAN-Verbindung automatisch her, sobald das Notebook in die Nähe des Zugangspunkts kommt.

> **HINWEIS**
>
> Wenn Sie im Startmenü (oder in der Navigationsleiste eines Ordnerfensters) den Eintrag *Netzwerk* wählen, können Sie in beiden Windows-Versionen das Netzwerk- und Freigabecenter über eine Schaltfläche der Symbolleiste öffnen. Klicken Sie in der Aufgabenleiste (linke Spalte) des Fensters auf den Befehl *Drahtlosnetzwerke verwalten*, erscheint eine Liste aller bereits definierten WLAN-Verbindungen. Bei Bedarf können Sie Einträge mit einem Rechtsklick anwählen und diese über den Kontextmenübefehl *Netzwerk entfernen* löschen. Dies ist hilfreich, wenn ein Netzwerkschlüssel oder der Netzwerkname geändert wurde oder ein Netzwerk nicht mehr verfügbar ist.

Besonderheiten bei Hotspot-Verbindungen

Bei einem öffentlichen WLAN-Zugangspunkt (als Hotspot bezeichnet) erfolgt die Verbindungsaufnahme per WLAN mit den gleichen Schritten wie beim eigenen Drahtlosnetzwerk. Allerdings gibt es einige Besonderheiten.

- Aus Sicherheitsgründen sollten Sie das Kontrollkästchen zur automatischen Verbindungsaufnahme unmarkiert lassen. Stellen Sie die WLAN-Verbindung manuell her, um sicherzugehen, dass Sie nicht unbeabsichtigt online sind.

- Da öffentliche Hotspots i. d. R. nicht mit einem Netzwerkschlüssel abgesichert sind, entfällt die Abfrage dieses Schlüssels. Ein solches

öffentliches Funknetzwerk ist **ungesichert**, d. h., Dritte können sowohl Ihre übertragenen Daten aufzeichnen als ggf. auch per Funk auf Ihren Rechner zugreifen.

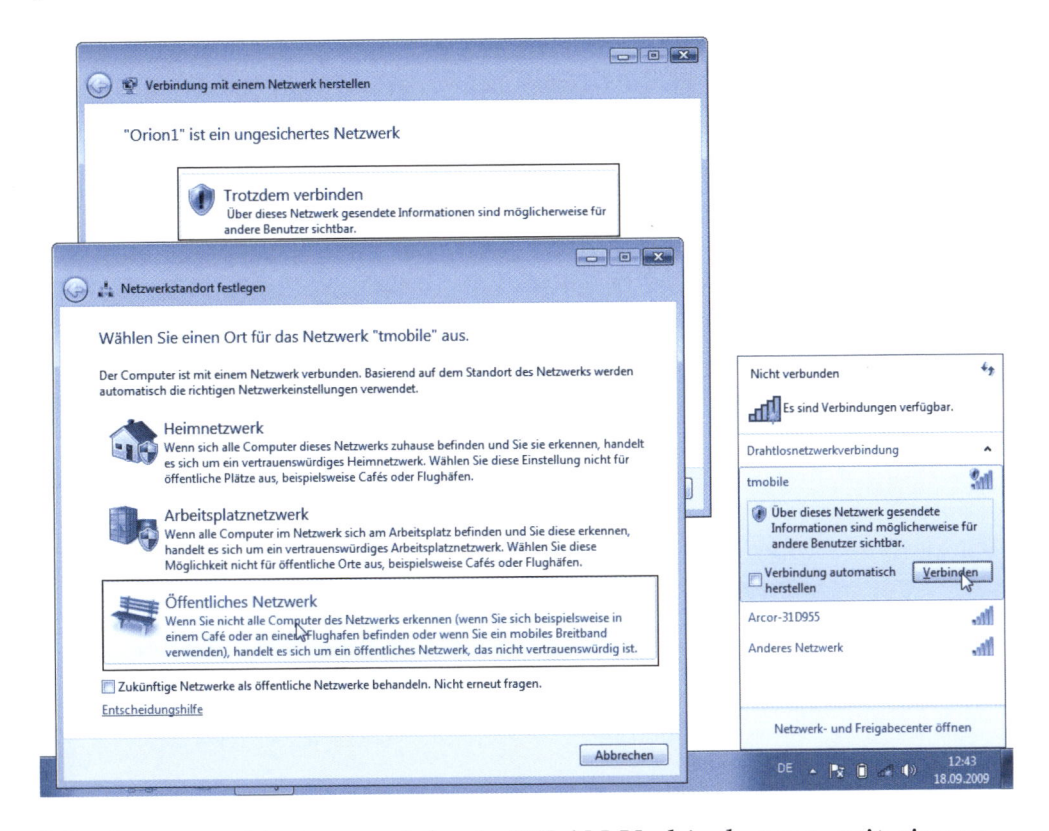

Windows markiert ungesicherte WLAN-Verbindungen mit einem stilisierten gelben Schild mit schwarzem Ausrufezeichen in der Netzwerkliste. Unter Windows Vista müssen Sie dann das (hier im Hintergrund links angezeigte) Dialogfeld mit einer Warnung vor einer unsicheren Verbindung bestätigen. In Windows 7 werden Sie durch einen entsprechenden Hinweis (hier rechts sichtbar) in der Verbindungsliste über die unsichere Verbindung informiert. Nachdem die ungesicherte Verbindung aufgebaut wurde, zeigt Windows u. U. das hier links im Vordergrund sichtbare Dialogfeld *Wählen Sie einen Ort*. Klicken Sie dann auf die Option *Öffentliches Netzwerk*, um die **Datei**- und **Druckerfreigabe** für das Netzwerk zu deaktivieren. Dies verhindert, dass Dritte über das Funknetzwerk auf die

Festplatte ihres Notebooks zugreifen können. Achten Sie bei der Nutzung der ungesicherten Internetverbindung darauf, dass beim Eingeben von sensiblen Daten in Internetformulare (z. B. Internetbanking, Kennwortdialoge zur Anmeldung an E-Mail-Konten etc.) immer eine **sichere SSL-Verbindung** (Anzeige des Vorspanns *https:* in der Adresszeile statt *http:*) im Browser benutzt wird.

Die Betreiber eines **Hotspots beschränken** den **Zugriff auf** das **Internet** auf einen »berechtigten Benutzerkreis«. Beim Aufruf der ersten Internetseite im Browser erscheint daher meist die Startseite des Hotspot-Anbieters mit einem Formular zur Eingabe der Benutzerkennung. Erst bei erfolgreicher Anmeldung gelangen Sie ins Internet.

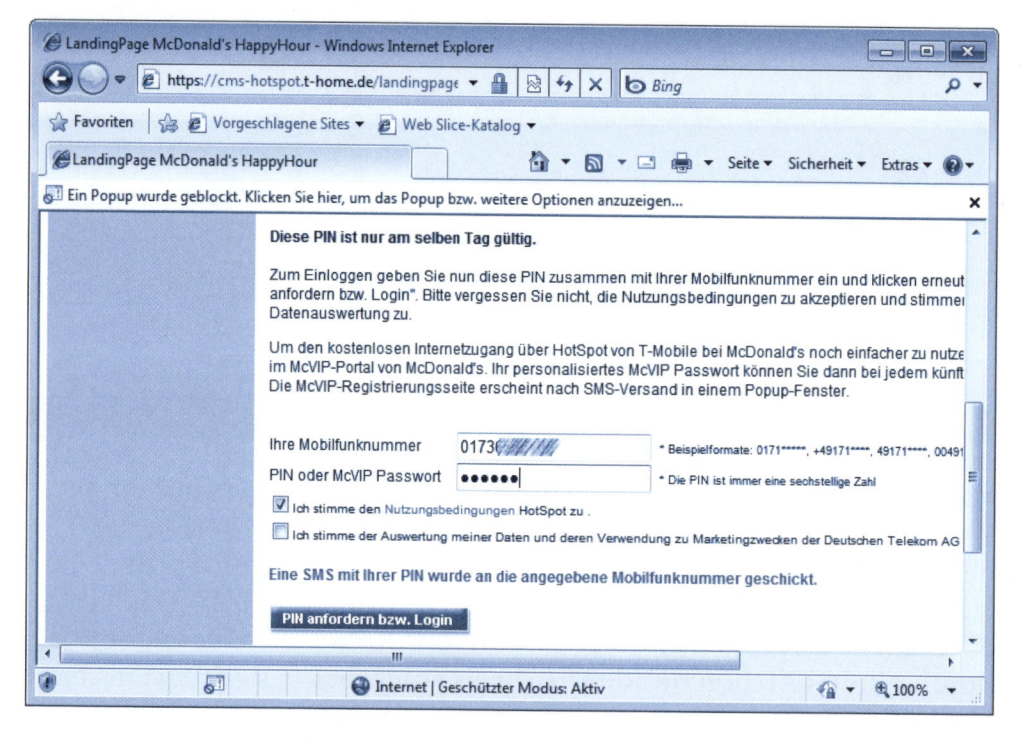

Hier sehen Sie die Anmeldeseite eines McDonald's-Hotspots, in die Sie eine Handynummer eintragen können. Über den per SMS auf das Handy übermittelten Freigabecode lässt sich dann eine Stunde kostenlos surfen.

HINWEIS

Bei Hotels oder Cafés erfragen Sie die Zugangsdaten beim Betreiber, der auch die Modalitäten der Bezahlung vor Ort regelt. Erkundigen Sie sich beim Anbieter eines Hotspots nach den Zugangsmodalitäten. Bei kostenpflichtigen Hotspots sollten Sie nachfragen, wie die Verbindungsgebühren abgerechnet werden und was eine Zeit- oder Volumeneinheit kostet.

Drahtlosverbindung trennen

Möchten Sie die Drahtlosverbindung wieder trennen (z. B. nach einer Anmeldung an einem Hotspot)? Gehen Sie in folgenden Schritten vor.

1 Wählen Sie im Startmenü von **Windows Vista** den Befehl *Verbindung herstellen*. In **Windows 7** klicken Sie dagegen im Infobereich der Taskleiste auf das Symbol für das Drahtlosnetzwerk.

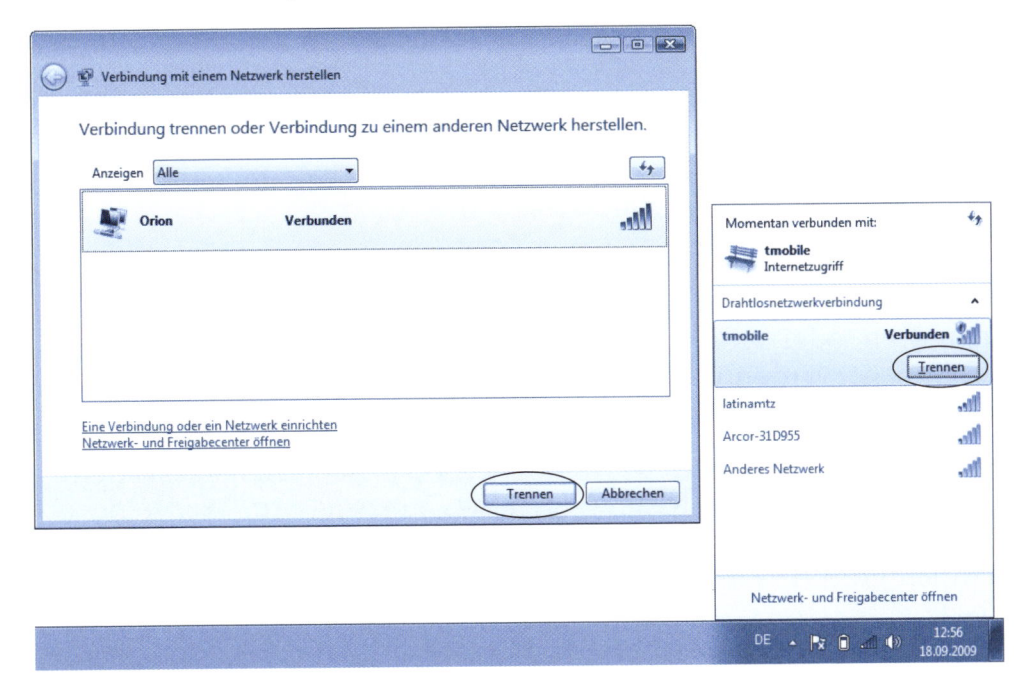

2 Klicken Sie im angezeigten Dialog (hier links oben für Windows Vista und rechts für Windows 7) auf den Eintrag der aktiven Verbindung und wählen Sie die freigegebene Schaltfläche *Trennen*.

Bei Windows Vista müssen Sie in einem zweiten Dialogfeld das Trennen erneut bestätigen und dann dieses Dialogfeld über die *Schließen*-Schaltfläche beenden.

Das Notebook absichern

Die leichte Transportierbarkeit eines Notebooks sowie die Verwendung in Funknetzwerken sind mit einigen Gefahren verbunden (Verlust des Geräts, Ausspähen vertraulicher Daten etc.). Sie sollten daher Ihr Augenmerk auf die Absicherung Ihres Notebooks richten.

- Gegen Notebook-Klau bzw. -Verlust hilft nur eine entsprechende Aufmerksamkeit sowie die in Kapitel 1 beschriebene Diebstahlsicherung. Mit deren Hilfe lässt sich das Gerät ggf. an einem Möbelstück festketten.

- Um eine unbefugte Benutzung durch Dritte zu verhindern, sollten Sie die Benutzerkonten Ihres Notebooks immer mit einem Kennwort versehen und zum Arbeiten möglichst normale Benutzerkonten verwenden (siehe Kapitel 7).

- Verwenden Sie das Notebook in der Öffentlichkeit, verzichten Sie darauf, vertrauliche Informationen (Kennwörter, Dokumente) abzurufen, oder achten Sie zumindest darauf, dass diese nicht ausgespäht werden können. Melden Sie sich unter Windows ab (siehe Kapitel 2), falls Sie das Gerät für einige Zeit nicht benutzen.

- Achten Sie darauf, keine vertraulichen oder sicherheitskritischen Daten auf der Festplatte des Notebooks zu speichern. Wer seine Bankzugangsdaten oder Kennwörter auf dem Notebook speichert, handelt grob fahrlässig und bekommt im Missbrauchsfall keinen Ersatz.

- Achten Sie beim WLAN-Betrieb darauf, dass das Funknetzwerk gemäß meinen obigen Beschreibungen abgesichert ist. Nutzen Sie zeitweise die WLAN-Funktionen nicht, schalten Sie diese am Notebook ab. Dies ist sicherer und spart zudem Strom. Die Taste zum Abschalten sollte im Gerätehandbuch beschrieben sein.

Zur Absicherung des Notebooks gehört aber auch, dass Sie ein Virenschutzprogramm verwenden und dieses sowie Windows aktuell halten (siehe Kapitel 7).

Zusammenfassung

In diesem Kapitel haben Sie einen kurzen Überblick erhalten, wie sich das Notebook im mobilen Betrieb nutzen lässt und was es zu beachten gibt. Leider konnte vieles aus Platzgründen nicht in der gewünschten Tiefe behandelt werden. Falls Ihnen das Einrichten eines (WLAN-)Netzwerks zu kompliziert ist, holen Sie sich fachkundige Hilfe.

Lernkontrolle

Zur Überprüfung Ihres Wissens können Sie die folgenden Fragen beantworten. Die Antworten sind in Klammern angegeben.

- **Wie verlängern Sie die Akkubetriebszeit?**
  (Nutzen Sie die Energiesparoptionen und schalten Sie alle nicht benötigten Geräte ab.)
- **Was versteht man unter einem Hotspot?**
  (Dies ist ein öffentlicher Zugangspunkt für Funknetzwerke, über den eine Verbindung zum Internet möglich ist.)
- **Was ist beim WLAN-Betrieb zu beachten?**
  (Sie sollten Ihr Funknetzwerk gegen Nutzung durch Dritte über eine WPA2-Verschlüsselung absichern.)

Windows-Zusatzfunktionen

In den vorhergehenden Kapiteln haben Sie eine Reihe Funktionen kennengelernt, mit denen sich am Notebook arbeiten lässt. Es gibt aber eine Reihe weiterer Windows-Funktionen, die sich mit der Einrichtung und Anpassung des Betriebssystems befassen. Nachfolgend lernen Sie, wie Druckertreiber, Programme und Windows-Komponenten installiert werden, wie Sie die Uhrzeit stellen oder Benutzerkonten einrichten.

Das lernen Sie in diesem Kapitel 7
- Drucker neu einrichten
- Datum und Uhrzeit einstellen
- Anzeigeoptionen anpassen
- Die Systemsteuerung nutzen
- Programme installieren
- Benutzerkonten einrichten
- Windows absichern
- Die Hilfe nutzen

Drucker neu einrichten

Windows unterstützt Drucker der verschiedensten Hersteller, die Sie an Ihr Notebook anschließen können. Zum Betrieb des Druckers benötigt Windows aber einen sogenannten **Druckertreiber** – das ist ein spezielles Programm, über das der Drucker und das Notebook miteinander kommunizieren. Die Installation des Druckertreibers ist recht einfach.

1 Verbinden Sie den Drucker (z. B. über ein USB-Kabel) mit einer USB-Buchse am Notebook und schalten Sie das Gerät ein.

2 Warten Sie, bis Windows das angeschlossene Gerät erkennt und automatisch den Treiber installiert.

Gegebenenfalls werden Sie dabei in einem Dialogfeld aufgefordert, die CD mit den Druckertreibern einzulegen und dann nach dem richtigen Treiber suchen zu lassen.

HINWEIS

Um die **Drucker** zu **überprüfen** oder ggf. einen Drucker **manuell** zu **installieren**, öffnen Sie das Startmenü und geben den Befehl *Drucker* in das Schnellsuchfeld ein. Wenn Sie dann die ⏎-Taste drücken, öffnet Windows das Ordnerfenster für Drucker bzw. für Geräte (in Windows 7). Dort werden alle installierten Drucker aufgelistet. Über die Schaltfläche *Drucker hinzufügen* der Symbolleiste lässt sich ein Assistent zur Druckerinstallation aufrufen. Der Assistent fragt in verschiedenen Dialogen die Druckeroptionen (z. B. Druckername, ob der Drucker lokal oder im Netzwerk betrieben wird etc.) ab. Nach dem Einrichten eines Druckertreibers bekommen Sie über ein Dialogfeld die Möglichkeit, eine **Testseite auszugeben**. Druckt der Drucker die Testseite einwandfrei aus, ist alles in Ordnung und Sie können das Ausgabegerät benutzen. Nach Abschluss des Assistenten erscheint auch das Symbol des neuen Druckers im Druckerordner.

Windows ermöglicht Ihnen, bereits nach dem Beginn des Druckens weiterzuarbeiten, auch wenn der Drucker noch nicht fertig ist. Die Druckausgaben werden einfach als **Druckaufträge** an Windows übergeben, welches die Ausgabe an das Gerät übernimmt. Wählen Sie das Symbol eines Druckers im Druckerordner per Doppelklick an, öffnet sich das Fenster des sogenannten Druck-Managers. Dieser zeigt Ihnen die abzuarbeitenden Druckaufträge an. Klicken Sie einen solchen Auftrag mit der rechten Maustaste an, lässt sich über den Kontextmenübefehl *Abbrechen* der Druckauftrag vorzeitig beenden oder abbrechen.

Datum und Uhrzeit einstellen

Windows zeigt im Infobereich der Taskleiste die Uhrzeit und auf Abruf auch das Datum an. Standardmäßig erfolgt auch ein Abgleich über einen Zeitserver im Internet. Geht die Uhr trotzdem falsch oder stimmt das Datum nicht, können Sie dies korrigieren.

1 Klicken Sie auf die Uhrzeitanzeige in der Taskleiste und wählen Sie im eingeblendeten Kalenderfenster den Hyperlink *Datum- und Uhrzeiteinstellungen ändern*.

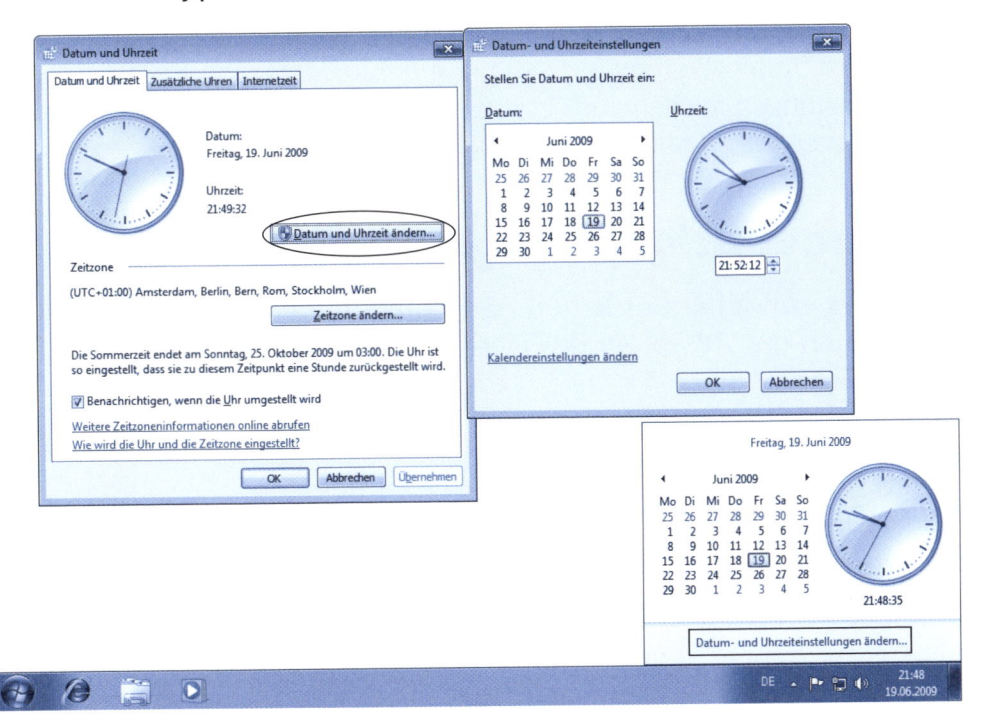

2 Im Eigenschaftenfenster *Datum und Uhrzeit* (hier links sichtbar) klicken Sie auf der gleichnamigen Registerkarte auf die Schaltfläche *Datum und Uhrzeit ändern*. Anschließend bestätigen Sie die Sicherheitsabfrage der Benutzerkontensteuerung.

3 Passen Sie die Vorgaben für den Monat, den Tag sowie für die Uhrzeit im Dialogfeld (hier oben rechts sichtbar) an und schließen Sie das Dialogfeld sowie geöffnete Registerkarten über die *OK*-Schaltfläche.

Den Monat wählen Sie über die Schaltflächen in der Kopfzeile des Kalenderblatts. Den Tag des Monats setzen Sie, indem Sie auf das Datum des Kalenderblatts klicken. Zum Stellen der Uhrzeit klicken Sie auf das entsprechende Feld, markieren den Stunden- oder Minutenwert und tippen die neue Zahl ein.

> **HINWEIS**
>
> Geht die Uhr trotz bestehender Internetverbindung falsch, überprüfen Sie auf der Registerkarte *Datum und Uhrzeit*, ob die richtige Zeitzone gewählt ist. Kontrollieren Sie zudem auf der Registerkarte *Internetzeit* die Einstellungen für den zum Uhrzeitabgleich verwendeten Internetzeitserver.

Anzeigeoptionen anpassen

Windows ermöglicht es Ihnen, verschiedene Anzeigeoptionen und damit auch das Aussehen des Desktops anzupassen.

1 Klicken Sie mit der rechten Maustaste auf eine freie Stelle des Desktops und wählen Sie den Kontextmenübefehl *Anpassen*.

2 Anschließend setzen Sie die gewünschten Anzeigeoptionen in der angezeigten Konfigurationsseite.

Beachten Sie in Windows 7, dass Sie zum Ändern der Bildschirmauflösung den Kontextmenübefehl *Bildschirmauflösung* statt des Befehls *Anpassen* wählen müssen.

Desktophintergrund ändern

Der Windows-**Desktop** kann mit einem weißen Hintergrund, mit Farben, Mustern und auf Wunsch sogar mit **Hintergrundbildern** versehen werden.

1 Klicken Sie in **Windows Vista** in der Seite *Anpassung* auf den Befehl *Desktophintergrund*.

2 Wählen Sie im Fenster *Desktophintergrund* im Listenfeld *Bildpfad* eine Kategorie und legen Sie dann die Eigenschaften fest.

In der Kategorie *Windows-Hintergrundbilder* können Sie z. B. eines der Hintergrundmotive per Mausklick wählen und dann im unteren Teil der Seite vorgeben, wie das Bild darzustellen ist (zentriert, gestreckt oder als Kachelmuster). Bei der Kategorie *Einfarbig* können Sie dagegen eine Hintergrundfarbe für den Desktop durch Anklicken eines Farbfelds wählen. In Windows 7 sind ähnliche Schritte zum Anpassen des Desktophintergrunds durchzuführen.

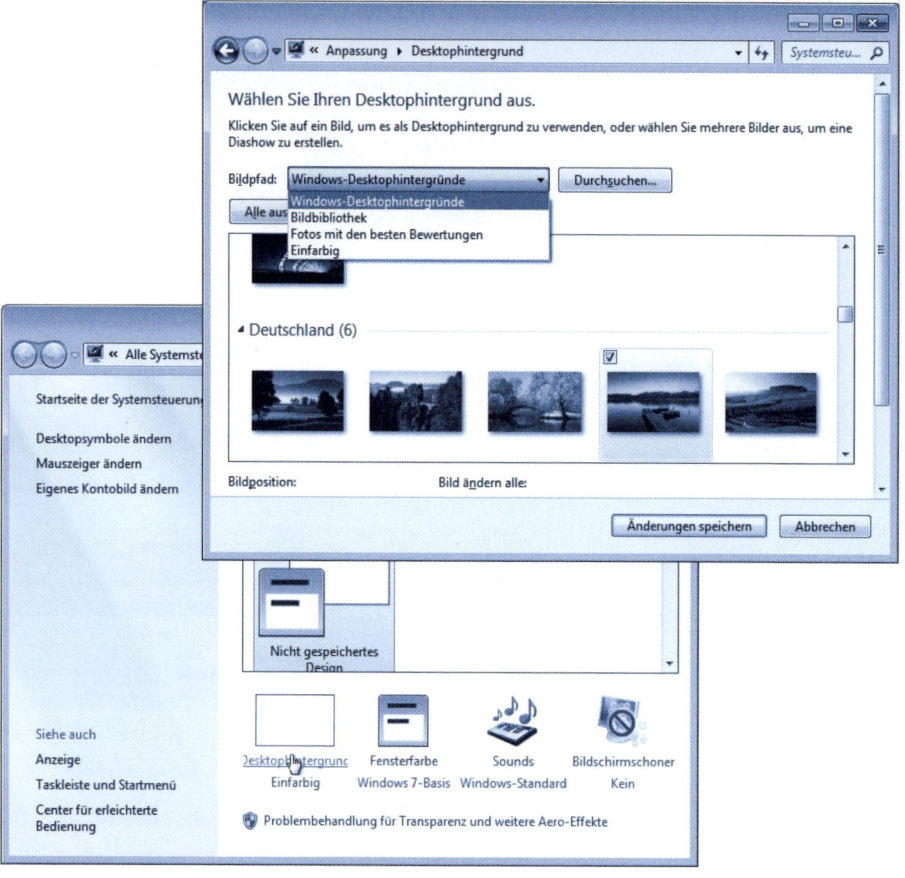

1 Klicken Sie in der angezeigten **Windows 7**-Seite *Anpassung* (hier im Hintergrund) auf den Befehl *Desktophintergrund*.

2 Wählen Sie im Fenster *Desktophintergrund* im Listenfeld *Bildpfad* eine Kategorie und legen Sie dann die Eigenschaften fest.

Anschließend versieht Windows den Desktophintergrund mit der von Ihnen gewählten Hintergrundfarbe oder dem Bildmotiv.

Die Bildschirmauflösung ändern

Die Bildschirmauflösung legt fest, wie groß die Inhalte des Desktops dargestellt werden und wie viel Platz auf dem Bildschirm ist. Erscheinen Ihnen die Desktopsymbole zu klein und sind sie schlecht erkennbar? Vielleicht ist die Grafikauflösung für den Bildschirm zu hoch gesetzt. Dann passt zwar viel auf den Bildschirm, aber das Arbeiten am Notebook strengt die Augen ziemlich an. In diesem Fall können Sie versuchsweise die Bildschirmauflösung ändern.

1 Klicken Sie eine freie Stelle des Desktops an, wählen Sie in **Windows Vista** den Kontextmenübefehl *Anpassen* und in der Seite *Anpassen* den Befehl *Anzeige*. In **Windows 7** wählen Sie den Kontextmenübefehl *Bildschirmauflösung*.

Kapitel 7

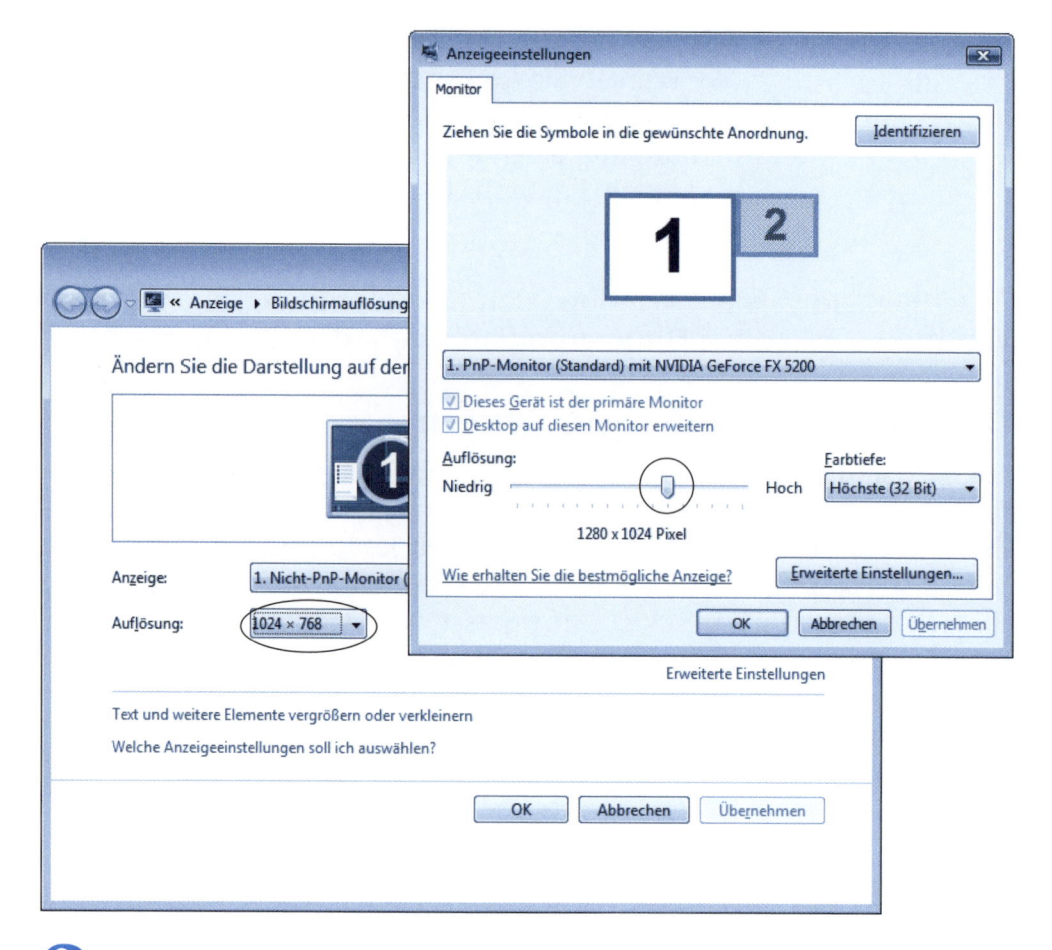

2 In Windows Vista (hier im Vordergrund oben) ziehen Sie den mit *Auflösung* bezeichneten Schieberegler per Maus in Richtung »Niedrig«. In Windows 7 ist der Wert des Listenfelds *Auflösung* (hier im Hintergrund sichtbar) zu reduzieren.

3 Schließen Sie das Dialogfeld bzw. das Fenster über die *OK*-Schaltfläche.

Windows wird ggf. in Dialogfeldern nachfragen, ob die Auflösung bzw. die Farbtiefe wirklich geändert werden soll. Anschließend sollten die neuen Anzeigeeigenschaften wirksam sein.

> **HINWEIS**
>
> Bei den in Notebooks benutzten Flachbildschirmen gibt es eine gerätebedingte optimale Auflösung, die Sie möglichst nicht über- oder unterschreiten sollten, um die besten Ergebnisse zu erzielen. Im Zweifelsfall muss ein externer Bildschirm her. Sofern Ihre Sehkraft stark beeinträchtigt ist, können Sie unter Windows die sogenannte **Bildschirmlupe** der optionalen Windows-Eingabehilfe nutzen. Dieses Programm lässt sich im Startmenü unter *Alle Programme/Zubehör* in der Programmgruppe *Erleichterte Bedienung* aufrufen. Das Programm zeigt einen vergrößerten Ausschnitt des Bildschirms als Kopie in der Lupe an. Bewegen Sie den Mauszeiger in der unteren Hälfte des Desktops, passt Windows automatisch den Ausschnitt in der Bildschirmlupe an. Über ein Dialogfeld können Sie die Anzeigeoptionen einstellen. Eine ausführliche Beschreibung der in Windows enthaltenen Funktionen zur erleichterten Bedienung (Bildschirmlupe, Tastaturmaus, Klickmaus, Bildschirmtastatur) des Computers finden Sie in meinem bei Markt+Technik veröffentlichten Titel »Computer trotz Handicap«.

Die Systemsteuerung nutzen

Die Systemsteuerung ist quasi das Kontrollzentrum und stellt die Funktionen bereit, um vieles in Windows anzupassen. Das betreffende Fenster lässt sich über den Befehl *Systemsteuerung* im Startmenü öffnen. Über einen Hyperlink in der Aufgabenleiste (linke Spalte des Windows Vista-Systemsteuerungsfensters) oder eine Menüschaltfläche (in Windows 7, nachfolgend im Hintergrund dargestellt) kann die Anzeige zwischen der hier gezeigten Kategorienansicht und einer klassischen Ansicht (Anzeige von Einzelsymbolen) umgestellt werden.

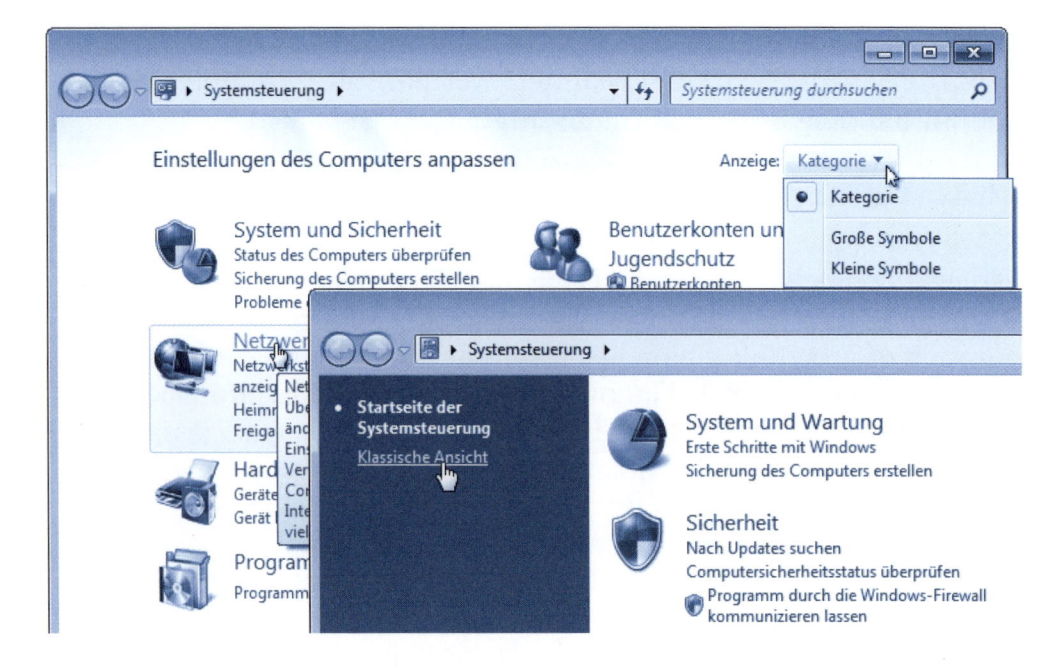

Die **nachfolgenden Erläuterungen** beziehen sich auf die **klassische Ansicht**, bei der weitgehend gleiche Symbole zum Aufrufen der Funktionen vorhanden sind.

Programme installieren

Je nach Bedarf lassen sich unter Windows weitere Programme installieren. Außerdem hat Windows selbst einige Zusatzkomponenten, die nicht immer auf allen Systemen installiert sind. Nachfolgend finden Sie Hinweise zur Installation solcher Komponenten. Beachten Sie, dass Sie für diese Aufgaben Administratorberechtigungen benötigten, d. h., Sie müssen die Sicherheitsabfrage der Benutzerkontensteuerung mittels eines Administratorkennworts bestätigen.

Windows-Funktionen ein-/ausschalten

Haben Sie beim Durcharbeiten dieses Buchs festgestellt, dass eine bestimmte Windows-Funktion fehlt? Dann handelt es sich vermutlich um eine optionale Windows-Komponente, die bei Ihnen ausgeschaltet ist. Sie können das leicht überprüfen bzw. ändern.

1 Öffnen Sie die Systemsteuerung und wählen Sie das Symbol *Programme und Funktionen* per Doppelklick an.

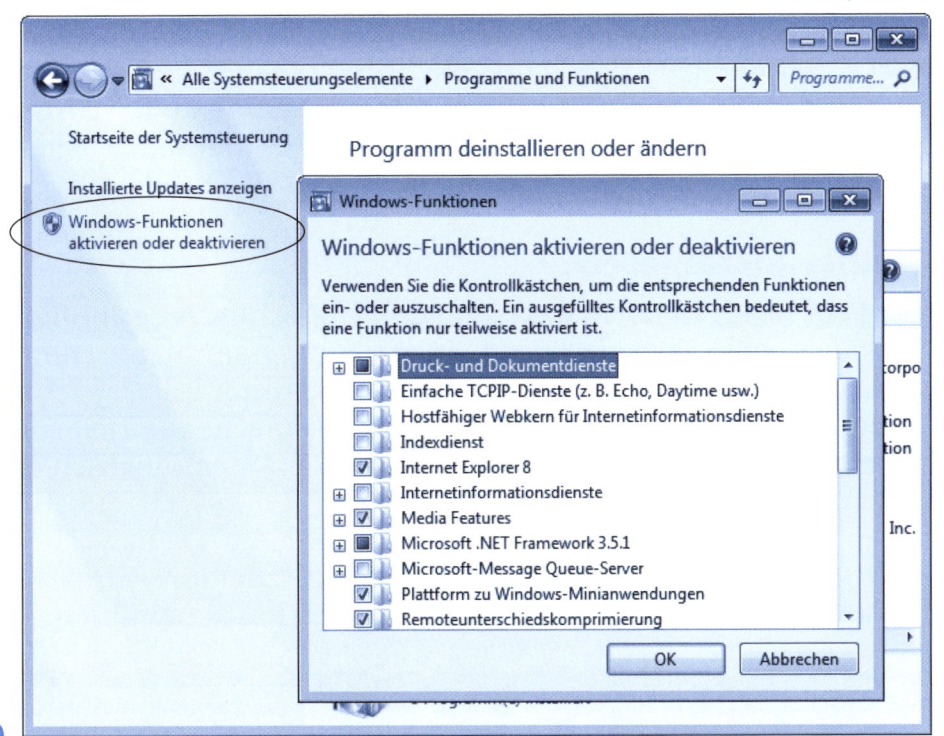

2 Wählen Sie in der Aufgabenleiste der angezeigten Seite den mit *Windows-Funktionen ein- oder ausschalten* oder *Windows-Funktionen aktivieren oder deaktivieren* benannten Befehl und bestätigen Sie die Sicherheitsabfrage der Benutzerkontensteuerung.

3 Anschließend wählen Sie im angezeigten Fenster (hier im Vordergrund sichtbar) die Funktionen zum Ein-/Ausschalten der optionalen Windows-Funktionen an, legen die einzuschaltenden Funktionen fest und schließen das Dialogfeld über die *OK*-Schaltfläche.

Bei einigen Funktionen können Sie im Dialogfeld *Windows-Funktionen* einen Zweig durch Anklicken des vor dem Kontrollkästchen gezeigten Plus- oder Minuszeichens erweitern bzw. reduzieren. Anschließend sind im Dialogfeld die Kontrollkästchen der einzuschaltenden Funktionen zu markieren. Windows überprüft nach dem Anklicken der *OK*-Schaltfläche Ihre Vorgaben und schaltet Funktionen ein, deren Kontrollkästchen markiert sind. Nicht markierte Komponenten werden dagegen abgeschaltet und erscheinen nicht mehr im Startmenü bzw. in der Systemsteuerung.

Treiber installieren

Wird ein neues Gerät an das Notebook angeschlossen, benötigt Windows einen Treiber (dies ist ein Steuerprogramm), um mit dem Gerät arbeiten zu können. Viele Geräte sind unter Windows 7 bzw. Windows Vista bereits bekannt und der entsprechende Treiber wird beim erstmaligen Anschluss des externen Geräts automatisch eingerichtet. Besitzt Windows keinen Treiber für das Gerät, erkennt es dieses beim ersten Einstöpseln in die USB-Buchse. Dann erscheint ein Dialogfeld, welches Sie auffordert, die Installations-CD des Herstellers einzulegen und dann die Installation auszuführen.

> **HINWEIS**
>
> Achten Sie bei der Verwendung der Treiber-CD darauf, dass diese auch wirklich Treiber für die benutzte Windows-Version enthält. Andernfalls kann es Schwierigkeiten geben. Bei einigen Geräten wird der Gerätetyp nicht erkannt. Manchmal muss vor dem Anschluss des Geräts ein Installationsprogramm von der Installations-CD des Herstellers ausgeführt werden. Entsprechende Hinweise sollten Sie in der

Gerätedokumentation des Herstellers finden. Die Beschreibung der möglichen Varianten zur Geräteinstallation und zur Aktualisierung der Treiber sprengt aber den geplanten Umfang dieses Buchs. Lassen Sie sich in diesem Fall von versierten Bekannten oder vom Händler helfen bzw. konsultieren Sie weiterführende Literatur (z. B. meinen beim Markt+Technik Verlag erschienenen Titel »Erste Hilfe für den PC«).

Programme installieren ...

Um ein neues **Programm** unter Windows zu benutzen, müssen Sie dieses von einer CD oder DVD **installieren**. Meist reicht es, den Datenträger in das Laufwerk einzulegen und im dann angezeigten Dialogfeld *Automatische Wiedergabe* den Setup-Befehl auszuwählen. Alternativ öffnen Sie das Fenster *Computer*, suchen den Ordner oder das Laufwerk mit den Installationsdateien für das Programm und wählen die meist mit *Install* oder *Setup* bezeichnete Datei per Doppelklick an. Befolgen Sie die Anweisungen des Installationsprogramms bzw. des startenden Installationsassistenten. Wenn Sie ein Programm oder ein Gerät kaufen, sollte diesen ein Bedienhandbuch oder eine Anleitung beiliegen, in der die Installation der Software oder des Treibers erklärt wird. Lesen Sie ggf. in der betreffenden Anleitung nach, was es dabei zu beachten gibt. Beachten Sie zudem, dass Sie zur Installation Administratorberechtigungen benötigen.

... und wieder entfernen

Möchten Sie ein **Programm** wieder **entfernen**? Die meisten Programme bieten eine Funktion zur Deinstallation.

1 Wählen Sie im Ordnerfenster der Systemsteuerung das Symbol *Programme und Funktionen.*

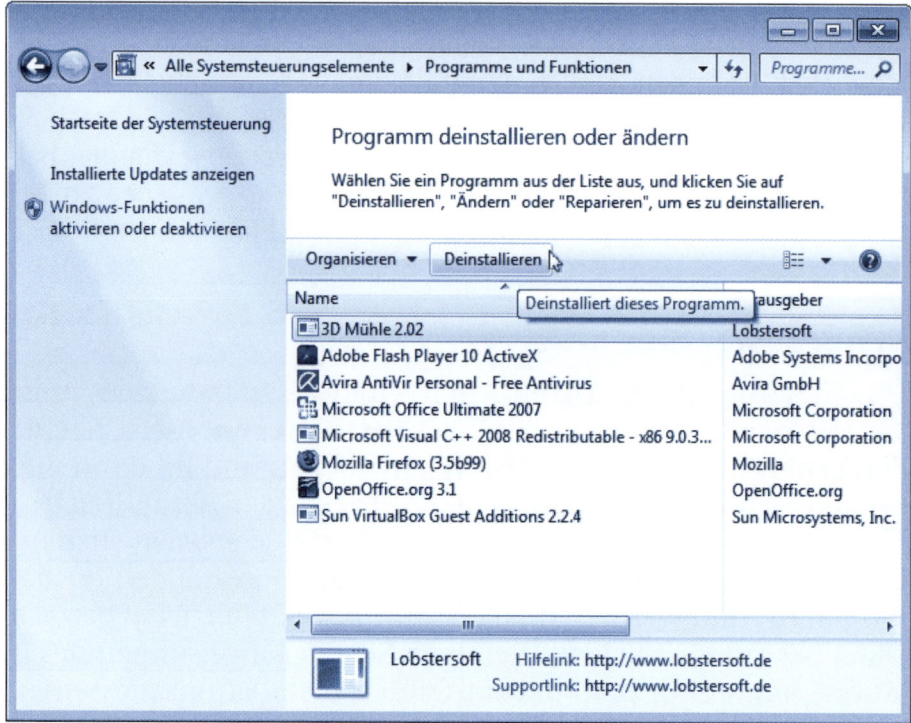

2 Markieren Sie im hier gezeigten Fenster *Programme deinstallieren oder ändern* den Eintrag des gewünschten Programms.

3 Danach klicken Sie auf die mit *Deinstallieren* beschriftete Schaltfläche in der Leiste oberhalb der Programmliste.

Meist startet dann ein Assistent, der Sie über Dialogfelder durch die Schritte der Deinstallation führt. Anschließend beenden Sie das Dialogfeld über die *Schließen*-Schaltfläche.

> **HINWEIS**
>
> Manche Programme besitzen auch eine Reparaturfunktion oder eine Möglichkeit, zusätzliche Funktionen nachträglich zu installieren (z. B. Microsoft Office). Sie können dann wie beim Deinstallieren vorgehen, wählen aber im Dialogfeld des Installationsassistenten die Schaltfläche zur Reparatur oder zum Hinzufügen neuer Funktionen.

Mauseinstellungen anpassen

Sind Sie Linkshänder oder haben Sie Schwierigkeiten mit dem Doppelklick bei der angeschlossenen externen Maus? Sie können die Einstellungen für die Maus bzw. das Touchpad mit folgenden Schritten anpassen.

1 Doppelklicken Sie im Ordnerfenster der Systemsteuerung auf das Symbol *Maus*.

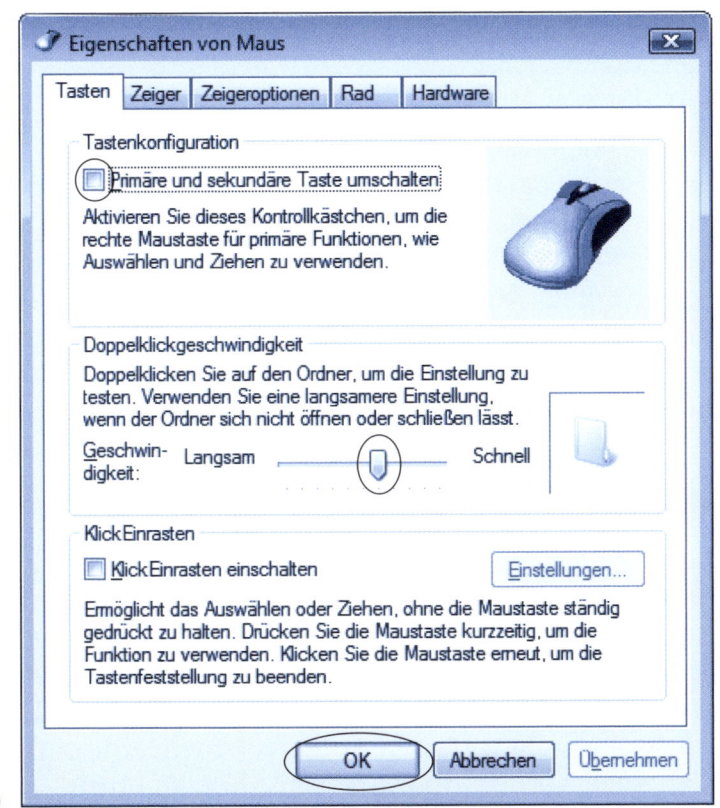

2 Löschen Sie auf der Registerkarte *Tasten* die Markierung des Kontrollkästchens *Primäre und sekundäre Taste umschalten*.

Die Markierung der Option stellt die Maus für Linkshänder um. Haben Sie **Probleme mit** dem **Doppelklick**?

3 Passen Sie auf der Registerkarte *Tasten* über den Schieberegler die Doppelklickgeschwindigkeit an.

Ziehen Sie den Regler je nach Problem zu »Langsam« oder »Schnell«. Sie können anschließend die Einstellung durch Doppelklicken auf das Testfeld mit dem Ordnersymbol rechts neben dem Regler testen. Beim Doppelklick öffnet bzw. schließt sich der Ordner. Sobald Sie das Fenster über *OK* schließen, sollten die Maustasten wieder richtig funktionieren.

> **TIPP**
>
> Haben Sie Schwierigkeiten, den Mauszeiger auf der Notebook-Anzeige zu erkennen? Dann markieren Sie auf der Registerkarte *Zeigeroptionen* das Kontrollkästchen *Mausspur anzeigen*. Weiterhin können Sie auf dieser Registerkarte auch einstellen, wie schnell sich der Mauszeiger bewegt. Auf der Registerkarte *Zeiger* können Sie über das Listenfeld *Schema* einen anderen Satz Mauszeiger wählen. Sind Ihnen die normalen Zeiger zu klein, setzen Sie das Schema beispielsweise auf einen größeren Zeigersatz.

Benutzerkonten einrichten

Benutzerkonten dienen in Windows dazu, die Einstellungen des Benutzers zu verwalten. Zudem regeln Benutzerkonten, was ein Benutzer am Notebook alles machen darf. Dabei wird zwischen sogenannten **Administratoren** (Benutzer, die den Rechner betreuen und z. B. Programme oder Geräte installieren oder löschen dürfen) und Standardbenutzern (sowie einem Gastkonto) unterschieden. Standardbenutzer können sich nur am eigenen Konto anmelden und dort mit den installierten Programmen arbeiten oder im Internet surfen – diese Konten sollten aus Sicherheitsgründen zum Arbeiten mit dem Rechner benutzt werden. Solche Benutzerkonten kann ein Administrator über die Systemsteuerung einrichten und anpassen.

1 Öffnen Sie das Fenster der Systemsteuerung und wählen Sie das Symbol *Benutzerkonten* per Doppelklick an.

Benutzerkonten

Windows öffnet dann eine Seite mit einer Übersicht über die Befehle zur Verwaltung der Benutzerkonten. Der Inhalt des Fensters hängt einmal von der Windows-Version ab – hier sehen Sie die Seite aus Windows 7. Weiterhin bekommt ein Standardbenutzer nicht alle Optionen zu sehen, die ein Administrator nutzen kann.

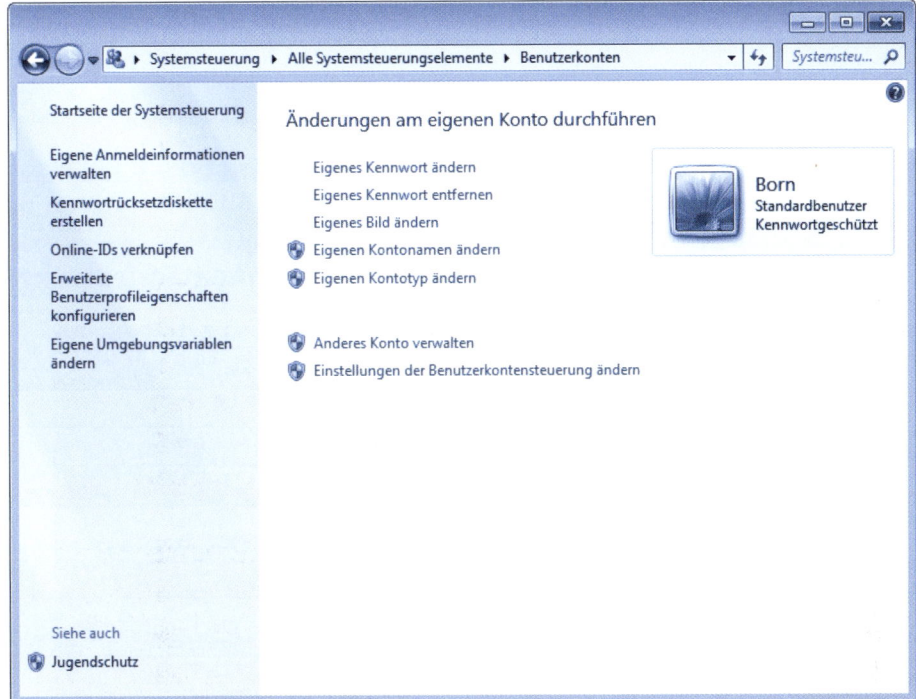

2 Sobald die Seite zur Verwaltung der Benutzerkonten erscheint, können Sie die einzelnen Befehle und Symbole anwählen.

3 Sie gelangen dann zu Formularen, in denen Sie Kennwörter, Kontensymbole, Kontennamen etc. ändern können. Die Eingaben sind über die in den Seiten gezeigten Schaltflächen zu bestätigen.

Dabei gilt: Ein **Standardbenutzer** erhält nur Zugriff **auf** die **Einstellungen** des **eigenen Benutzerkontos**. Er kann z. B. den

Befehl zum Ändern des Kennworts wählen und dann ein Benutzerkennwort im angezeigten Folgeformular ändern.

Administratoren erhalten Zugriff auf alle Benutzerkonten und können auch die Kennwörter anderer Konten zurücksetzen. Zudem besitzen Administratoren die Möglichkeit, den Kontentyp umzustellen oder neue Benutzerkonten anzulegen bzw. zu löschen.

> **TIPP**
>
> Wird das Symbol eines stilisierten Schilds vor einem Befehl gezeigt, signalisiert dies, dass sich die Funktion nur durch Administratoren nutzen lässt. Bei Anwahl eines solchen Befehls verschwindet der Desktop und Sie sehen die **Sicherheitsabfrage** der **Benutzerkontensteuerung**.
>
> Sie müssen diese, ggf. durch Auswahl eines Administratorkontos und Eingabe des zugehörigen Kennworts, bestätigen. Dies verhindert, dass unbefugte Benutzer Einstellungen am System verändern. Details zu einzelnen Funktionen der Benutzerverwaltung finden Sie in der Windows-Hilfe.

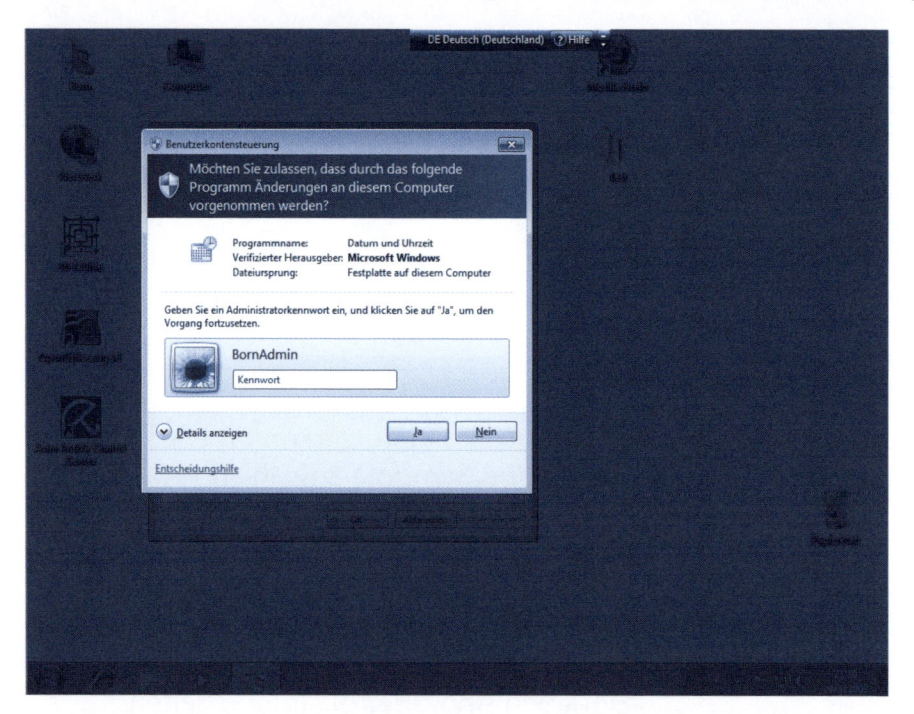

Windows absichern

Um möglichst risikoarm im World Wide Web surfen, E-Mails verwalten oder andere Internetfunktionen nutzen zu können, ist es wichtig, dass Sie Windows aktuell halten und durch ein Virenschutzprogramm gegen den Befall von Schädlingen sichern.

So bleibt Windows aktuell

Ähnlich wie ein Auto regelmäßig in der Werkstatt gewartet werden muss, sollten Sie Windows ebenfalls auf dem neuesten Stand halten. Microsoft stellt hierzu kostenlose Programmverbesserungen (als Patch, zu Deutsch »Flicken«, oder Update bezeichnet) bereit. Die Installation ist mit folgenden Schritten durchzuführen.

1 Wählen Sie in der Systemsteuerung das Symbol *Windows Update* an.

2 Dann wird die Update-Seite gezeigt, die Ihnen Auskunft über den Status Ihres Windows-Systems gibt und in der Sie die Aktualisierungen auswählen können.

Der genaue Aufbau der Seite hängt dabei von der Windows-Version ab. Fehlen Aktualisierungen, können Sie die betreffenden Hyperlinks und Schaltflächen anwählen, um die Updates herunterladen und installieren zu lassen. Das ist ähnlich wie das Surfen im Internet und der Vorgang wird nach Anwahl der betreffenden Update-Optionen weitgehend automatisch durchgeführt – lesen Sie einfach die Erläuterungen im angezeigten Fenster und befolgen Sie die erscheinenden Anweisungen.

> **HINWEIS**
>
> Sind für die von Ihnen benutzte Windows-Version sogenannte Service Packs vorhanden (z. B. das Service Pack 2 für Windows Vista)? Dann sollten Sie dieses unbedingt installieren oder von einem Fachhändler bzw. versierten Bekannten aufspielen lassen. Dies stellt sicher, dass immer die neuesten Verbesserungen und Funktionen unter Windows verfügbar sind.

Das Wartungs-/Sicherheitscenter von Windows

In Windows überwacht das sogenannte **Wartungs-** bzw. **Sicherheitscenter**, ob eine **Firewall**, das **automatische Update** sowie ein **Virenschutz** vorhanden und eingeschaltet sind. Bei Sicherheitsproblemen erscheint in Windows Vista ein stilisierter (in roter Farbe gezeichneter) Schild als Symbol im Infobereich der Taskleiste. Bei Windows 7 wird ein Fähnchen im Infobereich eingeblendet.

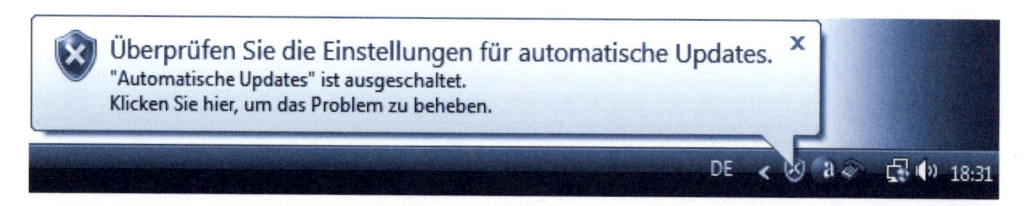

Gleichzeitig wird kurzzeitig eine QuickInfo mit einem Hinweis über die Art des Problems (z. B. ausgeschaltete Firewall, veralteter Virenscanner etc.) angezeigt. Das Symbol verschwindet erst aus dem Infobereich, wenn die Sicherheitsprobleme behoben sind!

Durch Zeigen oder Anklicken des Symbols lässt sich der Status des Sicherheits- bzw. Wartungscenters in einer QuickInfo abfragen.

- Um nähere Informationen zu gemeldeten Sicherheitsproblemen zu erhalten oder die Sicherheitseinstellungen anzupassen, reicht in **Windows Vista** ein Doppelklick auf das im Infobereich der Taskleiste angezeigte Symbol der Windows-Sicherheitswarnung.

- In **Windows 7** klicken Sie auf das im Infobereich der Taskleiste angezeigte Symbol des Wartungscenters und wählen in der QuickInfo den Hyperlink *Wartungscenter öffnen*.

Alternativ können Sie das Symbol *Sicherheitscenter* bzw. *Wartungscenter* in der Detailanzeige der Windows-Systemsteuerung per Doppelklick anwählen.

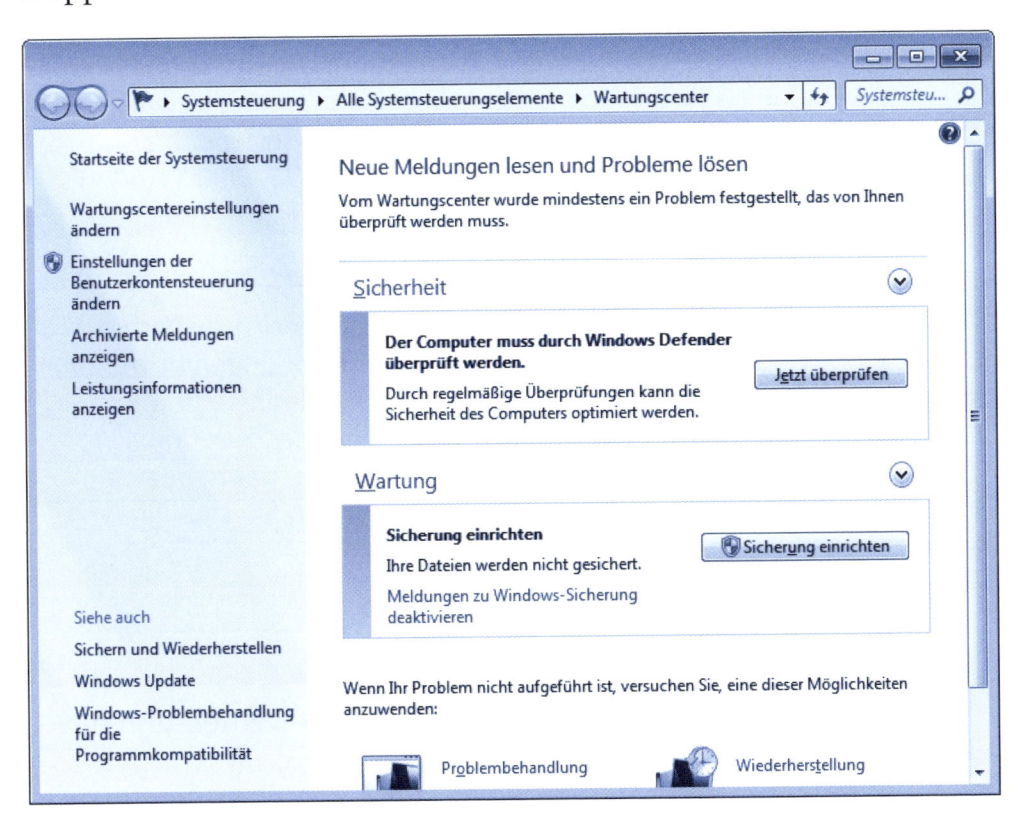

Es öffnet sich daraufhin das Fenster des Sicherheitscenters (Windows Vista) bzw. des Wartungscenters (Windows 7). Obwohl deren Darstellung sich leicht unterscheidet, sehen Sie in der rechten Spalte sofort den Status der überwachten Kategorien. Ein Farbbalken und ein Texthinweis informieren Sie, ob alles im »grünen Bereich« ist. Eine **gelbe** oder eine **rote Kennzeichnung** weisen ggf. auf eine reduzierte Sicherheit bzw. auf ein Sicherheitsproblem (z. B. abgeschaltete Firewall, fehlender Virenscanner) hin. Sie sollten diesem Punkt dann schnellstmöglich nachgehen oder sich von einem Experten helfen lassen. Schaltflächen in den jeweiligen Kategorien ermöglichen den direkten Zugriff auf die betreffenden Konfigurationsseiten.

> **FACHWORT**
>
> Wenn ein Rechner eine Verbindung zum Internet herstellt, kann er durch Dritte gezielt angegriffen werden. Eine sogenannte **Firewall** schottet den Rechner gegen solche Angriffe aus dem Internet ab und filtert alle unerwünschten Daten. Wenn Sie Windows 7 oder Windows Vista verwenden, ist eine Firewall vorhanden. Die Firewall schlägt Alarm, sobald ein Programm erstmalig Verbindungen aus dem Internet freigeben möchte. Sie müssen dann in einem Dialogfeld festlegen, ob die Firewall das Programm weiter blockieren oder dessen Verbindungen zum Internet erlauben soll. Blockierte Verbindungen bewirken u. a., dass ein Programm nicht mehr funktioniert. Administratoren können in Windows die Firewalleinstellungen über das Symbol *Windows-Firewall* der Systemsteuerung kontrollieren. Die Konfigurierung der Firewall erfordert jedoch einige Erfahrung. Lassen Sie sich ggf. von Experten beim Einrichten der Firewall helfen.

Schutz vor Viren und anderen Schädlingen

Benutzer eines Notebooks bzw. eines Computers werden durch **Viren, Trojaner** und andere Schadprogramme gefährdet. Die Schadprogramme nisten sich unbemerkt auf dem Rechner ein. Während Viren Dateien löschen, spähen Trojaner ggf. Ihren Rechner aus und melden Kennwörter etc. per Internet weiter. Solche

Schädlinge wie **Viren**, **Trojaner** und **Dialer** können Sie sich **per Internet einschleppen**, wenn Sie Programme herunterladen und dann auf dem Rechner ausführen. Oder die Schädlinge kommen als Anhang zu einer E-Mail und werden vom Benutzer beim Öffnen der betreffenden Datei installiert.

- Um sich vor Viren, Trojanern oder anderen Schädlingen zu schützen, sollten Sie **Programmdateien** nur von vertrauenswürdigen Webseiten **herunterladen**.
- **E-Mails mit Anhängen** von unbekannten Personen sollten Sie auf keinen Fall öffnen und die Nachricht im Zweifelsfall löschen.
- Zusätzlich ist es erforderlich, ein sogenanntes **Virenschutzprogramm** unter Windows zu installieren.

Auf der Internetseite *www.free-av.de* finden Sie das für Privatanwender bisher kostenlose Virenschutzprogramm **Avira AntiVir Personal Edition** zum Download. Alternativ können Sie sich das für Privatanwender kostenlose Programm **Avast! 4 Home** von der Internetseite *www.avast.com* herunterladen und installieren. Weiterhin war beim Schreiben dieses Buchs von Microsoft ein kostenloser Virenscanner für Windows angekündigt. Ist das Antivirenprogramm installiert, überwacht es im Hintergrund alle Zugriffe zum Öffnen von Dateien. Wird ein Schädling gefunden, schlägt das Programm Alarm und gibt Ihnen Gelegenheit, die infizierte Datei zu löschen.

> **ACHTUNG**
>
> Wichtig ist aber, dass Sie den Virenscanner des installierten Virenschutzprogramms von Zeit zu Zeit aktualisieren bzw. automatisch über das Internet aktualisieren lassen, da immer neue Viren auftauchen. Der in Windows Vista und Windows 7 enthaltene **Windows Defender** kann den Rechner auf sogenannte Malware (unerwünschte oder potenziell schädliche Programme) untersuchen, ersetzt aber kein Antivirenprogramm.

Die Hilfe nutzen

Benötigen Sie Informationen zu einer bestimmten Windows-Funktion oder zu einem Programm? Dieses Buch kann aus Platzgründen nur die wichtigsten Windows-Funktionen und Schritte zur Handhabung einzelner Programme zeigen. Windows und fast alle Programme bieten aber eine eingebaute Hilfe, über die sich zusätzliche Informationen abrufen lassen.

- Oft reicht es, wenn Sie einfach die Funktionstaste F1 (oben links auf der Tastatur) drücken. Ist ein Programmfenster angewählt, erscheint die Programmhilfe. Wenn kein Fenster geöffnet ist, erscheint die Windows-Hilfe.

- In Anwendungsprogrammen können Sie in der Menüleiste das Hilfemenü über das Fragezeichen (*?*) öffnen und dann den *Hilfe*-Befehl wählen. Auch dies öffnet das Fenster der Programmhilfe. Der Befehl *Info* im *Hilfe*-Menü einer Anwendung zeigt dagegen ein Dialogfeld, in dem Sie genaue Hinweise über die Programmversion finden.

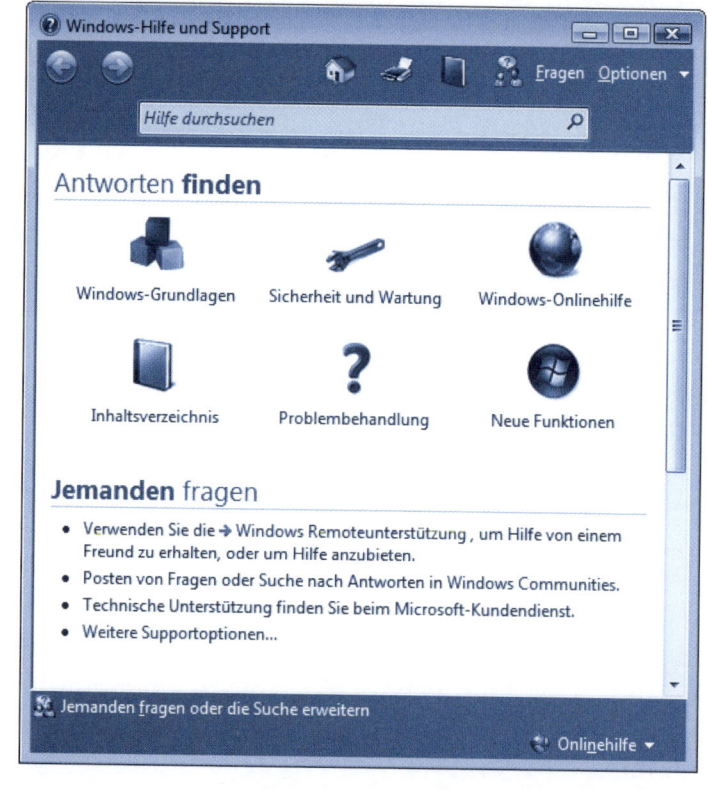

- Die Windows-Hilfe lässt sich im Startmenü über den mit *Hilfe und Support* oder ähnlich beschrifteten Menüeintrag aufrufen. Es erscheint ein Hilfefenster, welches Informationen zu den einzelnen Windows-Funktionen bietet.

Der genaue Aufbau des Hilfefensters hängt aber etwas von der Windows- und Programmversion ab. Hier sehen Sie die Hilfeseite von Windows Vista. Die Überschriften der Hilfethemen werden als Hyperlinks in einer Seite dargestellt und Sie können die dazugehörenden Informationsseiten durch Anklicken der Überschriften abrufen.

Die Schaltflächen in der Kopfzeile des Fensters ermöglichen Ihnen, Funktionen wie Navigation über das Inhaltsverzeichnis etc. aufzurufen. Ein Textfeld ermöglicht Ihnen, Suchbegriffe einzutippen und dann über die zugehörige Schaltfläche in der gesamten Hilfe nach diesem Stichwort zu suchen.

FACHWORT

Bei älteren Windows-Anwendungen ist das Fenster der Hilfe meist zweigeteilt und enthält im linken Teil mehrere Registerkarten. Die Registerkarte *Inhalt* zeigt ein Inhaltsverzeichnis mit Kapitelüberschriften. Ein stilisiertes Buchsymbol steht für ein Kapitel, welches sich durch Anklicken öffnen oder zuklappen lässt. Ein stilisiertes Blatt verweist auf die in der zugehörigen Überschrift adressierte Hilfeseite. Klicken Sie auf die Überschrift, wird der Hilfetext im rechten Teil des Fensters angezeigt. Die Registerkarte *Index* enthält ein Stichwortverzeichnis zum direkten Zugriff auf die Hilfethemen. Auf der Registerkarte *Suchen* finden Sie ein Suchformular, in das sich gezielt Suchbegriffe eingeben lassen. Dann kann die Hilfe nach diesen Suchbegriffen durchsucht werden. Allerdings können solche alten Hilfedateien in Windows Vista bzw. Windows 7 nicht immer korrekt angezeigt werden.

Zusammenfassung

In diesem Kapitel haben Sie einige Zusatzfunktionen von Windows kennengelernt. Für den Einstieg reicht das und Sie kommen mit den gezeigten Funktionen auch schon recht weit. Damit möchte ich das Buch schließen. Aus Platzgründen musste vieles verkürzt dargestellt werden. Bei Bedarf sollten Sie auf die in den betreffenden Abschnitten angegebene Zusatzliteratur zurückgreifen.

Lernkontrolle

Zur Überprüfung Ihres Wissens können Sie die folgenden Fragen beantworten. Die Antworten sind in Klammern angegeben.

- **Was ist beim Ändern von Systemeinstellungen zu beachten?**
  (Für die meisten Änderungen müssen Sie über Administratorberechtigungen verfügen, d. h. in der Sicherheitsabfrage der Benutzerkontensteuerung das Kennwort für ein Administratorkonto eingeben.)

- **Wie passen Sie Uhrzeit und Datum an?**
  (Die Uhrzeit im Infobereich der Taskleiste anwählen und dann, wie oben gezeigt, die Werte auf der Registerkarte *Datum und Uhrzeit* ändern.)

- **Wie lassen sich die Anzeigeoptionen anpassen?**
  (Mit der rechten Maustaste auf eine leere Stelle des Desktops klicken und den Kontextmenübefehl *Anpassen* wählen. Dann, wie oben gezeigt, die gewünschten Optionen setzen und über die *OK*-Schaltfläche bestätigen.)

- **Wie halten Sie Windows aktuell?**
  (Zum Beispiel über den *Windows Update*-Befehl der Systemsteuerung.)

- **Wozu dient das Windows-Wartungs-/Sicherheitscenter?**
  (Es zeigt vorhandene Sicherheitsprobleme oder potenzielle Schwächen wie abgeschaltete Update-Funktion, veraltete Virenschutzprogramme etc. an.)

- **Was ist bei den Windows-Benutzerkonten zu beachten?**
  (Diese sollten durch ein Kennwort geschützt werden. Normale Anwender sollten eingeschränkte Benutzerkonten zum Arbeiten benutzen.)

- **Wie schütze ich Windows vor Viren?**
  (Indem Sie ein Virenschutzprogramm wie AntiVir installieren und dieses aktuell halten.)

Kleine Pannenhilfe

In diesem Abschnitt finden Sie einige Tipps, um kleine Pannen zu beheben.

Probleme beim Notebook-Start

Nach dem Einschalten tut sich nichts

Prüfen Sie bitte folgende Punkte:

- Ist der Netzstecker des Netzteils an der Steckdose angeschlossen und das Netzkabel am Notebook eingesteckt?
- Ist vielleicht der Akku beim mobilen Betrieb leer?
- Ist das Notebook überhaupt eingeschaltet?

Das Notebook piept beim Einschalten ständig

Prüfen Sie bitte, ob vielleicht ein Gegenstand auf der Tastatur liegt oder eine Taste klemmt. Einfach das Notebook ausschalten und mit dem Finger über alle Tasten streichen – sodass diese niedergedrückt werden. Piept das Gerät nach dem Einschalten ständig und wird kein Windows geladen, ist etwas kaputt. Dann muss das Gerät zum Service.

Die Windows-Anmeldung ist nicht möglich

Sie haben das »richtige« Kennwort in der Willkommenseite eingetippt, Windows meldet aber eine falsche Eingabe. Prüfen Sie folgende Punkte:

- Haben Sie wirklich das richtige Konto und das zugehörige Kennwort benutzt?
- Haben Sie die Groß-/Kleinschreibung bei der Eingabe beachtet und sind die Modi »CapsLock« oder »NumLock« ausgeschaltet?

Haben Sie ein Kennwort vergessen? Dann kann sich ein Administrator unter seinem Konto anmelden und das Kennwort für den jeweiligen Benutzer ändern. Dann müssen Sie sich mit diesem Kennwort neu anmelden.

Probleme mit Tastatur und Maus

Nach dem Start funktionieren manche Tasten nicht richtig

Handelt es sich um blau hinterlegte Tasten (`U` bis `P`, `J` bis `Ö` und `M` bis `-`)? Drücken Sie die `Fn`-Taste und tippen Sie die `NumLock`-Taste am oberen Rand der Tastatur. Dadurch wird die numerische Doppelbelegung der betreffenden Tasten aufgehoben. Ein eingeschalteter NumLock-Modus sollte durch eine Leuchtanzeige signalisiert werden. Ein erneutes Drücken der Tastenkombination schaltet die Tastatur wieder in den NumLock-Modus. Werden bei den Schreibmaschinentasten Großbuchstaben angezeigt, drücken Sie die `CapsLock`-Taste der Tastatur, um diesen Modus abzuschalten.

Beim Drücken einer Taste erscheint ein Zeichen mehrfach

Die Tastatur besitzt eine Wiederholfunktion. Drücken Sie eine Taste etwas länger, wiederholt das Notebook das betreffende Zeichen. Vielleicht drücken Sie die Taste zu lange. Sie können die Zeit, bis die Wiederholfunktion von Windows aktiviert wird, ändern. Wählen Sie in der Systemsteuerung das Symbol *Tastatur*. Auf der Registerkarte Geschwindigkeit lässt sich die Einstellung der Schieberegler *Verzögerung* und *Wiederholrate* anpassen. Sie können die Einstellungen im Testfeld überprüfen und anschließend das Eigenschaftenfenster über die *OK*-Schaltfläche schließen. Lässt sich das Problem auf diese Weise nicht beheben, prüfen Sie bitte, ob vielleicht eine Taste klemmt oder die Tastatur beschädigt ist.

Der Mauszeiger bewegt sich gar nicht oder nicht richtig

Prüfen Sie bitte folgende Punkte:

- Ist das Touchpad vielleicht abgeschaltet (siehe Kapitel 1)?
- Ist die externe Maus korrekt am Notebook angeschlossen?

Bei einer externen Maus sollten Sie diese auf ein Mauspad auflegen. Bei einer Funkmaus können ggf. leere Batterien die Störungsursache sein.

Maustasten vertauscht, Doppelklicks klappen nicht richtig

Fehlerbild: Die linke Maustaste öffnet ein Kontextmenü, die rechte Taste markiert dagegen etwas. Die Wirkung der linken/rechten Taste ist also vertauscht. Dieses Verhalten entspricht einer Mauseinstellung für Linkshänder. Lesen Sie in Kapitel 7 nach, wie Sie die Maus oder das Touchpad auf den Modus für Rechtshänder zurückstellen. Haben Sie **Probleme mit** dem **Doppelklick**? Wie Sie die Doppelklickgeschwindigkeit anpassen, ist im betreffenden Kapitel ebenfalls besprochen.

Probleme mit dem Windows-Desktop

Die Windows-Elemente sind zu klein und schlecht zu erkennen

Haben Sie Schwierigkeiten, die Symbole auf dem Windows-Desktop zu erkennen? Können Sie die Texte in Menüs oder unter Symbolen nur schlecht lesen? Vielleicht ist die Grafikauflösung für den Bildschirm zu hoch gesetzt. Lesen Sie in Kapitel 7 nach, wie Sie die Grafikauflösung oder die Anzeigeoptionen ändern können.

Der Desktop ist »verschwunden«

Sie sehen die Symbole des Windows-Desktops nicht mehr, sondern nur noch Dateisymbole, Texte, eine Grafik oder sonst etwas. Vermutlich haben Sie ein Fenster im Vollbildmodus geöffnet, das dann den Desktop verdeckt. Klicken Sie in der rechten oberen Ecke die Schaltfläche *Verkleinern* an, um das Fenster zur vorherigen Größe zu reduzieren. Bei Windows-Ordnerfenstern und beim Internet Explorer hilft es auch, die Funktionstaste [F11] zu drücken, um zwischen Vollbild- und Normalbildmodus umzuschalten.

Eine Symbolleiste fehlt im Programmfenster

Bei vielen Programmen können Sie Symbol- und Statusleisten über das Menü *Ansicht* ein- und ausblenden. Ab Windows Vista fehlen die Menüleisten aber bei einigen Programmen (z. B. Windows-Explorer, Internet Explorer) und die Symbolleisten sind nicht mehr anpassbar. Die Menüleiste lässt sich dann oft aber durch Drücken der [Alt]-Taste einblenden.

Ein Programm lässt sich nicht mehr bedienen

Manchmal kommt es vor, dass sich ein Programm nicht mehr bedienen lässt. Es reagiert weder auf Tastatureingaben noch auf Mausklicks.

1 Klicken Sie die Taskleiste mit der rechten Maustaste an und wählen Sie den Kontextmenübefehl *Task-Manager*.

Kleine Pannenhilfe **335**

2 Klicken Sie im Fenster *Anwendungen* des Windows Task-Managers auf die betreffende Anwendung und wählen Sie die Schaltfläche *Task beenden*.

Windows versucht jetzt, das Programm zwangsweise zu beenden. Geht das nicht, erscheint ein weiteres Fenster mit dem Hinweis, dass das Programm nicht reagiert. Sie müssen dann die Schaltfläche zum Beenden des Programms wählen.

Auf der Registerkarte *Prozesse* können Sie auf die gleiche Weise Prozesse wählen und über die Schaltfläche *Prozess beenden* abbrechen. Sie sollten dann aber wissen, was Sie tun – da dies u. U. die Stabilität von Windows beeinträchtigen kann. Das Fenster des Task-Managers beenden Sie über die in der rechten oberen Ecke gezeigte *Schließen*-Schaltfläche.

Ordner und Dateien

CD oder DVD lässt sich nicht lesen

Beim Doppelklicken auf das Symbol des Laufwerks erscheint ein Meldungsfeld mit dem Hinweis, dass das Laufwerk nicht bereit ist. Überprüfen Sie in diesem Fall die folgenden Punkte:

- Befindet sich eine CD oder DVD im Laufwerk?
- Versuchen Sie durch Entnehmen und erneutes Einlegen des Mediums, ob das Laufwerk anschließend dessen Inhalt lesen kann.
- Ist die CD/DVD auch mit der richtigen Seite in das Laufwerk eingelegt (siehe Kapitel 1)?

Handelt es sich vielleicht um ein Medium, welches Ihr Laufwerk nicht lesen kann (z. B. eine DVD+R DL)? Manchmal ist die Oberfläche der CD/DVD auch verkratzt oder verschmutzt und Windows meldet, dass die Daten fehlerhaft sind. Verschmutzte Medien lassen sich vorsichtig säubern, bei verkratzten Datenträgern können Sie die Oberfläche ggf. mit Zahnpasta polieren.

Auf einen Wechseldatenträger lässt sich nichts speichern

Beim Versuch, eine Datei auf einen Wechseldatenträger zu speichern, erscheint ein Fenster mit der Fehlermeldung, dass dieser schreibgeschützt ist. Bei CDs oder DVDs ist die Sache klar, diese sind schreibgeschützt und entsprechende Rohlinge können nur mit einem Brennprogramm beschrieben werden (siehe Kapitel 3). Bei Speicherkarten von Digitalkameras, Handys etc. oder bei USB-Speicherstiften sollten Sie prüfen, ob ggf. ein Schreibschutzschalter aktiviert ist. SD-Speicherkarten besitzen z. B. einen solchen Schreibschutzschieber an der Seite. Deaktivieren Sie den Schreibschutz und wiederholen Sie den Schreibvorgang.

Eine Datei/ein Ordner lässt sich nicht ändern oder löschen

Der Versuch, eine Datei oder einen Ordner umzubenennen oder zu löschen, wird von Windows mit einem Hinweis auf einen Schreibschutz abgelehnt? Oder Sie haben eine Dokumentdatei in einem Programm geladen und die Funktion *Speichern* gewählt. Das Programm öffnet jedoch das Dialogfeld *Speichern unter* und schlägt einen neuen Dateinamen vor. Geben Sie den Namen der alten Datei ein, meldet das Programm, dass die Datei schreibgeschützt ist. Bei den Dateien einer CD/DVD/BD ist das immer so, da Sie deren Inhalt nicht ändern können. Bei Dateien auf der Festplatte kann ein gesetzter Schreibschutz die Ursache sein. Sie können den Schreibschutz bei solchen Dateien aber aufheben, indem Sie mit der rechten Maustaste auf das Symbol der Datei klicken und den Kontextmenübefehl *Eigenschaften* wählen. Entfernen Sie die Markierung des Kontrollkästchens *Schreibgeschützt* auf der Registerkarte *Allgemein* und schließen Sie das Dialogfeld über die *OK*-Schaltfläche. Ist das Schreibschutzattribut der Datei nicht gesetzt? Dann kann es sein, dass ein anderes Programm die Datei oder den Ordner noch verwendet. Warten Sie ggf. bis zum nächsten Windows-Neustart und probieren Sie danach erneut, das Element zu löschen.

Probleme beim Drucken

Der Drucker funktioniert nicht

Die Druckausgabe ist gestört und Windows zeigt ggf. eine Meldung als QuickInfo im Infobereich der Taskleiste. Zum Beheben der Druckerstörung sollten Sie die folgenden Punkte überprüfen:

- Ist der Drucker eingeschaltet und erhält er Strom?
- Ist das Druckerkabel zwischen Notebook und Drucker richtig angeschlossen?
- Ist der Drucker auf **online** gestellt?
- Hat der Drucker genügend Papier und Toner bzw. Tinte?
- Gibt es eine Störung am Drucker (z. B. Papierstau)?

Prüfen Sie bei einem neuen Drucker oder bei Änderungen an Windows, ob der Druckertreiber richtig eingerichtet ist. Sobald die Störung behoben ist, sollte der Ausdruck wieder möglich sein.

> **TIPP**
>
> Falls Sie den Drucker zur Störungsbehebung abschalten müssen, würde der Drucker beim Einschalten nur »Mist« ausgeben. Wählen Sie in diesem Fall das im Infobereich eingeblendete Druckersymbol per Doppelklick an. Im Fenster des Druck-Managers sehen Sie die noch nicht ausgeführten Druckaufträge. Wählen Sie im Menü *Drucker* den Befehl *Alle Druckaufträge abbrechen*. Nach dem erneuten Einschalten des Druckers werden diese Aufträge dann gelöscht.

Querdruck beheben

Die Druckausgaben erfolgen quer auf dem Blatt. In diesem Fall müssen Sie die Druckoptionen von Querformat auf Hochformat umstellen. Sie können dies auf der entsprechenden Registerkarte vornehmen, die Sie aus dem Dialogfeld *Drucken* über die Schaltfläche *Eigenschaften* erreichen (siehe auch Kapitel 4 im Abschnitt zum Drucken in Word).

Internetprobleme

Die Verbindung zum Internet klappt nicht

Überprüfen Sie die folgenden Punkte:

- Sind alle Kabel richtig angeschlossen und ist das Analog- bzw. ISDN-Modem richtig konfiguriert (z. B. Treiber vorhanden)?
- Funktioniert das Telefon oder ist die Telefonleitung vielleicht gestört?

Klappt die Einwahl, aber der Zugang wird abgelehnt, prüfen Sie, ob die Zugangsdaten (Einwahlnummer, Benutzername, Kennwort) richtig eingetragen sind.

Die angewählte Webseite wird nicht geladen

Überprüfen Sie die Punkte des vorherigen Abschnitts. Schauen Sie nach, ob die Adresse richtig geschrieben ist – geben Sie ggf. die Adresse einer anderen Webseite zum Test ein. Wird diese Seite angezeigt, liegt eine Störung im Internet vor; probieren Sie es zu einem späteren Zeitpunkt nochmals mit der Adresse.

Der Internet Explorer versucht beim Start, online zu gehen

Bei Wählverbindungen erscheint dann der Einwahldialog. Bei DSL-Verbindungen erscheint beim Aufruf automatisch die betreffende Startseite. Ursache: Sie haben vermutlich eine Webseite als Startseite eingestellt.

1 Öffnen Sie das Menü der Schaltfläche *Extras* des Internet Explorers und wählen Sie den Befehl *Internetoptionen*.

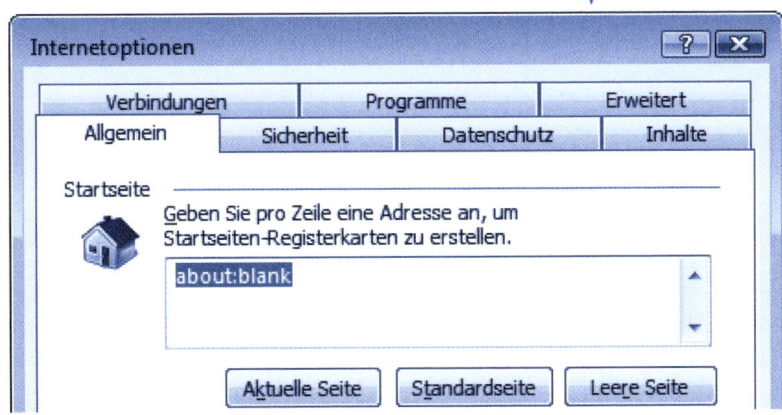

2 Im Eigenschaftenfenster *Internetoptionen* klicken Sie auf der Registerkarte *Allgemein* auf die Schaltfläche *Leere Seite* und schließen das Dialogfeld über die *OK*-Schaltfläche.

Dann zeigt der Browser zukünftig beim Start eine leere Seite an.

Downloads aus dem Internet

Gelegentlich kommt es vor, dass man ein Programm oder eine Datei aus dem Internet herunterladen möchte. Dies wird auch als Download bezeichnet.

1 Um einen Download zu starten, reicht es, den betreffenden Hyperlink anzuklicken.

2 In den sich öffnenden Dialogfeldern wählen Sie die Option zum Speichern und den Zielordner, in dem die heruntergeladene Datei zu speichern ist.

Der genaue Aufbau und die Abfolge der Dialogfelder beim Download hängen etwas von der Windows-Version ab. Wichtig ist lediglich, dass Sie beim Start des Downloads immer die Funktion zum Speichern in eine Datei wählen. Die Dateien können Sie im Ordner *Downloads* ablegen.

ACHTUNG

Beim Download gibt es die Möglichkeit, die herunterzuladende Datei zu speichern oder zu öffnen. Sie dürfen keinesfalls die Option *Öffnen* wählen, da dann Programme sofort ausgeführt und Dokumentdateien geladen werden. Enthalten diese Dateien Schadprogramme, würden die schädigenden Inhalte sofort wirksam werden. Speichern Sie dagegen den Download, lässt sich die betreffende Datei durch ein Virenschutzprogramm überprüfen (siehe auch Kapitel 7).

TIPP

Eine wesentlich umfangreichere Pannenhilfe für die kleinen und großen Probleme, die mit dem Notebook oder beim Arbeiten mit Windows auftreten können, finden Sie in dem von mir beim Markt+Technik Verlag publizierten Titel »Erste Hilfe für den PC«.

Lexikon

Account (Zugang)
Berechtigung, sich an einem Computer per Datenleitung anzumelden und z. B. im WWW zu surfen.

ActiveX
Zusatzprogramme für den Internet Explorer, deren Funktionen in Webseiten genutzt werden können. Es sollten nur ActiveX-Komponenten von vertrauenswürdigen Firmen eingesetzt werden, Module aus unbekannter Quelle stellen Sicherheitsrisiken dar.

Adresse
Speicherstelle im Adressbereich (Hauptspeicher) des Computers oder Angabe zur Lage einer **Webseite** bzw. zum Empfänger einer **E-Mail**.

ADSL
Abkürzung für Asymmetric Digital Subscriber Line, eine schnelle Technik zur Datenübertragung per Telefonleitung (schneller als ISDN).

AJAX
Technologie zur Übertragung von Webseiten in WEB 2.0.

AMD
Name eines amerikanischen Chipherstellers, bietet auch Prozessoren an, die in Windows-Computern benutzt werden.

Analog
Ein analoges Signal ist im Gegensatz zu Digitalsignalen ein kontinuierlich verlaufendes Signal bzw. dessen Übertragung (Beispiel: elektrische Ströme oder Schallwellen).

ANSI-Zeichen
ANSI ist die Abkürzung für American National Standards Institute. ANSI-Zeichen definieren die unter Windows verwendeten Zeichen.

Antivirenprogramm
Programm zur Erkennung, Bekämpfung und Entfernung von Computerviren. Solche Programme werden von verschiedenen Herstellern im Handel angeboten.

AOL
Abkürzung für den Firmennamen America Online. Dies ist ein Anbieter eines Onlinedienstes.

Arbeitsspeicher (RAM)
Das ist der Speicher im Computer, der über kleine Steckmodule bereitgestellt wird. Die Speicherkapazität wird in Megabyte angegeben.

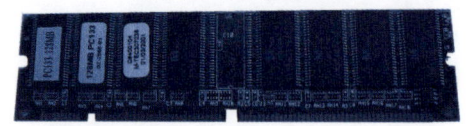

ASCII-Zeichen
ASCII ist die Abkürzung für American Standard Code for Information Interchange. Der ASCII-Zeichensatz legt 127 Zeichen (Buchstaben, Ziffern und einige Sonderzeichen) fest, enthält jedoch keine Umlaute (ä, ö, ü) und kein ß.

ATA-Schnittstelle
Eine Schnittstelle zum Anschließen von Festplatten an die Hauptplatine des Rechners. SATA ist eine modernere serielle Variante.

ATAPI-Schnittstelle
Eine Schnittstelle zum Anschließen von ATAPI-CD-/DVD-Laufwerken an die Hauptplatine des Rechners.

Ausgabeeinheit
Gerät, das Ausgaben des Computers vornehmen kann (z. B. Bildschirm, Drucker).

Avatar
Die grafische Darstellung (eines Benutzers, einer Person) in einem virtuellen Raum.

AVI
Spezielles von der Firma Microsoft definiertes Videoformat zur Speicherung von Filmen.

Backslash
Der Schrägstrich \ (wird z. B. zum Trennen von Ordnernamen benutzt).

Backup
Bezeichnung für die Datensicherung (Dateien werden auf Diskette/Band gesichert).

BASIC
Abkürzung für Beginners All-purpose Symbolic Instruction Code. Das ist eine in den 1960er Jahren entworfene Programmiersprache für Einsteiger. Unter Windows leben die Ansätze von BASIC in Produkten wie Microsoft Visual Basic, VBA (Programmiersprache in Microsoft Office) und in VBScript (Skriptsprache) weiter.

Batchdatei
Eine Datei, die ausführbare MS-DOS-Befehle enthält und interaktiv abgearbeitet werden kann. BAT-Dateien ermöglichen dem Benutzer, kleine Programme, z. B. zum Kopieren von Daten, zu realisieren.

Baud
Geschwindigkeitsangabe bei der Datenübertragung über serielle Leitungen.

Benutzeroberfläche
Darunter versteht man die Art, wie der Rechner Informationen vom Benutzer annimmt und seinerseits Informationen anzeigt. Windows besitzt zum Beispiel eine grafische Oberfläche mit Symbolen und Fenstern.

Beta-Software
In der Erprobung/Entwicklung befindliche Programme, die noch nicht zum Verkauf freigegeben sind.

Bildschirmschoner
Zeigt beim unbenutzten, aber eingeschalteten Rechner nach einer Wartezeit wechselnde Motive. Dies verhindert ein »Einbrennen« des Bildschirminhalts in den Monitor.

BIOS
Abkürzung für Basic Input Output System. Dies sind Programmfunktionen, die fest in einem ROM-Baustein auf der Hauptplatine des Rechners hinterlegt sind und Basisfunktionen zur Ansteuerung der Computerkomponenten sowie zum Starten des Computers bieten.

Bit
Das ist die kleinste Informationseinheit in einem Computer (kann die Werte 0 oder 1 annehmen). 8 Bit werden zu einem Byte zusammengefasst.

Bitmap
Format, um Bilder oder Grafiken zu speichern. Das Bild wird wie auf dem Bildschirm in einzelne Punkte aufgeteilt, die zeilenweise gespeichert werden.

Bluetooth
Nach dem dänischen König „Blauzahn" benannte neue Funktechnik, um Geräte wie Maus, Tastatur etc. drahtlos mit dem Computer zu verbinden. Soll schneller und zuverlässiger als die Infrarotübertragung arbeiten.

Boolesche Logik
Nach dem Mathematiker George Boole (1815–1864) benannte binäre Logik (AND, OR, NOT), die prüft, ob Aussagen wahr oder falsch sind.

Booten
Laden des Betriebssystems nach dem Einschalten des Computers.

Bug
Englische Bezeichnung für einen Programmfehler.

Bus
Leitungssystem zur Übertragung von Signalen. Die Hauptplatine eines Computers enthält einen Bus, um die Steckkarten anzuschalten.

Button
Englisch: »Knopf« – das ist eine häufiger gebrauchte, aber in Windows nicht korrekte Bezeichnung für Schaltflächen, die in Dialogfeldern per Maus angeklickt werden können.

Byte

Gibt eine Menge von Computerdaten an. Ein Byte besteht aus 8 Bit und kann Zahlen von 0 bis 255 darstellen. 1024 Byte = 1 **Kilobyte** (KB), 1024 KB = 1 **Megabyte** (MB), 1024 MB = 1 **Gigabyte** (GB).

C/C#/C++

Namen verschiedener Programmiersprachen.

Cache

Schneller Zwischenspeicher für Daten.

CAD

Abkürzung für Computer Aided Design, d. h. computergestütztes Konstruieren. CAD-Programme erlauben das Erstellen von Konstruktionszeichnungen.

Centronics-Schnittstelle

Ein anderer Name für die parallele Druckerschnittstelle (benannt nach dem amerikanischen Druckerhersteller Centronics).

Chip

Allgemeine Bezeichnung für einen elektronischen Baustein.

Client

Rechner oder Programme, die mit einem Server Kontakt aufnehmen und dessen Dienste in Anspruch nehmen (z. B. Daten auf dem Server ablegen oder abrufen).

COM

Name der seriellen Schnittstellen des Computers (z. B. COM1:).

Cookie

Eine kleine Datei mit Zusatzinformationen, die vom Server beim Surfen im Internet auf dem lokalen Computer (Client) abgelegt wird. Wegen der Gefahr des Missbrauchs (Ausspionieren des Surfers) allgemein nicht gerne gesehen; bei bestimmten Webseiten wie beispielsweise Online-Shops aber zur Speicherung des Warenkorbs erforderlich.

CPU

Englische Abkürzung für **Central Processing Unit**, die Recheneinheit (Prozessor) des Computers.

Datenbankprogramme

Programme (z. B. Microsoft Access) zur Speicherung, Verwaltung und Abfrage von Daten.

Datenschutz

Gesetzliche Bestimmungen zum Schutz personenbezogener Daten gegen Missbrauch durch Dritte.

Decoder
Gegenstück zum Encoder; dient zum Entschlüsseln kodierter Signale (z. B. Satellitendecoder, MP3-Decoder, Audiodecoder, Videodecoder).

Defragmentieren
Bezeichnet das Neuschreiben von Teilen einer Datei in aufeinanderfolgende Abschnitte (Sektoren) einer Festplatte. Dies erlaubt einen schnelleren Zugriff auf die Daten der Datei.

Desktop Publishing (DTP)
Aufbereitung von Dokumenten (Prospekten, Büchern etc.) am Rechner.

DFÜ
Abkürzung für Datenfernübertragung.

Digital
Im Gegensatz zu *analog* eine diskrete Darstellung von Signalen oder Funktionen mit den Zuständen 0 und 1. Besitzt große Bedeutung bei Computern.

DirectX
Spezielle Softwareerweiterung für Windows, die Anwendungen den direkten Zugriff auf Video- und Sound-Hardware erlaubt.

Divx
Andere Bezeichnung für das MPEG4-Verfahren zur Speicherung von Videodaten.

DMA
Abkürzung von Direct Memory Access, einer speziellen Technik zur schnellen Übertragung von Daten von einer Festplatte in den Arbeitsspeicher (ohne Verwendung der CPU).

Download
Herunterladen von Daten aus dem Internet auf Ihren Rechner.

DHCP
Abkürzung für Dynamic Host Configuration Protocol, sorgt in einem Netzwerk dafür, dass Teilnehmer automatisch die richtigen Einstellungen vom Hauptrechner (DHCP-Server) erhalten.

Drag&Drop
Wörtlich »Ziehen und Ablegen«, eine Technik in Windows, mit der Objekte per Maus bei gedrückter linker Maustaste gezogen werden. Durch Loslassen der Maustaste werden die Objekte (z. B. im Papierkorb) abgelegt.

Editor
Programm zum Erstellen und Bearbeiten einfacher Textdateien.

E-IDE-Schnittstelle
Erweiterte Schnittstelle, um Festplatten an den Computer anzuschließen. Erlaubt den Anschluss von bis zu vier Geräten (Festplatten, CD-Laufwerke) und wird von den meisten heutigen Computern unterstützt.

Encoder
Verschlüsselung bzw. Umformung von Signalen/Daten und damit das Gegenstück zum Decoder. Encoder wandeln z. B. Musikdaten oder Videodaten in eine komprimierte, d. h. wesentlich kompaktere, Form um.

EPS
Abkürzung für Encapsulated PostScript. EPS wird zur Speicherung von Bildern im PostScript-Dateiformat verwendet.

Error
Englische Bezeichnung für einen Programmfehler.

Ethernet
Technik zur Übertragung von Daten in Netzwerken.

Farbpalette
Zusammenstellung der möglichen Farben in einem Bild aus der Menge der verfügbaren Farbtöne (oft 256 Paletteneinträge). Dies erlaubt eine realitätsnahe Farbabbildung, spart aber erheblich Speicherplatz.

Farbkalibrierung
Man legt fest, wie Farbtöne zwischen verschiedenen Geräten wie Scanner, Monitor, Drucker umzurechnen sind, um immer den gleichen Farbeindruck zu erreichen.

Farbtiefe
Gibt an, wie viele Farben pro Bildpunkt darstellbar sind. Bei 8-Bit-Farbtiefe sind 256 Farben darstellbar. Eine 24-Bit-Farbtiefe erlaubt 16,8 Millionen Farben pro Bildpunkt (Echtfarbendarstellung). Bei 16-Bit-Farbtiefe sind nur 65.000 Farben möglich (High-Color-Darstellung).

FAT
Abkürzung für **File Allocation Table**. Definiert, wo und wie Windows Dateien auf der Diskette oder Festplatte ablegt und verwaltet.

Firewall
Schutzsystem in einem Netzwerk, das wie eine »Brandmauer« gegen externe Bedrohungen schützt. Die Firewall lässt nur bestimmte Informationen aus der Außenwelt in das Netzwerk durch und verhindert so unbefugte externe Zugriffe.

FireWire (IEEE 1394)
Eine in der Norm IEEE 1394 festgelegte Technik, mit der sich externe Geräte wie Laufwerke, Kameras, CD-Laufwerk etc. über ein entsprechendes Kabel an die FireWire-Schnittstelle des Computers anschließen lässt. Erlaubt eine schnellere Datenübertragung als der USB-Bus.

Firmware
In einem Gerät oder im Computer fest hinterlegte Programmfunktionen, die beim Einschalten des Geräts sofort zur Verfügung stehen.

Flame
Verletzende oder beleidigende Antwort auf einen Beitrag in Nachrichtengruppen oder auf eine E-Mail.

Flash
Name einer Technik, um in Internetseiten Trickfilme und Effekte speicherplatzsparend abzubilden. Benötigt einen Flash-Player zur Wiedergabe im Browser.

Flash-Speicher
Spezieller Baustein, dessen nichtflüchtiger Inhalt gelöscht und neu beschrieben werden kann.

Floppy-Disk
Anderer Name für eine Diskette.

Font
Englisch für Schriftart.

Format
Anordnung von Daten. Datenträger werden durch Formatieren zur Aufnahme von Daten (Ordner, Dateien) vorbereitet. Bei Texten bedeutet Formatieren das Auszeichnen von Textstellen durch Unterstreichen, fett Hervorheben etc.

Frame
Englischer Name für Rahmen. Bei der Anzeige einer Webseite im Browser bezeichnen Frames rechteckige Ausschnitte im Dokumentfenster, in denen weitere Dokumente angezeigt werden können. Bei Videobildern bezeichnet ein Frame das Einzelbild.

Frequenz
Maß für die Geschwindigkeit (Taktrate), mit der ein Signal sich ändert. Bei Rechnern gibt die Taktfrequenz der CPU einen Hinweis auf deren Schnelligkeit. Heutige Rechner werden mit Taktraten im Gigahertzbereich betrieben.

FrontPage
Programm der Firma Microsoft zur Erstellung von Webseiten.

Gbyte
Abkürzung für Gigabyte (GB, entspricht 1.024 Megabyte).

GIF
Grafikformat, das zur Speicherung von Bildern insbesondere für Webseiten benutzt wird.

Hacker
Personen, die illegalerweise in fremde Computersysteme eindringen.

Hardcopy
Englischer Ausdruck für einen gedruckten Bildschirmabzug.

Hardware
Als Hardware werden alle Teile eines Computers bezeichnet, die sich anfassen lassen (das Gegenteil ist Software).

Hauptplatine
Die auch als Motherboard bezeichnete Hauptplatine in einem Computer.

HDMI
Neue Digitalschnittstelle für Audio und Video mit HDCP-Kopierschutz, die für HDTV-Geräte vorgeschrieben ist.

HDTV
Kürzel für High Definition TV, der neue hochauflösende Fernsehstandard mit 720 x 1280 bzw. 1080 x 1920 Bildpunkten.

Hertz
Maßeinheit (Hz) für die Frequenz. 1000 Hertz = 1 Kilohertz (KHz), 1000 KHz = 1 Megahertz (MHz), 1000 MHz = 1 Gigahertz (GHz).

Homepage
Startseite einer Person oder Firma im World Wide Web. Von der Startseite führen Hyperlinks zu weiteren Webseiten.

Hotline
Telefonische Kontaktstelle eines Herstellers für Hilfe bei Problemen mit einem Produkt.

HTML
Steht für **Hypertext Markup Language**, das Dokumentformat im World Wide Web. Mit HTML werden Webseiten erstellt.

HTTP
Akürzung für Hypertext Transfer Protocol, ein Standard zum Abrufen bzw. Übertragen von Webseiten.

Icon
Englischer Name für die kleinen Symbole, die unter Windows auf dem Desktop oder in Fenstern angezeigt werden.

IMAP
Standard (wie POP3) zur Verwaltung von E-Mail-Konten.

Installieren
Einbauen eines Geräts oder Einrichten eines Programms.

IRQ
Abkürzung für Interrupt Request, eine Technik, mit der Geräte den Prozessor bei seiner Arbeit unterbrechen können.

ISDN
Abkürzung für Integrated Services Digital Network, eine Technik zur Übertragung von Sprache und digitalen Informationen auf Telefonleitungen.

Java/JavaScript
Jeweils eine Programmiersprache, die z. B. zum Erstellen von Zusatzfunktionen in Webseiten zum Einsatz kommt.

Joystick
Ein Joystick ist eine Art Steuerknüppel zur Bedienung von Spielprogrammen.

JPEG
Zur Speicherung von Fotos benutztes Grafikformat.

Junk-Mail
Unerwünschte E-Mail, die meist Müll enthält.

Jumper
Steckverbindung (Brücke oder Schalter), mit der sich auf Steckkarten und Hauptplatinen bestimmte Konfigurationen einstellen lassen.

Kaltstart
Dies ist das Starten des Computers nach dem Einschalten (das Gerät ist noch kalt). Gegensatz: ein Warmstart, bei dem ein im Betrieb befindliches Gerät (z. B. per Reset) neu gestartet wird.

Kbyte
Abkürzung für Kilobyte (entspricht 1.024 Byte).

Komprimieren
Verdichten von Daten, so dass diese weniger Platz benötigen.

Konvertieren
Umwandeln von Daten oder Signalen in eine andere Darstellung (z. B. ein Dateiformat in das Format eines anderen Dateityps umsetzen).

LAN
Abkürzung für **Local Area Network**; bezeichnet ein Netzwerk innerhalb einer Firma.

Layout
Das Layout legt das Aussehen eines Dokuments fest.

LCD
Spezielle Anzeige (Liquid Crystal Display) auf Laptop-Computern.

Linux
Alternatives Unix-basiertes Betriebssystem, welches weltweit von vielen Leuten weiterentwickelt wird und frei verfügbar ist. Konkurrenz bzw. Alternative zu Microsoft Windows.

Lotus 1-2-3
Tabellenkalkulationsprogramm der Firma Lotus (mittlerweile von IBM aufgekauft).

Macintosh
Eine Rechnerfamilie der Firma Apple.

Mailbox
Englisch für elektronischer Briefkasten.

Mainframe
Englische Bezeichnung für einen Großrechner.

Makro
Aufgezeichnete Folge von Tastenanschlägen oder Befehlen, die anschließend automatisch wiederholt werden kann.

Manual
Englischer Name für ein Handbuch.

Maschinencode
Die Anweisungen, die der Computer direkt verarbeiten kann. Programmdateien enthalten meist solchen Maschinencode.

Mbyte
Abkürzung für Megabyte (1 Million Byte).

MIDI
Musical Instruments Digital Interface. Über diese Schnittstelle kann der Computer digitale Instrumente ansteuern. MIDI-Dateien enthalten Noten, die der Computer über einen Synthesizer in Klänge umsetzen kann. Dadurch lassen sich elektronische Stücke (Instrumentalstücke) sehr kompakt speichern und später wiedergeben.

MP3
Standard zur Komprimierung und Speicherung von Musik in Dateien. Das MP3-Verfahren führt zu sehr kleinen Dateien, spezielle MP3-Player können die Musik auf Chips speichern und wiedergeben.

Mozilla
Name eines Projekts zur Entwicklung des Firefox-Browsers.

MPEG
Steht als Abkürzung für Motion Picture Experts Group, ein Gremium zur Standardisierung von Verfahren zur Komprimierung und Speicherung von Musik und Videos in Dateien. Es gibt verschiedene MPEG-Verfahren (MPEG-1, MPEG-2, MPEG-4) zur Speicherung und Wiedergabe dieser Dateien.

Multimedia
Techniken, bei denen auf dem Computer Texte, Bilder, Video und Sound integriert werden.

Netzteil
Bauteil zur Stromversorgung von Computern oder Geräten.

Netzwerk
Verbindung zwischen Rechnern, um untereinander Daten austauschen zu können.

NTBA
Abkürzung für Netzwerk-Terminator-Basisanschluss, eine Baugruppe, die beim Kunden montiert wird und den Zugang zum ISDN-Netzwerk der Telefongesellschaft bereitstellt.

OCR
Abkürzung für Optical Character Recognition. Mit OCR ist es möglich, Textseiten per Scanner einzulesen und den ursprünglichen Text herauszulesen. Der Text kann dann mit Programmen wie Microsoft Word weiterverarbeitet werden.

ODBC
Abkürzung für Open Database Connectivity. Dies ist eine von der Firma Microsoft entwickelte Programmschnittstelle, um mit Datenbanken zu kommunizieren und Daten auszutauschen.

OLE
Steht für Object Linking and Embedding, eine Programmtechnik, mit der zwei Anwendungen Daten austauschen können (um z. B. ein Bild aus einem Zeichenprogramm in ein Textprogramm wie Word übernehmen und das Bild im Word-Fenster bearbeiten zu können).

Lexikon

Online
Bezeichnet den Zustand, in dem eine Verbindung zum Internet (oder zu einem anderen Rechner) besteht. Offline dagegen bedeutet, dass keine Verbindung besteht.

Onlinedienst
Dienste zum Zugang zum Internet wie T-Online, AOL oder CompuServe.

Online-Shop
Webseite, über die Waren bestellt werden können.

Outlook/Outlook Express
Windows-Programme zum Erstellen, Versenden, Lesen und Empfangen von E-Mails.

Packer/Packprogramm
Ein Programm wie WinZip, das Dateien in eine komprimierte Form (z. B. mit Dateinamenerweiterungen wie .zip, .arc oder .lzh) umwandeln kann. Dies ermöglicht die kompakte Speicherung von Dokumenten (z. B. Bilder).

Parallele Schnittstelle
Anschluss zwischen einem Computer und einem Gerät (meistens einem Drucker).

Pascal
Von Nicolaus Wirth entwickelte und nach dem Mathematiker Blaise Pascal benannte Programmiersprache.

Passwort
Anderer Begriff für ein Kennwort, welches ggf. zur Nutzung eines Rechners benötigt wird.

PDA
Abkürzung für Personal Digital Assistant, ein kleiner in der Hand zu haltender Computer (auch als Organizer bezeichnet), mit dem sich Adressen, Telefonnummern und Termine verwalten lassen.

PDF-Format
Spezielles Format der Firma Adobe zur Speicherung und Wiedergabe von Dokumenten (Text, Bilder etc.). PDF-Dateien lassen sich mit dem freien Programm Adobe Acrobat Reader auf verschiedenen Computern anzeigen.

Pentium-Prozessor
Der Name einer von der Firma Intel entwickelten CPU-Serie. Solche Prozessoren sind (neben CPUs der Firma AMD) in vielen Windows-Rechnern eingebaut.

Peripheriegerät
Sammelbegriff für Geräte wie Drucker, Scanner etc., die sich an den Computer anschließen lassen.

PGP
Abkürzung für Pretty Good Privacy, ein Programm zur Verschlüsselung von Daten.

Pin

Bezeichnung für einen Kontaktstift in Steckern, an Chips oder auf Platinen. PIN ist auch die Abkürzung für Personal Identification Number, die persönliche Identifikationsnummer für EC-Karten und Geldgeschäfte.

Pixel

Englische Bezeichnung für Picture Element, d. h. ein Bildpunkt in einer Grafik.

Platine

Aus Kunststoff bestehende dünne Platte, auf der Computerchips und Leitungen aufgebracht sind. Bestandteil vieler elektronischer Geräte.

Plug-In /Add-On)

Zusatzprogramm, welches in eine Anwendung integriert wird und dieser neue Funktionen bereitstellt. Plug-Ins werden gelegentlich bei Browsern benutzt, um neue Dokumentformate (z. B. Flash-Player) darstellen zu können.

PostScript

Eine von der Firma Adobe entwickelte Sprache für Druckausgaben. PostScript ermöglicht eine geräteunabhängige Beschreibung von Seiten, die Text und Grafik enthalten. PostScript kommt fast ausschließlich im professionellen Bereich zum Einsatz.

POP3

POP ist die Abkürzung für Post Office Protocol. Dies ist ein Verfahren, mit dem ein lokaler Rechner die für den Empfänger im Internet-Posteingangsfach eingetroffene Post vom E-Mail-Server abholen kann.

PPP

Abkürzung für Point-to-Point-Protocol. Das Verbindungsprotokoll wird z. B. bei der Einwahl Ihres Computers in das Internet benutzt.

Proxy

Ein Computer in einem Netzwerk, der den Datenverkehr zwischen dem (externen) Internet und den internen Teilnehmern im Netz abwickelt. Ein Proxy speichert häufig angeforderte Webseiten zwischen, damit diese bei Anwahl durch lokale Computer nicht mehr aus dem Internet geladen werden. Über einen Proxyserver lässt sich auch kontrollieren, welche Webseiten überhaupt erreichbar sein sollen.

Public Domain

Public Domain ist Software, die öffentlich zugänglich ist und mit Erlaubnis des Autors frei kopiert oder weitergegeben werden darf (siehe auch Freeware im Stichwortverzeichnis).

QWERTY-Tastatur

Dieser Name bezeichnet die englische Tastatur (die ersten sechs Tasten der zweiten Reihe ergeben das Wort QWERTY).

Registrierung

Stelle (Datenbank), an der Windows seine Konfiguration (d. h. Benutzereinstellungen, Programmeinstellungen, Geräteeinstellungen) hinterlegt. Oder Mitteilung an einen Hersteller, dass man ein Programm gekauft hat und benutzt.

Reset
Englisches Wort für Zurücksetzen, nämlich für das Zurücksetzen bzw. Neustarten des Computers oder eines Geräts.

RGB
Steht für Rot, Grün und Blau, ein Farbsystem, mit dem sich eine Mischfarbe aus den genannten Grundfarben definieren lässt. Wird bei Farbgrafiken benutzt, um die Farbe eines Bildpunkts anzugeben.

RJ-11/RJ-45-Stecker
Genormter Stecker, der z. B. in modernen Telefonen zum Anschließen des Telefonkabels, bei ISDN-Anschlüssen in der Wandanschlussdose oder für 10BaseT-Netzwerkverbindungen am Netzwerkadapter genutzt wird.

ROM
Steht für Read Only Memory. ROMs sind Speicherbausteine, die den Inhalt (Programme, Daten) auch beim Ausschalten des Rechners behalten. Die Informationen in ROMs lassen sich nicht verändern, sondern werden bei der Herstellung des Bausteins aufgebracht. Das BIOS eines Rechners ist üblicherweise in einem ROM (oder in Varianten wie EPROM) gespeichert.

RS-232-C
Industriestandard Nummer 232, Revision C (RS steht für Recommended Standard), der eine serielle Schnittstelle zur Anschaltung von Geräten (z. B. Maus, Modem etc.) beschreibt. RS-232 entspricht der europäischen V-24-Norm für serielle Schnittstellen.

Scanner
Ein Zusatzgerät, mit dem sich Bilder oder Schriftstücke in den Computer einlesen lassen.

SCART
Anschlussbuchse, über die sich Bilder und Ton (z. B. zwischen Fernsehgerät und Computer) übertragen lassen.

Schnittstelle
Sammelbegriff für die Verbindungsstellen verschiedener Computerteile (meist Hardware, der Name wird aber auch für Verbindungsstellen in Software benutzt).

Schriftschnitt
Legt die Darstellung einer Schrift (fett, kursiv, normal) fest.

SCSI-Schnittstelle
Abkürzung für Small Computer System Interface. Eine spezielle Schnittstelle im Computerbereich, über deren Bussystem sich bis zu 7 Geräte wie Festplatten, CD-Laufwerke, Scanner etc. an den Rechner anschalten lassen.

Server
Hauptrechner in einem Netzwerk, der Client-Rechnern Dienste (Services) wie Speicherplatz bereitstellt.

Setup
Programm zum Einrichten (Installieren, Konfigurieren) einer Hard- oder Softwarekomponente.

Signatur
Unterschrift unter ein Dokument. In der Computertechnik werden Signaturen zur eindeutigen Identifizierung des Absenders sowie zur Verifizierung der Gültigkeit eines elektronischen Dokuments (E-Mail, Bestellung, Programm) benutzt.

Skript
Ein Programm, welches in einer Skriptsprache (z. B. JavaScript, VBScript) geschrieben wurde und durch spezielle Software (z. B. Internet Explorer) ausgeführt werden kann. Über Skripte lassen sich spezielle Funktionen für Windows oder für Webseiten realisieren.

Smiley
Aus Zeichen wie :-) stilisiert dargestellte Gesichter. Werden bei elektronischen Nachrichten (E-Mail) häufig in den Text eingebaut, um Aussagen abzuschwächen oder Stimmungen wiederzugeben.

Snapshot/Screenshot
Schnappschuss, allgemein ein Abzug des aktuellen Bildschirminhalts. Kann unter Windows über die Taste [Druck] angefertigt und mit den Tasten [Strg]+[V] aus der Zwischenablage in ein Grafikprogramm wie Paint übernommen werden. Die Tastenkombination [Alt]+[Druck] fertigt dagegen nur einen Abzug des aktuellen Fensters in der Zwischenablage an.

SMTP
Abkürzung für Simple Mail Transfer Protocol, ein Protokoll, mit dem sich elektronische Post von einem lokalen Computer in den »Briefkasten« des E-Mail-Servers im Internet übertragen lässt. Gegenstück ist das POP3-Protokoll zum Abholen eingegangener Post.

Spam-Mail
Bezeichnung für unerwünschte E-Mails, die Werbung, Kettenbriefe oder anderen Müll enthalten.

SSL-Protokoll
Steht für Secure-Socket-Layer, ein Protokoll zur sicheren Verschlüsselung von Daten (z. B. Kreditkarteninformationen) zur Übertragung im Internet.

S-Video
Steht für Super-Video, eine Technik, bei der Farb- und Helligkeitsinformationen getrennt übertragen werden.

Subwoofer
Lautsprecher, der auf die Wiedergabe tiefer Töne spezialisiert ist.

Suchmaschine
Webseite im Internet, über die Sie gezielt über Stichwörter nach anderen Seiten im WWW suchen lassen können.

Super-Video-CD
CD-ROM, auf der Videos im MPEG-2-Verfahren gespeichert werden. Bietet eine etwas schlechtere Qualität als DVDs, verwendet aber normale CDs.

Systemdisk
Speichermedium, welches ein Betriebssystem enthält.

Systemsteuerung
Windows-Ordner, über den sich die Einstellungen des Computers anpassen lassen.

TCP/IP
Ein Protokoll, d. h. eine Vereinbarung, zur Übertragung von Daten in Netzwerken. Ist das Standardprotokoll im Internet.

TFT
Abkürzung für Thin Film Transistor, eine Technik zur Herstellung von Flachbildschirmen. Ein TFT-Display ist ein auf dieser Technik basierender Flachbildschirm.

Trojaner
Programme zum Ausspionieren eines Rechners. Gaukeln im Vordergrund dem Benutzer z. B. eine Funktion vor und übertragen im Hintergrund Kennwörter an eine Internetadresse.

Unicode
Ein 16-Bit-Zeichenstandard, der in einigen Windows-Versionen benutzt wird. Der Vorteil des Unicode-Zeichensatzes besteht darin, dass dort auch Zeichen anderer Sprachen wie Hebräisch, Arabisch, Koreanisch, Japanisch, Chinesisch etc. festgelegt sind.

Unix
Unix ist ein Betriebssystem, das insbesondere für Großrechner (Mainframes) eingesetzt wird.

URL
Abkürzung für **Uniform Resource Locator** (Adresse einer Webseite).

Utility
Das englische Wort für Werkzeug, beim Computer meist der Sammelbegriff für verschiedene Hilfsprogramme.

Vektorgrafik
Eine Technik zum Erstellen von Grafiken, die aus Linien und Figuren bestehen. Kommt bei Zeichenprogrammen im Bereich der Konstruktion (Architektur, Maschinenbau etc.) zum Einsatz.

Verschlüsselung
Bezeichnet ein Verfahren zur Umwandlung von Nachrichten (z. B. Daten) in Zeichenfolgen, in denen die Ursprungsdaten nicht mehr erkennbar sind. Der Empfänger solcher Daten kann diese mit dem richtigen Schlüssel wieder in die Ursprungs-

daten zurückwandeln (entschlüsseln). Verhindert die missbräuchliche Einsicht vertraulicher Daten durch Dritte.

VGA

Grafikstandard (16 Farben und 640 x 480 Bildpunkte). Ein VGA-Ausgang erlaubt den Anschluss eines VGA-Bildschirms an eine VGA-Grafikkarte.

Viren

Programme, die sich selbst verbreiten und in andere Programme kopieren, wobei häufig Schäden an anderen Programmen, an Daten oder an der Hardware auftreten. Meist werden Viren durch ein bestimmtes Ereignis ausgelöst (z. B. an einem bestimmten Tag). Es gibt unterschiedliche Viren, die auch unterschiedlich wirken. Je nach Wirkungsweise unterscheidet man Boot-Viren, Makro-Viren, Skript-Viren, trojanische Pferde etc.

VPN

Abkürzung für Virtual Private Network, eine Technik, bei der zwei private Netzwerke über das Internet miteinander verbunden werden. Die über das öffentliche Internet geleiteten Daten werden dabei aber so verschlüsselt, dass diese durch Dritte nicht lesbar sind.

Warmstart

Neustart eines bereits in Betrieb befindlichen Geräts (Rechners). In Windows lässt sich dies im Startmenü über den Befehl *Beenden* und die Option *Neustart* durchführen.

Website

Eine Präsenz einer Firma oder einer Person im World Wide Web.

WMA/WMV

Zwei Microsoft-Formate zur Speicherung von Audio- (*.wma*) und Videodaten (*.wmv*).

WYSIWYG

Kürzel von: what you see is what you get. Bezeichnet eine Darstellung von Inhalten (Texten), die bereits bei der Eingabe so angezeigt werden, wie sie beim Ausdruck oder bei der Ausgabe erscheinen.

XML

Abkürzung für Extended Markup Language, eine Spezifikation zur Speicherung von Daten in Webseiten.

Zertifikat

Dient im Web zur Bestätigung der Echtheit eines Dokuments.

ZIP-Datei

Eine mit einem speziellen Programm erstellte Archivdatei, die andere Dateien in einem komprimierten Format enthält. Wird häufig benutzt, um viele Dateien kompakt in einem Archiv abzulegen und dann per E-Mail zu versenden oder per Diskette weiterzugeben.

Stichwortverzeichnis

Symbole

.bmp 80
.doc 80
.docx 80
.exe 80
.txt 80
.xls 244
.xlsx 244
@-Zeichen 178

A

Absatzabstand
 anpassen (Text) 206
Absätze
 ausrichten 198
Absatzwechsel 179
Account 341
ActiveX 341
Administrator 320
Adobe Photoshop Elements
 Bild bearbeiten 141
ADSL 341
Adware 113
Aero 56, 62, 77
Aero Snap 65
Ahnenforschung 112
AJAX 341
Akku
 Selbstentladung 15
Akkulebensdauer 15
Akkupflege 15
Alben 134
AltGr-Taste 178
AMD 341
America Online 342
Analog 341
Änderung rückgängig machen 184
Anmeldung
 unter Windows 43
ANSI 341
AntiVir 112, 327
Antivirenprogramme 112, 341
Anwendungsprogramm 33
Anzeigemodus
 Aero 62
Anzeigeoptionen
 anpassen 308
AOL 342
Arbeitsblatt 229
Arbeitsmappe 229
Arbeitsspeicher 342
ASCII 342
ATA 342
ATAPI 342
Audio-CD 19
 brennen 164
Audiodatei
 wiedergeben 119
Aufzählung
 aufheben 213
Aufzählung (Text) 212
Ausgabeeinheit 342
Ausrichtung
 Zellinhalte 235
Ausschneiden 187
AutoKorrektur 182
Avatar 342
AVI 342

B

Backslash 342
Base 34, 173
BASIC 342
Batchdatei 342
Baud 343

Bearbeitungsleiste 233
Bedienung
    Eingabehilfen 313
Befehl
    rückgängig machen 98
Benutzerkonten
    verwalten 320
Benutzerkontensteuerung
    Sicherheitsabfrage 322
Benutzeroberfläche 343
Berechnungen
    in Excel 239
Beta-Software 343
Betriebsprogramm 33
Betriebssystem 33
Bibliotheken 82
Bild
    anzeigen 123
    speichern 123
Bildbearbeitung
    Programme 141
Bildlauffeld 68
Bildlaufleiste 68
Bildschirm 30
    abschalten 17
    heller/dunkler stellen 17
Bildschirmauflösung 311
    ändern 311
Bildschirmhintergrund
    ändern 309
Bildschirmlupe 313
Bildschirmschoner 343
Bildvorschau 124
BIOS 343
Bit 343
Bitmap 343
Blattregister 230
Blocksatz 200
Bluetooth 343
Boolesche Logik 343
Booten 343
Brenner 19
Brennprogramme 158

Browser 251
Bug 343
Bus 343
Button 343
Byte 344

C

C 344
Cache 344
CAD 344
Calc 34, 172
Camcorder 25
CardBus-Adapter 25
CD
    brennen 158
    handhaben 20
CDBurnerXP 158
    CDs/DVDs brennen 159
CD-ROM 19
CD-RW
    löschen 167
Central Processing Unit. Siehe CPU
Centronics-Schnittstelle 344
Chip 344
Client 344
Codecs 120
Cookie 344
CPU 34, 344
Cursortasten 185

D

Datei
    ansehen 83
    aus dem Papierkorb holen 100
    Grundlagen 79
    kopieren 94
        rückgängig machen 98
    löschen 98
    Namen 79
    neu anlegen 92
    umbenennen 93
    verschieben 94
        rückgängig machen 98

Dateinamen
  Regeln 79
Dateinamenerweiterung 80
Dateitypen 79, 80
  Musik 120
Datenaustausch
  per Zwischenablage 189
Datenbank 173
Datenbankprogramm 34, 344
Daten-CD 19
Datenfernübertragung. Siehe DFÜ
Datenschutz 344
Datum
  anzeigen 49
  stellen 307
Decoder 345
Defragmentieren 345
Deinstallation 317
Desktop
  Hintergrund ändern 309
Desktop Publishing 345
DFÜ 345
DHCP 345
Diashow 126, 140
Diebstahlsicherung 38
Digital 345
Digital Rights Management 120
DirectX 345
DivX 345
DMA 345
Dokument
  drucken 190
  laden 196
  neu anlegen 92
  schnell öffnen 92
  speichern 192
  unter neuem Namen
    speichern 193
Dokumentvorlagen 226
Doppelklicken 56
Download 345
Drag&Drop 345

Drahtlosnetzwerk
  Verbindung einrichten 293
  verwalten 298
Drahtlosverbindung trennen 301
Draw 34
Drehfeld 192
DRM 120
Druckaufträge
  abbrechen 338
Drucken
  eines Dokuments 190
Drucker 22
  installieren 306
Druckertreiber 306
DSL 31; 32. Siehe auch ADSL
DSL-Modem 31, 249
DSL-Splitter 249
DSL-Verkabelung 249
DSL-Zugang
  einrichten 291
DTP 345
DVD 19, 121
  brennen 158
  handhaben 20
  Video ansehen 121
DVD-Brenner 19
DVD-Laufwerk 19
  handhaben 20
DVD-RW
  löschen 167

E

E-IDE 345
Eigenschaftenfenster 80
Einfügemarke 176
  positionieren 185
Einzüge
  im Text 209
E-Mail
  mit Anhang versenden 271
  schreiben 269
E-Mail-Konto
  beantragen 267

Encoder 346
Energiesparoptionen 280
Energiesparplan 281
   anpassen 282
EPS 346
Error 346
eSATA 25
Ethernet 346
Euro-Währungszeichen 178
Excel
   Anwendungsfenster 229
   Arbeitsblatt umbenennen 231
   Ausrichtung Zellinhalte 235
   Bearbeitungsleiste 233
   Beispiel 230
   Berechnungen 239
   Blattregister 230
   Eingabefehler
      korrigieren 233
   Eingaben 232
   Grundbegriffe 230
   Nachkommastellen erzwingen 236
   starten 229
   Text einfügen 233
   Zahlen eingeben 235
   Zahlen formatieren 236
   Zeilenumbruch einfügen 239
   Zellbereich markieren 237
   Zellen markieren 236
   Zellformat 236
   Zellformat setzen 236

F

Farbkalibrierung 346
Farbpalette 346
Farbtiefe 346
FAT 346
Fehler
   CD/DVD nicht lesbar 336
   Datei lässt sich nicht
      speichern 336
   Datei nicht änderbar/löschbar 336
   der Desktop ist
      »verschwunden« 333
   Druck erfolgt quer 338
   Drucker tut nichts 337
   eine Symbolleiste fehlt 334
   Internetzugang geht nicht 338
   Maustasten vertauscht 333
   Mauszeiger bewegt sich nicht
      richtig 333
   Notebook piept 331
   Notebook startet nicht 331
   Programmabsturz 334
   Tastatur funktioniert nicht
      richtig 332
   Windows-Anmeldung nicht
      möglich 331
   Zeichen erscheinen mehrfach 332
Fenster 56
   Größe verändern 58, 62
   Größe zurücksetzen 59
   maximieren 59
   schließen 62
   Symbol öffnen 60
   verschieben 64
   volle Bildschirmgröße 59
   wechseln 64
   zum Symbol verkleinern 60
Festplatte 21
Feststell-Taste 178
Fettdruck 204
File Allocation Table. Siehe FAT
Firefox 251
Firewall 326, 346
FireWire 25, 346
Firmware 346
Flame 346
Flash 347
Flash-Speicher 347
Flatrate 253
Flatterrand 200
Flickr 266
Flip3D 77
Floppy-Disk 347

Stichwortverzeichnis

Fn-Taste 16
Font 347
Format 347
Foto
  anzeigen 123
  bearbeiten 137, 141
  drucken 127
  Farbstich korrigieren 150
  Helligkeit korrigieren 150
  in Alben organisieren 134
  laden 143
  Miniaturansicht 124
  nachbearbeiten (Photoshop
    Elements) 151
  retuschieren (Photoshop
    Elements) 153
  speichern 123, 155
  verwalten 129
Foto-CD 19
  brennen 164
Fotoprogramm
  Picasa 129
Frame 347
Freeware 112
Frequenz 347
FRITZ!Card USB 31
FRITZ!WLAN USB Stick 287
Frontpage 347
Funknetz
  nicht gefunden 294
Funktionstasten 16

G

Geräteanschlüsse 25
GIF 347
Google Picasa 129
GPRS 251
Grafik
  aus Text entfernen 225
  einfügen (Text) 222
  Größe anpassen 225
  verknüpfen 226

Großbuchstaben
  eingeben 177

H

Hacker 347
Hardcopy 347
Hardware 32, 347
Hauptplatine 347
HDCP 347
HDD 21
HDMI 347
HDTV 348
Hertz 348
Hilfe
  aufrufen 328
Hintergrundbild 309
Homepage 348
Hotline 348
Hotspot 35, 250, 286
  suchen 294
  Verbindung herstellen 298
HSDPA 251
HTTP 348
Hub 32
Hyperlink 260

I

Icon 348
i.Link 25
IMAP 348
Impress 34, 173
Installationsprogramme 317
Installieren 348
Integrated Services Digital
  Network 32
Internet 248
  Anmeldung 252, 253
  auf Reisen 285
  Download 340
  Pauschaltarif 253
  Zugang 248
Internet-by-Call 253

Internet Explorer 251
   aufrufen 258
Internetserver 248
Internettelefonie 250
Internetverbindung
   aufbauen 254
   beenden 256
   Kennwort schützen 256
Internetzeitserver 308
Internetzugang 30
   einrichten 253
   Varianten 252
IRQ 348
ISDN 30, 348

J

Java 348
JavaScript 348
Joystick 348
JPEG 348
Jumper 349

K

Kaltstart 349
Kennwort
   schützen 256
Kensington-Diebstahlsicherung 38
Kombinationsfeld 129
Komprimieren 349
Komprimierte Ordner 92
Komprimierungsgrad
   wählen (JPEG) 158
Kontextmenü 51, 53
Kontrollkästchen 80
Konvertieren 349
Kopieren 187
Kosten
   Drucken 23
Kursivschrift 204

L

Laptop 12
Laserdrucker 23
Laufwerke
   Inhalt anzeigen 83
Laufwerksbezeichnung 84
Lautstärke
   verstellen 17
Layout 349
LCD 349
Lesegerät 26
   für Speicherkarten 26
Lexika 112
Linux 33, 349
Listen
   gestalten 214, 218
Listenfeld 129
Lotus 1-2-3 349

M

Macintosh 349
Mailbox 349
Mainframe 349
Makro 349
Malware 327
Manual 349
Markieren 50, 186
   per Tastatur 187
Markierung
   aufheben 187
Maschinencode 349
Maus 28, 48
   Bewegung zu schnell 320
   Doppelklick 56
     Probleme 319, 333
   markieren 50
   Mauszeiger schlecht sichtbar 320
   Tasten vertauscht 319, 333
   Zeiger bewegt sich nicht 333
   ziehen 54
Mauseinstellungen
   anpassen 319

Mauspad 28
Mauszeiger
  Größe anpassen 320
Mauszeigerspur
  anzeigen 320
Media Player
  Bedienungsanleitung 114
Menü 53
  Häkchen vor Befehl 55
  schließen 53
  Start 69
Menüleiste 58
Microsoft Access 34, 173
Microsoft Excel 34, 172
Microsoft Office 33, 172
Microsoft Outlook 173
Microsoft PowerPoint 34, 173
Microsoft Windows 33
Microsoft Word 34, 172, 174
Microsoft Works Suite 33
MIDI 350
Mini-Notebooks 12
Mobilfunktechniken 251
Modem 30, 32
Motherboard 347
Mozilla 350
MP3 120, 350
MP3-Datei
  wiedergeben 119
MPEG 350
Multifunktionsleiste 175
Multimedia 350
Musik 117
  Dateitypen 120
Musik-CD
  hören 117
Musikdateien
  wiedergeben 119

N

Nachschlagewerke 112
Netbooks 12

Netzwerk 350
Netzwerkanschluss 30
Neues Textdokument 177
Notebook 22
  absichern 302
  aufbewahren 36
  ein-/ausschalten 14
  Erklärung der Teile 12
  Kaufhilfe 34
  Pflege 36
  starten 42
  Stromversorgung 14
  Todsünden 36
  Übersicht 12
Notebook-Taschen 36
NTBA 350
NumLock-Taste 332
Nummerierung
  aufheben 213
Nummerierung (Text) 212

O

OCR 350
ODBC 350
Office
  Grundlagen 172
Office 2007
  Startprogramm für Dialogfelder 176
Office-Programm
  starten 174
Offline 351
OLE 350
OneNote 173
Online 250, 351
Onlinedienst 351
Onlineshop 351
OpenOffice.org 33, 172
Optionsfeld 80
Ordner
  anlegen 90
  Grundlagen 81

Inhalt anzeigen 83
komprimieren 92
kopieren 94
löschen 98
umbenennen 93
verschieben 94
Ordnerfenster
  sortieren 90
  Symbolgröße einstellen 89

P

Packprogramm 351
Palette. Siehe Farbpalette
Papierkorb 46
  leeren 102
  verschwunden 102
Parallele Schnittstelle 351
Pascal 351
Passwort 351
Patch 323
PC 12
PC-Card 31
PDA 351
PDF-Format 351
Pentium 351
Peripheriegerät 351
Personal Computer 12
Pfad 82
PGP 351
Photoshop Elements
  Editor aufrufen 141
  Farbstich im Foto korrigieren 150
  Foto
    ausschneiden/kopieren 148
    drehen 144
    freistellen 145, 147
    speichern 155
  Helligkeit im Foto korrigieren 150
  Kopierstempel 154
  markieren 145
  Markierung aufheben 146
  Rote-Augen-Korrektur 151
  Scharfzeichner 154

Weichzeichner 154
  Wischfinger 154
Picasa 129
  Alben anlegen 134
  Fotos
    bearbeiten 137
    drucken 127
    importieren 131
    verwalten 129
Pin 352
Pixel 352
Platine 352
Plug-In 352
POP3 352
Positionieren 185
  Tastenkombinationen 185
Postfach
  anmelden 266
PostScript 352
Power DVD 122
Power Translator 111
PPP 352
Präsentation 173
Programme 33, 111
  Absturz 334
  beenden 62, 74
  entfernen 317
  installieren 317
  starten 68, 174
  umschalten 75
Programmfenster
  Wechsel zwischen 75
Programmgruppen 71
Programmversion
  abfragen 328
Provider 252
Proxy 352
Proxyserver 352
Prozessor 34. Siehe CPU
  Taktrate 34
PS/2-USB-Adapter 29
Public Domain 352

Q
QuickInfo 49, 126
QuickTime Player 122

R
RAM. Siehe Arbeitsspeicher
Randsteller 211
Real Player 122
Rechner
  aufrufen 72
  nutzen 73
Rechtschreibprüfung 182
Registerkarten 80
Registrierung 352
Reset 353
RGB 353
RJ-11 30
RJ-45-Stecker 353
Roaming 286
ROM 353
Router 31, 32
RS-232-C 353
RW-Rohlinge
  löschen 167

S
SATA 342
Scanner 353
SCART 353
Schach 111
Schaltfläche 46
  Start 46
Schmuckpunkt 212
Schnellstartleiste 47
Schnellstart-Symbolleiste
  einblenden 53
Schnittstelle 353
  parallele 351
Schrift
  fett 204
  kursiv 204
Schriftart 202, 203

Schriftgrad 201, 202
Schriftschnitt 353
Screenshot 354
SCSI-Schnittstelle 353
Second Life 266
Seite
  einrichten (Text) 212
Server 354
Setup 354
Shareware 112
Sicherheitscenter
  Sicherheitscheck 324
Sidebar 47
Signatur 354
Skript 354
Skype 287
Smiley 354
SMTP 354
Snap-Shot 354
Software 32
Solid-State-Disk 21
Solitär 106
Sonderzeichen
  einfügen 215
Spam 275
Spam-Mail 354
Spam-Schutz 276
Speicherkarte 26
Speicherkartenleser 26
Spiel
  Solitär 106
  Spider Solitär 110
Sprachen lernen 111
SSD. Siehe Solid State Disk
SSL-Protokoll 354
StarOffice 33, 172
Startmenü 51, 69
  Befehle einblenden 293
Statusleiste 57
Subwoofer 354
Suchmaschine 265, 355
Super-Video-CD 355

Surfen
  in Webseiten 258
S-Video 354
Switch 32
Symbol
  einfügen (Text) 215
Symbolleiste 57
Systemdisk 355
Systemsteuerung 355
  aufrufen/nutzen 313

T

Tabellen 218
Tabellenkalkulation 172, 227
  Eingaben 232
  Zellformat setzen 236
Tabellenkalkulationsprogramm 34
Tabstopp 215
  löschen 216
  setzen 216
  verschieben 216
Tabulatoren 214
Taskliste 77
Task-Manager
  starten 334
Tastatur 16
  auf Großschreibung umstellen 178
  Tipps zur Bedienung 177
  Wiederholmodus 178
  Wiederholrate einstellen 332
Tastenkombination 178
  Strg+Z 184
TCP/IP 355
Telefonieren
  per Internet 289
Telefonliste 214, 218
Text
  Änderung rückgängig machen 184
  Aufzählung 212
  ausrichten 198, 200
  ausschneiden 187
  aus Vorlage 226

bearbeiten 180
Einfügemarke positionieren 185
einfügen 233
eingeben 177
Einzüge 209
farbig auszeichnen 205
fett/kursiv 204
formatieren 198
Grafik
  einfügen 222
  Größe anpassen 225
Grafik verknüpfen 226
kopieren 187
korrigieren 180
löchen 180
markieren 186
mit Listen 214
Nummerierung 212
per Tastatur markieren 187
positionieren, im 185
rechtsbündig 200
Symbol einfügen 215
unterstreichen 204
vergrößern/verkleinern 201
verschieben 187
zentrieren 200
Textbearbeitung
  Tastenkombinationen 185
Textcursor 176
Textdokument
  Tabellen
    einfügen 218
Textverarbeitung 172
  Programmübersicht 174
Textverarbeitungsprogramm 34
TFT 355
TFT-Bildschirm
  heller/dunkler stellen 17
The Zimmers 266
Tintenstrahldrucker 23
Titelleiste 57
T-Online 252

Stichwortverzeichnis

Touchpad 17
  Bedienung 18
Trackball 29
Trackpoint 19
Treiber 24
  installieren 316, 317
Trojaner 326, 355

U

Uhrzeit
  stellen 307
UMTS 251
Unicode 355
Unix 355
Unterstreichen 204
Update 323
URL 355
USB
  Anschluss 25
  Hub 25
  Memory-Sticks 27
  PS/2-Adapter 29
Utility 355

V

V24. Siehe RS-323
Vektorgrafik 355
Verbindung
  zu Hotspot 298
Verknüpfung
  in Textdokument 226
Verschieben 187
Verschlüsselung 355
VGA-Grafik 356
VGA-Kabel 30
Video
  ansehen 121
Video-CD 121
Videodatei
  anzeigen 122
Viren 113, 326, 356
  Schutz 326
Virenscanner 112

Virenschutzprogramm 327
VLC-Player 122
Vollbilddarstellung 59
VPN 356

W

Warmstart 349, 356
Web 2.0 266, 341
WEB.DE
  Freemail nutzen 267
Webseite
  abrufen 258
  wird nicht geladen 338
Website 356
Werkzeugleiste 143
WiFi 287
WiFi-Funknetzwerke 288
Windows
  aktualisieren 323
  Anmeldung 42, 43
  beenden 77
  Elemente zu klein 311, 333
  Firewall 326
  Fotos drucken 127
  Musikwiedergabe 117
  starten 42
  Startmenü 69
Windows Defender 327
Windows-Firewall 326
Windows-Funktionen
  ein-/ausschalten 315
Windows Live Mail 252
Windows Mail 252
Windows Media Player 114
Windows Mobilitätscenter 284
WLAN 32, 287
  abschalten 280
  DSL-Router einrichten 289
  Hardware 287
  in Betrieb nehmen 289
  Verbindung absichern 291
  Verbindungsaufnahme
    (Windows 7) 296

WLAN-Funkverbindung 31
WLAN-Router 250
WLAN-Verbindung
　einrichten 293
WMA-Datei
　wiedergeben 119
WMA/WMV 356
Wochentag
　anzeigen 49
Word
　Absatzformate 206
　Befehl aufheben 184
　Dateityp wählen 194
　Dokument drucken 190
　Dokument laden 196
　Dokument speichern 192
　neues Dokument 177
　positionieren im Text 185
　Rahmen 221
　starten 174
　Text
　　ausschneiden 187
　　eingeben 177
　　formatieren 198
　　kopieren 187
　　korrigieren 180
　　löschen 180
　　markieren 186
　　verschieben 187
　Vorlage erstellen 227
　Zeichen löschen 181
　Zeilenumbruch 179
World Wide Web 248
WPA 291
Writer 34, 172
WWW. Siehe World Wide Web
WYSIWYG 356

Y

YouTube 266

Z

Zeichen
　einfügen 181
　entfernen 180, 181
　löschen 94, 178, 181
Zeilenabstand
　anpassen (Text) 206
Zeilenumbruch 179
Zeilenwechsel 179
Zeit
　ändern 307
Zellformat 235
Zellinhalte
　Ausrichtung 235
Zentrieren
　von Texten 198
Zertifikat 356
ZIP-Archiv 92
ZIP-Datei 356
Zwischenablage 188